À margem
4

Sarah Watling
Amanhã talvez o futuro
Escritoras e rebeldes na
Guerra Civil Espanhola

Tradução de Tamara Sender
Editora Âyiné

Sara Watling
Amanhã talvez o futuro
Título original
Tomorrow Perhaps the future
Tradução
Tamara Sender
Preparação
Giovani T. Kurz
Revisão
Andrea Stahel
Livia Lima
Projeto gráfico
CCRZ
Imagem da capa
Gerda Taro, Mulher da milícia republicana treinando na praia nos arredores de Barcelona 1936
© ICP / Gerda Taro

Direção editorial
Pedro Fonseca
Coordenação editorial
Sofia Mariutti
Assessoria de imprensa
Amabile Barel
Direção de arte
Daniella Domingues
Assistente de design
Gabriela Forjaz
Conselho editorial
Simone Cristoforetti
Zuane Fabbris
Lucas Mendes

© 2023, Sarah Watling

Primeira edição, 2024
© Editora Âyiné
Praça Carlos Chagas
Belo Horizonte
30170-140
ayine.com.br
info@ayine.com.br

Isbn 978-65-5998-143-4

Amanhã talvez o futuro
Escritoras e rebeldes
na Guerra Civil Espanhola

Para Cat

Amanhã, o futuro talvez.
[...] Hoje porém a luta.

W. H. Auden, *Espanha, 1937*


Hoje é a Espanha. Amanhã será
algum outro país...

Julio Álvarez del Vayo na Liga
das Nações, setembro de 1937


Mas na Espanha não. Talvez e
Amanhã — na Espanha é AQUI.

Nancy Cunard, *To Eat Today*

# Sumário

| | |
|---|---|
| 11 | Abreviações |
| 13 | Nota da autora |
| 15 | Mapa da Espanha, 31 de julho de 1936 |
| 17 | Não talvez, não amanhã |
| 37 | Prelúdios |

**Parte I**

| | |
|---|---|
| 75 | Começos |
| 107 | A batalha por Madri |
| 119 | O paradoxal |
| 139 | Enfrentando os fatos |
| 147 | Muita coisa a ser feita |
| 157 | O distanciamento irônico |

**Parte II**

| | |
|---|---|
| 177 | Chegadas |
| 197 | Visão |
| 211 | Camaradas |
| 235 | Complicações |
| 253 | Revelando segredos |
| 275 | Apenas um escritor |
| 283 | O Congresso |
| 303 | Acertos de contas |
| 319 | À procura de Salaria Kea, Parte I |

| 329 | A pergunta |
|---|---|
| 341 | A Torre de Marfim |
| 351 | À procura de Salaria Kea, Parte II |
| 359 | Na corda bamba |
| 373 | Villa Paz |
| 391 | Dias chatos |
| 409 | Forasteiros |

Parte III

| 427 | Retirada |
|---|---|
| 443 | A atitude ambivalente |
| 449 | Fome |
| 461 | O campo devastado |
| 473 | O êxodo |
| 487 | Epílogo |

| 505 | Bibliografia selecionada |
|---|---|
| 515 | Agradecimentos |
| 518 | Lista de ilustrações |

# Abreviações

| | |
|---|---|
| *ACOSB* | *A Chronicle of Small Beer* |
| *ASF* | *A Stricken Field* |
| *BPIR* | *Brave Poet, Indomitable Rebel* |
| Dorset | Dorset History Centre |
| EH | Ernest Hemingway |
| *FOW* | *The Face of War* [*A face da guerra*] |
| GT | Gerda Taro |
| *H&R* | *Hons and Rebels* |
| HGC | Howard Gotlieb Archival Research Center |
| HRC | Harry Ransom Center |
| *IWAIW* | *I Wonder as I Wander* |
| JB | Julian Bell |
| JH | Josephine Herbst |
| JM | Jessica Mitford |
| LH | Langston Hughes |
| MG | Martha Gellhorn |
| ML | Morris Library |
| MUL | Manchester University Library |
| NC | Nancy Cunard |
| NG | Nan Green |
| *SBS* | *The Starched Blue Sky of Spain* |
| SK | Salaria Kea |
| STW | Sylvia Townsend Warner |
| VA | Valentine Ackland |
| VC | Virginia Cowles |
| VW | Virginia Woolf |

# Nota da autora

Enquanto eu fazia pesquisas para este livro, beneficiei-me do trabalho de muitos estudiosos que vieram antes de mim. Para a maioria dos meus temas, havia estudos críticos e biográficos disponíveis, incluindo algumas excelentes biografias. Gostaria de expressar especial gratidão à biografia de Josephine Herbst escrita por Elinor Langer, à de Martha Gellhorn por Caroline Moorehead, à de Langston Hughes por Arnold Rampersad, às de Nancy Cunard por Anne Chisholm e Lois Gordon, aos livros de Claire Harman e Wendy Mulford sobre Sylvia Townsend Warner, e ao trabalho de Irme Schaber sobre Gerda Taro. Para a história da Guerra Civil Espanhola, contei com o trabalho de vários historiadores ilustres da Espanha, mas especialmente o de Paul Preston e o de Hugh Thomas. O livro *Doves of War* [*Pombas de guerra*], de Preston, dedicado em parte a Nan Green, foi também inestimável em confirmar parte do contexto para as próprias memórias de Nan.

Segui o exemplo da historiadora Helen Graham ao colocar em inicial maiúscula a palavra «Republicano» para me referir àqueles que apoiaram a República espanhola durante a Guerra Civil, a fim de distingui-los daqueles com filiações ideológicas republicanas.

Ao longo do texto, reticências entre colchetes foram usadas para indicar cortes nas citações de poesia ou fala, a fim de diferenciá-las de pausas ou reticências no original. Caso contrário, os cortes nas próprias citações são indicados com reticências sem colchetes.

# Não talvez, não amanhã

Imaginemos a seguinte cena: uma senhora está sentada sozinha numa sala escura de cinema e chora descontroladamente. Ela considera uma benção não haver ninguém perto, pois precisa da privacidade noturna que aquele espaço lhe proporciona. O filme instiga sua memória tão intensamente que ela sente, ao mesmo tempo, que está morrendo e que já está morta. Na tela, vê as experiências mais importantes de sua vida piscando inexoráveis, e admite a si mesma que é isso que elas eram. Não há sinal de Josephine Herbst nas imagens, e ainda assim o filme a mostra mais viva, mostra a época em que tudo importava. Após a exibição, ela se sentará no saguão e fumará por um longo tempo, refletindo sobre o modo como a história a desapontou, o que é outra forma de pensar sobre o que sua própria vida fracassou em oferecer.

Enquanto permanece ali, recompondo-se, ela está também soluçando em cima do almoço novamente em Toulouse em 1937. Apenas sentada ali, ridícula, chorando sobre a omelete pela qual seu estômago faminto anseia.

O que a rua lá fora significa para Josephine Herbst? Não há ali uma só pessoa que poderia entender o filme a que ela acabou de assistir. Não há ninguém que entenderia o ato de decolar de Barcelona aliviada e aterrissar em outro país desesperada.

Em Toulouse, é como estar num pesadelo em que você é separado do mundo de um modo fundamental mas translúcido que só você percebe. O mundo segue em frente com suas próprias questões, e você é excluído por saber, agora, quão pouco isso tudo importa, quão curto é o tempo pelo qual essa paz vai durar. E, ao voar de Barcelona e aterrissar em Toulouse, você deixou para trás tudo que conta.

Finalmente, fumando no saguão em 1966, ela abre caminho para a verdade. Ela tem 74 anos (ou, em termos mais ásperos, está a três anos de sua morte), e o fato é — escreve ela depois — que aqueles trinta anos atrás, *no sentido mais real, minha existência mais vital realmente termina com a Espanha. Nada tão vital, nem na minha vida pessoal nem na vida do mundo, sobreveio outra vez. E, num sentido profundo, tudo não passou de uma sombra por anos e anos.*[1]

Um lugar e tempo diferentes, uma mulher mais aprumada: Martha Gellhorn tem 74 anos e Josephine Herbst está morta, então não pode mais odiá-la. Provocada pelo jovem que a entrevista, ela apaga o cigarro e diz: «Eu nem sei o que você *quer dizer* exatamente por objetivo».

Ou consideremos Sylvia Townsend Warner, um ano mais nova, trocando cartas brilhantes e poéticas com seu editor na *New Yorker*. Ele menciona de passagem os donativos feitos por ele à República espanhola trinta anos antes. Era o suficiente, pensa ele, para ser suspeito de «antifascismo prematuro» (o código do FBI para comunista perigoso). «Prematuramente antifascista»?, exclama ela, estendendo-se

---

1    JH a Mary e Neal Daniels, 17 de fevereiro de 1966, Caixa 5, JH Papers, Beinecke.

através do tempo e da distância para cooptar um camarada recém-encontrado. «Isso está acima de qualquer outra distinção moral.»[2]

Ou imaginemos uma mulher enlutada, de 58 anos e a dez meses de sua morte; Virginia Woolf escrevendo em defesa própria: «Pensar é minha luta».[3]

Uma cena final. Consideremos uma mulher de 64 anos e a cinco de sua morte, cambaleando para fora da Espanha sob expulsão, não tão bem-disposta após alguns dias na prisão e devastada em vários sentidos. Furiosa, ela se desloca para a Inglaterra ao longo de uma série de brigas, gritos e confrontos. A polícia francesa a prende, depois a inglesa faz o mesmo. Na King's Road, em Londres, eles a detêm por prostituição, depois incluem embriaguez e desordem. Ela reage. Joga seus sapatos no magistrado. Acaba internada num hospital psiquiátrico. De lá, faz o que fez diversas vezes antes a serviço de um sem-número de causas: com presunção aristocrática, envia um fluxo de cartas a seus amigos mais queridos e a figuras eminentes, algumas das quais pertencem aos dois grupos e que então protestam contra seu encarceramento. Tudo remonta, diz ela, à Guerra Civil Espanhola. Em certo sentido, tem razão. Seus amigos estão preocupados, chateados, indignados. Alguns aceitam que ela perdeu a cabeça,

---

2    STW a William Maxwell, 5 de maio de 1967. In: Michael Steinman (Org.), *The Element of Lavishness: Letters of Sylvia Townsend Warner and William Maxwell 1938-1978*. Washington: Counterpoint, 2001, p. 174.
3    VW, *The Diary of Virginia Woolf*, v. 5 (15 de maio de 1940), p. 285. [As referências que não são dadas de modo completo nas notas podem ser encontradas na íntegra em «Bibliografia selecionada», ao final do livro. (N. E.)]

outros não. Nancy Cunard, escreverá um deles, «não estava louca, mas enfurecida».[4]

*

Eu poderia continuar. Há Dorothy Parker, aquela famosa satirista, declarando no fim da guerra da Espanha que «já não há nada engraçado no mundo».[5] Há Jessica Mitford no rádio, em 1977, escolhendo um velho hino alemão como a gravação que tinha mais significado para ela; o hino fora composto em campos de concentração e aprendido nas Brigadas Internacionais por seu marido havia muito falecido. Há o presidente Roosevelt admitindo, em 1939, à medida que a Europa avançava na Segunda Guerra Mundial, que não oferecer apoio à República espanhola havia sido um «erro grave».[6]

Claramente a Espanha tinha importância. Mas o que é incomum acerca da Guerra Civil Espanhola, que devastou o país entre 1936 e 1939 e pôs fim à sua jovem democracia, é o quanto a Espanha tinha importância para pessoas que nada tinham a ver com ela. Este não é um livro sobre espanhóis. Não é sequer um livro sobre guerra. Este é um livro sobre indivíduos — estrangeiros — e sobre como eles entendiam seu papel na história da humanidade.

É um livro sobre um grupo de pessoas que me atraiu algum tempo atrás: indivíduos, em sua maioria escritores,

---

4    H. Ford (Org.), *BPIR*, p. 325.
5    Arthur F. Kinney, *Dorothy Parker*. Boston: Twayne, 1978.
6    Dominic Tierney, «Franklin D. Roosevelt and Covert Aid to the Loyalists in the Spanish Civil War, 1936-39», *Journal of Contemporary History*, v. 39, n. 3, jul. 2004, pp. 299-313.

para quem a guerra espanhola e seus desafios nunca perderam a força. Durante aqueles anos os escritores produziram uma literatura que permaneceu comigo, que permanece comigo até hoje: poemas, memórias, histórias e ensaios que mereceram atenção e abriram janelas no fim da década de 1930 que haviam sido vedadas pelo cânone masculino que eu herdara.

Estive pensando sobre ativismo e distanciamento, responsabilidade, liberdade e solidariedade, e sobre como é possível reagir a terríveis calamidades no horizonte. Lá estavam eles com as calamidades de sua própria geração, com suas próprias reações. Além disso, devo admitir que tenho uma espécie de fascínio por pessoas com instinto de rebelião, por mulheres que não se desviam de seu próprio caminho para agradar quando assuntos mais importantes estão em jogo. Nancy Cunard, Martha Gellhorn, Josephine Herbst, Sylvia Townsend Warner e Virginia Woolf — todas elas resistiram de alguma forma à vida que lhes foi oferecida. A poeta, ativista e jornalista Nancy Cunard lutou duramente para substituir o roteiro de herdeira-musa esboçado por outros, emergindo sem remorsos, determinada, sincera e falível. Tenho enorme admiração pela abordagem inflexível e franca de Martha Gellhorn em relação à vida e às reportagens de guerra; sua firme empatia e infinita capacidade de se indignar. Não consigo resistir ao mau gênio radical da romancista Josephine Herbst, sua disposição de brigar, reclamar e questionar, de derrubar a arrogância masculina com uma única rasteira. A comicidade autodepreciativa de Sylvia Townsend Warner (na ficção, no jornalismo e em sua conduta) me seduziu especialmente por ter vindo da pena de uma mulher tão segura de sua posição e retidão. Ela sabia como seus detratores poderiam dispensá-la e tinha uma habilidade cativante de arrancar as palavras diretamente da boca deles. E quem já fez melhor uso das palavras que Virginia Woolf, uma mulher cuja curiosidade acerca da humanidade era infinita, ainda que limitada por um medo de invasão — dos outros nos próprios santuários intelectuais dela, certamente, mas também da imaginação na vida dos outros, quando tantas vozes são silenciadas?

A guerra espanhola começou em julho de 1936 quando um grupo de generais descontentes — incluindo Francisco Franco, que emergiria como seu líder — tentou promover um golpe contra o governo eleito do país. A reação de forças estrangeiras foi significativa desde o início. A Itália fascista e a Alemanha nazista ofereceram suporte material decisivo para o lado de Franco (os nacionalistas), ao passo que o governo republicano recebeu de suas democracias parceiras na França, nos Estados Unidos e na Grã-Bretanha apenas uma tímida recusa de intervir. Enquanto a República lutava para sobreviver a esse ataque bem guarnecido, confiando numa tenaz resistência popular ao golpe militar e em armas procedentes da Rússia soviética e do México, muitos observadores entenderam a guerra como uma oportunidade para deter o avanço global do fascismo: uma oportunidade que seus próprios governos pareciam relutantes em assumir.

Alguns meses depois, Nancy Cunard desafiou seus colegas escritores a fazer declarações públicas sobre a guerra, num apelo urgente que expressou ideias como estas: «Está claro para muitos de nós em todo o mundo que agora, mais certamente do que nunca, estamos determinados ou compelidos a assumir um lado. A atitude ambivalente, a Torre de

Marfim, o paradoxal, o distanciamento irônico, nada mais disso terá lugar».[7]

Foi nesse ponto que a Guerra Civil Espanhola começou a ter importância para mim. Quando deparei pela primeira vez com essa declaração chamativa, aconteceu de eu estar vivendo numa era de turbulência nacional e internacional que fez o desafio de Nancy, em seus oitenta anos de idade, capturar minha atenção.

Era possível, nos tempos dela, enxergar a democracia como um edifício que balançava, um sistema que tinha sobrevivido a seu potencial e até fracassado nele. Alternativas disputavam o domínio. A Grande Depressão nos Estados Unidos, essa «cidadela do capitalismo»,[8] não apenas desestabilizou economias ao redor do mundo, mas também abalou a fé no próprio sistema capitalista — provando, para algumas mentes, a validade da teoria marxista que previra seu colapso. A década de 1920 e os primeiros anos da de 1930 viram ditadores militares e formas de governo não democráticas ganharem terreno em uma série de países: Hungria, Polônia, Iugoslávia, Romênia, Japão, Portugal, Áustria, Bulgária, Grécia e, claro, ainda antes, Rússia. Em 1936, a Alemanha e a Itália já tinham sido governadas por fascistas durante anos. Seus regimes encontraram muitos simpatizantes em países abalados pela Primeira Guerra Mundial e pela subsequente Depressão. A União Britânica de Fascistas, por exemplo, já tinha quase quatro anos de existência. E a violência fascista no cenário internacional tampouco era algo novo. A Itália tinha invadido a Etiópia

---

7   NC, «The Question». In: NC (Org.), *Authors Take Sides on the Spanish War*.

8   N. Annan, *Our Age*, p. 178.

em 1935; a Alemanha estava se remilitarizando abertamente — o que era proibido pelos termos da paz imposta no fim da Primeira Guerra Mundial. Para alguns, a grande dicotomia dos anos 1930 foi promovida pelo fascismo e pelo comunismo. Para muitos outros (incluindo aqueles que não estavam convencidos de haver uma diferença significativa entre os dois regimes), a Espanha era talvez ainda mais simples: fascismo ou oposição ao fascismo.

Na minha época tornou-se bastante comum ouvir pessoas traçando paralelos sombrios com os anos 1930: a década em que Hitler e Mussolini esmagaram a oposição e acionaram seus exércitos, e Franco assumiu o comando da Espanha, e os Camisas Negras marcharam pelas ruas de Londres. Pensávamos conhecer esses fatos, mas parece que eles estavam perdendo o poder de assustar ou de servir de alerta; que os reconhecer era algo que pertencia a uma velha tirania de decência e verdade que outros estavam prontos para jogar fora.

Em certo sentido, é uma espécie de grandiosidade absurda relacionar o passado mais sombrio com nosso próprio momento e as preocupações inerentes a ele. Ainda assim, na época em que comecei a ler sobre Nancy Cunard pela primeira vez, senti desaparecerem muitas das coisas que eu tomava como certas. Processos democráticos, mecanismos de justiça, a própria verdade: tudo isso estava sob renovada ameaça. Meu país parecia um lugar menos moderado e menos pacífico do que aquele ao qual eu estava acostumada, e extremistas recém-encorajados estavam assumindo avidamente o palco público. As desigualdades sociais estavam aumentando. A urgência da crise climática parecia cada vez mais ruidosa. Era difícil não se sentir completamente desesperançado, aprisionado num espaço estreito de desespero indignado.

E, ainda assim, era bastante conveniente ter tanta coisa às claras. Era algo a que responder. Isso conferiu certo apelo à posição inflexível de Nancy — até mesmo ofereceu, talvez, uma espécie de permissão. Fiquei me lembrando de uma manifestação feminista da qual eu havia participado alguns anos antes, quando eu tinha 21. Ao encontrar amigos num parque depois do evento, um deles jogou um balde de água fria em nosso humor exultante: a mobilização da qual eu me gabava era mais ou menos sem sentido, opinou ele, um ato de pregação para o coro. Qual era o significado daquilo quando todos os participantes do ato já estavam persuadidos? Em 2019 — um ano em que, apesar de o direito ao aborto ter acabado de ser ampliado na Irlanda, a comissária adjunta das Nações Unidas para os Direitos Humanos pôde descrever a política americana sobre o aborto como «violência de gênero contra as mulheres, sem a menor dúvida»,[9] e o partido antifeminista e de extrema direita Vox obteve ganhos sem precedentes na Espanha,[10] ampliando o incômodo espectro de Franco —, a resposta que eu deveria ter dado estava ficando mais clara para mim. Meu eu de 21 anos havia marchado para expressar sua resistência. Não havia nada a ganhar ao tentar entender o ponto de vista contra o qual estávamos protestando (o de que a forma como as mulheres se vestiam poderia provocar estupro), mas muito a arriscar ao deixar essa ideia existir no mundo sem contestação.

---

9     Kate Gilmore, junho de 2019, apud Jacqueline Rose, *Sobre a violência e sobre a violência contra as mulheres*. Trad. Monica Kalil. São Paulo: Fósforo, 2022.
10     Jason Xidias, «Vox: The Revival of the Far Right in Spain». carr Research Insight, Centre for Analysis of the Radical Right, 2020. Disponível em: <https://www.radicalrightanalysis.com/wp-content/uploads/2020/12/Xidias-2020-CARR-RI-Final.pdf>. Acesso em: 11 jan. 2024.

A «tomada de partido» de Nancy tem um ar de imaturidade, talvez justamente por causa do treinamento meio recreativo que a maioria de nós recebeu. Tanta prudência e imparcialidade significa resistir a essas lealdades fáceis, ver «os dois lados de cada história» — uma terminologia que tende a implicar que a verdade ou a superioridade moral só podem existir quando não se escolhe algum dos lados. E estava ficando claro que os extremos são os que mais se beneficiam com a polarização. Mas havia algo no apelo de Nancy que ressoou em mim. Suas palavras sugeriam que há poder no ato de tomar partido; que há momentos em que a história repousa, quando nuance ou hesitação (talvez ou amanhã) se provarão fatais, quando é vital saber — e reconhecer — em qual lado você está.

Os piores momentos podem assumir uma aparência de simplicidade, e a guerra é exatamente o tipo de aberração que elimina opções, deixando em seu lugar a escolha única de um dos lados. Ainda assim, quando Nancy e milhares de outros estrangeiros agiram *voluntariamente* em apoio à República espanhola, eles tornaram públicas suas convicções. Suas ações propunham os piores momentos como períodos de oportunidade também: um convite a recuperarmos princípios na privacidade de nossos pensamentos e nas conversas e urnas eleitorais, e torná-los fatores decisivos na forma como vivemos e agimos. É por isso que este livro não é sobre a experiência espanhola da guerra, mas especialmente sobre as pessoas que tiveram a opção de não se envolver e decidiram fazer o contrário.

Escritores são bons em ponderar as coisas. Eu estava interessada na questão da distância crítica — se ela é sempre possível ou até, como eu instintivamente presumia, sempre desejável — e não podia pensar em indivíduo melhor para lançar luz sobre isso que um escritor (ou intelectual) em tempos de guerra. Mas pessoas de todos os estilos de vida entendiam a guerra espanhola como uma pergunta, uma provocação que exigia uma resposta. Milhares de pessoas do mundo inteiro se ofereceram como voluntárias em prol da República, chegando ao ponto de viajarem ao país como combatentes e auxiliares. Outros declararam apoio mediante campanhas e arrecadação de fundos. Martha Gellhorn se definia como «uma espectadora»: eu queria explorar, também, a experiência de pessoas cujo compromisso as aproximava da ação.

Ao lado dela neste livro estão a comunista britânica Nan Green e seu marido, George, que se afastaram dos filhos para se tornarem voluntários em unidades médicas e militares na Espanha republicana. Há uma jovem enfermeira afro-americana chamada Salaria Kea que enxergou seu serviço ali como um chamado. Há uma das mais corajosas fotógrafas que contribuíram para a memória da guerra: Gerda Taro, uma refugiada da Alemanha para quem a luta contra o fascismo era pessoal. Elas deixaram seus próprios relatos sobre o conflito, seja por meio de imagens, seja por meio de textos, e acompanhar suas histórias me ensinou muito sobre como as narrativas históricas são formadas, antes de tudo; por que deixar um registro pode ser um dos mais instintivos, e contestados, impulsos humanos. Quando fui procurar Salaria Kea, as negociações e os desafios que sua história havia atravessado se tornaram tão interessantes para mim quanto as peças que faltavam. Uma mulher negra considerada uma radical política, uma enfermeira e não uma escritora: vozes como a dela raramente recebiam uma atenção acolhedora. Este livro expressa muitas das minhas perguntas, mas com Salaria havia tanta coisa por esclarecer que eu percebi que só poderia contar a história dela narrando a busca e deixando as perguntas em aberto.

«Rebeldes», como Franco, fazem o poderio militar voltar-se contra o governo que eles deveriam servir. Mas descobri que todas as pessoas que decidi acompanhar preenchiam a outra definição da palavra, referente àqueles que «resistem à autoridade, ao controle ou à convenção».[11] Eu queria saber por que eles acreditavam que, com a Espanha, havia chegado o momento de tomar partido. Ou, em vez disso, eu queria saber como eles reconheceram a guerra espanhola como o momento para fazer algo a respeito da forma como o seu presente se encaminhava, e o que «tomar partido» havia significado na prática. Eu queria saber se Nancy realmente pensou que o mero fato de declarar apoio a um lado poderia fazer diferença, como ela sugeriu quando lançou aquele apelo urgente. Eu queria saber por que ela havia endereçado tal apelo especificamente a «escritores e poetas».

A guerra espanhola é frequentemente lembrada por, e mediante, seus escritores — e sobretudo escritores de fora do país. De todas as derrotas na história, talvez apenas Troia tenha sido tão bem servida pela literatura quanto foi a República espanhola durante e após a ascensão de Franco, que acabaria governando a Espanha por quase quarenta anos.[12] Inúmeros romances e memórias, alguns deles os melhores livros escritos pelos melhores de sua geração, e uma

---

11    *Concise Oxford English Dictionary*. 11. ed. Nova York: Oxford University Press, 2004.
12    O governo de Franco durou 36 anos, além dos anos em que ele controlou a zona nacionalista durante a guerra.

enxurrada de poemas, alguns brilhantes e outros banais, preservaram a memória dessa causa.

Enquanto eu lia, comecei a pensar que a posição de seus autores tem algo a dizer sobre a natureza da própria escrita. Parece significativo que cada escritor neste livro tenha visto a si mesmo, seja em casa ou no exterior, como um estrangeiro. Se o não pertencimento era parte fundamental da identidade, tomar partido sobre o conflito na Espanha apenas cristalizou uma série de perguntas urgentes acerca do propósito e dos privilégios dos escritores. Os anos 1930 foram a década em que a arte colidiu com a política, em que artistas decidiram se casar com ambas. Diante do trauma da Grande Depressão, do inevitável fenômeno da Rússia soviética e da propagação do fascismo, havia igualmente jornalistas e poetas que procuravam novas formas e novo material. Escritores questionavam suas obrigações para com a sociedade, perguntavam o que a arte poderia alcançar; interrogavam a vida intelectual para expor seu valor e suas limitações.

A lista de estrangeiros que passaram um tempo na Espanha durante a guerra se assemelha a uma lista de chamada das vozes mais célebres de uma época: pense na guerra espanhola, e imagino que você pensa em Ernest Hemingway e George Orwell, talvez Stephen Spender, John Dos Passos, W. H. Auden. Mergulhe um pouco mais e você encontrará uma variedade muito maior de autores, incluindo escritoras mulheres, escritores negros, escritores que não escreviam em inglês (embora a riqueza da literatura escrita em língua espanhola esteja além do escopo de um livro interessado no caráter forasteiro dos escritores).[13] Eles foram à guerra

---

13     Além de Nancy Cunard, Josephine Herbst, Martha Gellhorn, Langston Hughes, Jessica Mitford, Sylvia Townsend Warner, Valentine Ackland;

porque, nas palavras de Martha Gellhorn, «nós sabíamos, nós simplesmente *sabíamos* que a Espanha era o lugar para deter o fascismo»[14] ou porque acreditavam no projeto liberal da República e queriam aumentar a conscientização sobre as dificuldades da situação, ou porque queriam observar a *cause célèbre* do momento, ou mesmo participar dela. Viram a história chegando e foram a seu encontro.

Nancy fez três longas viagens à Espanha durante os três anos da guerra; Martha foi duas vezes em 1937 e de novo em 1938. Sylvia e Josephine foram menos — duas vezes com sua companheira, a poeta Valentine Ackland, no caso de Sylvia; Josephine foi apenas uma vez — e Virginia, nenhuma. (Gerda Taro ia e vinha conforme os repórteres o faziam; Salaria Kea e os Green ficaram ali por períodos longos e contínuos.) Escrevendo este livro, tomei a liberdade de pegar cada história de vida que me pareceu relevante e abandoná-la quando ela ia além de onde eu precisava ir. O livro se volta para essas mulheres não meramente por serem mulheres, mas porque apresentaram e abordaram, no trabalho e na vida, as exatas questões que parecia valer a pena perseguir. Fica evidente que os homens famosos não são tudo o que há para saber sobre a Guerra Civil Espanhola.

Martha chegou a Madri como uma jovem inquieta de vinte anos, e começou então uma carreira de cobrir a humanidade em seu melhor e seu pior. Essa carreira viria a

---

também, por exemplo: Simone Weil, Gustav Regler, Nicolás Guillén, Muriel Rukeyser, Dorothy Parker, John Cornford, Arthur Koestler, Anna Seghers, André Malraux, Mulk Raj Anand, Antoine de Saint-Exupéry, Tristan Tzara e muitos outros.

14    Apud C. Moorehead, *Martha Gellhorn*, p. 134.

sustentá-la pelo resto da vida. Se para ela foi o começo de algo, para Josephine Herbst, uma experiente política radical cujo pouco tempo na Espanha foi inversamente proporcional ao quanto significou para ela, a guerra em contrapartida representou uma espécie de fim: um declínio das suas próprias alianças políticas e, na sua visão, de uma década que reverberou com fé na habilidade individual de fazer a diferença. Na Barcelona anarquista de 1936, Sylvia e Valentine descobririam a promessa de um futuro libertador que era impensável em casa, onde a captura de sua realização pessoal e política como comunistas e mulheres *queer* tinha se provado «um exílio». E então, segurando-se onde Nancy mergulhou, estava a velha conhecida mas nunca amiga Virginia Woolf, lutando, e fracassando, para manter a guerra fora de sua vida.

Quando Nancy mirou no refúgio da «Torre de Marfim», ela estava articulando um debate ao vivo em torno da vida de escritor — um debate que continuou à medida que ela era inundada com as respostas a seu desafio que chegavam de escritores interessados. Como um santuário para o pensamento e a criação, a torre de marfim foi essencial para alguns e uma falha moral para outros. Ainda assim, essa suposta distinção entre criação (ou bolsa de estudos) e envolvimento no mundo «real» não podia explicar por que a Espanha significava tanto para os escritores abordados neste livro, nem como o país provou ser o terreno fértil para algumas das melhores reportagens de Martha, isto sem mencionar seu angustiado romance *A Stricken Field* [Um campo devastado], de 1940; ou para alguns dos melhores escritos entre as memórias de Josephine — o gênero para o qual ela tinha o maior talento; ou para o romance de Sylvia *After the Death of Don Juan* [Depois da morte de Don Juan], de 1937, e a poesia assombrosamente tocante que ela e Valentine escreveram dessa época; ou a crônica modernista na qual Nancy poderia trabalhar pelo resto da vida, tentando expressar a matéria extrínseca da história — o luto e o questionamento e o protesto — em muitos, muitos poemas sobre a «Espanha-minha-Espanha». Em vez disso, para mim, apresentou-se outra questão que atravessou a vida e o trabalho desses escritores.

Como acontece com frequência, quanto mais eu explorava, mais certas pessoas se anunciavam, aderindo como carrapichos aos desafios lançados por Nancy Cunard. Havia outros escritores que encontrei por acaso na guerra espanhola, longe das paisagens que eu lhes havia atribuído mentalmente, e, embora não tenhamos acompanhado um ao outro durante o período, eles reuniram experiências distintas daquela época e das quais eu não podia abrir mão. A jornalista Virginia Cowles, tão glamorosa e bem relacionada quanto sua amiga Martha Gellhorn — embora talvez mais sensata —, ofereceu uma abordagem diferente da frustração de Martha com a objetividade. Um ano depois de Nancy, Sylvia e Valentine terem ido pela primeira vez à Espanha, o poeta e dramaturgo americano Langston Hughes chegou a Madri, já veterano das brigas que envolviam a vinculação da política com a arte. Os adolescentes rebeldes Esmond Romilly e Jessica Mitford (cuja carreira no mundo da escrita começou muito, muito depois) viveram as profundas incursões que a política pode fazer quando se separaram de suas respectivas famílias para ir à Espanha — a sua ruptura foi menos angustiante do que aquela inescapavelmente imposta a algumas famílias pela guerra civil. Jessica e suas famosas (e também infames) irmãs introduziram o humor como outra das perguntas que eu fazia sobre literatura como resistência ou refúgio.

«Nós [escritores]», Martha imperiosamente informou seus colegas em 1937, «temos a obrigação de ver e entender o que acontece, de dizer a verdade, de lutar constantemente pelo esclarecimento das questões. Temos, em resumo, o trabalho vital de moldar a história à medida que ela acontece.»[15] A história foi parte da razão pela qual a Guerra Civil Espanhola inspirou escritores e os fez pensar que tinham algo a oferecer. Repórteres fizeram um primeiro rascunho, muitas vezes preservando memórias que foram suprimidas mais tarde. Mas todos esses textos em resposta ao que viram na Espanha tiveram a oportunidade de abordar o futuro. Ao narrar a luta, fincaram bandeiras para a posteridade, marcando oposição ao fascismo mesmo quando tal oposição fracassou.

Em certo sentido, a causa republicana se tornou algo vasto e desajeitado — tornou-se o que cada indivíduo quis fazer dela. Solidariedade significava identificar as maneiras pelas quais um fenômeno como o fascismo não se manteve confinado às fronteiras nacionais; significava descobrir uma causa comum com pessoas diferentes de você — e isso às vezes significava colocar na mesa suas próprias experiências e causas. Para mim, era algo interessante e ao mesmo tempo preocupante. Sugeria preliminares para uma mudança significativa, mas também indicava que tentativas de promover solidariedade traziam consigo o risco de abafar seus aliados escolhidos.

Nenhum dos indivíduos apresentados neste livro passou incólume ao terrível ataque à esperança da década de

---

15  MG. In: Henry Hart (Org.), *The Writer in a Changing World*. League of American Writers, 1937, p. 67.

1930 e dos primeiros anos da de 1940, mas cada um deles achou formas de se engajar. Neles encontrei ativismo com rosto humano. Um modo de viver seus ideais que era de fato uma luta — uma luta que nem sempre deu certo e nem sempre, inclusive, foi bem-feita —, mas uma luta que buscou atrair o que eles acreditavam poder oferecer ao mundo em sintonia com o que julgavam correto. Essa era, para mim, uma forma de viver. Com eles, poderia haver beleza e amor e recompensas pessoais dentro de um movimento em prol da mudança política — isso era parte de como eles sabiam que a mudança levaria a um mundo melhor. Poderia ser solidariedade baseada em interesses comuns — é o que fazia isso parecer viável. Poderia haver fracasso sem desespero. «Sombria como minha visão se tornou», escreveu Josephine bem depois da derrota da República, «eu ainda acho absolutamente necessários, para continuar em qualquer linha disponível, a perseguição e o protesto.»[16] Nem sempre é fácil identificar as perguntas que sua época lhe está fazendo — ou talvez seja fácil demais silenciá-las. Esses meus estrangeiros poderiam ver o tanto que a responsabilidade havia aumentado no fim da década de 1930. Suas diversas e diversificadas contribuições levantaram questões espinhosas sobre solidariedade e aliança que permanecem até os dias de hoje, mas também nos lembram que isso pode ser feito.

Lá estava eu com certas perguntas ocupando minha mente e com esses encontros no horizonte. Eu queria saber o que significara tomar partido e como isso havia sido feito, e também queria saber o que a escrita tinha a ver com isso. O motivo pelo qual Josephine foi à Espanha ecoou por gerações: «Eu provavelmente estava tentando encontrar algumas

---

16    JH a Mary e Neal Daniels, 17 de fevereiro de 1966, Beinecke.

respostas para as confusões em minha própria mente».[17] Às vezes você está buscando um caminho através das perguntas e se vê escrevendo um livro.

---

17   JH, *SBS*, p. 135.

# Prelúdios[18]
## 1935-36

Por onde você começa?

Josephine Herbst chegou a Cuba sob falsos pretextos, ancorada numa credencial de revistas moderadas para as quais ela não escreveria, tentando alcançar a resistência. Mas o principal de uma resistência clandestina é justamente que não seja fácil encontrá-la.

A pose era de uma jornalista que fazia pesquisas sobre a indústria açucareira cubana. A realidade era algo como: uma escritora de contos e intrépida romancista de reputação crescente, uma mulher que ficcionalizava compulsivamente os traumas e as insatisfações de sua vida e de seu passado de forma tão destemida que tornou impublicável uma parte desses escritos; que só recentemente deparou com o real significado desse material — o real método para lhe dar um propósito —, mas que havia sido temporariamente redirecionado por sua ascensão como uma jornalista corajosa, politicamente comprometida e

---

18    A menos que especificado de outra forma, as citações de JH foram extraídas de seus artigos na *New Masses* e no *New York Post* em 1934 e 1935 e de *SBS*; as citações de VW foram tiradas do volume 4 de seus *Diários*; as citações de NG procedem de *ACOSB*; as de NC vieram de *Grand Man* e as de seus amigos são de *BPIR*; onde MG foi citada, trata-se de trecho tirado de *FOW* e de seu artigo «Ohne Mich: Why I Shall Never Return to Germany», publicado na *Granta* em dezembro de 1992.

o-mais-à-esquerda-que-se-pode-ir. A realidade era uma missão de que foi incumbida pela revista marxista *New Masses*, para escrever sobre os revolucionários numa ditadura instável, na qual um oficial militar chamado Fulgencio Batista estava esmagando a dissidência. Se o mundo não fosse tão clamoroso, Josephine Herbst poderia ter voltado aos romances que pretendia escrever. Mas ela também acreditava que, sem os clamores do mundo, não haveria romances.

Ela demorou semanas para ganhar a confiança da clandestinidade cubana em 1935 — semanas que ela passou entrevistando políticos locais e homens de negócios americanos, construindo um panorama de um país à mercê dos interesses comerciais dos EUA. Josephine até conseguiu falar com o próprio Batista, um homem que ela prescientemente julgou estar «pronto para instituir uma ditadura militar».[19] O tempo todo ela estava procurando um caminho para as montanhas, onde camponeses numa região chamada Realengo 18 estariam opondo resistência às tentativas das companhias açucareiras de se apropriar de suas terras. De início, seus contatos a levariam no máximo até Santiago, onde os corpos marcados de cicatrizes dos ativistas que ela encontrou foram explicação suficiente para os motivos de sua cautela. Depois, por fim, houve uma viagem de cinco dias a cavalo, ao longo de «trilhas que sobem abruptamente a encosta da montanha através do pântano e de densas florestas virgens, com samambaias e trepadeiras brotando tão emaranhadas quanto cabelos», em direção às «secretas encostas das montanhas de 'Realengo 18'».

Era um lugar tão remoto que ela era a primeira jornalista estrangeira a encontrá-los. Ainda assim, as pessoas ali, armadas e amistosas, não expressavam sensação de

---

19    JH, apud E. Langer, *Josephine Herbst*, pp. 177-8.

isolamento. «O distrito de Realengo é pequeno em comparação com Cuba, e Cuba é só uma pequena ilha», escreveu ela, «mas ninguém em Realengo se sente sozinho na luta pela liberdade. Eles falam muito sobre o que está acontecendo no mundo. Eles sabem muito bem estar sozinhos.»

Esse conhecimento e essas conexões eram importantes. Nos últimos anos, cobrindo a radicalização de fazendeiros americanos da época da Depressão, Josephine havia mencionado cooperações surpreendentes. O que fez um homem branco de uma velha família de fazendeiros encontrar uma causa comum com «o empobrecido arrendatário negro do Alabama»? «Nada exceto a convicção de que a luta deles contra a ruína maciça é a mesma.» Com os tipos certos de alianças, acreditava ela, e com a vontade de lutar, havia uma solução não apenas para a desigualdade econômica, mas também para o imperialismo e a discriminação racial.

Essas conexões abrangentes seriam endereçadas a ela novamente no Primeiro de Maio, semanas após seu retorno de Cuba, quando ouviu seus vizinhos da Pensilvânia cantarem exatamente o mesmo hino esquerdista que ela havia cantado naquela noite escura com seus anfitriões nas montanhas. E isso quer dizer: talvez você comece em Cuba. Mas a história não pode ser contada sem os EUA e «*el imperialismo yanqui*»,[20] ou os rebeldes isolados que se identificavam como cidadãos do mundo, ou a sua memória vindo à tona da próxima vez que você fizer reportagens sobre uma conferência dos fazendeiros e a multidão cantar «A Internacional». Você tenta contar a história de uma pessoa, e todas as outras acabam se aglomerando.

Na época em que Josephine voltou das montanhas para Havana, tudo tinha se agravado. Uma greve geral

---

20    Em espanhol no original. [N. T.]

convocada em oposição à repressão de Batista desencadeou uma resposta violenta. Ela estava num teatro quando uma bomba explodiu lá fora. A maioria das pessoas permaneceu onde estava; Josephine saiu correndo para encontrar poças de sangue na calçada. Ela escreveu seus artigos enquanto o tiroteio ocorria nas ruas, depois eles foram contrabandeados para fora do país quando as autoridades restringiram a correspondência. Ela logo seguiu, sem poder fazer mais nada enquanto seus contatos estavam sendo caçados e desaparecendo.

Felizmente, não ficava longe de Cuba o esconderijo de um velho amigo em Key West, na Flórida. Josephine passou alguns dias se recuperando com Ernest Hemingway, depois foi para Nova York, onde deveria falar numa conferência de escritores.

No palco do Mecca Temple, ela sabia por que havia sido convidada. Pânico de última hora: uma grande reunião de escritores americanos progressistas, e eles haviam se esquecido de arranjar uma palestrante mulher para a noite de abertura. Isso era típico de várias produções comunistas das quais ela havia participado; eles a queriam mais por seu perfil do que por suas opiniões. Em 1935, ela era, nas palavras de sua biógrafa muitos anos depois, «uma protagonista» da esquerda radical do país. Isso se devia em parte a seu próprio trabalho e reputação, e em parte porque seu marido, John Herrmann, tinha desviado seu foco da literatura para a organização comunista.

Como a ameaça fascista na Europa e o olhar cauteloso de Stálin sobre esse fato incitaram um novo clima de vasta cooperação da esquerda — muitas vezes anunciada como uma «Frente Popular» —, as conexões políticas de Josephine a levavam a amplas audiências. Ainda assim, ela odiava os «presunçosos» da «elite política nova-iorquina» de esquerda, que andavam por aí fazendo discursos emocionantes para grevistas a respeito de vidas sobre as quais nada sabiam. E também nunca respondeu bem a recomendações sobre como e o que escrever: no Congresso de Escritores, provocou amigos dizendo que eles deveriam chamar a sugerida Liga de Escritores Americanos de «Liga contra a Escrita Americana», já que a qualidade literária aparentemente não era a prioridade. «Não me entendam mal», escreveria Josephine anos depois, quando esse tipo de coisa era difícil de admitir, «eu fui o mais à esquerda que se podia ir», mas ela nunca se incluiu entre «os Fiéis» (e não há evidência de que tenha realmente aderido ao Partido Comunista). Talvez seu ceticismo tenha transparecido: uma caricatura dos palestrantes do congresso tem a face carrancuda de 43 anos por baixo de um chapéu largo e horrível.

No palco ela falou sobre seus próprios ancestrais, gente da fazenda na Pensilvânia, e falou também sobre Cuba. Falou sobre o que realmente importava: resistência, revolução. Depois foi para casa, onde seu marido havia estado brevemente com a amante, deixando a situação esquisita com os vizinhos. Havia outras razões para não demorar: havia, por exemplo, o problema premente de Adolf Hitler.

Desde que ele tinha chegado ao poder na Alemanha em 1933, vozes de oposição estavam caindo em silêncio de forma preocupante. O Partido Nacional-Socialista dos Trabalhadores Alemães (NSDAP, na sigla em alemão) era agora o único partido permitido por lei; Dachau, o primeiro campo de concentração da Alemanha para presos políticos, já tinha dois anos de existência. As Leis de Nuremberg, privando os judeus alemães de direitos básicos, seriam instituídas em setembro daquele ano. Dizia-se que os nazistas haviam eliminado por completo seus oponentes e, se não havia ninguém enfrentando Hitler em seu próprio país, também parecia haver pouco apetite de confrontá-lo internacionalmente. Josephine negociou uma pauta do *New York Post* e partiu para Berlim.

Berlim era um risco. Poderia ser perigoso ir até lá, e não havia garantia de que ela encontraria algo a reportar. Os exilados lhe forneceram contatos, mas estes vinham com alertas: pessoas poderiam ter desaparecido, ou o fato de ela chamar atenção poderia levar ao desaparecimento de pessoas.

Na Alemanha, era verão e tudo estava tão arrumado e em ordem quanto o mundo havia sido levado a acreditar. «Na aparência», admitiu ela, «as ruas estão limpas, as jardineiras estão cheias de flores, crianças caminham em bandos rumo ao campo, entoando canções. Os slogans dos grupos de oposição foram encobertos com tinta branca nos muros.» Era um contraste com a Berlim faminta e instável que ela havia conhecido nos dois anos que passara ali na década de 1920, quando sentia vergonha da fortuna que seus dólares americanos lhe proporcionaram na cidade acometida pela inflação. Em 1935, o contraste tinha sua própria mensagem. Ela sentiu «um país mudado e doente», um país asfixiado. Descrevendo atributos que supostamente dão às ditaduras seu apelo, ela também mencionou os custos por meio dos quais elas são alcançadas: «Na superfície, as coisas parecem alegres. Meninos de bicicleta em estradas rurais. Quem vê um campo de concentração? No entanto, o silêncio paira sobre todo o campo... A conversa já não borbulha».

Mais tarde ela escreveria sobre «aquela qualidade cautelosa, desconfiada e morta que entorpece massas de alemães em sua vida diária», identificando uma característica comum a regimes totalitários onde e quando eles se estabelecem: o efeito da perda de todos os espaços seguros para a mente e para a voz. (O que Josephine ainda não havia percebido é que isso é o que o stalinismo pareceria ser, embora sua própria visita à URSS em 1930 tenha falhado especialmente em elevar seu entusiasmo.)

O medo a perseguia em Berlim, assim como havia acontecido em Cuba e aconteceria, por um tempo, na Espanha. A coragem necessária para encontrar essas histórias veio não da ausência de medo, mas da incessante luta contra ele. Vasculhe seu quarto de hotel em Havana e você verá uma mulher de meia-idade, com inchaço sob os olhos e meio enlouquecida, escrevendo um fluxo frenético de invectiva e apelo ao marido que está se preparando para abandoná-la. Com o colapso de sua própria vida tão insistentemente significativo, ela se perguntou se estava à altura do desafio dessas atribuições, se poderia fazer justiça a outras emergências quando se sentia tão duramente pressionada por suas próprias. Sua mente era tão assustadora para ela quanto os perigos reais da investigação dos abusos das ditaduras. Nos dois casos, eram lugares aterrorizantes para se estar.

Em Berlim, enviou uma carta a Katherine Anne Porter, sua amiga de longa data, sabendo que era arriscado escrever tão livremente, tentando se convencer de que tinha coragem: «Tudo muito quieto, mesmo amordaçado, mas nada mais disso até eu ver você de novo. Eu me sentia terrivelmente deprimida no início, inclusive hoje de manhã, com uma espécie de horror de estar sozinha que me corrói até os ossos. Não tenho certeza se consigo ter êxito nos negócios aqui &

não vou ficar apavorada se não conseguir. Não vou entrar em pânico por ter falhado agora».[21]

Josephine tinha ido à Alemanha com a intenção de apurar os ouvidos e escutar o som da resistência; no fim das contas, num sussurro, ela conseguiu. Marcou reuniões secretas, foi informada sobre a repressão a greves e sobre trabalhadores que desafiadoramente compareceram aos funerais de camaradas assassinados; começou a selecionar piadas que expressavam descontentamento com o regime, e tomou conhecimento de panfletos da oposição caindo em cascata de trombas d'água na rua com a chuva. Ela conseguiu descobrir uma realidade oculta da oposição — não, como observa sua biógrafa, por parte dos aristocratas conservadores que seriam celebrados por sua intervenção tardia contra Hitler, mas de donas de casa em ônibus, trabalhadores industriais, corajosos distribuidores de panfletos e pintores de slogans. Ela escreveu uma reportagem que estampou a primeira página do *New York Post* por cinco dias consecutivos. Eles a intitularam «Por trás da suástica».

*

Corajosos distribuidores de panfletos não nascem, mas se fazem. Quando estava apenas em seus vinte e poucos anos, Gerta Pohorylle — mais tarde Gerda Taro — prometeu enviar à sua melhor amiga detalhes de todos os admiradores que ela estava acumulando em Leipzig. Depois acrescentou uma ressalva rápida, irreverente e perigosa: «se os nazistas não me matarem [antes]».[22] Em dois anos, aqueles mesmos nazistas venceram

---

21    JH a Katherine Anne Porter, julho de 1935, apud Langer, *Josephine Herbst*, op. cit., p. 210.

22    I. Schaber, *Gerda Taro*, p. 24.

as eleições do Reichstag. Isso foi em março de 1933. Em abril, houve um boicote aos negócios dos judeus em Leipzig. Em maio, livros foram queimados. Gerda já tinha sido presa.

Numa fotografia muito conhecida, feita em 1934 ou 1935, ela está sentada a uma mesa num café parisiense com a língua de fora, piscando maliciosamente. É um olhar autoconfiante, e ela desafia a não levar as coisas tão a sério. Talvez esteja num dos estabelecimentos à margem esquerda do rio Sena lotados de imigrantes naqueles anos, tomando café, discutindo política e se deleitando com a ampla solidariedade do antifascismo. Diante de um inimigo comum, aqueles que estavam na esquerda ganhavam uma série de aliados novos também.

Gerda era pequena — pouco mais de 1,50 metro de altura — e magra, com cabelo cortado à moda masculina e num tom loiro-avermelhado. Quando as pessoas não gostavam dela, diziam que era insistente. É verdade que manteve sua postura e sua ambição de anos anteriores. Não deixou para trás a alegria e a promessa quando foi embora da Alemanha, mas em Paris havia muitas formas pelas quais essas características acabavam sendo frustradas.

A família de Gerda vinha originalmente da Galícia, uma parte do Império Austro-Húngaro que um dia havia sido o lar da maior comunidade judaica do mundo. No desmembramento do império após a guerra, a Galícia passou a ser parte da Polônia, transformando famílias de falantes de alemão em polonesas. Mas os Pohorylle se estabeleceram em Stuttgart, na Alemanha, no seio de uma próspera e extensa família que manteve Gerda bem-vestida e bem-educada. Ela era uma boa aluna num colégio de prestígio, passou um ano numa escola suíça de etiqueta, destacou-se em idiomas; era uma encantadora e assimilada integrante da burguesia.

Com o volátil desmoronamento da República de Weimar, quando a política alemã alcançou extremos, aquela vida começou a parecer insuficiente. Seus amigos não estavam interessados em política. Eles também não eram judeus. Quando Gerda tinha dezenove anos, sua família se mudou para Leipzig depois da falência dos negócios de seu pai, e ali Gerda se juntou a um núcleo judaico com inclinações esquerdistas — gente que entendia, aparentemente ao contrário de seus amigos, o que o crescente antissemitismo no país significava para ela.

«Quando você a conhecia», lembrava-se um dos membros do grupo em Leipzig, «a impressão imediata era de alguém animado, feliz, pleno das alegrias da vida. E radiante. Não uma lutadora em roupa de aniagem e cinzas.»[23] Seu namorado poderia listar muitos entusiasmos: «ir a festas, dançar até tarde da noite, frequentar bons restaurantes, conhecer pessoas».[24] Ela não era tão interessada em política quanto alguém cuja vida girava em torno disso. Em Leipzig começou a distribuir panfletos antinazistas. Seus irmãos foram mais audaciosos: jogaram os *flyers* na rua a partir do telhado de uma loja de departamentos, desencadeando um escândalo no qual pelo menos sessenta pessoas, incluindo Gerda, foram detidas (seus irmãos se esconderam a tempo).

Na cela lotada onde passou duas semanas, Gerda se destacou por seu suprimento de cigarros, por sua habilidade de cantar músicas de jazz americanas famosas com a pronúncia correta, e por sua ideia sobre o que deveriam fazer com o sino que tinham encontrado na cela. Quando as mulheres eram mantidas acordadas à noite pelos gritos vindos dos

---

23     Apud J. Rogoyska, *Gerda Taro*, p. 24.
24     Ibid.

pavilhões masculinos, elas o faziam soar, incessantemente, até que as surras parassem.

Enquanto isso, os pais de Gerda estavam fazendo uso de seus desconjuntados passaportes poloneses para apelar ao cônsul da Polônia, que exigia uma explicação para sua prisão. Gerda foi solta, mas continuou sob vigilância. Mais tarde em 1933, ela partiu sozinha para Paris.

Na França, aceitava-se a entrada de refugiados, mas eles dificilmente eram acolhidos de modo universal, sobretudo porque os números só faziam aumentar. O país oferecia a mulheres como Gerda um porto seguro — mas quem poderia dizer que era um refúgio permanente?

*

Quando Josephine Herbst tinha escrito sobre as jardineiras repletas de flores, Virginia Woolf, dirigindo pela Alemanha apenas algumas semanas antes dela, descreveu a «dócil histeria»: uma sensação igualmente sinistra de irrealidade, de ameaça pairando sobre um panorama imaculado de ar superior. Ela tinha uma ideia de como as coisas poderiam ser ali: ela e seu marido, que era judeu, tinham sido alertados de que a viagem poderia ser arriscada, e, quando Leonard desapareceu no edifício da alfândega alemã por mais tempo do que ela esperava, Virginia logo se assustou. Mas Leonard quisera ver por conta própria como era o fascismo na prática. A «tolice selvagem» dessa Alemanha o confundiu.[25] Como pessoas como ele e Virginia — pessoas inteligentes e atentas — poderiam supostamente levar aquilo tudo a sério?

---

25    L. Woolf, *Downhill All the Way*, p. 192.

Eles passaram três dias viajando de carro pelo país, da Holanda até a Áustria, num clima esplêndido, imponentes em seu conversível, e a coisa toda tinha algo da atmosfera de uma festa do chá do Chapeleiro Maluco. Para começar, tinham um macaco de estimação, Mitz, no carro com eles. Enquanto o bicho provocava êxtases de alegria por onde quer que eles passassem, Virginia e Leonard se sentiam suscetíveis ao ambiente. O alívio quando oficiais sorriam diante de seu bicho de estimação. Virginia sentiu isto: «a primeira pedra em nosso caminho». Foi uma sensação que se enrijeceu em raiva.

No Reno, sob o sol de maio, eles se viram no meio de um comício para Hermann Goering, embora naquele tempo temessem estar prestes a encontrar Hitler cara a cara. Diante de crianças que agitavam bandeiras sob faixas que diziam «O judeu é nosso inimigo», eles seguiram em frente, amedrontados e humilhados, até que seu carro ultrapassou o alcance daquilo que Virginia denominou «a dócil multidão histérica». Docilidade não implica exatamente inofensividade. Ainda que Virginia não acreditasse na espontaneidade da multidão, para ela a obediência daquelas pessoas (que talvez tenham passado a ser dóceis porque pararam de pensar por conta própria) era perigosa por si só. Claramente a coerção do momento a atingiu também: em suas anotações de viagem, ela escreveu que havia erguido a mão em resposta ao deleite da multidão para com Mitz. Isso levanta uma série de perguntas. Ela acenou? Fez a saudação nazista? Teria ela, naquele momento, associado suas próprias piadas ocasionais acerca do nariz de Leonard com o ódio que lia nos cartazes? O fascismo a ofendia, mas, ao que sempre parecia, a condição judaica de seu marido também.

Provavelmente não é coincidência que em 1935 Virginia tenha reforçado a prática, iniciada no início da década, de manter álbuns com recortes de jornais. Já autora de *Mrs.*

*Dalloway*, *Ao farol*, *Orlando* e *As ondas*, Virginia era, aos 53 anos, uma mulher alcançando a eminência intelectual e literária, celebrada como uma esfinge modernista. Ela havia começado a pensar em conquistar um público mais amplo. «Pode haver grandiosas Mulheres Velhas da literatura?», ruminou.[26] Porque, se havia, ela gostaria de ser uma.

Nos anos 1930, à medida que a perspectiva de uma guerra avançava cada vez mais na vida cotidiana, ela estava formulando uma mensagem que gostaria que fosse ouvida. Nos álbuns de recortes, histórias de preconceito e opressão se acumulavam para abastecer os dois livros que ocupavam sua mente naquele ano. Um deles, *Os anos*, era um romance que viria a se tornar seu maior sucesso comercial até então; o outro era uma obra estranha e curta intitulada *Três guinéus*, que ela concebeu em caráter privado como seu panfleto antifascista, mas que raramente seria acolhido como tal. Já então envolvida no romance por vários anos, Virginia se aproximava de perigosas águas psicológicas. No intuito de comprar para si mesma tempo para escrever o segundo livro, teria de sobreviver à experiência de escrever o primeiro.

*

O ano de 1935 foi também o ano em que Sylvia Townsend Warner e seu parceiro começaram a manter suas próprias compilações de recortes de jornal. No caso deles, era um registro quase diário que variava dos efeitos desesperados da pobreza e do desemprego na Grã-Bretanha às atrocidades fascistas no exterior, mantido tão minuciosamente que eles até acrescentaram um índice. Tal era o escopo do seu interesse pelo mundo

---

26     Apud L. Gordon, *Virginia Woolf*, p. 324.

— e o escopo das suas atividades também. Percorrendo sua vida em comum, notava-se uma paixão por justiça social que animava seu trabalho tanto literário quanto político.

Já se havia passado quase uma década desde que o romance de estreia de Sylvia, *Lolly Willowes*, um best-seller sobre uma solteirona atraída pela bruxaria, ganhara resenhas elogiosas nos dois lados do Atlântico. Na época, Sylvia estava com trinta e poucos anos. Desde a morte de seu amado pai, um professor de escola que tinha estimulado a inteligência precoce da filha, ela havia trabalhado como editora de música em Londres. Sylvia era ágil, morena e magra; de óculos e cabelos crespos; uma conversadora talentosa. Enquanto suas contemporâneas, como Nancy Cunard, estavam se deleitando com o modernismo (ambas publicaram coletâneas de poemas em 1925, o ano anterior ao lançamento de *Lolly Willowes*), o trabalho de Sylvia se nutria da pastoral inglesa e ela não se preocupava com experimentação. Sentia-se atraída por formas que sua biógrafa descreveria como «não simplesmente tradicionais, mas quase pitorescas».[27] O caráter subversivo de *Lolly Willowes*, então, tal como o caráter subversivo da própria autora, era pouco notado. Sylvia não estava sob os holofotes bancando a excêntrica amalucada. Quando Virginia Woolf perguntou, num almoço marcado para que as duas escritoras se conhecessem, como Sylvia sabia tanto a respeito de bruxas, Sylvia respondeu que ela própria era uma. Por mais excêntrica que possa ser a magia do pitoresco vilarejo de Chilterns no livro, há algo de experiente e perigoso para a sociedade numa personagem feminina que preferiria se vender ao Diabo a pertencer a uma família burguesa de classe média.

---

27    C. Harman, *Sylvia Townsend Warner*, p. 62.

Se não houve um pacto real com o Diabo para evitar esse destino, na conservadora Grã-Bretanha a lésbica e comunista dona de casa Sylvia, estabelecida na zona rural de Dorset, chegou bem perto disso. Em 1930, o radicalismo havia entrado em sua vida sob a forma de uma jovem notável de 24 anos, apropriadamente chamada Valentine (ela mudara seu nome, que antes era Molly).

Valentine era, e continuaria a ser, pouco conhecida ou publicada como poeta. Em contraste com a infância livresca de Sylvia, ela havia sido criada como uma rica socialite — mas uma socialite que poderia ocasionalmente servir de compensação para a falta de filhos homens de seu pai. Ela sabia atirar e preferia vestir calças; além disso, serviu de modelo para os artistas plásticos Augustus John e Eric Gill. Aos quinze anos, enviada a Paris para um curso de etiqueta, voltara apaixonada por outra garota, uma «antinaturalidade» pela qual seu pai nunca a perdoaria. Aos dezenove, casou-se com um amigo gay na catedral de Westminster enquanto mantinha um caso com outra mulher. A união foi anulada um ano depois. Quando conheceu Sylvia, Valentine estava infeliz, retraída e já propensa a se automedicar com bebida. Mas o que as pessoas notaram primeiro foi a boa aparência extravagante e andrógina.

Foi Valentine quem incentivou Sylvia ao engajamento político. Certa vez, Sylvia listou para ela as coisas que a indignavam — «padres em suas togas, antissemitismo, o homem branco que é o fardo do homem negro, fomentadores de guerra»[28] —, mas saber dessas coisas servia apenas para reconhecer «convicções» que tinham «permanecido como desejos não realizados. Talvez isso não fosse suficiente». Em 1935, elas

---

28     STW, apud Harman, *Sylvia Townsend Warner*, op. cit., p. 140.

tomaram a iniciativa de aderir juntas ao Partido Comunista Britânico, somando-se ao modesto mas crescente número de associados.

Num mundo pequeno, Sylvia havia se tornado uma das mais importantes intelectuais do partido, rapidamente encarregada de integrar delegações no exterior quando escritores se reuniam para discutir a paz e o fascismo. Ela tinha todas as tendências dominadoras e habilidades intimidadoras das senhoras do Women's Institute que ela satirizava de um jeito cativante em histórias escritas para a *New Yorker*, embora tendesse a conseguir as coisas à sua própria maneira em nome de causas bem diferentes. O casal se ocupava organizando sua comunidade local (uma empreitada apenas parcialmente bem-sucedida), escrevendo para jornais, vendendo o *Daily Worker* e colando cartazes que atacavam a União Britânica de Fascistas. Valentine adquiriu uma máquina duplicadora na qual produzia panfletos e comunicados; havia também o recurso valioso de um MG Midget verde no qual ela transportava aldeões para centros de votação e manifestações — uma atividade que consumia tempo, já que o carro tinha apenas dois assentos. Sylvia descobriu um talento para importunar. A casa delas — embora úmida, sem luxo e isolada num campo — tornou-se um núcleo de ativismo e de comunidade; em pouco tempo Sylvia estava ameaçando «pintar um aviso dizendo: 'Siga nesta direção para o Velho Retiro Comunista'».[29] (Muito mais tarde, Nancy Cunard seria uma das radicais que repousariam ali.) Quase não era necessário. Foram rapidamente — mas, é preciso dizer, de forma um tanto ineficaz — colocadas sob vigilância policial. «Sua

---

29    W. Mulford, *This Narrow Place*, p. 83.

principal ocupação», dizia o confuso relatório da polícia local, «parece ser a escrita de histórias.»[30]

As duas eram colaboradoras da *Left Review*, uma revista criada em 1934 em resposta ao crescimento da extrema direita, e membros fundadoras do grupo local de escritores e leitores Left Book Club [Clube do Livro da Esquerda]. (O Left Book Club, que era exatamente o que parece ser, contava com quase 60 mil membros no fim da década de 1930: evidência de um público ávido de um debate intelectual politicamente modulado.) Havia também uma biblioteca de empréstimo voltada para o recrutamento, porque a literatura era a forma como sabiam alcançar as pessoas. Sylvia estava desenvolvendo ideias firmes sobre o tipo de escrita que importava, elogiando autores que rejeitavam «o atoleiro da Arte pela Arte» em favor do «melhor fundamento da Arte pelo Homem».[31] Seus próprios romances agora tinham um propósito que era inextricável de suas crenças. «Por mais encantada que fosse sua pena», observou um amigo e colega de ofício, «por mais encantadora que fosse, ela vivia inteiramente num mundo sem ambiguidades, onde o único dever residia em tomar partido. Os livros, assim como seu autor, são sempre partidários.»[32]

O Partido Comunista as havia atraído, Sylvia disse mais tarde, por ser o único partido que parecia fazer alguma coisa. Levando em conta o que estava sendo reunido nos álbuns de recortes, fazer alguma coisa parecia urgente. E também simplificava as opções. «A escolha para todos aqueles que pensam e sentem já é entre o fascismo e o socialismo»,

---

30    Apud Frances Bingham, *Valentine Ackland: A Transgressive Life*. La Vergne: Handheld, 2021.

31    Apud Mulford, *This Narrow Place*, op. cit. p. 75.

32    Apud Ibid., p. 66. O amigo e colega de ofício era Arnold Rattenbury.

escreveu Sylvia.[33] O desprezo de Hitler pelos direitos individuais não poderia «significar nada além de destruição».

*

Nan Green concordava. Era por isso que, se você passasse pela estação Russell Square à noite, poderia avistá-la vendendo o *Daily Worker* do lado de fora: uma figura asseada e enérgica com cabelos curtos e escuros, exercendo seu ofício ao lado de uma prostituta envelhecida e um homem vendendo castanhas num carrinho de mão.

O marido de Nan, George, era violoncelista. Quando se casaram, ele ganhava a vida tocando em filmes mudos no cinema, mas o trabalho em Manchester se esgotou da noite para o dia com a chegada dos filmes falados. O primeiro filho de Nan nasceu em 1931, em meio à Depressão; o segundo chegou no ano seguinte, quando George estava em Londres procurando trabalho. Quando ela se juntou a ele no apartamento que ele havia encontrado em Hampstead, Nan estava doente e as duas crianças desenvolveram tosse convulsa. Ela viveu dias desesperadores: exausta, pressionada a manter os bebês alimentados e limpos e vivos; debilitada pela pobreza e pela hostilidade da proprietária do apartamento.

Nan tinha apenas 27 anos quando eles se mudaram para Londres, mas já havia tido muitos empregos enfadonhos. Em 1928, o ano em que o direito a voto foi estendido às mulheres de mais de 21 anos, ela tinha uma gerente que a instruiu a se certificar de que nenhuma de suas colegas votaria no Partido Trabalhista. Intrigada, ela visitou os escritórios locais e acabou se filiando ao partido. Mas em Hampstead

---

33    Apud Ibid., p. 82.

encontrou a filial local repleta de intelectuais condescendentes, adicionando uma nova camada à sua nova solidão. Então George pegou uma cópia de *The Coming Struggle for Power* [A futura luta pelo poder], um livro de John Strachey que todos os tipos de político estavam lendo. O casal o compartilhou animadamente: George lia durante o dia; e Nan, à noite. Para eles, assim como para muitos outros, a obra provocou uma guinada em direção ao comunismo.

Anos antes, Nan havia trabalhado para uma companhia de seguros, calculando indenizações para aqueles que tinham sido feridos ou mortos em acidentes industriais, e não conseguia esquecer os valores irrisórios atribuídos à vida de algumas pessoas. A experiência lhe havia ensinado tudo aquilo que precisava saber sobre a falta de salvaguardas para a maioria das pessoas, o modo como certos corpos e mentes eram dispensáveis: estando ali para serem drenados pelos empregadores e descartados. George e Nan aderiram ao Partido Comunista e deram início ao mesmo fluxo de atividades que mantiveram Sylvia e Valentine tão ocupadas: panfletos, slogans, cartazes, reuniões.

Para os Green, a democracia liberal estava se revelando obsoleta e deixando seu povo na mão. O alto desemprego mergulhava na miséria várias camadas da população britânica, e ainda assim nenhum governo parecia à altura do desafio de resgatá-las. A mudança era uma necessidade urgente, mas algumas das soluções propostas eram igualmente alarmantes. Quando Nan ia para as ruas, muitas vezes era em oposição direta ao partido fascista britânico estabelecido em 1932 pelo político aristocrático Oswald Mosley, que havia chegado a cerca de 50 mil membros em apenas dois anos.[34] Embora a reputação de hooliganismo lhe estivesse custando

---

34    J. Gardiner, *The Thirties*, p. 437.

o apelo das massas, a União Britânica de Fascistas (BUF, na sigla em inglês) ostentava o ruidoso apoio do *Daily Mail*, assim como subsídios dos governos de Mussolini e Hitler.

Se a iminente revolução cristalizou o futuro em dois lados de uma luta — aqueles que eram a favor da revolução e aqueles que eram contrários a ela —, em 1935 o lado de Nan poderia às vezes fazer expansões temporárias para o objetivo maior. Naquele ano — quando o Partido Comunista Britânico conquistou seu primeiro assento no Parlamento em vários anos — Nan, tal como Sylvia e Valentine, estava fazendo campanha em nome do candidato trabalhista local nas eleições gerais (embora seja difícil dizer se o apoio comunista lhe custou mais votos do que lhe rendeu).

Nan vendia o *Daily Worker* mesmo quando as pessoas cuspiam nela e os velhos lhe faziam propostas sexuais; outras vezes ela acordava cedo para distribuir o jornal na frente dos portões das fábricas. Quando George estava empregado, tocando nas casas de chá Lyons, ele conseguiu persuadir todos seus colegas em cada nova filial onde trabalhou a se filiarem ao sindicato dos músicos. O casal produziu em seu próprio apartamento a newsletter da organização, *Crescendo*. Seus filhos pequenos, Frances e Martin, aprenderam a girar a manivela da máquina duplicadora enquanto Nan imprimia, recitando:

Estou batendo
Um prego
No caixão
Do capitalismo.

O fato de ela ter tido energia para fazer tudo isso — levando em conta o trabalho, as crianças e os problemas financeiros — parece extraordinário quando pensamos a respeito. Mas ela era assim: de certa forma, invencível. Além disso, «era uma questão de extrema urgência», escreveu mais tarde, esta realidade de posições inflexíveis se formando: «democracia e paz, ou fascismo e guerra». Não eram só os acontecimentos locais que a preocupavam. No exterior, países fascistas estavam ficando confiantemente agressivos. Nos meses posteriores à viagem de carro dos Woolf, Hermann Goering, de quem eles conseguiram se esquivar por pouco, assumiu a responsabilidade de rearmar a Alemanha. No mesmo ano, em outubro de 1935, Mussolini lançou sua invasão da Etiópia (que na Europa daquela época era mais comumente chamada de Abissínia). Nan estava atenta a tudo isso. A urgência apenas a galvanizou: «havia muito a ser feito».

\*

Em Nova York, Salaria Kea acompanhava de perto as notícias sobre a Etiópia. A imprensa afro-americana estava profundamente interessada por aquela invasão. A Etiópia era um bastião de independência numa África dominada pelos poderes coloniais europeus. O país era também um membro da Liga das Nações — aquele voto de confiança na diplomacia internacional do pós-guerra — e solicitou a ela apoio contra a invasão italiana. Os apelos continuaram nos meses seguintes, à medida que a resistência etíope era derrotada pelas forças armadas italianas com a utilização de gás mostarda, garantindo a Mussolini os primórdios do império que ele desejava tão desesperadamente. Se fosse necessário qualquer alerta sobre o que o fascismo significava para os negros, ali estava um, e a jovem de 22 anos Salaria[35] o escutou em alto e bom

---

35 Fontes divergem sobre a data de nascimento de Salaria, mas o mais provável é que seja junho de 1913.

som. Com suas colegas enfermeiras no Harlem Hospital, arrecadou dinheiro para enviar suprimentos médicos ao país sitiado; ela até esperava colocar à disposição suas habilidades médicas ali, mas isso logo se provou impossível.

Salaria, que já havia sonhado em se tornar freira, sabia o quanto tinha a oferecer. O problema era fazer outras pessoas apreciarem isso. Quando no ano seguinte inundações devastaram regiões do Meio Oeste dos Estados Unidos, a Cruz Vermelha lhe disse que uma enfermeira negra seria «mais problema do que solução» ali.[36] E nem mesmo sua cidade natal estava interessada nos serviços dela; Salaria havia estagiado em Nova York porque em Ohio não seria autorizada a exercer a profissão. E mesmo a prática da enfermagem foi algo a que ela se dedicou porque a segregação tornava impossíveis suas esperanças de dar aula. Era difícil se tornar professora de educação física quando não lhe era permitido entrar na piscina local.

Quando Salaria se formou, havia 26 hospitais em Nova York, mas apenas quatro em que uma enfermeira negra poderia arranjar emprego. No começo de sua carreira, ela se viu cuidando de uma ala de casos terminais em Seaview, um sanatório para tuberculosos em Staten Island. Salaria era jovem, astuta e enérgica. Era também pequena e franzina, com 1,65 metro de altura e um peso aproximado de 43 quilos, trabalhando num lugar considerado perigoso demais para enfermeiras brancas, no qual a equipe frequentemente sucumbia à doença que estava sendo tratada. A Associação Nacional para o Progresso de Pessoas de Cor (NAACP, na sigla em inglês) convocou uma reunião para protestar contra as condições de trabalho ali, um evento do

---

36    Entrevista na *Cleveland Magazine* com SK e Pat O'Reilly, 1975.

qual Salaria sempre se lembraria porque lhe deu a oportunidade de se pronunciar.

A ação era uma lição que ela continuava aprendendo. Certa vez, quando estava no refeitório do Harlem Hospital, onde estagiava e posteriormente voltaria para trabalhar, disseram-lhe que ela estava sentada num local de enfermeiras brancas. Ela e outras quatro se levantaram. Elas não foram a lugar algum: a mesa é que foi. Cinco pares de mãos derrubaram a coisa toda. Enfermeiras negras mais velhas tinham alertado Salaria e suas colegas estudantes a não chamarem atenção para si, mas foi o barulhento tinir dos talheres — seguido pela também barulhenta organização estudantil — que fez o refeitório deixar de ser um espaço de segregação.

Salaria encontrou seu grupo entre seus colegas mais politizados. Havia médicos na equipe do hospital no Harlem que tinham vindo da Alemanha. Eles lhe contaram algumas coisas — notícias que a deixaram atônita. Até saber o que estava acontecendo com os judeus sob o jugo de Hitler, havia presumido que pessoas brancas só infligiam terror contra pessoas que se pareciam com ela.

*

Nancy Cunard escolheu um lado na guerra etíope também, e ninguém seria poupado de suas opiniões. Ela foi a Genebra, ao coração das deliberações da Liga. Determinada a fazer mais do que acompanhar a crise à distância, ela havia encontrado trabalho como correspondente da Associated Negro Press (ANP), uma agência em Chicago que fornecia material predominantemente para jornais negros — não é uma combinação óbvia para uma aristocrata branca, mas nesse caso houve um alinhamento incomum de interesses. Poderiam muito bem ter sido seus artigos que Salaria estava lendo no Harlem.

«Naqueles dias extenuantes, só o que me interessava era fazer reportagens», escreveu Nancy posteriormente. As reuniões da Liga eram demoradas, e relatá-las às vezes significava passar a noite escrevendo. Esse era o tipo de coisa que poderia capturar a sua atenção — o tipo de absorção valiosa que ela demorou muito tempo para encontrar.

Em seus vinte e poucos anos, Nancy tinha admitido achar a vida «um tanto impossível»: «Não consigo aproveitar nada sem levar as coisas aos extremos e depois quase morrer por causa da reação».[37] Aos quarenta, ela ainda era o tipo de pessoa que precisava lidar com tudo de forma enérgica. Seria sempre assim. Parecia incapaz de tolerar a estabilidade ou o equilíbrio — o tipo de estado que tornava a vida resistente às intempéries. Para manter seu próprio ritmo, ela havia experimentado todo tipo de substância, algumas das quais, como sexo e álcool e jazz, deram a ela certo charme excitante. A jovem Nancy tinha considerado «tola» essa sua tendência. Contudo, «tola» não parecia o termo mais apropriado para descrever Nancy Cunard.

Seu começo de vida continha poucas pistas sobre a labuta que ela cumpriria em Genebra. Nancy nasceu em 1896 em Nevill Holt, uma propriedade de cerca de 5 mil hectares na zona rural de Leicestershire. Sua mãe era uma herdeira americana chamada Maud, que conquistou a alta sociedade britânica e se rebatizou Emerald. Seu pai, Sir Bache, era neto do fundador da icônica linha de navios a vapor Cunard, um homem que preferia «caças no campo» a jantares festivos e que se viu incapaz de controlar por longo tempo sua

---

37    NC, apud A. Chisholm, *Nancy Cunard*, p. 47.

mulher muito mais jovem. Aristocratas, políticos, pintores e escritores se reuniam em torno de Lady Cunard e sua magnanimidade. Durante a infância naquela casa ampla e imponente, Nancy costumava ser ignorada, mas, dependendo da estação, tinha oportunidade de observar as pessoas glamorosas que sua mãe recebia. Ela também gostava de ver homens sem-teto vagando pelo terreno, e sonhava em se juntar a eles.

A ANP não foi exatamente sua estreia na imprensa. Desde que Lady Cunard tinha deixado Leicestershire — e seu marido — e Nancy tinha passado sua adolescência londrina em meio à «Panelinha Corrupta» (socialistas com sobrenomes famosos), Nancy havia sido uma pessoa que anônimos poderiam reconhecer das revistas. Em fotos feitas por Man Ray e Cecil Beaton, ela aparece com seus lábios finos e o olhar desafiador; uma pequena cabeça aprumada, com maquiagem pesada e cabelos curtos. Ela vestia roupas esquisitas e acumulava façanhas como ser presa por nadar à noite no lago Serpentine, do Hyde Park.

Durante a Primeira Guerra Mundial, havia se casado, e se apaixonado por outra pessoa. Seu amante foi morto. Ela acabou se divorciando após o Armistício, e Paris se tornou seu lar — uma vida tumultuada e atraente fora do alcance da sua mãe. A atmosfera combinava com ela: o «permanente estado de *avant-gardisme* cujas atividades e criatividade eram sempre estimulantes».[38] Entre Paris e Londres, conheceu imagistas, vorticistas, surrealistas, dadaístas (entre outros), e colaborou com eles. Ela começou um longo caso com o surrealista Louis Aragon. Seu corpo sofria as consequências de seu estilo de vida: tosse de fumante, dores, magreza extrema. Ainda assim, ela enfrentava isso tudo com uma graça física

---

38    NC, *Grand Man*, p. 71.

sedutora. Para alguém que a conhecesse na década de 1920, ela era «incomparavelmente encantadora». Para outros, parecia estar no centro de tudo. A romancista Kay Boyle passou várias noites à procura de Nancy por cafés e bares e boates de Paris, convencida de que «*tinha* de achá-la, do contrário... parecia que a noite morreria».[39]

Eles não eram os únicos que estavam encantados por ela. Nancy tinha um caráter indomável e uma liberdade que a riqueza proporciona. Odiava comida, mas seu apetite por qualquer outra coisa era voraz. Um romancista poderia tê-la inventado, e eles o fizeram, moldando uma criatura irresistível, insaciável, às vezes ameaçadora e às vezes simplesmente ridícula; não exatamente ou inteiramente humana. Aldous Huxley se inspirou a criar «uma imitação perfumada de selvagem ou de animal»,[40] uma mulher desimpedida por ideais ou pela economia e ainda assim totalmente inebriante; um perigo para os homens. Personagens criados por Richard Aldington, Wyndham Lewis e pelo sucesso de vendas Michael Arlen passavam uma impressão similar. Vale mencionar que todos eles eram ex-amantes dela.

Já então uma das «jovens mulheres mais fotografadas»,[41] naqueles anos Nancy virou um ícone associado a muitos dos grupos e movimentos que estavam definindo os caminhos das artes no pós-guerra. Em 1925, ela havia produzido três livros de poesia. O último foi *Parallax*, que sofreu a influência de *The Waste Land* [*A terra árida*], de

---

39    Apud L. Gordon, *Nancy Cunard*, p. 139.

40    Aldous Huxley, *Contraponto*. Trad. Erico Verissimo e Leonel Vallandro. 7. ed. São Paulo: Globo, 2014.

41    Artigo de jornal em tempos de guerra, apud L. Gordon, *Nancy Cunard*, op. cit., p. 64.

T. S. Eliot, e foi publicado por Virginia e Leonard Woolf na Hogarth Press. Em 1928, imperturbável pelo seu aviso de que ela passaria o resto da vida com as mãos cobertas de tinta, voltara sua atenção para publicação. Levou uma prensa manual antiga para sua casa recém-adquirida na Normandia — uma chácara conhecida como Le Puits Carré «numa exuberante e sorridente zona rural»[42] perto do vilarejo de La Chapelle-Réanville — e montou a Hours Press. A editora já tinha encerrado as atividades na época em que ela abandonou tudo e foi para a Etiópia, mas por quase quatro anos o empreendimento mostrou suas conexões e seu instinto para o moderno; ela publicou, entre outras obras, os trinta primeiros *Cantos* de Ezra Pound, além de autores como Laura Riding, Robert Graves e o escritor irlandês então desconhecido Samuel Beckett. Ela era uma editora bem-sucedida e uma tradutora talentosa — trabalho que desempenhava com sincera diligência. Nancy levava as artes a sério. «Sua preocupação com a poesia», confirmou Sylvia Townsend Warner, «era carnal e apaixonada: ela perseguia a palavra, a expressão, com a paciência de uma doninha, a concentração de um falcão.»

No entanto, as colunas de fofoca que se consolidaram durante sua juventude se especializaram em tornar as pessoas famosas por serem famosas. Estavam mais inclinadas a abraçar seu estilo do que qualquer traço de substância. «Ela escreve um tipo de poesia que não conseguimos entender de jeito nenhum», comentava o *London Mail* em tom irreverente ao lado da foto dela em 1921, «mesmo quando nos esforçamos muito.»[43]

---

42    NC, *Grand Man*, op. cit., p. 78.
43    Apud L. Gordon, *Nancy Cunard*, p. 120.

Então, basta de anos 1920. «Por que essa bajulação apócrifa de épocas que pareciam, àquela altura, nada extraordinárias?», ela perguntaria, revelando algo sobre o quanto a próxima parte de sua vida era extraordinária. Os anos 1930? Aqueles «valeram a pena».[44] Naquela década, e não por acaso, Nancy possuía uma vasta coleção de pulseiras de marfim, que ela usava umas empilhadas sobre as outras, estendendo-se acima de ambos os cotovelos; dizia-se que ela as usava como armas. Ela havia rompido todos os vínculos com a mãe, ou talvez tenha sido o inverso. Seu foco estava no ativismo — anti-imperialismo, antirracismo e antifascismo —, que tantas vezes expressava por meio do jornalismo, da poesia e da publicação de obras.[45]

Nem todo mundo compactuava com a nova Nancy, aquela que partiria enfurecida rumo a Genebra porque algo importante estava acontecendo. Aquela energia frenética ainda a levava além de aonde a maioria das pessoas iria, mas para algumas — talvez lamentando pelas festas — a impressão é a de que os tempos a haviam modificado. De acordo com Solita Solano, escritora e editora que conheceu Nancy em Paris, ela era divertida e encantadora na década de 1920, mas na de 1930 estava trabalhando «pelos direitos do homem», e para isso «Nancy funcionava melhor num estado de fúria». Os hábitos dessa figura esquálida — elegante, com seu passo de «alvéola-branca», indo da Liga das Nações à máquina de escrever à noite — já eram característicos. «Sono? Calor? Comida?», Solano recordaria. «Não! Em algum lugar alguém estava sofrendo...»

---

44    NC a Walter Lowenfels, 3 de outubro 1959, 1/1/MSS 085, ML.
45    NC nunca foi comunista e tampouco se interessava muito por teoria política; ela também expressava grandes esperanças no projeto comunista.

Não há dúvida sobre os pilares da vida de Nancy em 1936, quando ouviu Haile Selassie fazer seu último apelo malsucedido na Liga das Nações para que a organização despertasse da inércia. Eles eram seu trabalho, seus amigos, sua política. E por isso também podemos dizer: poesia, amor, causas.

Havia muitas opiniões sobre Nancy Cunard: quanto mais as coisas seguiam por esse caminho, mais vozes hostis engrossavam o coro. Mas o poeta Langston Hughes apreciava a atração de sua amiga por grandes ideais e conflitos de dimensão histórica. Um dia ele iria imaginá-la numa atmosfera espanhola, com sua «*piñata* de um coração no centro de um móbile na hora da *fiesta* com pedaços de sua alma rodopiando na brisa em homenagem à vida e ao amor e Bom Dia para você, *Bon Jour, Muy Buenos, Muy Buenos! Muy Buenos!*».

E esta é a imagem que perdura: Nancy, magra como papel, vestindo suas convicções bem na superfície de sua vida, incrivelmente suspensa de um jeito tal para receber uma surra.

*

Nancy não precisava ir a Genebra para cobrir o conflito. Em seu lar adotivo, a política era tão adversa que em 1936 ela já estava escrevendo ansiosamente sobre a possibilidade de uma guerra civil. Naquele ano, a coalizão da Frente Popular venceu as eleições da primavera na França, levando ao poder pela primeira vez no país um judeu e socialista como primeiro-ministro (um consolo para refugiados como Gerda). Mas a França ainda tinha sua própria direita poderosa que olhava com admiração para a ordem e a força exibidas na Alemanha, um vizinho que oferecia um contraste gritante com o caos francês. Não muito antes de sua vitória nas eleições, o primeiro-ministro Léon Blum foi agredido quase até a morte por extremistas de direita. Depois disso, ele teve de enfrentar uma onda de greves que ameaçavam paralisar o país (seu governo introduziu uma série de reformas, incluindo salários mais altos e uma jornada de trabalho de quarenta horas semanais).

Do outro lado da fronteira sul da França, na Espanha, uma ampla coalizão de partidos de esquerda também havia vencido as eleições daquele ano. Outra administração da Frente Popular tinha nascido: uma frágil colaboração entre republicanos e socialistas que surgira em resposta às sangrentas repressões do governo conservador anterior.

A Segunda República Espanhola tinha apenas cinco anos de existência em 1936. Havia surgido com o fim da ditadura militar de Miguel Primo de Rivera e com a partida do rei Afonso XIII. Desde então, um sistema político que favorecia coalizões havia mais ou menos apagado o meio-termo espanhol. Num país por tanto tempo dominado pela Igreja católica, com taxas de analfabetismo de 50% na maioria das regiões às vésperas da República[46] e uma expectativa média de vida de apenas 49 anos de idade (mais de uma década abaixo das registradas no Reino Unido e nos Estados Unidos),[47] princípios como educação e reforma agrária, direitos das mulheres e dos trabalhadores provaram-se extremamente contenciosos. A ilegalidade aumentou, e, embora se comemorassem as reformas implementadas pelo primeiro governo de esquerda a partir da Constituição de 1931, havia muitos que achavam que não tinham ido longe o bastante.

Por muito tempo, as ruas haviam sido ameaçadas por uma esquerda radical e assertiva, assim como pelos

---

46    A. Beevor, *The Battle for Spain*, p. 121.

47    Dados disponíveis em: <https://ourworldindata.org/ life-expectancy>.

esforços desordeiros da Falange, o movimento fascista local da Espanha (que tinha mais financiamento do que efetivamente popularidade), cujos membros transitavam por alguns lugares em carros equipados com metralhadoras. E, se algo personificou aquele meio-termo perdido, talvez tenha sido o governo que surgiu das eleições de 1936 — um governo não só abominado pelas velhas elites dominantes devido a seu caráter esquerdista, mas que também fracassou em satisfazer os socialistas e anarquistas, as primeiras forças da esquerda espanhola.

*

Naquele verão, Martha Gellhorn planejava escrever um romance sobre pacifistas. Se um dia ela o concluísse, seria seu terceiro livro: nada mau para alguém de 27 anos que havia abandonado a faculdade. Para fazer a pesquisa, ela deixou a França, onde estava morando, e foi à Alemanha, a uma livraria em Stuttgart especializada em material sobre a Primeira Guerra Mundial. Foi lá que se tornou uma antifascista.

Martha tinha vivido de forma intermitente na Europa desde seus 21 anos, mas só recentemente havia retornado de uma longa temporada em sua terra natal, os EUA. Lá treinara a si mesma para observar mais de perto as coisas horríveis que aconteciam. Quando Martha chegou, o governo de Roosevelt ainda lutava para entender a escala da devastação provocada pelo crash da Bolsa de Nova York. A administração foi inicialmente prejudicada pela falta de dados precisos, mas Harry Hopkins, o homem encarregado de dirigir o programa de auxílio New Deal, tinha consciência de que os pensamentos, as necessidades e as queixas dos mais afetados pela crise também permaneciam um mistério. A solução dele para essa lacuna específica foi montar uma equipe de escritores para se espalhar pelo país e entregar relatórios sobre a experiência dos americanos durante a Depressão. Martha fora designada para as regiões têxteis da Carolina do Norte, da Carolina do Sul e da Nova Inglaterra.

Martha passou semanas exaustivas na estrada, sentindo-se isolada e cada vez mais desmoralizada. Ela viera de um lar engajado e ativo; era filha de um médico e uma mulher que fazia campanha vigorosa em prol de reformas políticas e sociais, mas nunca tinha visto algo assim. Martha visitou famílias em casas deterioradas, conversou com médicos, trabalhadores humanitários, donos de fábrica; encontrou degradação de um tipo que ela ainda mal sabia como articular. Em Massachusetts ela confessou, com todas as preocupações de uma mulher correspondente que ainda precisava provar seu valor, que tudo era «tão terrível que quaisquer palavras que eu use vão parecer histéricas e exageradas».[48] «Não estive em uma casa», escreveu ela a Hopkins, «que não tenha me oferecido o espetáculo de um ser humano sendo levado para além de seus limites de força e resistência e sanidade... É difícil acreditar que essas condições existam num país civilizado.» Quanto mais ela via, com mais raiva ficava; Hopkins, obtendo o que havia solicitado, não foi poupado da sua indignação. Martha detalhou incompetência, corrupção e insensibilidade na distribuição da ajuda governamental. «Política é algo bastante ruim em qualquer formato», disse a ele, «mas ela não deveria circular por aí maltratando os desamparados.» Quando o trabalho chegou ao fim (ela foi demitida por incitar trabalhadores explorados a participar de um ato de desobediência civil), Martha canalizou a experiência em *The*

---

48 MG a Hopkins, apud Moorehead, *Martha Gellhorn*, op. cit., pp. 94-5.

*Trouble I've Seen* [Os problemas que vi], um relato em quatro romances daquilo que havia tentado mostrar a seu chefe. A única desculpa que permitiria esse tipo de afronta, acreditava ela, era não saber a respeito. E, no entanto, mais tarde perceberia como é fácil ignorar o mal; como na Alemanha ela vira «apenas uma parte da superfície da escória».

Ela tinha aquela sensação incômoda e desconhecida de opressão, sensação que Josephine e Virginia detectaram: de uma paz que emanava algo de falso. Na rua, avistou o que aparentava ser um grupo de homens grosseiros importunando um casal de idosos. Parecia que o casal estava de quatro, esfregando a calçada, mas ela não conseguia acreditar no que seus olhos viam. Então, na biblioteca, presenciou um encontro entre a bibliotecária e seu novo chefe nazista. Seria possível dizer que ela viu o que havia acontecido com o meio acadêmico sob o fascismo. A bibliotecária já tinha confidenciado, aos sussurros, que parecia improvável que a biblioteca sobrevivesse por muito mais tempo. A Primeira Guerra Mundial, um conflito no qual a Alemanha sofrera uma derrota esmagadora, não era um assunto popular no Terceiro Reich. Martha estava lá quando o novo diretor chegou, fazendo uma entrada chamativa a cavalo. «Ele era jovem, louro e bonito» — tudo o que Martha era então — e estava vestido num uniforme de camisa marrom. «Ele fez o maior barulho naquele local silencioso.» Martha não conseguiu acompanhar a conversa que eles tiveram, e a bibliotecária tampouco lhe contaria depois. Ela extraiu suas conclusões apenas de observar o semblante da mulher enquanto eles interagiam, uma expressão que ela não sabia exatamente como interpretar: «Eu estava desacostumada com o olhar do medo».

Foi durante essa viagem que ela leu sobre um surto de violência na Espanha. Os jornais alemães descreviam nacionalistas lutando heroicamente contra uma revolta de «cães suínos vermelhos», embora tecnicamente fossem os nacionalistas que estavam tentando derrubar o governo recém-eleito. (De acordo com a forma nazista de ver as coisas, esses leais à República eram os «cães».) Martha não teve problema algum em decidir estar ao lado dos legalistas. «Os jornais alemães tinham um valor sólido: o que quer que eles fossem contra, você poderia ser a favor.»

\*

Na Espanha, as primeiras horas da rebelião se desdobraram em uma série de traições e confrontos sangrentos, à medida que as tropas locais se declaravam a favor do governo ou contra ele. Desorganizados e hesitantes, ministros descobriam o avanço de seus inimigos telefonando para governadores individuais nas províncias e vendo quem atendia.

Naquele verão, a mera geografia decidiu milhões de destinos: as pessoas foram capturadas ou na zona nacionalista ou na republicana. De todo modo, em face da derrubada de sua jovem democracia, milhares de espanhóis precisaram repentinamente escolher um lado. A maioria dos apoiadores da República se encontrava entre as classes trabalhadoras e a classe média progressista, enquanto a aristocracia e a Igreja se uniram em grande parte a Franco. Enquanto o governo hesitava, tentando negociações e depois se reorganizando, os sindicatos clamavam por armas. Dizia-se que os nacionalistas estavam massacrando potenciais oponentes à medida que avançavam pelo país, e os trabalhadores não queriam estar indefesos ao encontrá-los. Dolores Ibárruri, uma deputada parlamentar comunista que logo se tornaria famosa como «La Pasionaria», lançou uma carreira de discursos sanguinários em tempos de guerra. «É melhor morrer de pé do que viver de joelhos!», proclamava ela. «¡*No pasarán!*» [Não passarão!] O governo permitiu que horas valiosas passassem, e depois escancarou os arsenais.

Nancy Cunard estava acompanhando as notícias, mas permanecia em Genebra, assistindo com desgosto aos poderes reunidos que rompiam «suas próprias cláusulas e acordos, com um cinismo sobre-humano»,[49] e retiravam as sanções contra a Itália que haviam fracassado em impedir a invasão à Etiópia. Enquanto isso, o governo espanhol se provava incapaz de deter seus bem armados e bem organizados oponentes, embora os nacionalistas estivessem achando a resistência popular às suas investidas mais intensa do que haviam esperado. A democracia espanhola sobreviveu ao primeiro ataque, mas não derrotou seus inimigos. O que poderia ter sido um golpe decisivo era agora uma guerra civil.

Nancy havia contado a Langston Hughes que ela estava organizando uma antologia de poesia negra, mas em agosto teve de admitir que o projeto estava temporariamente suspenso. «Os acontecimentos na França foram excessivos para a discreta coletânea de poemas! As greves — maravilha; depois Genebra; agora isto. Um verão e tanto...» Agora ela estava na Espanha, numa zona de guerra. «Estou sozinha. Estou aproveitando bem.» A Espanha era «maravilhosa», «tremenda», «terrível». Ela gostaria de saber quando ele iria até lá.[50]

---

49    NC, *Grand Man*, op. cit., p. 106.
50    NC a LH, 20 de agosto [1936]. In: NC; LH; N. Thompson, *Poetry, Politics, and Friendship in the Spanish Civil War*.

# Parte I

# Começos[1]
# Nancy Cunard, Sylvia Townsend Warner, Valentine Ackland Barcelona: verão e outono de 1936

Nancy estava num trem para Barcelona três semanas depois da rebelião. Quando chegou lá, em 11 de agosto, havia duas Espanhas: as zonas republicana e nacionalista (rebelde). Os nacionalistas ocupavam a maior parte do noroeste do país. Exceto pelas cercadas regiões litorâneas das Astúrias, Santander e País Basco, seu território formava um arco sobre Madri e descia um pouco ao longo da fronteira com Portugal. Eles também controlavam as ilhas de Mallorca, Ibiza e Formentera, e o extremo sul da Espanha, nos arredores de Cádiz. No continente, eles governavam 11 milhões

---

1    O artigo de STW na *New Yorker* é «A Castle in Spain», da edição de 2 de janeiro de 1937; seu artigo da *Left Review*, «Barcelona», foi publicado em dezembro de 1936. Também fiz citações de seu artigo «Catalonia in Civil War», publicado na *New Masses* em 24 de novembro de 1936. A menos que especificado de outra forma, os poemas de Sylvia citados neste capítulo foram extraídos de seu libreto para Valentine, que é mantido entre os papéis delas em Dorset. Esses poemas foram publicados no *Journal of the Sylvia Townsend Warner Society* em abril de 2020. Fiz citações do primeiro, segundo, terceiro e quarto poemas do libreto, e também de «Port Bou».

de pessoas, em contraste com os 14 milhões remanescentes na zona republicana.[2]

Uma Espanha era um Estado militar onde greves podiam ser punidas com a morte, jornais de esquerda foram fechados, e filiações a sindicatos ou a partidos da Frente Popular (e, em alguns lugares, o mero fato de ser seus eleitores) eram motivos para prisão e muitas vezes para execução. Integrantes da classe trabalhadora eram sistematicamente intimidados, enquanto líderes da Igreja geralmente só intercediam para oferecer confissão às vítimas antes que elas fossem mortas. Como escreveu mais tarde o historiador Hugh Thomas, «havia um silêncio nas cidades nacionalistas que contrastava fortemente com as condições babélicas da República».[3] Ali, um governo hesitante havia sido esmagado por revoluções populares que trouxeram consigo assassinatos e vandalismo — particularmente dirigido a igrejas —, assim como reformas radicais e experimentos econômicos e sociais.

Nancy chegou a Barcelona com um visto de imprensa que lhe concedeu três meses para ter uma noção do que estava acontecendo. As semanas seguintes foram «tão envolventes», disse ela, «que eu não conseguia pensar em mais nada... As coisas na Espanha me ocuparam totalmente».[4]

*

Para um viajante no fim dos anos 1920, Barcelona aparecia como «um borrão de fumaça à beira do Mediterrâneo».[5] Por

---

2     Beevor, *The Battle for Spain*, op. cit., p. 459, nota de rodapé.
3     H. Thomas, *The Spanish Civil War*, p. 182.
4     NC, *Grand Man*, op. cit., p. 107.
5     Dorothy Giles, *The Road Through Spain*. Filadélfia: The Penn Pub-

baixo da névoa, esse centro industrial havia sido embelezado pela riqueza de sua burguesia numa vitrine de autoconfiança e de art nouveau e modernismo florescentes. O Hotel Majestic, que passou a ser o refúgio dos correspondentes estrangeiros na cidade, ficava no grande bulevar da Passeig de Gràcia, onde postes de luz de ferro forjado e adornados com arabescos frondosos acompanhavam as ondulantes fachadas de pedra e as casas construídas por Antonio Gaudí que pareciam joias. Em 1930, Barcelona tinha se tornado a cidade mais populosa da Espanha, uma cidade de milionários e de favelas, de distritos da classe trabalhadora nos quais famílias se amontoavam em apartamentos «colmeias» e doenças circulavam pelos espaços insalubres, e o calor ou a chuva poderiam fazer os edifícios ruírem. Todo ano entre 1900 e 1936, a região de Barcelona foi palco do maior número de acidentes industriais no país — anos em que os meninos geralmente começavam a trabalhar entre as idades de oito e dez, e as mães protestavam contra os preços dos alimentos ou simplesmente se apropriavam nos comércios locais dos itens de que precisavam, com a proteção de membros armados do sindicato da Confederação Nacional do Trabalho (CNT).[6]

Capital da independentemente animada (e, sob a República, autogovernada[7]) região da Catalunha, Barcelona era também uma fortaleza anarquista. O anarquismo era uma das grandes forças na vida política espanhola: quase 2 milhões de trabalhadores eram filiados a organizações

---

lishing Company, 1929, p. 38.

6    Para a história de Barcelona, baseei-me em Chris Ealham, *Class, Culture and Conflict in Barcelona, 1898-1937*. Londres: Routledge, 2004.

7    A autogovernança foi suspensa depois das insurreições de 1934, mas restaurada pelo novo governo após as eleições de fevereiro.

sindicais anarquistas. Em nenhum outro lugar da Europa o movimento foi tão significativo. Rejeitando todas as formas de poder centralizado, seus líderes sempre haviam recusado cooperar com partidos democráticos. Eles representavam um «enorme, autocentrado e apaixonado movimento, já pulsando com anônima violência».[8]

A Barcelona de 1936 não era um lugar para atitudes equivocadas. Quando oficiais nacionalistas fizeram seus homens marcharem no coração da cidade em 19 de julho, os trabalhadores estavam prontos para recebê-los. Sirenes de fábrica ressoaram, e as pessoas apinhavam as ruas, portando armas que haviam circulado ao longo da noite. Aqueles que não estavam envolvidos na luta construíram barricadas para bloquear o acesso dos soldados ao centro.

Ali, os nacionalistas sofreram uma derrota estratégica. Tomando a iniciativa com sua resistência, as organizações sindicais se viram apoiadas por seus antigos inimigos, as forças paramilitares locais da Guarda Civil e da Guarda de Assalto: em meio às batalhas de rua, alguns soldados foram até persuadidos a trocar de lado a fim de preservar a República. Tendo protegido a cidade, pela primeira vez em sua história os anarquistas concordaram em cooperar com o governo para derrotar um inimigo em comum.

Por um tempo, contudo, os defensores armados da Catalunha tiveram carta branca. «O governo não existe», declarou Andreu Nin do trotskista Partido Obrero de Unificación Marxista (Poum) [Partido Operário de Unificação Marxista]. «Colaboramos com eles, mas eles não podem fazer mais que sancionar tudo o que as massas fazem.»[9] No caos

---

8    Thomas, *The Spanish Civil War*, op. cit., p. 6.
9    Apud Beevor, *The Battle for Spain*, op. cit., p. 89.

desencadeado pelo levante nacionalista, a lei e a ordem se desintegraram. Para o horror de muitos líderes da esquerda, as contas havia muito inflamadas foram acertadas contra oficiais de polícia, igrejas e donos de fábricas conhecidos pela supressão de sindicatos.

Quando Nancy chegou em agosto, o pior disso tudo já havia sido contido; ela ficou impressionada com «a disciplina nesta cidade, a ordem».[10] O que ela viu foi uma cidade na qual o potencial revolucionário de 1936 estava evidente. Se a guerra em si foi desastrosa, a confiança que se ostentava em Barcelona explica o paradoxo da reação de Nancy: por que, mesmo então — especialmente então —, a Espanha podia parecer «maravilhosa».

Com as velhas estruturas de autoridade subitamente removidas à força, parecia possível que uma nova forma de sociedade estivesse sendo testada em Barcelona. Foi nessas ruas que visitantes como George Orwell — que havia chegado em dezembro e rapidamente se havia oferecido como voluntário para uma milícia do Poum — foram levados, embora por um curto período, a acreditar: arriscar a esperança numa causa que parecia viável naquele exato momento e naquele exato lugar. Fábricas, lojas e bancos foram confiscados e agora eram administrados pelos funcionários; o Hotel Ritz se tornou «Unidade Gastronômica Número Um», uma cantina pública para qualquer pessoa que necessitasse; comitês revolucionários assumiram responsabilidades que antes estavam a cargo das autoridades; e a Catalunha era governada por uma coalizão de milícias antifascistas. As pessoas nas ruas pareciam seguras de

---

10    NC a LH, 20 de agosto. In: NC; LH; Thompson, *Poetry, Politics, and Friendship*, op. cit.

si mesmas, assertivas; desafiando velhas opressões e desdenhando de velhas hierarquias, como galhos brotando quando se livram do fardo do inverno.

Fluente em espanhol e também em catalão, Nancy teria percebido que modos formais de cumprimento — marcas de deferência — haviam sido abandonados. Em todo lugar as pessoas se cumprimentavam com «¡*Salud!*» e o punho cerrado da saudação. Gorjetas e tarifas de táxi eram recusadas. «As pessoas são adoráveis», relatou com entusiasmo, «viveram o inferno.»[11] Ela já era o tipo que parava e conversava com desconhecidos — e lhes perguntava sobre suas condições de vida e suas opiniões sobre a política local. Abordava pessoas em qualquer lugar aonde ia e nunca restringia sua curiosidade a membros de sua própria classe: ela estava em casa em Barcelona. No Hotel Majestic travaria uma amizade duradoura com Angel Goded, um garçom cujos filhos um dia seriam ensinados a reverenciar o nome dela.

A solidariedade era esperada em Barcelona, e visitantes eram bem-vindos. Uma revolução precisava de testemunhas e arautos, e a cidade tinha uma mensagem para a comunidade internacional. «Vamos herdar a Terra», anunciou o líder anarquista Buenaventura Durruti para um jornalista canadense. «A burguesia pode rebentar e arruinar seu mundo antes de abandonar o palco da história. Mas nós carregamos um novo mundo em nosso coração.»[12]


Nancy começou a trabalhar espalhando as ideias. Ela enviava três ou quatro artigos por semana, escrevendo

---

11    Ibid.

12    Apud Thomas, *The Spanish Civil War*, op. cit., p. 289.

Garotos usando boina da CNT
numa barricada em Barcelona
(Gerda Taro).

para a Associated Negro Press, para o *New Times* de Sylvia Pankhurst e para várias newsletters que falavam sobre a Espanha. Durante a guerra, também escreveria para a imprensa francesa, para o londrino *News Chronicle*, o *Manchester Guardian*, a *New Statesman*, a *Nation*, a *Left Review*, entre outros. Em meados de setembro, um de seus artigos chamou atenção de Valentine Ackland e de Sylvia Townsend Warner.

Sylvia e Valentine esperavam que o Partido Comunista conseguisse mandá-las para a Espanha. «Estamos o tempo inteiro de malas meio prontas, e meio esperançosas», escreveu Sylvia para um amigo em agosto, «e cada uma de nós está secretamente convencida de que a outra será escolhida e de que ela própria será deixada ali para definhar.»[13] Tinham certeza de que havia trabalho para elas numa das unidades médicas reunidas para fazer serviço voluntário na zona republicana: Valentine poderia dirigir, e Sylvia se destacava na organização — ela também achava que poderia ser útil como jornalista. Mas, depois de uma enxurrada de anotações enigmáticas sobre encontros com oficiais do partido na agenda de compromissos de Valentine, havia apenas «À espera». (Enquanto isso, Sylvia deu um pulo de três dias em Bruxelas para participar de um Congresso Internacional de Paz organizado pelos comunistas.)

Depois de um apelo direto de Nancy por «ajuda material ativa» para a República, Valentine tentou anunciar seu próprio plano, mais extravagante, para pressionar os organizadores do partido a agir. Ela escreveu uma carta para o *Daily Worker* e o *News Chronicle*, sugerindo liderar uma caravana de

---

13    STW a Elizabeth Wade White, 29 de agosto de 1936, D/TWA/A80 Dorset.

voluntários à Espanha no MG Midget. Mais tarde, admitiu que suas intenções haviam sido em grande parte simbólicas: fazer «um gesto em direção à Frente Unida».[14] Considerando a situação internacional, transmitir solidariedade pessoalmente parecia tão urgente quanto as doações em dinheiro que ela e Sylvia estavam juntando durante a espera.

Enquanto indivíduos se uniam à causa republicana, o governo britânico respondia numa velocidade similar, mas com apoios nitidamente diferentes. Determinado a evitar — aparentemente a qualquer custo — outra guerra na Europa como a que arruinara a juventude de Nancy e Sylvia, o governo foi também povoado por conservadores da classe alta que não tinham a menor vontade de dar suporte à esquerda europeia. O secretário de Relações Exteriores anunciou um embargo à venda de armas para a República, apesar de, como governo reconhecido, a administração espanhola estar legalmente autorizada a comprar armas no mercado internacional. (Também ficou cada vez mais claro que não só países fascistas, mas também empresas britânicas e americanas, estavam ajudando os nacionalistas.) Na época da viagem de Nancy a Barcelona, o governo britânico lançou sua considerável influência por trás do Pacto de Não Intervenção, mediante o qual 27 nações — incluindo, de modo crucial, França, Grã-Bretanha, Alemanha, Itália e União Soviética — se comprometiam a não ajudar nenhum dos lados. (Alemães, italianos e russos ignoraram o acordo.) Em vão, o ministro espanhol das Relações Exteriores alertou a Liga das Nações em setembro de que «o solo espanhol manchado de sangue já é, de fato, o campo de batalha de uma guerra mundial». Um Comitê de Não Intervenção foi convocado em Londres

---

14    VA, apud Mulford, *This Narrow Place*, op. cit., p. 88.

e liderou obstinadamente o que seria descrito como «a suprema farsa de nosso tempo».[15] Ao reivindicar neutralidade, a venerável democracia britânica mexeu as peças contra a sobrevivência de uma contraparte muito mais jovem. Foi uma «atitude», disse Nancy, que «nunca surpreendeu» a ela.[16]

Sylvia sentia que as figuras «respeitáveis» na Grã-Bretanha trabalhavam para assegurar que os relatos simpáticos à República não alcançassem o público; mais tarde ela teria problemas em conseguir a publicação de sua própria «propaganda».[17] Qualquer que fosse a simpatia que indubitavelmente havia entre pessoas comuns, estava temperada por uma oposição esmagadora à ideia de haver outra guerra mundial. Enquanto isso, a imprensa conservadora se entregava a notícias sensacionalistas e exageradas acerca de um «Terror Vermelho» espalhando-se por lugares como Barcelona (anarquistas loucos por sexo e freiras estupradas). Pouco se dizia nesses jornais sobre a metódica «limpeza» que Franco havia lançado ao dar início à sua campanha para destruir definitivamente o republicanismo espanhol. O viés dessas histórias na imprensa francesa foi em parte o que motivara Nancy a ir à Espanha para ver com seus próprios olhos; era a única forma, disse ela, de «descobrir o que estava realmente acontecendo».[18]

---

15    Pandit Nehru, apud P. Preston, *The Spanish Civil War*, p. 159.

16    NC a LH, 20 de agosto. In: NC; LH; Thompson, *Poetry, Politics, and Friendship*, op. cit.

17    STW numa entrevista em 1975, apud Mulford, *This Narrow* Place, op. cit., p. 124.

18    NC a Victoria Ocampo, 5 de outubro, Victoria Ocampo Papers, Caixa 7:224, Houghton Library, Harvard (trad. ingl. do francês por Sara Willis).

No fim das contas, Sylvia e Valentine foram ambas convocadas a ajudar uma unidade médica britânica de voluntários que estava sendo organizada de Barcelona. Elas chegaram à fronteira da França com a Espanha no fim de setembro, mas se viram retidas de novo. Com as coisas mudando depressa, documentos que estavam em ordem quando elas saíram de casa foram submetidos a novo escrutínio apenas alguns dias depois, e sua primeira recepção foi sob a mira de um revólver. Valentine registrou em seu diário uma série de travessias que deram errado à medida que o casal margeava a fronteira, buscando uma oportunidade. «Mandadas de volta» duas vezes em Port Bou, uma vila de pescadores no sopé dos Pireneus, o local acabou sendo sua porta de entrada para a Espanha.

\*

«Na fronteira entre a França e a Espanha havia um túnel», Langston Hughes lembraria mais tarde, «um longo trecho de escuridão através do qual o expresso noturno de Paris passa no início da manhã. Quando o trem desponta à luz da manhã, no lado espanhol das montanhas, com uma baía azul brilhante onde crianças nadam no Mediterrâneo, você vê a vila de Port Bou.»[19] Chegar à Espanha pelo ponto mais alto de Costa Brava (literalmente, sua «Costa Brava») era encontrar um país com montanhas cobertas de tufos de árvores, um litoral rochoso com praias de areia escura e oceano deslumbrante: um lugar bonito e inacessível, acolhedor mas não arranjado para seu conforto. Chegar em 1936 era considerar verdadeiras as duas coisas: visitantes como Sylvia e Valentine

---

19     L. Hughes, *IWAIW*, p. 321.

partiam dali em jornadas longas e desconfortáveis, exigindo uma sucessão confusa de permissões — às vezes até de senhas — provenientes de diferentes autoridades, e encontravam pessoas cuja acolhida elas jamais esqueceriam. Port Bou era uma vila dominada por uma grande e elegante estação ferroviária, de onde ainda era possível chegar a Barcelona.

Sylvia imediatamente se apegou à tagarelice de Barcelona, à sua certeza e à esperança. O ar reverberava com notícias e com a transmissão de música por alto-falantes nas árvores; os tocadores de órgão executavam «A Internacional». Os bondes eram enfeitados com flores, e não havia um só carro ou ônibus sem adornos com as iniciais de uma das associações políticas — que se haviam organizado em milícias. Circulando pelas barraquinhas na praça, ela comprou bijuterias decoradas com seus nomes para o *Daily Worker* no intuito de leiloar em casa: «as anarquistas FAI e CNT, o trotskista Poum, o comunista PSUC e a UGT».[20] Ela sentiu que estavam vendo exatamente o início de uma revolução, como se tivessem desembarcado nos «primeiros dias da URSS».[21]

Para Sylvia, essa era uma perspectiva especialmente estimulante. Em 1936 havia sinais de apreensão entre os entusiastas ocidentais da Revolução Russa, desconcertados com os primeiros julgamentos no que viriam a ser os aterrorizantes expurgos de Stálin, ou com os vislumbres de fome e opressão em visitas à própria URSS. Sylvia não era um deles. Ela estava entre aqueles (e eles incluíam muitas figuras ilustres)

---

20    STW a Elizabeth Wade White, 14 de novembro de 1936, D/TWA/ A80, Dorset. [As siglas citadas se referem respectivamente à Federação Anarquista Ibérica, à Confederação Nacional do Trabalho, ao Partido Operário de Unificação Marxista, ao Partido Socialista Unificado da Catalunha e à União Geral de Trabalhadores. (N. T.)]
21    Ibid.

que ainda acreditavam na União Soviética como uma experiência eletrizante de uma nova e melhor ordem social. Até pelo contrário, a dúvida que se insinuava tornou ainda mais feroz a necessidade de lealdade, pois, diante dessas críticas fortemente contestadas emergindo de antigos admiradores, parecia que os inimigos do progresso estavam aparecendo sob disfarces inesperados.

As milícias em Barcelona eram um sinal altamente visível da guerra que estava em curso fora da cidade. Levando em conta que aproximadamente metade do exército regular tinha se juntado aos rebeldes em julho, a República se viu forçada a lutar por recrutas para um Exército Popular. Os soldados pareciam estranhamente jovens. Eles usavam uniformes descombinados e *ad hoc*. Alguns eram até mulheres. Os aprendizes treinavam nas praias e em praças públicas; marchavam orgulhosamente em meio à chuva torrencial na direção da multidão em êxtase. «Quando alguém queria agradar uma criança», Sylvia observou, «essa pessoa a deixava brincar com armas de fogo.»[22]

Nas ruas apinhadas de centenas de milhares de refugiados, Sylvia e Valentine passaram a maior parte das três semanas em que estiveram na Espanha aguardando pacientemente na fila de vários escritórios de comitê, onde era possível garantir os muitos selos e autorizações e vistos necessários para fazer qualquer coisa (ou simplesmente para conseguir qualquer coisa). Sem nenhuma autoridade central no comando, e com o fervor revolucionário num tom de hipervigilância, quanto mais selos elas conseguissem, melhor. Sylvia estava em seu elemento.

---

22    Ibid.

De forma constrangedora, ela e Valentine haviam chegado usando chapéu, o tipo de acessório da respeitabilidade burguesa que elas se apressaram em descartar para se adequarem às mulheres de Barcelona. Primeiro se hospedaram num hotel, mas logo lhes foi oferecido um quarto num dos «palácios» que haviam sido tomados nos subúrbios ricos da cidade. A opulência ameaçada não era ideal, já que elas pretendiam viver inteiramente, como afirmou um dos outros hóspedes, «o mais parecido possível com os proletários». Por sorte, elas receberam o trabalho de preparar o edifício para se tornar um hospital.

Na *New Yorker*, Sylvia descreveu suas tarefas em Barcelona como «excursões que iam desde a compra de grandes frigideiras para a cozinha do hospital até a procura cuidadosa de um café em Barcelona onde recém-chegados [voluntários para ajuda médica britânica] poderiam se recuperar comendo uma torrada com manteiga». Por meio desses esforços, «do meu modo humilde e balbuciante, também ajudei a combater o fascismo». (Se a intenção era apenas oferecer seus serviços, fazer alguma coisa, então enviar relatos positivos da cidade para uma revista com o alcance da *New Yorker* não era em si uma contribuição pequena.)

Marginal sob muitos aspectos — mulher, solteira, oriunda do interior, politicamente não convencional, lésbica e agora quase na meia-idade —, Sylvia estava acostumada a passar despercebida. Ela explorou essa *persona* supostamente desinteressante em muitos dos seus escritos, deixando o que era radical infiltrar-se por baixo de uma confortável sensação de excentricidade. Num estilo alegre característico da *New Yorker*, ela tratou dos absurdos da sua posição em Barcelona, descrevendo as ingênuas boas intenções e a sinceridade ligeiramente ridícula dos voluntários estrangeiros de um jeito que fazia todo mundo parecer bem-intencionado e muito provavelmente ineficaz; inofensivo, em outras palavras, sobretudo para o status quo. Seu relato é temperado com visitantes «afáveis» e «benevolentes», «crianças de serenidade angelical» e até «filhotinhos de cachorro». Um dos voluntários está numa dieta engraçada; a pessoa favorita de Sylvia, a sua empregada Asunción («que tem a forma exata de um urso»), passa domingos úmidos correndo para cima e para baixo no porão e fingindo ser um toureiro.

No entanto, há pistas para realidades menos aconchegantes, como outros hábitos de Asunción, quando deseja manifestar desaprovação, «de se transformar numa metralhadora e dizer: 'Pou, pou, pou, pou!'».

«Você não pode imaginar», contou Sylvia a uma amiga, «depois desse país de fala mansa [Grã-Bretanha], o prazer que é ver um escritório com uma grande placa pintada, Organização para a Perseguição aos Fascistas.»[23] O que exatamente Sylvia entendia por «Perseguição», ela não disse. Como Nancy, ela e Valentine haviam perdido a carnificina que ocorrera antes, e Sylvia estava impressionada com o que descreveu como a atmosfera «estavelmente tranquila» de Barcelona. Nos lugares onde encontrou destruição, ela aprovava os alvos. Na *Left Review*, defendeu abertamente a destruição das igrejas da cidade, em contraste com a preservação das mansões cujos proprietários tinham fugido para a zona nacionalista. Sylvia visitou muitos desses edifícios, procurando uma casa de repouso adequada para enfermeiras britânicas, e descobriu que, embora itens considerados de valor artístico tenham sido formalmente usurpados, fora

---

23    Ibid.

isso as casas estavam intactas: nenhum sinal de multidões frenéticas passando por ali com a rédea solta. Para ela, isso provava a base ideológica das invasões a edifícios religiosos. As igrejas, explicou, «passaram por uma limpeza exatamente como os quartos de doentes são limpos depois de uma pestilência. Tudo que poderia manter o contágio foi destruído».

É uma perspectiva fria, quase clínica, da revolução em Barcelona, projetada para defender os anarquistas das calúnias das «hordas vermelhas» difundidas por Franco e seus apoiadores, e refletia sua aprovação. Nancy, a quem mostraram arsenais em igrejas e contaram sobre padres atirando nas pessoas em julho, tinha uma visão similar. «Aqui todas as igrejas, por mais escondidas que fossem, acabaram incendiadas», contou a Langston pouco depois de chegar: «a erradicação da peste da religião».[24]

Sylvia e Valentine admiravam a firmeza do povo catalão e sua entusiasmada determinação, apesar de tudo. Elas sabiam que os planos do inimigo podiam alcançar a cidade a partir de Mallorca em menos de vinte minutos e que lá perto não havia abrigos antiaéreos. Conseguiam ver que muitos dos soldados que marchavam orgulhosos para a linha de frente não tinham recebido armas. Elas se sentiam no lado certo de um conflito que transcendia fronteiras. «Gente como Asunción», afirmou Sylvia, «apenas pertence ao bem.»[25]

*

---

24    NC a LH, 20 de agosto. In: NC; LH; Thompson, *Poetry, Politics, and Friendship*, op. cit.

25    STW, apud Harman, *Sylvia Townsend Warner*, op. cit., p. 154.

A julgar por uma carta que Valentine escreveu quase um mês antes de elas partirem para a Espanha, havia um momento naquele verão em que parecia que os temores de Sylvia se tornariam realidade e que Valentine seria enviada sem ela. «Se eu for à Espanha, e se eu for morta lá», Valentine escreveu a ela, Sylvia deveria lembrar em primeiro lugar e antes de tudo «que eu te amo profundamente, apaixonadamente e alegremente, e que te amei assim desde a primeira vez que dormimos juntas, sem nenhuma interrupção».[26]

Seis anos antes, Valentine e Sylvia se uniram pela primeira vez na revolta. Elas estavam num vilarejo de Dorset e acreditavam que uma garota de lá estava sendo maltratada. Assim, as duas saíram enfurecidas para confrontar seu empregador. «Indignação justa», refletiu Sylvia depois do episódio, «é uma coisa bonita.»[27] Naquela noite, começaram a trocar confidências silenciosas através da parede compartilhada que separava seus quartos, e Sylvia descobriu que sua tranquila e reservada colega de casa temia ser «completamente não amada». «O grave lamento de sua voz me feriu», escreveu ela mais tarde, «e me fez levantar, e atravessar a porta, e ir até a beira de sua cama. Lá eu fiquei, até que me deitei a seu lado e encontrei amor ali.»[28]

O primeiro romance que Sylvia concluiu depois das revelações de Valentine foi publicado enquanto elas estavam na Espanha. Numa das cenas mais marcantes, a protagonista, Sophia Willoughby, ouve a cativante contadora de histórias Minna capturar a atenção de toda a sala ao descrever o desgelo de um rio congelado que ela havia testemunhado

---

26    VA a STW, 20 de agosto de 1936, D/TWA/A05, Dorset.
27    STW, apud Harman, *Sylvia Townsend Warner*, op. cit., p. 100.
28    STW, *Diaries*, p. 70.

quando era criança. Atraída primeiro pelo ruído, lembra-se Minna, seu eu mais jovem foi atiçado e hipnotizado quando a correnteza revitalizada arrancou pedaços de gelo no marulho do rio: «Foi como uma batalha. Foi como uma vitória. O inverno rigoroso não conseguia mais aguentar, estava se rompendo, seus uivos e suas ameaças derrotadas passaram por mim, suas fortalezas desmoronaram e se quebraram umas contra as outras. Finalmente foi despertado».[29]

O romance é ambientado nas revoluções parisienses de 1848, e a adulta Minna associa a irrefreável força das águas à Liberdade: o gelo do status quo desfazendo-se sob o *momentum* iminente da mudança. Mas também poderia facilmente representar a revolução de sentimento que Sophia, prestes a ter seu primeiro caso lésbico, experimenta à medida que a história se desenrola.

A essa altura da vida, Sylvia entendia a grande onda de satisfação que poderia resultar de viver desafiando a sociedade convencional — enfrentando seus gritos e ameaças. Tendo experimentado a revolução emocional de encontrar amor com Valentine, Sylvia desejava viver a satisfação de outros «desejos não concretizados» que ela havia descoberto na década de 1930. Em Barcelona, tinha a firme convicção de estar o mais perto possível de alcançar aquela pedra de toque da Rússia em 1917. «Nunca vi pessoas que eu admirasse mais», declarou Sylvia a um entrevistador muitos anos depois. «Nunca mais vi um país que eu amasse tanto quanto amei a Espanha.»[30]

---

29   Id., *Summer Will Show*, p. 102.

30   Id., apud Mulford, *This Narrow Place*, op. cit., p. 124.

Secretamente, o amor era a chave. Enquanto inspecionava igrejas destruídas, encontrava perseguidores oficiais («O perseguidor-chefe era um dos homens mais legais que já conheci») e preparava uma crítica incisiva a seus camaradas britânicos por seus esforços desorganizados na Espanha, Sylvia também estava escrevendo poemas para Valentine. Nesses poemas, é o amor — algo que em certo momento foi só delas — que torna real para as duas seu envolvimento na humanidade e lhes garante acesso a Barcelona e a tudo que a cidade significa. Em sua particular carta de amor na qual registra a visita, manuscrita numa brochura branca e vermelha, a viagem é como uma lua de mel, e elas são o casal feliz emanando uma boa vontade que se reflete de volta para elas por todos os camaradas.

Ler esse relato é entender o quanto a viagem foi verdadeiramente libertadora — um período em que uma nova franqueza sobre o relacionamento delas foi possível. Em seu texto para a *New Yorker*, Sylvia menciona uma conversa curiosa com Asunción, alguém que viria a significar muito para ela. Quando dois voluntários desaparecem juntos, Asunción presume por engano um compromisso (é um encontro, ela conjetura conscientemente, «sob os pinheiros»). Odiando desapontá-la, Sylvia revela, em vez disso, um «romance real»:

Contamos a ela sobre outro casal que havia em nosso grupo — nenhum dos dois, eu temia, se destacava aos olhos dela pela juventude ou pela beleza — que estava ligado não apenas pelo coletivo senso de dever, mas também por um desejo real de se recolher junto sob os pinheiros.

Seu queixo caiu; ela parecia incrédula e até horrorizada. Mas um tempo depois recuperou sua filosofia, sua genialidade, sua afeição; e, erguendo o punho na saudação da Frente Popular, exclamou: «*Viva la República!*».

Lendo o artigo em busca de detalhes sobre a temporada delas, levei um tempo para perceber a estranha ambiguidade dessa descrição. Fiquei me perguntando se era o jeito enigmático de Sylvia de dizer que ela e Valentine tinham confidenciado seu próprio relacionamento, uma parceria que elas consideravam um casamento: uma interação que não podia ser divulgada explicitamente por escrito, mas que também era preciosa demais para ser completamente omitida. O ânimo revolucionário parecia intrínseco à aceitação acolhedora de Asunción — saudando a República como se o pessoal e o político não pudessem ser dissociados, e uma nova liberdade num domínio só pudesse significar liberdade no outro.

A sensação de possibilidade fora-da-história em Barcelona é palpável na própria liberdade intensa e inebriante de Sylvia ao se declarar abertamente — para Valentine, talvez para Asunción e, ao que parece, nas próprias ruas da cidade. Está ali em sua celebração do barulho e das vozes — a liberdade de dizer o que antes era indizível — aquela comparação com a «fala mansa» britânica, que deve ter sido particularmente potente para um casal que normalmente não poderia admitir a enormidade do que elas significavam uma para a outra. Na Inglaterra, vivendo nas margens de um vilarejo com casinhas de palha, o casamento delas era negado pela educada recusa de seus vizinhos a perguntar; era negado pela própria linguagem estabelecida pelo Estado. Diante do problema do censo, elas não haviam podido intitular-se casadas, mas apenas «companheiras» e «solteironas: anuladas».

Valentine nunca se envergonhara de sua sexualidade, mas a descoberta de seu pai sobre sua primeira namorada revelou o potencial para o abismo punitivo entre a alegria que ela sentia no amor e o que os outros pensavam a respeito: «Eu me lembro muito nitidamente da expressão de desgosto na cara dele».[31] No entanto, em Barcelona, Sylvia e Valentine claramente se sentiram entre amigos, parte de um grande esforço coletivo de emancipação. Marginalizadas em casa por seus políticos tanto quanto pelo compromisso delas de viver a verdade do amor que sentiam — decisões que as libertaram de maneiras fundamentais —, como atestam os poemas de Sylvia, em Barcelona ela e Valentine deixaram de ser forasteiras: «Não mais era nossa própria / Liberdade um exílio [...]».

Barcelona lhes oferecia o extraordinário prazer de andar de mãos dadas, «como crianças autorizadas / A sair por conta própria» — às quais finalmente se confiou uma autonomia estimulante. Desvinculadas da sociedade que buscava excluí-las e negá-las, novos domínios de solidariedade se revelaram. «Podíamos olhar abertamente para as pessoas», Sylvia se deleitava. O amor não era algo novo para elas — «Não fomos para lá com o coração destreinado» —, mas na abertura revolucionária de Barcelona as capacidades desse sentimento pareciam recém-descobertas.

Para poemas de amor sobre a guerra, aqueles do libreto são principalmente (alguns poderiam dizer «inapropriadamente») desprovidos de sinais de perda. Tudo é expansão, revelação. Sylvia e Valentine amam as pessoas que elas conhecem, amam a causa. Estão tão vinculadas a isso que compartilham sua pulsação, e se mantêm tão próximas uma da outra que a batida do coração conforta Sylvia através do corpo de sua amada quando ela imagina bombardeiros fascistas disparando no seu caminho:

---

31    VA, *For Sylvia*, pp. 67, 100.

Abraçada com todo o meu poder
Do amor, não só você
Eu aperto, não só você eu saúdo.[32]

No quarto poema dos seis que compõem o libreto, ao fazer um relato irreverente de sua acomodação palaciana, Sylvia se diverte com a ideia de que a presença delas foi diretamente possibilitada pela expulsão do velho mundo, extraindo um prazer transgressor em imaginar os inimigos devotos cujo leito conjugal elas usurparam. «Mas naquela cama com corpos magros e mentes risonhas nós deitamos.»

Essa foi, talvez, a sua recompensa — ou uma promessa de recompensas maiores que viriam com a vitória. Pois viver como elas viviam já era seu presente para o futuro, seu legado para outras pessoas que ainda poderiam viver a própria liberdade. «Eu te amo com a arrogância do primeiro amor, que sabe que ninguém antes no mundo jamais amou exatamente assim ou tanto assim», Valentine disse a Sylvia quando pensou que poderia ter de ir sozinha à Espanha. «Mas espero que muitas pessoas o façam depois de nós, querida — e fizemos nosso melhor para tornar isso possível.»

Da primeira vez que vi o libreto que Sylvia fez para Valentine, seus papéis estavam temporariamente guardados num grande prédio de tijolos — um dos vários prédios de tijolos que pareciam ter sido construídos como uma ideia tardia para o estacionamento sobre o qual existiam. Eu tinha lido os poemas muito antes, num artigo que os apresentava como «sem precedentes» nas respostas da poesia inglesa à guerra,

---

32    No original, «Embraced with all my power/ Of love, not only you/ I clasp, not only you I greet». [N. T.]

pela «combinação de política radical e desejo *queer*».[33] Mas, se descobrir os poemas foi uma vibrante sinalização intelectual, o libreto em si foi um talismã físico e comprobatório do significado que Barcelona teve para o casal. Sua existência na insignificante sala de leitura parecia profundamente incongruente.

Tive a mesma sensação mais tarde naquele dia, explorando os pitorescos vilarejos de Dorset onde elas tinham morado juntas e estavam enterradas juntas. Cabines de telefone vermelhas e uma taberna de palha não é o que imediatamente vem à mente quando se pensa em atividades comunistas. Então as partes se fundiram para me revelar Sylvia e Valentine como residentes estrangeiras: mulheres com experiência em se sentirem à vontade, mediante trabalho duro e impenetrabilidade, onde quer que parecesse correto. Barcelona havia sido um desses lugares.

Nos poemas de Sylvia, o amor não é só indulgência açucarada; não isola o casal numa bolha, mas sim o atrai para um compromisso mais firme com a causa. Há um estranho paralelo com a brilhante boa vontade do libreto na severidade de Sylvia como funcionária de partido em outro lugar, sua imperturbável omissão da violência. O que Sylvia gostava em Asunción, que é também mencionada nos poemas, é não somente sua hospitalidade gentil, mas também sua crueldade revolucionária. «Nem perdi de vista por um momento», ela informou os leitores da *New Masses* (um público bem mais à esquerda que o da *New Yorker*), «o fato de que tanto o perseguidor quanto [Asunción] matariam fascistas

---

33    Mercedes Aguirre em sua introdução à publicação dos poemas no *Journal of the Sylvia Townsend Warner Society*, 2020.

(e provavelmente mataram) tal como se matam baratas.» A «habilidade de matar e a habilidade de continuar sendo gentil» eram nutridas, acreditava ela, «pela mesma raiz da convicção e da experiência».

Sylvia não tinha intenção de matar ninguém em Barcelona (embora Valentine, que era uma excelente atiradora, cogitasse entrar numa milícia), mas sua falta de escrúpulos com as mortes que ocorreram ali é impressionante. Seria isso uma determinação de não ser ingênua, uma decisão de reconhecer os riscos envolvidos na resistência àqueles da direita que não viam os pobres e os *queer* como humanos? Ou apenas uma displicência com a vida de outras pessoas que lhe custou pouco? Está claro que Asunción a fez se sentir segura, como se propósito e princípio fossem os verdadeiros indicadores de quem pertencia ao lado do bem.

Só um poema na série de seis que foram escritos para Valentine — o único que foi publicado[34] — restringe-se a uma paleta mais sombria, a imagens de seca e de uma tempestade iminente, à política e à propaganda. Admite-se a presença da morte de uma forma que lembra outro poema que Sylvia publicou sobre a guerra: «Port Bou», no qual fala sobre «a fúria resoluta/ daqueles que lutam pela Espanha». Os dois poemas retornam dos cartões-postais de lua de mel para uma obstinação endurecida, o tipo de crueldade que se revelaria notoriamente controverso num conhecido poema de W. H. Auden, «Espanha, 1937» (que Nancy adorava, que ela publicou ao voltar à França e que reverberou em trechos de sua própria poesia) com sua referência ao «fato do assassínio».

---

34    «Journey to Barcelona», o quinto no libreto, foi o único poema dessa coletânea publicado durante a vida de STW.

Amor, raiva. São temas que têm de ser chocantes — são chocantes — e ainda assim funcionaram bem na abordagem de Sylvia em relação à guerra. Em Barcelona, era claramente possível para ela encontrar alegria num movimento no qual tinha fé, embora alimentasse poucas ilusões sobre o que isso implicava. Uma vida que vale a pena ser vivida pode ter um custo, afinal, e pode ser necessário lutar por ela. Essas insinuações de alerta contrabandeadas para o artigo da *New Yorker* aparecem nos poemas também — nas arestas do amor de Sylvia, a raiva que não é aplacada, mas, ao contrário, intensificada ao ver como o mundo poderia ser bom. Ela promete armar seu conhecimento de utopia:

> [...] Deveremos ser perversamente seu devedor
> Se doravante não amarmos mais, e odiarmos melhor.[35]

\*

A ideia de Valentine de se juntar a uma milícia não era impensável. Milícias com integrantes mulheres eram uma das mais difundidas características do início da guerra.[36] O casal Robert Capa e Gerda Taro, que estava entre os fotógrafos

---

35    No original, «[...] We should be vilely their debtor/ If we do not love further henceforth, and hate better». [N. T.]

36    Provavelmente, havia apenas cerca de mil mulheres integrantes das milícias no front, mas muitas mais estavam armadas e posicionadas nas zonas de retaguarda. Historiadores identificaram como «um fenômeno notável da guerra [...] o crescimento espontâneo de um movimento de mulheres» (Thomas, *The Spanish Civil War*, op. cit., p. 120). As mulheres só conquistaram os mesmos direitos legais que os homens na Espanha com a Constituição Republicana de dezembro de 1931.

*For Valentine*

*1936.*

que chegaram a Barcelona mais ou menos na mesma época que Nancy, captou diversas imagens de mulheres treinando nessas novas identidades. Numa das mais icônicas, Gerda registra uma miliciana num quadro fechado, ajoelhada na areia, apoiando o braço no joelho dobrado na frente dela, apontando uma pistola para longe. A mulher parece jovem e pitoresca; seu cabelo, macacão, sapatos de salto bem-arrumados, tudo preto contra o pano de fundo, com apenas a pequena arma em sua mão a brilhar tal como o céu atrás.

Nem todas as mulheres combatentes eram espanholas. A primeira baixa britânica no lado republicano foi Felicia Browne, uma artista e comunista que se encontrava em Barcelona em 19 de julho e se alistou numa milícia. Ela foi morta durante uma tentativa fracassada de explodir um trem de munição inimigo em Aragão semanas depois da chegada de Nancy. Browne havia começado a ver sua arte empalidecer em importância diante das desigualdades que lhe tinham permitido viver em relativa tranquilidade. «Só posso enxergar o que é válido e urgente para mim», escreveu ela a uma amiga. «Se a pintura e a escultura fossem mais válidas e urgentes para mim do que o terremoto que está acontecendo na revolução, ou se os dois fossem conciliáveis, de modo que as demandas de um não conflitassem (em tempo, até, e em concentração) com as demandas do outro, eu poderia pintar e esculpir.»[37]

A brilhante intelectual francesa Simone Weil, que tinha apenas 27 anos na época, também chegou à Catalunha antes de Sylvia e Valentine, e mesmo de Nancy, para ser voluntária numa milícia anarquista. «Quando percebi que, por mais que tentasse, eu não poderia impedir a mim mesma de participar moralmente da guerra — em outras palavras, de esperar todo dia e o dia inteiro pela vitória de um lado e a derrota do outro», disse ela a um amigo, «peguei um trem para Barcelona, com a intenção de me alistar.»[38]

Weil era uma pesquisadora obstinada, capaz de negligenciar quase totalmente seu próprio bem-estar. Em casa na França, ela era tecnicamente uma professora de escola, embora nos últimos tempos estivesse preocupada em se infiltrar em fábricas para estudar as condições de trabalho. O que ela ganhou com essa experiência foi uma compreensão visceral da exaustão física, da degradação e do aprisionamento decorrentes do capitalismo industrial. O que perdeu foi «certa leveza do coração, que, me parece, nunca mais será possível».[39]

Sua incursão revolucionária na Espanha não durou muito. Pouco depois de ajudar a sabotar uma linha ferroviária, ela caiu diretamente em uma panela de óleo de cozinha

---

37  Carta não datada de Felicia Browne para Elizabeth Watson, TGA 201023/2/8, Tate Gallery Archive.
38  S. Weil, apud D. McLellan, *Simone Weil*, p. 120.
39  Ibid., p. 98.

fervente que havia sido ocultada numa vala para que os inimigos não avistassem as chamas. Terrivelmente queimada, mancou de volta a Barcelona e acabou sendo levada para casa por seus resignados pais.

Esse infortúnio provavelmente não foi o pior resultado que eles tinham imaginado. A filha deles já estava mal de saúde e nitidamente desconjuntada. Apesar de toda sua coragem, é difícil enxergar com que ela pensava estar contribuindo para a milícia à qual havia insistido em se juntar; mais fácil ridicularizar os teimosos esforços dessa frágil intelectual. Ela dificilmente pode ter ignorado suas próprias limitações físicas, ou a tensão que isso gerava em seus camaradas, e não deu nenhum sinal de pensar que tinha algo específico com que contribuir para a República. Ver a situação com seus próprios olhos foi certamente crucial para escrever relatos em primeira mão para a imprensa ou material persuasivo destinado à arrecadação de fundos, mas claramente também havia na experiência algo significativo para Simone Weil.

Sylvia valorizava o período em que trabalhou na fábrica de munições durante a Primeira Guerra Mundial por tê-la feito compreender diretamente as condições a que mais tarde ela se oporia. Weil também fez uso de suas experiências, na fábrica e agora na linha de frente, como material para pensar. De acordo com seu biógrafo, a época posterior a seu retorno da Espanha foi «um período rico em reflexões que marcou um ponto de virada em seu pensamento político».[40] No que se referia às causas que a ocupavam, ela tinha uma espécie de dedicação à integridade, ao envolvimento de si mesma tanto fisicamente quanto intelectualmente, o que elevava a autenticidade da experiência a um nível quase

---

40 McLellan, *Simone Weil*, op. cit., p. 123.

moral. Seus esforços no mundo da fábrica e no da milícia parecem tentativas de verdadeira solidariedade que resultaram numa determinação às vezes perversa de não poupar nada a si mesma. Nesse sentido, ela era um pouco como Nancy Cunard, que poderia, dizia-se, endurecer «sua vontade de superar a exaustão, flertando com o desconforto físico, indiferente à calúnia, sorrindo diante dos riscos»[41] quando sua causa assim o exigia — uma autoabnegação que raramente faz alguém ser estimado pelos outros. (A austeridade de Weil era mais deliberada, mais extenuante do que energizante. Durante a Segunda Guerra Mundial, sozinha na Grã-Bretanha e limitando-se às rações que seus compatriotas na França recebiam, ela morreria de tuberculose aos 34 anos.)

«A guerra é uma doença maligna, uma estupidez, uma prisão», escreveu Martha Gellhorn, uma mulher que se tornaria uma especialista, «e a dor que ela causa está além do que se pode contar ou imaginar.»[42] As complexidades da guerra espanhola, suas origens e seus males, são inevitavelmente significativas e ainda assim não importaram. Não para aqueles, como Nancy e Sylvia, que acreditavam que a situação era terrivelmente simples. Para elas, era uma questão de certo e errado, bem e mal, esperança e desalento: resistir ao fascismo ou sucumbir a ele. Escolher um lado na guerra era um imperativo moral, e muito objetivo. As coisas que elas viram na zona republicana confirmaram a posição que já haviam tomado. Dizer que houve atrocidades nos dois

---

41 Harold Acton, «Nancy Cunard: Romantic Rebel». In: Ford, *BPIR*, op. cit.
42 M. Gellhorn, *Faces da guerra*, p. 376.

lados é importante e verdadeiro[43] — o que significa dizer que a verdade não seria completa sem o reconhecimento disso —, mas também obscurece o fato de que a escala e os alvos da destruição perpetrada por cada lado eram bem diferentes, e que os dois lados representavam ideologias diametralmente opostas.

Para essas mulheres, a decisão de rumar para a Espanha foi óbvia. Nas palavras de Nancy, foi óbvia por causa «do horror, da magnitude e da proximidade da guerra civil na Espanha», e foi óbvia porque a perspectiva de haver outra guerra, «arquitetada pelas alianças dos líderes fascistas de diversos países», revelava-se agora iminente. Isso significava que «qualquer outro assunto (coisas que eram vitais e imediatas até a guerra espanhola começar) [era] agora secundário».[44]

Mas havia muitas pessoas — milhões — que não deixavam de lado nenhum outro assunto. Para a vasta maioria, era o indivíduo, o dia a dia, que continuava sendo a emergência suprema, a força motivadora: o único mundo real o suficiente a ponto de valer a pena sofrer por ele. Partir rumo à Espanha pode ter sido mais fácil para Nancy, Sylvia e Valentine porque elas não tinham filhos; porque, apesar de não serem convencionais, elas mantinham certas redes de

---

43    Beevor, *The Battle for Spain*, op. cit., p. 105: «estamos provavelmente diante de um número total de mortes e execuções perpetradas pelos nacionalistas durante a guerra e depois dela de cerca de 200 mil pessoas. Esse número não está muito distante da ameaça feita pelo general Gonzalo Queipo de Llano aos republicanos, quando prometeu 'com minha palavra de honra como cavalheiro que, para cada pessoa que vocês matarem, nós mataremos pelo menos dez'».

44    NC, «Blacks in Spanish Revolution Fighting on Side of Royalists», *Pittsburgh Courier*, 22 ago. 1936, p. 7.

segurança de sua classe. Embora às vezes pudessem sofrer por sua liberdade, também fizeram bom uso dela.

Valentine acreditava que parte da reticência do pensamento predominante em relação aos problemas da República espanhola se explicava por ela não ser suficientemente digna de pena. Essa confiança dos oprimidos — esse «povo livre, culto, intelectual, lutando bravamente e com muitas razões para esperar a vitória»[45] — era ameaçadora demais à ordem estabelecida para ser disseminada. O problema não era o sofrimento das pessoas em Barcelona, mas sim sua libertação. Como Nancy e Sylvia, Valentine reagiu a seu período na Espanha com um fluxo de escrita: poemas, cartas e artigos foram todos registrados em seu diário durante os primeiros dias de seu retorno para casa. A não intervenção, a fala mansa sem-olhar-muito-de-perto que salvou as pessoas da confrontação direta (que permitiu a ela e a Sylvia viverem juntas em paz, mas que lhes impôs uma vergonha que não sentiam), «já não funcionaria», como Nancy escreveu no ano seguinte.

Para as pessoas que acompanhavam tão de perto os acontecimentos do seu tempo, havia um medo terrível por trás da decisão de ir à Espanha. «Não morra — Viva», implorou Valentine no que ela acreditava ser — quando parecia que ela seria convocada sozinha — sua última carta para Sylvia. «E se você tiver de morrer (como eu receio que você tenha) no fascismo ou na guerra ou numa perseguição — lembre-se de mim e me ame. Se eu pudesse protegê-la, eu o faria — eu o faria.» Nem a inação nem o engajamento poderiam protegê-las — o risco, nos dois casos, era a aniquilação,

---

45    VA, resenha de *Behind the Spanish Barricades*, *Spain in Revolt* e *Spain Today*, manuscritos, R (SCL)/3/17, Dorset.

a responsabilidade extraordinariamente grande. Com o futuro ensombrecendo-se a passos cadenciados, aqueles que olhavam na sua direção tinham de arrancar uma resposta desafiadora dos sinais de desalento.

# A batalha por Madri[46]
# Nancy Cunard
# Madri: outono-inverno de 1936

No fim do último dia de agosto de 1936, Nancy Cunard sentou-se no deserto de Aragão e contemplou a imensidão. «Foi um dia que, de alguma forma, saiu do controle.»[47] Ela o havia passado com uma jovem mãe cuja «filhinha morta» havia sido fotografada por Nancy no caixão. «Em gratidão por aquele presente revigorante — uma recordação da existência de sua filha —, a mulher havia insistido em lhe oferecer comida e bebida.» Mais tarde, o instinto de Nancy era o de sair em uma «caminhada longa e estrondosa», mas a luz estava indo embora, e ficar perdida numa zona de guerra era puro egoísmo tolo. Em vez disso, afastou-se de seus companheiros para se sentar sozinha na areia de uma paisagem vazia que a deixou «totalmente em paz»: uma condição tão rara que

---

46    As citações a Esmond Romilly feitas neste capítulo procedem de *Boadilla*. O relato do avanço nacionalista sobre Madri, e de sua força numérica nesse momento, foi extraído de diversas fontes, mas particularmente de *The Battle for Spain*, de Anthony Beevor. As anotações feitas por NC nesse período são citadas em Lois Gordon, *Nancy Cunard*.

47    NC a Walter Lowenfels, 1959.

ela prometeu a si mesma que voltaria ali um dia. «Para mim aquilo era o infinito... Era total e completo.»

Naquele dia, no deserto, ela pensava na morte. Quando eles levaram o caixão da criança sob o sol escaldante (Nancy havia precisado explicar que a casa estava muito escura para sua Kodak), ela ficou se perguntando quantos outros cadáveres veria antes de ir embora. Sua consciência a inquietava. Ela havia ido à Espanha para cobrir a guerra e ainda não tinha encontrado um caminho para o front.

Um mês depois, passou «dias e dias» com as milícias em Aragão («uma experiência maravilhosa»)[48] e conheceu dois soldados num trem, os quais supostamente concordaram em levá-la com eles. Por sorte ela era despachada, determinada: suas jornadas eram improvisados oportunismos de encontros casuais, de ônibus, de caronas. Viajar com soldados trouxe pessoas correndo com o punho fechado da saudação. A jovem mãe em Aragão estava longe de ser a única mulher enlutada a saudá-la. Informados do motivo da vinda de Nancy, eles a instruíram a «continuar, trabalhar, falar a verdade».[49] De vilarejos na linha de frente, ela se deslocou para o oeste em direção a Madri. De lá escreveu uma carta para o *Manchester Guardian*. Convencida de que os leitores iriam «solidarizar-se com o governo legítimo da Espanha e com seus heroicos defensores, as Milícias do Povo (entre as quais há muitos intelectuais espanhóis), em sua luta árdua contra o fascismo internacional», ela pedia doações «sem demora». As forças da República estavam mal equipadas, e o rigoroso inverno espanhol pairava ameaçadoramente sobre a capital.

---

48    NC a LH, 6 de dezembro [1936].
49    NC a Victoria Ocampo, 5 de outubro, Victoria Ocampo Papers, Caixa 7:224, Houghton Library, Harvard.

Mais tarde, Nancy viria a lembrar-se da «neve nas novas crateras ali».[50] Ela sentira que Madri seria «difícil», mas o que descobriu foi «pouco a pouco, progressivamente, terrível».[51]

Na semana em que ela escreveu a carta, os nacionalistas começaram a avançar rapidamente na capital e Nancy se deslocou para outra frente. Havia toda uma expectativa de que Madri fosse ocupada dentro de alguns dias. Os generais nacionalistas podiam contar com homens treinados e disciplinados, muitos dos quais, ao contrário dos membros leais do exército regular espanhol, tinham experiência pregressa de combate. Isso porque a espinha dorsal da força deles era o Exército da África, uma força colonial de 40 mil homens e uma reputação sanguinária.[52] O plano inicial de Franco de transferir essas tropas para a Espanha em navios de guerra foi por água abaixo quando as tripulações se amotinaram contra os oficiais nacionalistas. Mas então Hitler e Mussolini intercederam com aviões que resolveram o problema, transportando os primeiros 12 mil homens para a Espanha durante dois meses e ajudando os nacionalistas a continuar sua investida em todo o país.

«Diariamente», escreveria um madrilenho, «chegavam notícias que mostravam como os exércitos rebeldes se espalhavam como enxames de gafanhotos, avançando sobre

---

50    NC, «Madrid 1936». In: NC, *Selected Poems.*

51    NC a LH, 6 de dezembro.

52    Aproximadamente 40% da Guarda de Assalto Espanhola e 60% da Guarda Civil desertaram para o lado dos rebeldes, levando as forças nacionalistas a um número estimado de 130 mil oficiais e homens. A República tinha cerca de 90 mil soldados, mas mais de um terço deles procedia das milícias populares, em vez de serem soldados treinados (Beevor, *The Battle for Spain*, op. cit., p. 88).

Madri por todos os lados.»[53] Eles se moviam tão depressa que, quando o primeiro-ministro tentou entrar em contato com o comandante republicano em Illescas, uma cidade na estrada de Toledo, fora de Madri, descobriu que ela já havia caído nas mãos do inimigo. Em 21 de outubro, tropas nacionalistas estavam a apenas trinta quilômetros da cidade. Dois dias depois, aviões Junkers Ju 52 enviados da Alemanha lançaram bombas sobre a capital. Nancy ouviu relatos sobre pessoas mortas nos subúrbios. Ela continuou se movendo, pegando carona em caminhões e percorrendo a pé longas distâncias para chegar perto da batalha, que seguia se aproximando.

Nas anotações que fez para seus artigos, não havia a questão da imparcialidade. Nancy escreveu sobre o quanto «nós» tínhamos avançado; e se perguntava se uma ponte demolida foi explodida «por nós ou pelo inimigo». Ela registrou rápidas impressões, apontamentos breves que ecoariam na poesia que ela obsessivamente comporia sobre a guerra.

Em 19, 21, 23 e 24 de outubro, Nancy partiu para Illescas, retornando a cada noite a fim de ver refugiados afluindo para a cidade. Durante meses as pessoas correram na direção norte, trazendo histórias angustiantes da brutalidade e da pilhagem que chegaram com os nacionalistas. O Exército da África anunciou o terror sistemático: massacres, abuso de mulheres, corpos expostos nas ruas durante dias para transmitir uma mensagem. No rádio, o general nacionalista Queipo de Llano exagerava nas descrições gráficas do que as mulheres de Madri poderiam esperar de seus soldados. Nancy estimou ter visto 4 mil mulheres e crianças chegando à cidade numa única noite.

---

53    A. Barea, *The Forging of a Rebel*, p. 580.

Milicianos republicanos estavam recuando também, e suas histórias eram igualmente desencorajadoras. Illescas caiu em 19 de outubro, mas nos dias que se seguiram os republicanos lutaram sem sucesso para recuperá-la. Nancy não tinha experiência como repórter de guerra, mas tinha determinação de ver os acontecimentos de perto. Ela se entrosou com motoristas de ambulância escoceses enquanto acompanhava o contra-ataque republicano. A falta de armas significava que havia pouca proteção contra os planos do inimigo: «A ambulância tem muito a fazer». Explorando mais a oeste — na direção de Móstoles e Navalcarnero, onde os nacionalistas também estavam pressionando —, ela dirigiu um carro camuflado com folhas e cardos. À medida que o cerco se fechava em torno de Madri, ela enviava regularmente à imprensa relatos detalhados. Com diligência, Nancy adquiria conhecimento («Uma pequena subida no chão à direita; proteção natural contra o fogo inimigo, aumentada por uma trincheira desenterrada em sua base; eles atiram por cima») e descrevia a experiência sensorial do conflito. «Corremos pela estrada, abaixando-nos, depois conversamos com os que estavam nas trincheiras... Balas passavam. BARULHO. Ao longe, um barulho ainda maior, silenciado pela distância.» Ela estava tão perto da ação que às vezes era impossível dizer o que estava acontecendo. Prosseguindo na direção de Illescas, ela recorda «sons de guerra, pesados; artilharia, considerável; metralhadoras distantes. Três aviões passando acima de nós, muito alto. Supostamente era o inimigo... não dá para saber neste momento se Illescas é nossa ou deles. A luta está acontecendo».

Nos primeiros dias de novembro, o general Franco anunciou que Madri poderia em breve esperar ser «liberada». Por ordem dele, havia logo atrás de sua artilharia caminhões de comida já disponíveis para os habitantes da cidade, e longas listas de detenções já preparadas.

Nancy escreveu que os ataques aéreos eram «constantes»,[54] e mesmo assim ela foi atingida pelo estoicismo nas ruas. «A população simplesmente olhava para o céu», escreveu, «e continuava seu caminho.»[55] Mas as forças de Franco, apoiadas por esquadrões e aviadores alemães e italianos, pareciam invencíveis; outros eram menos otimistas. Em 6 de novembro, o governo considerou a situação tão desanimadora que recuou abruptamente para Valência, deixando o general José Miaja, ministro da Guerra, com a responsabilidade de garantir a defesa da cidade. O deputado comunista Antonio Mije, que também permaneceu ali, prometeu que suas forças iriam «defender Madri casa por casa».[56] Líderes sindicais foram convocados e receberam ordens de mobilizar 50 mil homens da noite para o dia. Em outros lugares, a execução de presos políticos começou.

Na madrugada de 7 de novembro, a Radio Madrid pediu a construção de barricadas quando os nacionalistas começaram um bombardeio de artilharia pesada que sinalizava seu ataque à cidade. A voz de La Pasionaria ecoou de alto-falantes nas ruas, convocando as donas de casa a preparar panelas de óleo fervente para jogar na cabeça dos homens de Franco. Trabalhadores espanhóis precariamente equipados foram para a linha de frente; os que não tinham armas planejavam adquiri-las conforme seus camaradas caíam. Crianças trabalhavam nas barricadas, enquanto um

---

54    NC a LH, 6 de dezembro.
55    NC, apud Chisholm, *Nancy Cunard*, op. cit., p. 313.
56    Apud Thomas, *The Spanish Civil War*, op. cit., p. 320.

batalhão de mulheres se reunia diante da ponte Segovia, e aviões de combate enviados pela Rússia apareciam no céu.

Os madrilenhos — muitos dos quais tinham aprendido a usar um rifle apenas algumas horas antes — ainda resistiam no dia seguinte. Então, conforme a rádio transmitia de dois em dois minutos ordens para uma mobilização total, e repórteres estrangeiros previam com convicção a queda da cidade, e telegramas congratulando Franco eram enviados a Miaja, reforços apareceram numa coluna ao longo da Gran Vía. Eram quase 2 mil soldados da Brigada Internacional, em uniforme de veludo cotelê e capacete de aço, e seu avanço em direção à cidade era anunciado por camponeses que gritavam «¡No pasarán!».

*

Estima-se que mais de 30 mil pessoas, de 53 países, ofereceram-se como voluntárias para as Brigadas Internacionais durante a guerra.[57] Outros milhares chegaram do exterior para servir em diferentes milícias republicanas, e mais outros tantos deram apoio servindo como motoristas de ambulância e médicos. Metalúrgicos da Hungria se penduravam nos trens para chegar à Espanha; poloneses, romenos e iugoslavos, coordenados por comunistas franceses e italianos em Paris, juntaram-se a eles para escapar de governos de direita em seus países de origem. Dois mil e quinhentos recrutas ingressaram no Batalhão Britânico. Mais de 4.500 pessoas do Canadá e dos Estados Unidos se ofereceram como voluntárias. Alemães e italianos que já tinham sido derrotados em casa, republicanos

---

57    Segundo Beevor, *The Battle for Spain*, op. cit., o número de voluntários das Brigadas Internacionais fica entre 32 mil e 35 mil, mais 5 mil na CNT e no Poum. Helen Graham, por sua vez, estima em «cerca de 35 mil».

irlandeses, afro-americanos, judeus da Europa e da América do Norte: todos ofereceram a própria vida numa onda inédita de solidariedade internacional, muitas vezes inspirada pelo comunismo, mas esmagadoramente como um posicionamento contra o fascismo. A Botwin Company, assim chamada em homenagem a um comunista judeu que fora morto na Polônia, registrou em sua bandeira a seguinte mensagem em iídiche, polonês e espanhol: «Para a sua liberdade e a nossa».[58]

Foi um ano importante para o internacionalismo e para a cooperação da esquerda. Diante de avanços ameaçadores da extrema direita, liberais e moderados buscaram superar a fragmentação que havia beneficiado seus oponentes. Na Espanha, os partidos da esquerda e da centro-esquerda trabalharam arduamente para criar uma aliança eleitoral que vencesse as eleições de fevereiro. Até mesmo a Komintern havia demonstrado uma cautelosa mudança política em Moscou em 1935, oferecendo a partidos comunistas ao redor do mundo a flexibilidade para cooperar com outros grupos antifascistas (não comunistas). Era a «Frente Unida» à qual Valentine havia falado em aderir.

Pessoas como Nancy, que acreditavam fervorosamente no potencial do internacionalismo de promover mudanças mas que se haviam decepcionado com a ineficácia de organismos como a Liga das Nações, estavam preparadas para ver a Espanha como a expressão final da solidariedade esquerdista global. A aparente coesão da extrema direita antidemocrática e seu sucesso esmagador em países como Itália, Alemanha e Áustria fizeram as alianças de grupos muito diferentes parecerem necessárias, até desejáveis, e mergulharam a Europa em confrontos cada vez mais arriscados. (Isso também explica

---

58    H. Graham, *The Spanish Civil War*, p. 44.

por que muitos escritores que partiram para a Espanha aparentemente não viram contradição em definir a guerra espanhola como uma luta pela democracia, enquanto reivindicavam como aliados os comunistas que tinham registros comprovados de hostilidade à democracia.) Um jornalista americano se lembrava das reportagens que fizera de uma zona republicana como uma experiência que lhe «deu coragem e fé na humanidade; nos ensinou o que significa o internacionalismo».[59] Quando estrangeiros ofereceram a própria vida à República espanhola, fizeram isso num momento de possibilidade e de imperativos.

«Madri não parecia muito empolgante», escreveu mais tarde o voluntário de dezessete anos Esmond Romilly sobre sua chegada, «basicamente linhas de bonde e barricadas.» Mas seu significado era robusto. Alemanha, Itália e Portugal haviam reconhecido o governo de Franco «sob o pretexto de que estava no controle [da capital]». Preservar Madri dos rebeldes mostraria à comunidade internacional que a República tinha uma chance de sobreviver.

Esmond foi um dos poucos voluntários britânicos a participar da defesa inicial de Madri. Ele havia pedalado sozinho pela França antes de pegar um barco para a Espanha com outros recrutas, sentindo-se acanhado por sua falta de experiência militar. No porto de Valência, sua simpatia instintiva foi recompensada com uma enorme acolhida: uma multidão pronta com o slogan favorito: «¡No pa-sa-rán!». «Os aplausos e as saudações duraram uma hora.»

Em meados de novembro, na época em que o visto de Nancy expirou e ela foi obrigada a ir embora, os nacionalistas

---

59    Herbert Matthews, apud P. Preston, *We Saw Spain Die*, p. 45.

avançaram pelo rio Manzanares, chegando até a Cidade Universitária, um campus grande e inacabado no extremo oeste da cidade. Após dias de combate corpo a corpo, as forças republicanas conseguiram deter o avanço dos nacionalistas diante do Salão de Filosofia e Letras. Houve tiroteio entre a Filosofia e o Direito, e escaramuças desesperadas foram travadas em edifícios onde as paredes repletas de livros forneciam abrigo ineficaz. Na luta feroz ocorrida nas proximidades, Esmond viu a morte e conheceu o medo mortal, ao testemunhar cenas que iriam assombrá-lo. Mais tarde, lembrou-se de ter se abrigado no prédio da Guarda Nacional com «mortos jazendo na sala, na passagem, e amontoados nas escadas... Um posto de metralhadora foi estabelecido atrás de uma janela no primeiro andar... A cada dez minutos, alguém seria carregado ferido».

Em dezembro, ele participou de uma infame e sangrenta tentativa de reprimir a pressão nacionalista em Boadilla del Monte, um vilarejo a vinte quilômetros de Madri. Partes daquela experiência ficaram claras para ele depois: homens britânicos agrupados numa encosta gramada, presos em fogo cruzado; sua mente gritando para ele que o amigo tombado a seu lado estava morto; a sensação de avançar sem nenhuma ideia do lugar para onde estava indo nem por quê. Muitas dessas coisas estavam borradas. Esmond começou como um dos dezoito voluntários britânicos em seu batalhão. No fim daquela batalha de três dias, havia dois.[60]

A expectativa da queda de Madri era quase unânime, mas a defesa embaralhada naquele inverno conseguiu repelir

---

60    De acordo com Thomas, *The Spanish Civil War*, op. cit., três voluntários britânicos sobreviveram, mas um foi ferido. Oito haviam sido mortos em ações anteriores.

os nacionalistas. Nancy sabia que as condições na cidade só haviam piorado depois que ela foi embora, tornando-se «infernais».[61] Recapitulando os acontecimentos num poema intitulado «Madrid 1936», ela imediatamente vacilou: «Não posso ver a paisagem por causa das lágrimas».

Entrevistada em Paris quando voltou para lá, no entanto, Nancy insistiu em fazer reverberar uma nota de esperança, que naquele momento se provou justificada. «É terrível como os rebeldes estão destruindo tanta coisa desse país lindo», disse ela, «mas ainda acho que Madri pode ser capaz de afugentá-los, por mais inacreditável que isso parecesse no período em que saí de lá.»[62]

---

61 NC a LH, 6 de dezembro.
62 Entrevista com NC, *Pittsburgh Courier*, 12 dez. 1936, p. 5.

# O paradoxal[63]
# De onde Nancy Cunard vinha
# França: fim de 1936 a início de 1937

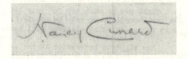

Pablo Neruda viu a casa de Nancy pela primeira vez ao luar e na neve. Era tarde, e os flocos esvoaçavam brancamente como cortinas ao redor da casa solitária. Ele deu uma caminhada que logo o desorientou. Talvez a quietude lunar fosse um contraste brusco demais com os clamores de Madri. Transferido à França de seu emprego em Madri por apoiar abertamente a República, Neruda acompanhou Nancy à Normandia para ajudá-la na sua mais recente publicação. Juntos, eles reuniriam provas para uma série de seis panfletos de poesia que ela intitularia, com grandeza chamativa, *Os poetas do mundo defendem o povo espanhol*.

A relação afetiva com Pablo fez parte da intensidade do período que Nancy passou em Madri, parte de como a poesia, o amor e as causas se fundiam. Aos 32 anos, ele já era um poeta aclamado. Tinha vivido em Madri desde sua nomeação

---

[63] As descrições que Neruda fez de Nancy e de Le Puits Carré foram tiradas de seu *Confesso que vivi*. A menos que especificado de outra forma, os relatos de Nancy sobre seu relacionamento com Henry Crowder são de *Grand Man*.

como cônsul do Chile em 1934, e durante a estada de Nancy ele a apresentou a uma rede coesa de escritores e editores espanhóis. Quando se conheceram, Pablo estava de luto por um amigo, o dramaturgo Federico García Lorca, que havia desaparecido no começo da guerra. (Lorca fora executado por nacionalistas; e seu corpo, jogado numa sepultura sem identificação.[64]) Figura imponente nas artes espanholas, que teve casos com homens e buscou «reumanizar» a poesia, que dirigiu uma companhia de teatro itinerante patrocinada pelo governo e que levou a cultura para fora das províncias, Lorca representava muito do que os nacionalistas desprezavam. No apartamento de Pablo na Casa de las Flores, onde as janelas davam para a Cidade Universitária que seria palco de tamanha carnificina, Nancy foi incluída numa comunidade sociável que estava aceitando a força de seus inimigos e procurando esclarecer sua *raison d'être*.

Artistas na zona republicana trabalhavam febrilmente para aproveitar seus talentos em benefício do esforço de guerra. A Alianza de Intelectuales Antifascistas, um fórum que organizava programas culturais, reunia artistas para manter vários boletins e revistas. Quando Langston Hughes se hospedou na sede do grupo em Madri, em 1937, encontrou um centro onde artistas iam e vinham, compunham músicas e poemas, cartazes e peças, e operavam uma prensa doada por camaradas franceses. Um de seus anfitriões dirigia grupos de teatro que às vezes percorriam trincheiras, diretor e elenco misturando-se com o público depois das apresentações para discutir o trabalho. Outros davam aulas e palestras a soldados, ajudavam a editar jornais da brigada. «Em tempos de

---

64    Até julho de 2021, a localização do corpo de Lorca nunca havia sido identificada.

guerra, o que os escritores podem fazer de útil, divertido e bonito, de um jeito vital e vívido?», perguntaria Langston numa transmissão de rádio, antes de ouvir as atividades que ele sabia que estavam acontecendo, descrevendo uma espécie de divulgação cultural destinada a ajudar as pessoas a dominar a própria vida — tornando-a deles conforme eles a narram.

Nancy estava orgulhosa de saber pelo poeta Manuel Altolaguirre que a Hours Press o havia inspirado a abrir sua própria editora, que agora estava difundindo literatura no front, onde a alfabetização das unidades estava efetivamente em andamento. Neruda lançou uma série de 21 poemas que foram publicados sob o título *España en el corazón*, impressos por todos os meios disponíveis nas linhas republicanas. Soldados aprenderam a definir tipos; o papel era produzido a partir de velhas bandeiras e dos uniformes de inimigos capturados. Dessa forma, a arte foi implantada nas linhas de frente. Passou a simbolizar as privações do passado e a promessa da vitória; tornou-se um ponto de encontro utilizado para distinguir a República e seu inimigo — uma expressão destilada da causa.

\*

Nancy tinha formulários com panfletos. Ela também ainda estava tentando descobrir como canalizar literatura e política, e tinha um histórico de cobrança de «solidariedade» de maneiras que poderiam errar o alvo. Neruda a considerou «um dos personagens quixotescos, crônicos, valentes e patéticos mais curiosos que já conheci»: tudo isso poderia valer como descrição do desenvolvimento do seu ativismo, que tomou forma a partir de um combo de despertar político, instinto literário e desejo.

Em 1931, Nancy havia detonado o relacionamento com sua mãe rica ao criticar num libreto de apenas onze páginas o ambiente confinado, hipócrita e racista do qual ela viera. Essa história tem origens ainda mais antigas. Pode-se localizá-la no «giro frenético» de Veneza no verão de 1928, quando ela conheceu um homem chamado Henry Crowder. Nancy, com seus trinta e poucos anos na época, numa cidade que ela havia amado por longo tempo: *palazzos*, «bailes, vestidos chiques de gala e festividades».

Seu primo a levou para ouvir o violinista de jazz Eddie South e sua banda de Chicago, os Alabamians, no Hotel Luna. Henry Crowder estava no piano. «Eles tocavam naquele estilo 'de outro mundo'», lembra-se Nancy. «Aquele jazz e aquele swing e aquelas improvisações! E tudo era novo para mim em termos de estilo! Bem, era tudo tão arrebatador que, quando eles desceram do coreto no fim do seu último número musical, nós nos levantamos de comum acordo e os convidamos a se sentarem e tomarem uma bebida conosco.»

Assim como a música, os integrantes da banda eram eles próprios aparentemente tão «novos» para Nancy que a palavra que ela parecia estar buscando era «exóticos»: eram «pessoas tão diferentes de tudo que eu já tinha conhecido que pareciam tão estranhos para mim quanto seres de outro planeta. Eles eram afro-americanos...». Encantada pelos homens — cativada por sua música, estilo e maneiras; fisicamente atraída também —, ela foi ouvi-los toda noite. «Um novo elemento entrou de repente em minha vida.»

Mas não era tão de repente assim. O jazz já era uma de suas paixões. Nancy estava entre as multidões em Paris enfeitiçadas pelos astros negros americanos como Josephine Baker. Ela estava em sintonia com o interesse surrealista em arte «primitiva», percorrendo cidades portuárias com Louis

Aragon em busca de velhos marfins vendidos por marinheiros e construindo uma coleção de trabalhos africanos e marítimos. Ela considerava que todos esses interesses estavam conectados.

Pelo relato da própria Nancy, sua atração por Henry parece fetichização direta. Seu desejo por ele, sua admiração por uma cultura e uma comunidade que ela buscava alcançar por meio dele («um povo», escreveu ela, «tão completamente rico em graça e beleza naturais»[65]), muitas vezes soa como um exercício de redução, em vez de ela estar de fato enxergando algo. O relacionamento deles nunca escaparia realmente de um ar de exploração — embora nem sempre estivesse claro quem estava usando quem — e ainda assim mudou a rota da vida de Nancy, mediante seus interesses e atrações, na direção de suas fixações mais significativas.

Henry Crowder era, segundo a maioria dos relatos, um homem sério e reservado. Nancy o descreveu como «um homem negro, alto, imponente e bonito».[66] Muitos anos mais velho, ele também estava a mundos de distância em termos de temperamento. Enquanto o lema favorito de Henry era «Opinião reservada!»,[67] para Nancy «nada — nem opinião nem emoção nem amor nem ódio — poderia ser 'reservado' por um instante sequer na lista de coisas que esse Homem--Continente-Povo gradualmente me revelou sobre sua raça e a vida de sua raça». Com idas e vindas, a relação deles duraria pelos sete anos seguintes. Muito mais tarde, ela diria que Henry lhe «apresentou um mundo inteiro», que ele a «fez».[68]

---

65    NC, «Foreword». In: NC, *Negro*.

66    Id., *These Were the Hours*, p. 148.

67    NC a Anthony Thorne, apud Ford, *BPIR*, op. cit., p. 295.

68    NC a Anthony Thorne e NC a Charles Burkhart, apud Ford, *BPIR*, op. cit. pp. 295, 329.

Ele tirou de Nancy partes da ignorância dela. Com ele, ela aprendeu fatos sobre discriminação racial (e especialmente sobre a vida de um homem negro nos Estados Unidos) que a surpreenderam e enfureceram.

O panfleto de Nancy de 1931 era comemorativo. Marcava um ano, explicou ela a título de introdução, desde que «a Questão Racial me foi apresentada pela primeira vez pessoalmente com seus aspectos ESTRONDOSOS OU CHOCANTES». Em outras palavras, marcava um ano desde que sua mãe havia sido apresentada à ideia de Henry Crowder. Em dezembro de 1930, Nancy e Henry tinham morado juntos durante dois anos e ido várias vezes a Londres, mas, embora ele tenha conhecido a maioria dos amigos de Nancy, Henry e Lady Cunard pareciam nunca ter sido apresentados. Emerald soube do relacionamento de Nancy quando a famosa Margot Asquith (viúva de um primeiro-ministro) perguntou por sua filha com as palavras «O que ela está fazendo agora — bebida, drogas ou [n—s]?».[69]

Pelo menos essa é a história que chegou até Nancy, que a incluiu no seu panfleto como o gatilho para a «terrível confusão» que se seguiu. Lady Cunard entrou em contato com vários amigos de Nancy para perguntar se era verdade que sua filha havia conhecido um homem negro. Lançaram-se ameaças que poderiam ser menos alarmantes se Emerald não fosse tão bem relacionada. A polícia foi ao hotel de Nancy e Henry quando eles estavam em Londres, e o proprietário recebeu telefonemas assustadores. Amedrontada, Nancy chegou a consultar um advogado sobre a possibilidade de

---

69    Provável referência velada à palavra *niggers*, termo pejorativo para «negros». Algo como «crioulos». [N. T.]

Emerald ser capaz de conseguir a deportação de Henry, o que aparentemente ela havia ameaçado fazer. Depois de retornar à França, Nancy foi informada de que novas restrições financeiras haviam forçado a mãe a reduzir sua mesada. Amigos seguiam contando a ela que Lady Cunard interrogava sobre Henry e a extensão de sua negritude.

Na época em que Henry e Nancy foram se hospedar na casa de um amigo na Áustria no início de 1931, Nancy não estava nada bem. Ela apareceu «exausta da briga de Londres e dos detetives da sua senhoria», bebendo sem parar e tornando-se cada vez mais errática: agressiva com Henry e quase predatória com o seu anfitrião — arruinada, ele sentia, pelo álcool «e nunca impondo limite».[70] Alguns de seus comportamentos — estilhaçando cada painel de vidro em sua janela, batendo a cabeça contra a parede — soam muito como uma mulher presa dentro de uma espécie de fúria incapacitada e incapacitante que logo se torna autodestrutiva.

Conforme Nancy explicou a outro amigo, os meses anteriores de seu relacionamento haviam sido brutalmente reveladores sobre «a questão racial, ou seja, a inferioridade da raça africana em particular com relação às raças brancas. Até então essas convicções não tinham sido desafiadas em mim; agora elas estão sendo».[71] A reação igualmente vulcânica de sua mãe a Henry rompeu a euforia de interrogar seus próprios preconceitos anteriormente insondados para enfatizar a inescapabilidade do preconceito dos outros. Em toda parte,

---

70 Brian Howard, apud Chisholm, *Nancy Cunard*, op. cit., pp. 164-5.
71 Apud Chisholm, *Nancy Cunard*, op. cit., p. 220.

ouvia-se Nancy murmurar, havia «inimigos, inimigos»[72] e nenhum modo óbvio de revidar.

Para espanto de Henry, ela decidiu que queria viajar para os Estados Unidos. A viagem foi um pesadelo para ele.[73] Apesar de toda a pesquisa que ela havia feito, interrogando-o (um interesse que a princípio ele apreciou) e indo até a Biblioteca Britânica para descobrir mais, Nancy não se livrou totalmente de sua ignorância. Nos EUA, ela queria ir a todo canto e ver tudo; exigiu saber por que ele não foi capaz de se defender quando eles foram insultados na rua. «Não consegui fazê-la entender que Nova York não era Paris. Ela propunha fazer coisas, muitas coisas que eu sabia que não poderiam ser feitas.» Ansiosa por uma luta, ela o colocava em perigo.

Hospedando-se no Harlem, ela se encontrou com os editores da *Crisis*, revista de W.E.B. Dubois, e acabou

---

72    Apud Gordon, *Nancy Cunard*, op. cit., p. 200.

73    Pouco depois de eles se separarem definitivamente em 1935, Henry assinou um contrato com um jornalista branco para escrever a história de seu relacionamento com Nancy. A julgar por esse relato posterior do tempo que passaram juntos, o comportamento de Nancy ficou muito cansativo bem depressa. Talvez a diferença de cor entre eles, à qual Nancy prestava tanta atenção, a tenha cegado para outras divergências significativas. Henry era um homem de opiniões convencionais. Eles tinham discussões acaloradas sobre a repulsa de Henry por lésbicas; ele se desesperava com a falta de discernimento de classe de Nancy e achava a promiscuidade dela particularmente difícil de digerir. Havia também a tendência ao confronto, a nunca traçar um limite. O medo de uma ação judicial por parte de Lady Cunard tornou a versão de Henry impublicável naquele momento. Se Nancy tivesse lido essa versão, o repúdio de Henry ao relacionamento deles certamente a teria devastado. Em sua narrativa, azedada pelo recente término ruim, o amor que redirecionou a vida dela era algo antinatural e sórdido; condenado desde o início por uma carga de história e preconceito externo que duas pessoas nunca poderiam ter a esperança de superar.

escrevendo um artigo para eles, ridicularizando as atitudes de sua mãe. Depois explicou-o em seu panfleto e o divulgou na época do Natal para centenas de amigos e conhecidos seus — e de sua mãe.

\*

Faz parte da magia dos livros o fato de serem objetos tão discretos e despretensiosos: pequenos em tamanho e vastos em promessas. Mas, quando peguei um exemplar de *Black Man and White Ladyship* — uma coisinha fina e amolecida pelo tempo —, não pude deixar de pensar que, de certo modo, o texto de Nancy se revela frágil. Em alguns trechos, seu ensaio é incisivo, sarcástico, provocativo e audacioso. (Impressionado, Neruda escreveria que ele «nunca tinha visto nada mais corrosivo».) O texto remove a proteção da privacidade daqueles que não estão habituados a ser desafiados, confrontando-os com suas próprias palavras e atitudes. Nancy utilizou o que considerava uma traição pessoal para protestar contra uma cultura de preconceito na Grã-Bretanha e nos EUA. No entanto, ao conectar os dois, a balança se desequilibrou de alguma forma. Da hipocrisia de sua mãe, o panfleto se lança sem hesitação num resumo da história da escravidão e dos linchamentos americanos, mas nunca se afasta inteiramente das queixas de Nancy, de modo que depois de um tempo soa como uma lista de reclamações infantis: a mesada de Nancy foi cortada! Pinturas de Manet prometidas a ela foram retiradas! Nós nos esforçamos para simpatizar! Ela expressa uma indignação um pouco genérica demais — ela não fez o trabalho de classificação de suas fontes para avaliar as questões principais —, e assim sua exposição de como o preconceito da classe alta britânica opera também se transformou num extenso relato de sua própria perda de renda, algo que ganhou mais espaço nas páginas do que o linchamento. O panfleto acaba restrito a uma desavença entre mãe e filha, o que deu à maioria de seus destinatários um pretexto para não se envolver nem um pouco.

Era um exemplo inicial da habilidade de Nancy de fazer as coisas (parecerem) simples, antagônicas: habilidade que ressurgiu com força devido à guerra espanhola. Há certo apelo nisso. Empenhar-se em entender pontos de vista fundamentalmente contrários aos seus pode soar como desperdício de tempo quando pessoas estão sendo mortas. No entanto, Nancy é também um exemplo de como as boas intenções — a primeira chama galvanizadora da indignação — podem estar muito aquém do apoio significativo a uma causa. Em última análise, *Black Man and White Ladyship* foi uma granada de mão arremessada por alguém que certamente conhecia seu alvo bem demais para pensar que isso provocaria qualquer autorreflexão. Chamou a atenção, mas foi mais para Nancy e sua rebelião do que para os assuntos que importavam a ela.

No que se referia a ativismo, Nancy começou a revelar uma nova capacidade para devoção. Causas como o infame caso de Scottsboro, em que homens negros foram injustamente condenados pelo estupro de duas mulheres brancas e sentenciados à morte, tornaram-se o foco de incansáveis esforços. Ela participou de manifestações, distribuiu petições, lançou campanhas de arrecadação de fundos; por muitos anos, se correspondeu diretamente com pelo menos um dos acusados. Em 1933, estabeleceu o Comitê de Defesa de Scottsboro e atuou como tesoureira de seus fundos. (Virginia Woolf estava entre aqueles que apoiaram a petição.) E, havendo já dado vazão a tudo em *Black Man and*

*White Ladyship*, ela teve uma ideia muito mais ambiciosa e produtiva: compilar e editar uma antologia da vida e cultura negras, que acabou sendo publicada em 1934. A antologia *Negro* assumiu a vida de Nancy e suas finanças por muitos anos (ela fechou a Hours Press durante esse período). Nasceu de uma atmosfera combativa na qual ela aparentemente havia fixado residência: a «indignação, a fúria, o desgosto, o desprezo, a vontade de lutar».[74]

Quando ela voltou a Nova York a fim de angariar contribuições para o projeto, Henry se recusou a se juntar a ela. Nancy deu entrada no Hotel Harlem's Grampion, sendo a primeira mulher branca a se hospedar ali, e rapidamente foi descoberta pela imprensa. Um segmento do Movietone a exibiu entrando num «Harlem Negro Hotel»; as manchetes dos tabloides proliferavam, difamando-a com insinuações. Veiculou-se a informação (falsa) de que ela havia sido a responsável pelo fim do casamento do cantor e ator Paul Robeson. Jornais britânicos se rebaixaram a manchetes como «Cabana da Tia Nancy — Entre os cavalheiros negros do Harlem».[75] A previsível enxurrada de mensagens de ódio chegou.

Nancy enxergou esses escândalos sexuais inventados como um esforço combinado para minar as intenções dela em Nova York, uma deturpação histórica das questões que permitiu à imprensa atacar os esforços dirigidos à compreensão e à igualdade sem reconhecê-los. «A imprensa americana não perde nenhuma oportunidade», escreveu ela depois, «de atiçar o máximo possível a fúria contra os negros e seus amigos... Enquanto no Sul é sempre a mentira

---

74    NC a Hugh Ford, 1964, apud Chisholm, *Nancy Cunard*, op. cit., p. 191.

75    Apud C. Kaplan, *Miss Anne in Harlem*, p. 282.

do 'estupro' de mulheres brancas por homens negros, no Norte é sempre o assim chamado 'escândalo' das relações inter-raciais.»[76] Em vez de se esquivar da atenção, ela tentou aproveitá-la para seus próprios fins. Convocou uma coletiva de imprensa e pediu donativos para o fundo Scottsboro, convidando-os ao mesmo tempo a dar contribuições para sua antologia *Negro*.

Para outros, tudo não passou de um inoportuno tipo de publicidade. Muitos dos intelectuais e escritores negros com os quais ela entrou em contato no Harlem a observavam com suspeita. Sua abordagem pessoal e nada metódica dificilmente servia para inspirar confiança, e Henry não foi o único a se aborrecer com o fato de Nancy não levar em conta as possíveis implicações, para as pessoas ao seu redor, de sua excursão na vida delas. O jornalista Henry Lee Moon sintetizou a primeira impressão óbvia ao relembrar sua própria demissão: «Só mais uma mulher branca farta da decadência da sociedade anglo-saxã, rebelando-se contra o código restritivo dessa sociedade, indo atrás de novos campos para explorar, buscando cor, não deve ser levada a sério».[77]

Mas, se um panfleto é, por natureza, uma coisa efêmera — um moleque enviado para espalhar a mensagem por entre a multidão —, o exemplar da antologia *Negro* que procurei na Biblioteca Britânica mostra intenções mais robustas. É um livro grande — do tipo que se levanta com as duas mãos e se põe num lugar com um senso de reverência. Mais de oitocentas páginas. Cento e cinquenta colaboradores, duzentos e cinquenta entradas separadas,

---

76 NC, *Negro*, op. cit., p. 197.
77 Apud Chisholm, *Nancy Cunard*, op. cit., p. 202.

centenas de ilustrações. Em volume e espessura e sem poupar custos na qualidade da produção, a antologia *Negro* faz o mesmo tipo de reivindicação de importância que uma *Encyclopaedia Britannica*.

Abra a capa, no entanto, e a fonte dos anos 1930 insinua um anárquico primo mais novo. O mero trabalho e a determinação que devem ter sido necessários para compilar são assustadores — e há alguns escritos ótimos ali —, mas a ênfase é nitidamente desigual. Abrange novidades contemporâneas e cultura, poesia, história, etnografia e política. Continuando com sua tática de lançar luz sobre o preconceito, Nancy incluiu algumas das cartas de ódio que havia recebido. (O dinheiro que ela ganhara pelos processos de difamação movidos sobre a história de Robeson tinha ajudado a cobrir os custos substanciais de impressão.) Na execução e no conteúdo, o projeto de Nancy lembrava mais os álbuns de recortes que ela fazia: o limiar de atenção é global, a lista de conteúdos revela a amplitude de suas conexões e da pesquisa — contribuições de Langston Hughes e Countee Cullen; W.E.B. Dubois e Zora Neale Hurston —, mas há menos intencionalidade sóbria e mais a captura do que está à sua frente. É uma coletânea indelevelmente marcada pela personalidade de sua criadora.

No entanto, a ambição importa. Seis anos antes da chegada de Nancy, o Harlem havia sido descrito pelo acadêmico Alain Locke como uma «capital da raça»: o lar não apenas de uma concentração de moradores negros de Nova York, mas do florescimento cultural da década de 1920 que leva seu nome. Outras antologias emergiram do Harlem Renaissance [Renascimento do Harlem] (incluindo o livro de Locke *The New Negro*, de 1925), mas a de Nancy foi reconhecida como «um dos primeiros trabalhos a tentar a produção de conhecimento sobre culturas africanas em larga escala».[78] O próprio Locke a definiu como «a mais refinada antologia, em todos os sentidos da palavra, já compilada sobre o Negro».[79] Ele compartilhava sua convicção de que uma coletânea como essa poderia desafiar o preconceito e a opressão, e provar que estão errados aqueles que negam a possibilidade de uma civilização negra.

O livro que segurei era algo muito mais raro do que Nancy teria desejado. Centenas de cópias não vendidas ainda estavam mofando no depósito dos editores na década de 1940, quando ele foi destruído na Blitz.[80] Depois do furor em torno da sua viagem para o projeto, Nancy ficou decepcionada com a falta de atenção séria que o livro recebeu. Durante décadas foi quase impossível ter em mãos a antologia *Negro*. (Uma edição fac-símile só foi lançada em 2018.[81]) Acadêmicos em busca de material semelhante simplesmente começaram de novo, sem saber de sua existência: uma desanimadora repetição de esforço desde que a antologia foi mais recentemente reconhecida como uma

---

78     J. Marcus, *Hearts of Darkness*, p. 128.

79     Apud Gordon, *Nancy Cunard*, op. cit., p. 173.

80     *Blitzkrieg*: bombardeios alemães a Londres na Segunda Guerra Mundial. [N. E.]

81     Uma edição resumida da antologia *Negro* lançada em 1970 (depois da morte de Nancy) sem dúvida causou mais mal do que bem ao manter desproporcionalmente textos de famosos colaboradores brancos e acrescentar material sobre a própria Nancy. Os estudos feministas, por exemplo os de Jane Marcus, deram atenção renovada à obra de Nancy (uma seleta de sua poesia, feita por Sandeep Parmar, foi publicada em 2016), e uma edição fac-símile completa da antologia *Negro* apareceu em 2018, publicada pela Nouvelles Éditions Place.

conquista «importante, única e original»,[82] embora não destituída de problemas.

Em suas memórias de 1940, Langston Hughes (que se entusiasmara com a antologia *Negro*) mencionou uma anedota em que perguntavam a Salvador Dalí numa festa se ele «sabia alguma coisa sobre negros». «Tudo», responde Dalí. «Conheci Nancy Cunard!»[83]

Se isso diz alguma coisa sobre o proselitismo de Nancy, também revela algo malicioso sobre o paradoxo de entusiastas brancos serem aceitos como autoridades na cultura negra. Nancy claramente começou a apreciar o tanto de oxigênio que sua notoriedade absorvia no limitado espaço público permitido a escritores negros e a questões de justiça racial. Ela fez um gesto no sentido de corrigir o equilíbrio na antologia, na qual deu espaço para fotos de autor apenas ao lado «[d]os escritos de negros ou de descendentes de negros». Nenhuma fotografia, então, de Josephine Herbst, a quem Nancy escreveu pessoalmente solicitando permissão para reimprimir seu artigo sobre um dos julgamentos de Scottsboro, «Lynching in the Quiet Manner» [Linchando de um jeito silencioso]. O espaço visual foi reservado para jovens negros relaxando num parque, para uma conferência anual da NAACP, para Henry Crowder, para os acusados de Scottsboro e membros de suas famílias, para os astros de cinema Nina Mae McKinney e Daniel Haynes.

---

82    Sarah Frioux-Salgas e Mamadou Diouf, apud Anna Girling, «More than a Muse: Reassessing the Legacy of Nancy Cunard», *Times Literary Supplement*, 11 jan. 2019.

83    LH, *The Big Sea*, pp. 252-3.

Ela fez algo similar nos panfletos de poesia compilados na Normandia em 1937. Embora fossem vendidos em Londres e Paris para arrecadar dinheiro em prol da ajuda espanhola, incluíam poemas em espanhol assim como em francês e inglês, dando voz aos espanhóis cujos registros literários da tragédia de seu país estavam fadados a ser elididos por morte e exílio, e pelas obras mais famosas de seus simpatizantes anglófonos.

*

Estavam chegando contribuições de Rafael Alberti, Stephen Spender, Tristan Tzara e Louis Aragon, assim como de Pablo Neruda e muitos outros. Nancy incluiu um trabalho de Lorca, e ela seria a primeira pessoa a publicar «Espanha, 1937», de Auden, provavelmente o mais aclamado poema a sair da guerra.

Em busca de uma contribuição de Langston nos EUA, ela pediu explicitamente um poema vindo «do coração e do ângulo revolucionário».[84] Alain Locke uma vez depositou sua esperança imediata de mudança na «reavaliação, por brancos e negros igualmente, do negro em termos de seus dotes artísticos e contribuições culturais».[85] Mas, no ano da primeira visita de Nancy ao Harlem, uma direção mais radical — mais abertamente política — emergiu. Após o julgamento do caso Scottsboro, e à medida que a Depressão agravava a pobreza entre os negros americanos, o otimismo do Harlem

---

84    NC a LH, 5 de março. In: NC; LH; Thompson, Poetry, *Politics, and Friendship*, op. cit., p. 18.
85    A. Locke, *The New Negro*. Nova York: Albert e Charles Boni, 1925, p. 15.

Renaissance decrescia. Para Langston, parecia que, de todo modo, esse movimento nunca chegara a alcançar a maioria da população negra — certamente, «não elevou o salário de ninguém». Ainda assim, nem ele nem Nancy abandonaram a fé nas artes. Em vez disso, em 1931, Langston desafiou «fabricantes de beleza» a percorrer novos caminhos, num poema intitulado «Call to Creation»: «Olhe para a crueldade, olhe para a dor,/ Olhe para a vida de novo».[86]

Para Pablo Neruda, cinco anos depois, o assassinato de Lorca foi como o assassinato da poesia. Tal fato revolucionou o modo como ele concebia seu próprio trabalho e o que deveria ser feito; alterou a forma como ele escrevia. Por que o caráter romântico desapareceu de seus poemas?, ele imaginou seus leitores perguntando em «Explico algumas coisas»: onde está a «metafísica coberta de papoulas»? Olhem a Espanha, respondeu ele: «Venham ver o sangue pelas ruas».[87]

O «instinto do tempo», escreveu Valentine Ackland, é «o único guia que um artista tem».[88] Que o poeta não está separado de seu ambiente, mas sim deve enfrentar os desafios dos tempos, era um ponto de vista inteiramente em sintonia com as expectativas de Nancy sobre os poetas e a poesia. Como orquestradora dessas coletâneas, ela podia organizar contracorrentes artísticas em breves confluências de ação coletiva. Havia pouco ego nas formas como ela trabalhava, que variavam entre as atividades de publicação. Na Le Puits

---

86    No poema original em inglês: «Look at harshness, look at pain,/ Look at life again». [N. T.]

87    P. Neruda, «I Explain Some Things», apud Mark Eisner, «What We Can Learn from Neruda's Poetry of Resistance», *Paris Review*, 26 mar. 2018. Disponível em: <https://www.theparisreview.org/blog/2018/03/26/pablo-nerudas-poetry-of-resistance/>.

88    VA, apud Harman, *Sylvia Townsend Warner*, op. cit., p. 136.

Carré, Nancy pacientemente ensinou Pablo a definir tipografia. Com ele a seu lado, ela tinha as condições para prosperar: companheirismo e um período de intenso trabalho, camaradagem que não agravou uma natureza que havia aprendido a solidão desde cedo. Esse equilíbrio estava ali nos panfletos, nos esforços coletivos de ativismo empreendidos pela comunhão privada das artes.

Ela também estava escrevendo poemas de protesto e exortação. Sua indignação com os abusos nacionalistas e fascistas não podia ser contida numa única forma, de modo que a poesia foi canalizada para o ativismo, e o jornalismo ressurgiu em poemas modernistas, atrelando sua resposta literária ao inevitavelmente literal. Sua poesia espanhola (e ela a escreveu, tanto sobre a Espanha quanto em espanhol, pelo resto da vida) era permeada de dor e desafio. «Madrid 1936» contém uma reivindicação. «Eles morreram e estão morrendo em Madri», escreveu ela no início. E então, depois: «POVOS, QUAL É A SUA RESPOSTA?».

[Os Estados Unidos vão]
escrupulosamente se abster de
qualquer interferência, seja ela qual
for, na infeliz situação espanhola.

William Phillips, secretário interino
de Estado, 7 de agosto de 1936

Espanha, Alemanha, Rússia —
todos estão sendo postos de lado.
O casamento [entre Eduardo VIII e
Wallis Simpson] se estende de uma
ponta à outra do papel.

Virginia Woolf, diário, segunda-feira,
7 de dezembro de 1936

Haverá choro e lamento e ranger de
dentes nos boudoirs dessas anfitriãs
americanas em Londres como Lady
Emerald Cunard, anfitriã favorita do
rei anterior e da sra. Simpson.

«Society Here Swings Swiftly to New
King» [A sociedade aqui se volta
rapidamente para um novo rei], *Daily
News*, Nova York, 11 de dezembro
de 1936

# Enfrentando os fatos
# Virginia Woolf e Nancy Cunard
# Londres: novembro de 1936

Foi em novembro que Virginia Woolf realmente pareceu notar a Guerra Civil Espanhola. Na primavera, antes da eclosão da guerra, mas à medida que o exército alemão re-militarizava áreas das quais estava banido desde a Primeira Guerra Mundial, ela assegurou a seu sobrinho politicamente consciente, Julian, que «nunca deixaremos de enfrentar os fatos. Quase todo dia me telefonam pedindo para eu assinar isso, assinar aquilo... o que eles fazem de bom, eu não sei; mas eu assino & protesto & assim por diante».[89] No verão, ela até se sentiu compelida a assinar uma carta aberta que fazia um apelo ao governo para apoiar a República.

Mas, a essa altura, o empenho em terminar seu romance mais recente, *Os anos*, era tamanho que sua família temia que ela estivesse prestes a ter outro colapso. Durante parte do ano de 1936, Virginia ficou totalmente incapacitada por suas dores de cabeça; não conseguia dormir, perdeu peso, estava assustadoramente lembrada de seus surtos anteriores e se sentia perigosamente próxima do suicídio. O escopo de

---

89    VW a JB, 11 de março de 1936. In: VW, *Letters*, v. 6, p. 21.

sua tolerância para impressões se reduzia à companhia de sua irmã — a mãe de Julian, Vanessa Bell —, de Leonard e do romance. As crises internacionais agravaram suas preocupações com *Os anos*, de modo que Hitler e o livro se tornaram parte do mesmo esforço, e a loucura do mundo exterior dificilmente poderia parecer mais aterrorizante que a perspectiva de perder o controle de sua própria sanidade.

Em novembro ela estava se recuperando. Finalmente admitiu a Julian que a guerra espanhola era «o mais flamejante dos problemas».[90] Dias depois, descreveu uma viagem de carro de volta à sua casa em Londres com Leonard, numa anotação onírica em seu diário. Muita coisa ali é vaga, e apenas detalhes estranhos despontam claramente da escuridão, conforme a viagem de carro se torna uma (re)emergência literal através de um dos infames nevoeiros da cidade.

Figuras emergiram subitamente. O homem gentil com um jornal. Passei a seu lado dirigindo o carro. O veículo bateu numa parede. O para-lama empenou. O carro atravessou o meio-fio por todo o Wimbledon & Wandsworth. O meio-fio acabou. Aqui eu estava perdida numa névoa sem rastros. & assim por diante & diante. Um garotinho apareceu — um rufião de rua. As pessoas se alinhavam nas calçadas observando os carros perdidos. Outro homem nos conduziu. No carro, olhei e descobri que o jornal era *The Blackshirt*. Fora de novo. Assim como pensamos que deveríamos encontrar uma garagem & voltar de metrô para casa, um motorista de ônibus nos disse que em 200 jardas estaria claro. Então, por milagre, estava. Vidro transparente — iluminado, & então casa.[91]

Não há explicação sobre como o jornal da União Britânica de Fascistas foi parar no carro, antes de qualquer coisa

---

90    VW a JB, 14 de novembro de 1936. In: VW, *Letters*, op. cit., v. 6, p. 83.
91    VW, *The Diary of Virginia Woolf*, op. cit., v. 5 (24 de novembro de 1936), p. 36.

(um presente dado pelo homem gentil, presumivelmente), e no entanto, entre as impressões de pessoas entrando e saindo da escuridão, é o jornaleco fascista o que mais se destaca. É como se a névoa de seu suplício se dissipasse para revelar horrores inesperadamente próximos no escuro.

\*

Aquela declaração de Nancy pairava no ar, sua insistência de que, em 1937, «a atitude ambivalente, a Torre de Marfim, o paradoxal, o distanciamento irônico, nada mais disso terá lugar».

A atitude ambivalente, o distanciamento irônico, a Torre de Marfim: ela tinha muita clareza acerca de alguns dos principais mecanismos por meio dos quais buscamos nos proteger da tensão e da incerteza desestabilizadora do engajamento. Para Nancy, é preciso não apenas saber onde se está, mas também agir sobre isso: entrar na briga da maneira como for possível.

Virginia, que se preocupava bastante com a injustiça no mundo, enxergou a tentação da esquiva. «Intelectualmente, há um forte desejo tanto de ficar em silêncio quanto de mudar de assunto... e assim se desviar da questão e baixar a temperatura.» Há um alívio coletivo onde todos pensam confortavelmente igual, como observou Sylvia Townsend Warner em Barcelona. «Estar de acordo», opinou, «era uma ajuda considerável para a conversa.»[92] Virginia descreveu exatamente a sensação familiar de perigo social iminente para qualquer um que tenha ficado preso num vagão de trem com alguém que estivesse a caminho de um comício de extrema direita, ou num jantar com algum velho amigo da família

---

92    STW, «A Castle in Spain», op. cit.

que quer compartilhar uma opinião racista, sexista ou coisa do gênero: «Os nervos se eriçam; os dedos automaticamente se contraem em volta da colher ou do cigarro; uma olhadela no psicômetro privado mostra que a temperatura emocional subiu de cinco a dez graus acima do normal».[93] Ainda assim, não consigo imaginar Nancy deixando isso passar. Afinal, há sempre o risco de que seu silêncio seja tomado como uma concordância tácita, ou como uma tácita derrota.

A guerra espanhola foi apenas o último de uma série de momentos em que a vida de Nancy e a de Virginia não se cruzaram, mas se desviaram uma da outra. Duas abordagens da vida muito diferentes, e que vinham, eu começava a pensar, de lugares bem parecidos. Dois polos em torno dos quais minhas perguntas estavam se concentrando.

Entre as duas mulheres não havia nada da «grande afeição»[94] que Leonard sentia por Nancy. A simpatia dele pela socialite selvagem que os Woolf tinham publicado pode ter sido parte do problema. Mais de vinte anos depois da morte de Virginia, Leonard admitiria francamente achar Nancy «encantadora». Há uma história sobre ela ter sentado no seu colo numa festa.

Em períodos anteriores, essa figura solitária, encantadora e desejável havia atiçado as inseguranças de Virginia. Exemplo disso é seu sofrimento em 1926, quando, entorpecida por uma bebida que havia tomado para dormir, ela faltou a uma festa oferecida por Raymond Mortimer e depois «as invejei; & pensei, quando Raymond telefonou... & comentou que Nancy estava linda, que eu tinha perdido a maior

---

93   VW, *Três guinéus*.
94   Leonard Woolf, «Nancy Cunard». In: Ford, *BPIR*, op. cit., pp. 58-9.

visão da temporada».[95] Mas Nancy parecia ter provocado em Leonard exatamente o instinto de cuidado que ele praticara tão firmemente com Virginia, e, se Virginia sentiu alguma cautela, é provável que tenha sido em relação a essa vulnerabilidade demasiado familiar chegando perto de casa. Um ano antes de os Woolf terem publicado *Parallax*, de Nancy, Virginia a descrevera em seu diário, escorregando «numa tagarelice fácil e desesperada» numa festa, «como se não se importasse em dizer tudo — tudo —, não havia sombras, não havia lugares secretos — vivia como um lagarto ao sol e, no entanto, por natureza preferia a sombra».[96] Ela se protegia da melhor forma que conhecia: retraindo-se. Para Virginia, os lugares secretos eram tudo.

Frequentemente, a escrita (e a leitura) é considerada uma forma de escape, mesmo que apenas temporária. É uma forma de escape certamente estranha, um retiro fertilizado, no fim das contas, pelo mundo do qual se está fugindo. Se a torre de marfim sobre a qual Nancy escreveu era um isolamento físico e mental para o trabalho intelectual, situava-se do outro — oposto — lado do engajamento com o mundo exterior e seus desdobramentos dolorosos. Ainda assim, Nancy acreditava que os autores tinham uma sensibilidade produtiva especial que, por sua vez, era definida por outros nesse período como uma relação profundamente simbiótica com a humanidade. Esta era uma razão para se opor ao fascismo como forma de autodefesa (um dano à humanidade é um dano ao artista), mas era também uma crença de que o verdadeiro artista não pode deixar de responder à agitação externa, às grandes questões de sua era.

---

95  VW, *Diários de Virginia Woolf*, v. 3 (3 de março de 1926).
96  Apud Gordon, *Nancy Cunard*, op. cit., p. 45.

Na época da guerra espanhola, esse tema da relação do artista com o mundo agitado e inquietante a seu redor estava em debate. Levando em conta que eles estavam, como observou Virginia naquele dezembro, «em contato tão próximo com a vida humana»,[97] teria o artista um lugar no centro do combate? Ou sua habilidade de contribuir para a humanidade depende de certo direito (e habilidade) de se recolher? Seria crucial para uma sociedade saudável, como contestou seu velho amigo E. M. Forster, permitir «à mente escapar»[98]?

Quando voltou de Madri para a França, Nancy aproveitou a oportunidade para pedir a James Joyce uma declaração sobre a guerra e deparou exatamente com essa divergência. Ela recebeu um sermão estridente. Joyce não lhe concederia esse tipo de coisa, contou Nancy mais tarde ao biógrafo do escritor, «porque [era] 'política'».[99] «A política» estava «entrando em tudo». T. S. Eliot, quando Nancy mais tarde lhe pediu uma declaração, disse a ela que «pelo menos alguns homens das letras precisam permanecer isolados», reivindicando essa posição especial aos escritores — um lugar acima do combate. O autor Norman Douglas, um de seus amigos mais próximos, vangloriou-se: «Se os fascistas me irritam, eu me desvio deles. Se os comunistas me irritam, eu me desvio deles», transformando a neutralidade na mera sorte de ter opções. Comparada com o destino de Lorca, ou de milhares de outros espanhóis, a decisão de transcender a

---

97 VW, «Why Art To-Day Follows Politics», *Essays*, v. 6, p. 75.
98 Apud Steven Shapin, «The Ivory Tower: The History of a Figure of Speech and its Cultural Uses», *British Journal for the History of Science*, v. 45, n. 1, mar. 2021, p. 12.
99 NC a Richard Ellmann, 1º de outubro de 1956, apud K. E. Calver, *Authors Take Sides on the Spanish War*, p. 309.

«política» começa a parecer pouco mais que uma aceitação do privilégio — a identificação máxima com os poderosos. (Algumas pessoas vivem com as costas contra a parede, o que lhes dá pouca opção além de enfrentar o problema.)

Para Nancy, «a Espanha não [era] 'política', mas vida». Ela também poderia muito bem ter argumentado que *política* é vida, como faria Martha Gellhorn muitos anos depois: «Política é tudo», escreveu ela. «Se pretendemos manter algum controle sobre nosso mundo e nossa vida, precisamos estar interessados na política».[100]

No fim da década de 1930, havia aqueles que achavam que permitir à mente escapar era como simplesmente mandá-la pastar nos agradáveis campos da negação, uma espécie de «ignorância de avestruz» que Julian Bell condenou quando escreveu uma resposta a Forster.[101] Mesmo antes, havia críticos que recriminariam Virginia por algo como «trabalhar numa tela pequena demais... expressar de maneira demasiado exclusiva o ponto de vista 'protegido'»,[102] como se o trabalho devesse estar vinculado a uma posição contemporânea tanto quanto a própria escritora.

Para escritores estrangeiros que foram à Espanha, a Guerra Civil pôs em evidência questões de confrontação e evasão. O visto de Nancy tinha prazo de validade, o que significava que sua permanência durante toda a guerra — e sua imersão total nela — nunca foi uma opção. Quando voltou de Madri para casa, ela contou a Langston Hughes que a Espanha ainda estava «próxima, tanto geograficamente

---

100 MG, «White into Black», *Granta*, 1983.
101 JB, apud P. Stansky; W. Abrahams, *Journey to the Frontier*, p. 303.
102 Apud H. Lee, *Virginia Woolf*, p. 625.

quanto emocionalmente».[103] Ainda assim, sua partida ofereceu a melhor oportunidade de processar o que a guerra poderia significar. E era ainda fora da Espanha que estavam as melhores chances de angariar apoio internacional para a República.

---

103    NC a LH, 6 de dezembro. In: NC; LH; Thompson, *Poetry, Politics, and Friendship*, op. cit.

# Muita coisa a ser feita[104]
## Nan Green
## Londres: outubro de 1936

Em outubro, a Liga da Juventude Comunista planejou um grande comício contra Franco na Trafalgar Square, em Londres, onde esperavam arrecadar fundos para enviar ajuda à República espanhola. Mas foram atingidos pelos acontecimentos: o líder da União Britânica de Fascistas, Oswald Mosley, anunciou uma marcha extraordinariamente provocativa, convocada por ele próprio, a ser realizada no mesmo dia nas ruas do leste de Londres. Pressionados pelos setores locais do partido, os integrantes da Liga alteraram os planos do comício. Em vez de um protesto contra Franco, os organizadores tinham 72 horas para coordenar um confronto com o fascismo em casa.

Eles mantiveram os slogans. Mensagens escritas a giz apareceram nos muros e nas calçadas: «Todos para Aldgate em 4 de outubro às 13h. ELES NÃO PASSARÃO».

Os bairros lotados do East End, com sua vasta população judaica, haviam se tornado alvo dos fascistas britânicos

---

104    A menos que seja especificado de outra forma, as citações neste capítulo foram extraídas de *ACOSB*.

naquele ano. Os judeus eram descritos nas ruas como «ratos e vermes», «uma espécie subumana»,[105] e seus comércios eram atacados em missões fascistas de destruição. Deputados locais haviam tentado alertar o Parlamento, mas pouca coisa foi feita; e as comunidades locais tampouco encontraram muito apoio acessível de proeminentes instituições judaicas. O *Daily Worker* imprimiu orientações para o comício; o *Jewish Chronicle* divulgou advertências para que não aderissem às manifestações. Tomar as rédeas significava procurar novos aliados. Quando dezenas de milhares de pessoas se juntaram para obstruir a marcha da BUF, elas vinham do Conselho da Comunidade Judaica de Stepney contra o Fascismo e o Antissemitismo, da Liga Internacional de Defesa do Trabalho e dos partidos Comunista e Trabalhista. Entre essas pessoas havia homens que mais tarde se ofereceriam como voluntários das Brigadas Internacionais. Sindicatos foram mobilizados, recrutando não apenas trabalhadores judeus em condições precárias, mas exatamente as pessoas que Mosley queria estabelecer como suas inimigas: funcionários portuários e ferroviários de ascendência irlandesa.

Nas ruas onde se esperava a marcha da BUF, barricadas foram montadas usando pilhas de móveis e pedras de calçamento. Quatro motoristas de bonde concordaram em estacionar seus veículos em locais estratégicos, enquanto na Cable Street um caminhão inteiro cheio de tijolos foi tombado para bloquear a passagem.

Nan Green foi uma das comunistas que participaram. Naquela época, fazia quatro anos que ela morava em Londres e já tinha visto esse tipo de solidariedade em ação antes. Com

---

105    Apud D. Rosenberg, *Rebel Footprints*.

George, ela administrava uma barraca de livros usados no Caledonian Market, com um negócio paralelo de literatura comunista visivelmente menos lucrativo. Quando, tendo rejeitado a pressão das autoridades do mercado para remover os panfletos políticos, eles foram ameaçados por uma reunião da BUF no lado oposto — certamente haveria problemas —, os donos de outras barracas fizeram uma espécie de patrulha em frente a seu estande, brandindo num gesto de alerta as mercadorias dos vendedores de peças de automóvel usadas. A reunião fascista jamais foi realizada. Mas Nan estava convencida de que, «para onde quer que se olhasse — França, Espanha, até Moseley [*sic*] e os Camisas Negras na Inglaterra —, o fascismo estava em ascensão». No socialismo, no exemplo da URSS, ela pensava que haviam encontrado a resposta.

Em 4 de outubro, Nan guardava pequenos folhetos nos bolsos. Havia recebido a instrução de entregá-los se a procissão de Mosley pudesse ser evitada: os folhetos convocavam as pessoas a se reunirem depois no Victoria Park.

«Do lado de fora dos pátios estreitos, becos e vias principais», descreveu um dos manifestantes,

vinha o tropel constante de pés em marcha, ganhando intensidade à medida que as colunas se avolumavam com os reforços que chegavam. Uma floresta de cartazes surgiu, empunhados no alto, com as palavras de ordem *NÃO PASSARÃO* estampadas numa multivariedade de cores... Furgões com alto-falantes... patrulhavam as ruas espalhando a mensagem para que *todos* se juntassem às linhas de defesa na Cable Street e na Gardiner's Corner.[106]

---

106    William J. Fishman, «A People's Journée: The Battle of Cable St.». In: Frederick Krantz (Org.), *History from Below: Studies in Popular Protest and Popular Ideology in Honour of George Rudé*. Quebec: Concordia University Press, 1985, p. 388.

As autoridades ignoraram os apelos feitos para desviar a marcha da BUF. Em vez disso, para manter a ordem, toda a divisão montada da Polícia Metropolitana foi convocada, junto com 6 mil policiais a pé — ultrapassando amplamente o número de apoiadores da BUF reunidos em frente à Torre de Londres.

Um Bentley conversível parou. Mosley fez a saudação fascista e saiu do carro para inspecionar as fileiras de Camisas Negras que aguardavam. Eles eram a característica mais marcante do seu partido, uma milícia pessoal reconhecível por seu uniforme preto e pela reputação de serem violentos.

Os manifestantes enfurecidos avançavam e eram contidos apenas pelo cordão policial. Mosley foi informado de que a marcha teria de esperar até que as barricadas fossem removidas. Isso significava o envio da polícia montada.

Nas ruas estreitas, as pessoas mergulhavam pelas janelas de vidro laminado das lojas ou eram pisoteadas por cascos de cavalos. Elas revidavam com uma enxurrada de garrafas e pedras. Cada vez que a polícia rompia uma linha de defesa, os antifascistas simplesmente recuavam até a próxima. Os organizadores do protesto tinham previsto a violência e montado postos médicos ao longo do percurso. Motoristas de táxi transportavam reforços para o combate e também removiam os feridos. O que ficou conhecido como a Batalha de Cable Street durou pelas duas horas seguintes, até que o chefe de polícia finalmente desistiu e mudou a rota da marcha fascista, ordenando que Mosley se retirasse.

Nan jogou para o alto seus folhetos e os observou esvoaçando e caindo em torno dela. Ela nunca esqueceu a sensação de triunfo quando «a imensa multidão» se agitava ao seu redor, sob seu comando, transformando-se numa procissão vitoriosa em direção ao parque.

*

Alguns meses mais tarde, o poeta Stephen Spender pegou carona com um comboio de voluntários britânicos que passava por Barcelona. Spender estava numa visita frustrante para tentar resgatar um ex-namorado que se voluntariara nas Brigadas Internacionais e agora queria voltar para casa. Mas alguns dos homens que Spender conheceu o impressionaram. Havia um músico comunista que ele descreveu, num artigo intitulado «Heróis na Espanha», como «gordo, franco, de óculos e inteligente» (depois ele revisaria e substituiria por «firme e impassível»),[107] cuja sinceridade se destacava. George Green, concluiu Spender mais tarde, era «uma das

---

107   Apud P. Preston, *Doves of War*, p. 140.

poucas pessoas que vieram à Espanha sem estar com o coração dividido».

Não tenho certeza de que isso fosse verdade: George havia deixado para trás Nan e seus dois filhos pequenos para ir à Espanha. Foi uma decisão que eles tomaram juntos. «Ouça», escreveu ela a um parente que o criticava por ter ido. «George e eu estamos pensando em mais do que em nossos próprios filhos, estamos pensando nas crianças da Europa, no perigo de serem mortas na guerra iminente se não pararmos os fascistas na Espanha.»[108]

Quando Nan conheceu George numas férias em 1928 — ano em que Nancy encontrou Henry Crowder em Veneza —, ele era violoncelista na orquestra da primeira classe de um transatlântico da companhia Cunard, o *Aquitania*, e tinha apenas duas semanas de licença em terra. Ela viu «uma figura parecida com um urso, de mais de 1,80 metro, com rosto largo e olhos cinzentos, simpáticos e gentis por trás dos óculos com armação de aço». Numa foto dos dois em outro passeio a pé, George se parece exatamente com a descrição que ela fez. Estão ambos de short (o pai de Nan ficou horrorizado), e ela tem uma aparência jovem e moleca, estampando um sorriso que denota contentamento e possibilidade. No período em que George estava de volta ao navio, ela havia aceitado casar-se com ele.

Até a chegada de George, os passeios proporcionavam grande alegria à vida de Nan: era uma forma de expandir uma existência que, não fosse por isso, pareceria estreita e limitada. Quando George arranjou trabalho num cinema em Manchester, eles foram juntos, Nan esperando que ele saísse correndo, já bem tarde, da última exibição de sábado,

---

108    NG, apud Ibid., p. 137.

com a roupa de caminhada debaixo do traje da noite, para se juntar aos amigos numa corrida em direção ao trem para fora da cidade. Eles pernoitariam numa fazenda antes de um domingo de abençoada liberdade, «consumindo toda a nossa força, avançando como gigantes pela charneca e caindo».

Havia muita coisa de que Nan queria fugir. Ela nasceu em 1904, a filha do meio de cinco crianças numa família que estava «subindo na vida». Seu pai, Edward, era gerente-geral da empresa Raleigh Cycle, onde havia começado sua carreira como mecânico, e ele se certificou de matricular os filhos mais velhos na única escola particular do vilarejo de Nottinghamshire, onde moravam. A ascensão exigia um código rigoroso de esnobismo. Nossa casa, lembrou Nan muitos anos depois, «era um lugar onde os padrões de um bom filho eram inalcançáveis, pelo menos para mim. Você tinha que ser Deus, limpo, arrumado, devoto, quieto, *apático*, obediente e com bons modos».

Nada disso impediu que uma série de infortúnios empurrasse a ambiciosa família de Nan rapidamente na direção errada. Sua mãe ficou inválida durante a Primeira Guerra Mundial e acabou sendo levada a um asilo, onde morreu antes de Nan tê-la visto outra vez. Demitido mais ou menos na mesma época por se recusar a falsificar números da empresa para evasão fiscal, seu pai sofreu um colapso que resultou, por um breve momento, na sua própria internação num asilo.

Como acontece tantas vezes, o declínio da família os desenraizou e os fez perambular. Edward os levou a Birmingham, onde mudaram para aposentos no andar de cima de uma loja; e depois a Manchester à procura de trabalho, forçando Nan a desistir de uma bolsa de estudos numa escola de artes. Ela teve vários empregos administrativos, cada um dos quais ela abandonava à medida que seu pai continuava a se mudar em busca de trabalho. Durante um período angustiante, quando Nan tinha catorze anos e seu pai trabalhava em Londres, ela cuidou sozinha da família inteira ao longo da gripe espanhola. Numa epidemia que matou milhões, seus pacientes sobreviveram. Já adulta, olhando para trás, ela não tinha ideia de como havia lidado com tudo isso, mas sabia o que a experiência a ensinara: «*O que você precisa fazer, você consegue fazer*».

Nan encontrou em George uma pessoa protetora e pacífica; alguém livre e afetuoso. Às vezes, pegava-o sorrindo para ela, o «amor ardente» em seus olhos cinzentos, e o ouvia dizer «Sou louco por você!». Ele lhe oferecia sua companhia intelectual, com a prazerosa descoberta adicional de que raramente discordavam um do outro. Não havia nele agressão ou chauvinismo. Ele até tinha opiniões sobre dividir as tarefas domésticas. Seria uma união como troca constante: uma vida em que tudo, incluindo as dificuldades, seria compartilhado. Com George ela se sentia «*em casa*; não havia nada que não pudéssemos dizer um ao outro».

Após um começo difícil em Londres, as coisas começaram a melhorar gradativamente. George tocava do meio-dia à meia-noite na casa de chá Lyons na Tottenham Court Road (ele também tocaria em outras filiais) e ajudava com as crianças de manhã. Nan ganhava pouco revisando romances ordinários para o *News Chronicle*, e eles acabaram montando a barraca de livros. A certa altura, ela se fez passar por mulher solteira e sem filhos para conseguir um emprego em publicidade. Mas, antes da revolução, parecia não haver saída para a insegurança financeira do casal. Os músicos da Lyons eram contratados por períodos de um mês, então George às vezes se via sem trabalho de uma hora para outra e sem direito a auxílio-desemprego. Eles atrasaram o aluguel, e Nan recebeu a visita de um gentil oficial de justiça que a informou cuidadosamente de que não olharia dentro do forno nem debaixo do edredom.

Diante de tudo isso, o Partido Comunista lhes proporcionou uma comunidade de apoio para o trabalho difícil do ativismo e o trabalho ainda mais difícil de estar com as contas em dia. Nan lamentava pelos camaradas que negavam a si mesmos os prazeres da vida familiar, ao rejeitarem esse tipo de vida e a considerarem uma indulgência burguesa. Quando os experimentos do amor livre deram errado, foi para Nan e George que eles se voltaram: justamente porque, como observou George, embora eles dois também evitassem a monogamia, haviam construído um relacionamento antiquado e estável em seus próprios termos. «Éramos os verdadeiramente livres.»

*

Em janeiro de 1937, quando George e Nan decidiram que ele deveria ir à Espanha como motorista de ambulância em prol da República, parentes e amigos deram apoio. Seu senhorio judeu cortou o aluguel em um terço do valor. Participar da guerra era uma extensão lógica das convicções do casal, de sua análise transnacional da história e do destino. Ainda assim, não era algo fácil ou irrefletido deixar para trás sua mulher, uma filha que tinha acabado de completar seis anos e um filho ainda mais novo — e sem a contribuição vital de seu salário. A partida de George obrigou Nan a encarar sua própria frente de batalha diária, sem o parceiro que lhe fora prometido. Tanto quanto qualquer outra coisa, foi esse equilíbrio delicado que eles doaram à Espanha.

George ficou sabendo do artigo de Spender e escreveu a Nan para perguntar se ela havia lido. «Acho que a palavra 'gordo' foi usada», alertou ele. Na Espanha, os nacionalistas ainda estavam lutando para cercar Madri, o que significava que ele havia sido lançado diretamente num confronto longo e sanguinário em Jarama, a leste da capital. Em março, de um posto de primeiros socorros, George enviou a Nan uma declaração de fé. Se a política que eles compartilhavam sempre foi carregada de importância histórica mundial, agora abrangia também as mais reais implicações de vida-e-morte:

Aqui o motorista de ambulância aguarda sua próxima viagem: mão trêmula no volante, os olhos recusando-se a admitir o medo da ponte, da barragem no cruzamento ruim...

Essa é a luta que justifica as provações da história... Essa é nossa diferença, essa é nossa força, esse é nosso manifesto, essa é a nossa música que não pode ser silenciada pelos projéteis.[109]

---

109    Apud Ibid., p. 143.

# O distanciamento irônico[110]
# As irmãs Mitford e Esmond Romilly
# Inglaterra: inverno de 1936-37

No dia seguinte à Batalha de Cable Street, Oswald Mosley partiu para a Alemanha, onde, na casa de Joseph Goebbels e na presença de Adolf Hitler, tornou-se cunhado de Jessica Mitford. Jessica não estava entre os convidados do casamento. Ela não ficaria feliz com essa união. O relacionamento de sua irmã Diana com Mosley deu início a uma cadeia de acontecimentos que fatalmente exporiam os limites do distanciamento irônico que era próprio das Mitford. Mas seria Jessica quem, dali a meses, embarcaria numa fuga muito mais dramática.

Pouco antes do Natal, ela recortou uma reportagem do *News Chronicle* sobre o destino de Esmond Romilly, que lutava junto com as Brigadas Internacionais. «A maioria das pessoas aqui», dizia Esmond na matéria jornalística, «já desistiu da ideia de um dia voltar à Grã-Bretanha.» Mas, depois da batalha em Boadilla, ele contraiu disenteria e foi dispensado para casa na Inglaterra, onde teve de comunicar

---

110    A menos que especificado de outra forma, as citações de Jessica Mitford foram extraídas de *H&R*; e as de Esmond Romilly, de *Boadilla*.

a morte de seus camaradas caídos às respectivas famílias. Ele havia sobrevivido, desiludido com a guerra e com a desorganização do lado republicano, e ainda assim mantinha sua determinação inabalada.

Esmond era primo de segundo grau de Jessica. Ela havia passado anos escutando o desespero dos adultos sobre esse menino de má reputação que claramente não tinha levado surras suficientes, e pensando melancolicamente sobre o quanto ele deveria ser maravilhoso. Tendo fugido do internato aos quinze anos, Esmond desgraçara a própria vida antes de se alistar na Espanha. Com seu irmão, ele tinha fundado uma revista para outros jovens privilegiados descontentes, *Out of Bounds: Public Schools' Journal Against Fascism, Militarism and Reaction* [Fora dos limites: diário das escolas públicas contra o fascismo, o militarismo e a reação], que se tornou um item valioso de contrabando em alguns dos mais prestigiados dormitórios do país. Os irmãos Romilly foram um presente para o *Daily Mail*, que se deliciava ao horrorizar-se com eles. Sua própria mãe uma vez o havia entregado à prisão.

Quando ouviu que ele havia partido para a Espanha, Jessica experimentou uma «pontada de inveja agora familiar». Onde ela havia sonhado, ele havia agido. «Eu recortava dos jornais fotos de guerrilheiras», relembrava ela em suas memórias, «mulheres determinadas, de aparência firme, esguias, com olhar radiante, rosto macilento, algumas de meia-idade, outras quase garotinhas. Como ocupar meu lugar ao lado delas?»

Consultas educadas na sede do Partido Comunista em Londres não a levaram a lugar nenhum. Nem o irmão de Esmond, Giles, tinha condições de ajudar. «Ler e ouvir as notícias agonizantes da frente de batalha em Madri», recorda-se ela, «a farsa da política de 'não intervenção' da Inglaterra, e a crueldade bárbara das forças nazistas e fascistas na Espanha, fez com que eu me sentisse como uma traidora de tudo que é decente no mundo. Eu desprezava a mim mesma por ter uma vida luxuosa, amparada e mantida pelas próprias pessoas que tornavam possível a política de 'não intervenção'.»

Depois ela ficou sabendo que Esmond estava de volta à Inglaterra. Quando um parente que o hospedara no passado escreveu em janeiro convidando-a a ficar, Jessica aceitou o convite com uma esperança furtiva.

*

Gosto de pensar que Jessica Mitford estava viajando num transatlântico da Cunard na primavera de 1936 quando deixou escapar sua primeira chance real de fugir (ela esperava por isso desde os doze anos de idade). O cenário, num palácio mourisco na Espanha, o Alhambra, era perfeito, embora admitisse que em seu «terno de linho branco, chapéu-panamá, novos sapatos Oxford marrons», ela seria facilmente rastreável. Foi algumas semanas antes da eclosão da guerra. Sua irmã Unity havia criado a distração: ela usava seu habitual distintivo de suástica, que foi rapidamente descoberto pelos espanhóis curiosos que cercavam os turistas. Jessica poderia ter escapado quando a multidão enfurecida se precipitava sobre Unity; em vez disso, foi empurrada de volta ao navio de cruzeiro com ela, brigando furiosamente durante todo o percurso — «uma competição de socos e puxões de cabelo» —, apenas para que, vexadas, fossem mandadas diretamente para a sua cabine pela mãe.

O conflito entre as irmãs era menos relacionado à fuga frustrada de Jessica e mais à cisão de suas lealdades políticas. Jessica tinha dezoito anos então, uma debutante que foi alienada pela família em princípio mais do que o foi na prática. (Em fotografias ela consegue a façanha de parecer tão carrancuda quanto angelical.) Quase inteiramente autodidata, e de forma inconstante, havia descoberto o socialismo como uma resposta ao «vasto quebra-cabeça que eu vinha desajeitadamente tentando resolver por anos» e foi atraída pelo comunismo. Acima de tudo, queria fugir, queria que algo acontecesse. Ela acompanhou as proezas de Nancy Cunard na imprensa como «uma estrela distante» e ansiava por se tornar sua amiga.[111]

As férias representaram uma tentativa tardia de Lady Redesdale de entreter sua filha teimosa e infeliz. Jessica (conhecida como Decca na família) tinha forte suspeita de que sua mãe estava também à procura de um solteirão elegível para ela. Escreveu para casa, para sua irmã mais velha, Nancy, comentando num tom de contrariedade que um de seus companheiros de viagem se encaixava adequadamente. Um refrão irreverente logo se espalhou pelo continente:

Há um senhor no navio,
Um senhor no navio, a pobre Decca rugiu,
Mas esse senhor é uma espécie ardil
Pois o senhor do navio tem Maud, esposa que ele exibiu...[112]

É uma das cantigas de família com as quais as irmãs Mitford frequentemente se divertiam, entre os atributos mais

---

111 JM, «A Ship Without a Sail», *New York Magazine*, 14 maio 1979.
112 «There is a Lord on board,/ A Lord on board, poor Decca roared,/ But the Lord on board is a bit of a fraud/ 'Cause the Lord on board has a wife named Maud...». [N. T.]

convencionais de um complexo léxico de apelidos e alusões e dialetos privados e impenetráveis com os quais elas — e especialmente as três mais novas — animavam e entrincheiravam o isolamento de sua infância. Isso também me fez lembrar da mãe de Nancy Cunard e sua insistência abrupta, em algum momento de seus cinquenta e poucos anos, em trocar seu nome do lamacento «Maud»[113] para o brilhante «Emerald». Pode ser apenas uma rima conveniente, mas me parecia simplesmente possível que Nancy Mitford considerasse isso apropriado por causa da fama e das origens não aristocráticas da extravagante senhora da sociedade com o dinheiro americano.

O histórico das Mitford era mais ou menos o inverso: elas tinham o pedigree, mas não o glamour. Seu pai irascível, Lord Redesdale, era um nobre hereditário, e semelhante a Sir Bache Cunard no sentido de que não tinha interesse em pavonear-se na cidade quando podia estar caminhando em sua propriedade no campo. Nenhuma festa e lista de convidados de artistas e escritores e estadistas para suas filhas, pelo menos até que duas das mais velhas irrompessem para a liberdade: Nancy como uma romancista popular, e Diana casando-se perigosamente jovem com o ricaço Bryan Guinness. Nenhuma delas fez muita diferença para as três mais novas, ainda presas numa adolescência sufocante e de algum modo tiranizada. Nenhuma educação também. Como Jessica lembrou mais tarde, tinham apenas umas às outras e um tédio implacável.

---

113    Aqui a autora provavelmente faz referência à semelhança fonética do nome «Maud» com o substantivo «*mud*», que significa «lama», assim como, logo na sequência, o nome «Emerald» é uma provável alusão à pedra «esmeralda», motivo pelo qual ela o qualifica como «brilhante». [N. T.]

No mundo lá fora, Diana se tornou uma das favoritas de Lady Cunard. Com sua festejada beleza e uma posição social assegurada pela riqueza, é tentador vê-la como uma espécie de filha substituta para Emerald, triunfante de todas as maneiras que Nancy Cunard escolheu não ser. (Diferentemente da mãe de Nancy, Diana fora apresentada a Henry Crowder. Mais tarde, ela o descreveu num tom zombeteiro como o «amigo negro» de Nancy — uma «alma simples» que a divertia ao identificar erroneamente a mobília cara na casa de seus anfitriões.[114])

Oswald Mosley foi um dos rapazes promissores que Emerald gostava de acumular. Por um período na década de 1920, ele havia sido apontado como um futuro líder do Partido Trabalhista. Em 1930, demitiu-se de um governo trabalhista em protesto contra a forma como lidaram com a questão do desemprego, e fundou a BUF pouco depois, inspirado por uma visita à Itália. Ele era um orador popular, e seus avisos urgentes sobre a decadência nacional encontraram uma audiência pronta numa nação abalada pela pobreza, pelo desemprego e por uma sensação de declínio própria do pós-guerra. Seus ataques à política dominante, sua entusiasmada insistência na ideia de que a recuperação exigia algumas abordagens totalmente novas, devem ter sido um alívio para aqueles que viam com desalento seu país moribundo. Pelo menos ele estava animado. Em imagens gravadas num comício em Manchester, Oswald pode ser visto fazendo a saudação fascista, gritando alguma coisa vaga sobre «uma concepção nova e revolucionária». Ele incitava a si mesmo. «A Inglaterra vive! E segue em frente!»

---

114 Diana Mitford, apud Chisholm, *Nancy Cunard*, op. cit., p. 157.

Diana acreditava em Oswald. Assim que o relacionamento entre eles começou, ela planejou uma vida como sua consorte que ficaria à sombra, enquanto ele cumpria seu destino de orquestrar o renascimento da nação. O entusiasmo dela se espalhou pela família. Para o desgosto de Jessica, seus pais, persuadidos a visitar a Alemanha nazista, «voltaram cheios de elogios ao que tinham visto». Até Nancy aderiu por um breve período à BUF — seus biógrafos sugerem lealdade a Diana, uma vez que suas verdadeiras inclinações políticas a situavam entre aqueles esquerdistas que Jessica descartava como «cor-de-rosa de sala de estar». Talvez pior do que tudo, Unity — que, como Jessica, idolatrava a requintada irmã mais velha desde a infância — entrou para a BUF em 1933, logo que Diana o havia feito. Ela mirou ainda mais alto que Mosley. Em peregrinações à Alemanha, conseguiu a atenção do próprio Hitler. «No momento em que o vi», ela contaria a um jornalista em 1938, «eu soube que não havia mais ninguém no mundo que eu preferiria conhecer.»[115]

Segundo todos os relatos, Unity era uma garota estranha. Impressionante e desengonçada, ela parece ter sido uma combinação incômoda de debutante *gauche* e fanática furiosa. Uma autoproclamada «odiadora de judeus» que causava consternação no comércio local do vilarejo ao fazer a saudação nazista quando comprava barras de chocolate, Unity se relevou um material irresistível para sua irmã romancista.

Foi então que o humor, que antes parecia muito um mecanismo de sobrevivência, começou, em vez disso, a prejudicar os laços entre as irmãs. Em *Wigs on the Green*, o

---

115    VC, *Looking for Trouble*, p. 158.

romance que Nancy publicou em 1935 sob uma saraivada de ameaças e fúria entre as irmãs, a heroína é uma jovem fanática, bela, rica e paroquial que se indispõe com os usuários de um tanque no parque da cidade, e diz coisas como «Ó! Leão britânico, livre-se das redes que o atam» e «Vá embora, Nanny». Como grande parte da ficção de Nancy, é um drama leve, mas é também uma sátira inteligente e maliciosa, na qual ela ridiculariza o movimento fascista britânico e escarnece dele como um veículo para as energias e paixões latentes de jovens entediadas e incultas.

Mosley, como «capitão Jack, fundador do Movimento Social Unionista e capitão da União Jackshirts», é onipresente, mas sempre nos bastidores: uma ausência exigida por Diana. Unity ameaçou nunca mais falar com Nancy caso ela seguisse adiante com a publicação. Diana foi afastada dela por anos. Desesperada para colher os frutos financeiros da publicação, mas com medo de ser processada pelo litigioso Oswald, Nancy arriscou uma provocação hesitante. «Conheço seu ponto de vista», escreveu ela numa carta apaziguadora a Diana, «de que o fascismo é algo sério demais para ser tratado num livro engraçado. Isso com certeza é um pouco irracional, não?»[116]

Nos anos 1930, Nancy Mitford parecia não se importar muito com política. Não fazia parte da sua imagem importar-se muito com coisa alguma. Mas, como uma mulher que havia escapado e reconstruído sua educação por meio da ficção humorística, ela deveria saber que a zombaria é potente porque enfraquece seu objeto. Ela pode ter escarnecido do futuro marido de Diana, mas há uma repreensão naquela

---

116    Nancy Mitford a Diana, 18 de junho de 1935. In: N. Mitford, *Love from Nancy*, p. 68.

carta evasiva e racional. Ao levar o fascismo a sério, foi Diana quem acabou traindo o código das irmãs de manter um distanciamento irreverente. Menos de dois anos depois, Jessica estava pronta para abalar ainda mais o delicado equilíbrio dos laços familiares e das ideologias opostas.

\*

É claro que Esmond estava na casa da prima Dorothy, «mais baixo do que eu tinha imaginado, magérrimo, de olhos muito brilhantes e cílios incrivelmente longos». De fato, ele estava esperando por ela. Alertado sobre as ambições de Jessica, e «com seu entusiasmo habitual por companheiros fugitivos», ele já estava trabalhando num plano de libertação.

Esmond recebeu uma proposta de emprego como correspondente do *News Chronicle* e planejava um retorno iminente à Espanha. Ele e Jessica elaboraram um plano para que ela fosse junto. Seguiu-se uma semana de preparativos, com seu necessário combo de mentiras e tramoias.

Em fevereiro de 1937, eles se encontraram num barco para cruzar o canal da Mancha em direção à França, depois viajaram pelo país até Bayonne, onde famílias de refugiados bascos estavam aglomerados em seu hotel. Enquanto esperavam para atravessar a fronteira, Esmond falava sobre a frente de batalha em Madri. Qualquer rebeldia, Jessica percebeu, havia se consolidado em algo intencional. «Ele havia se tornado um partidário convicto da luta contra o fascismo.»

Havia outras implicações também: uma declaração e um noivado. Seria uma longa espera até o casamento, já que eles eram jovens demais para casar sem a permissão dos pais, mas isso não parecia ter importância. Jessica enxergava Esmond como «tudo que era radiante, atraente e poderoso»;

165

ele se tornara seu «salvador, o tradutor de todos os meus sonhos em realidade», uma pessoa que poderia resolver qualquer problema que aparecesse diante deles. A política havia alcançado o amor em seu caminho transformador.

Mas nem mesmo Esmond poderia amenizar o fato de que ela havia deixado a casa paterna pela última vez, ou de que o mundo desabaria quando a família de Jessica descobrisse que ela não estava de férias em Dieppe.

A volta de Esmond à Espanha foi moldada e ofuscada pelo clã Mitford. Em meados de fevereiro, ele tomou conhecimento pelo consulado basco de que ele e Jessica poderiam embarcar num navio para Bilbao. Acabou sendo um «pequeno barco de carga» com «cerca de uma dúzia de galinhas». Na primeira noite, eles ficaram acordados até tarde com a tripulação e o capitão; comendo, bebendo e brindando aos noivos e à morte do fascismo. O restante da viagem de três dias, por sua vez, Jessica passou com um terrível ataque de enjoo.

Quando ela chegou a Bilbao, era como se ainda estivesse atordoada, ainda cambaleando de sua fuga audaciosa e das consequências desconhecidas dessa escapada; consciente, também, de que a «cidade sombria e séria» estava vivendo num ansioso estado de suspensão. A luta por Madri significava que, no norte, a frente basca estava quieta. A guerra ainda não havia chegado até lá, mas estava a caminho. As pessoas lotavam os cafés, ouvindo as notícias no rádio. Crianças famintas (uma visão comum mesmo antes da escassez dos tempos de guerra) os cercavam, implorando por um bocado do «pão acinzentado» ou pelo chocolate quente denso e preto que fazia parte do cardápio.

Jessica vivia sem rumo com Esmond enquanto ele arranjava entrevistas e buscava atualizações do escritório de imprensa, metade da sua mente pensando no que poderia estar acontecendo em casa. Como não havia muita coisa a reportar, não havia tantos jornalistas, e o escritório de imprensa os colocou de bom grado num hotel. Esmond aparentemente, e estranhamente, não fez nenhuma tentativa de avançar ou se aventurar além dos comunicados oficiais. Eles foram levados num longo percurso de carro para ver a frente de batalha, mas não havia tanta coisa acontecendo ali também. Jessica teve a oportunidade de atirar no inimigo — pequenas figuras visíveis à distância —, mas atingiu uma árvore. Em outra viagem, visitaram a penitenciária para presos políticos e prisioneiros de guerra, e Jessica os considerou «terrivelmente bem tratados, na verdade... muito melhor do que eles merecem, quando se pensa em como os fascistas tratam seus prisioneiros».[117] Eles tentaram aprender espanhol por conta própria. Teoricamente, Jessica era a secretária de Esmond, mas ela não sabia datilografar, então ele cuidava disso também.

Os problemas começaram a se insinuar para Jessica quando ela recebeu uma intimação do consulado britânico. O cônsul britânico estava ausente, então foi seu homólogo basco que mostrou confiante a Esmond e Jessica o telegrama codificado que ele recebera, assinado pelo ministro das Relações Exteriores, e os três o decodificaram juntos: ENCONTRE JESSICA MITFORD E A CONVENÇA A VOLTAR. Esmond ajudou a compor a resposta: JESSICA MITFORD FOI ENCONTRADA. IMPOSSÍVEL CONVENCÊ-LA A VOLTAR.

Então o cônsul britânico voltou. Jessica e Esmond foram repreendidos. Jessica recebeu ordens de voltar. De novo, recusou. Mas Jessica começava a sentir o peso das forças reunidas contra eles. Seus pais recorreram

---

117    JM a Lady Redesdale, 5 de março de 1937. In: JM, *Decca*, p. 24.

imediatamente aos recursos que pessoas como eles tinham à disposição: um navio de guerra britânico chegou com ordens de atraí-la a bordo; ela foi colocada sob custódia do tribunal e Esmond ameaçado de prisão caso eles tentassem se casar. Eles resistiram até que o consulado perdeu a paciência e lançou o primeiro ultimato com probabilidade de surtir efeito. O casal foi avisado de que, se não saísse voluntariamente, a ajuda britânica aos refugiados bascos seria cortada. Incapazes de julgar a sinceridade desse alerta, Esmond e Jessica partiram.

E foi isso. Em questão de semanas, a heroica incursão de Jessica estava terminada. A Espanha pode ter desempenhado um papel em sua libertação, mas agora era improvável que ela retribuísse o favor. Em casa, a imprensa estava tendo um dia de folga, eliminando a guerra das primeiras páginas. Os jornais publicaram uma simples história de fuga, como se Esmond e Jessica tivessem ido a uma zona de guerra porque parecia um bom lugar para se casarem, e assim lhes roubaram até mesmo qualquer reconhecimento de seus próprios motivos. Com pouco controle sobre a narrativa, eles tinham pouco controle sobre seu significado.

Esmond se recusou a aceitar a derrota total. Eles não foram além do sul da França, onde ele se estabeleceu para escrever *Boadilla*, seu relato sobre os combates na Espanha. Jessica o observava trabalhando em sua recalcitrante máquina de escrever, sabendo que as notícias provenientes de Madri o deprimiam, e se perguntava o quanto ela lhe havia custado. Eles fugiram dos pais, encontraram um ao outro, e ainda assim a melancolia os dominava ocasionalmente. «Eu deveria ter voltado», escreveu ele sobre as Brigadas Internacionais. «Mas não voltei. Em vez disso, eu me casei e vivi feliz.»

Esmond e Jessica eram adolescentes vivazes que sabiam se divertir. Ser feliz era algo que eles faziam bem. Diante do que ele agora sabia a respeito, a frente de batalha tinha pouco apelo para Esmond. Ainda assim, há uma vergonha no relato de ambos. Isso tem algo a ver, claro, com a forma como os desastres históricos reduzem as pequenas aventuras humanas. Mas aquele resumo seco de Esmond sugere algo mais: que sua geração não tinha tempo nem tranquilidade para as escapadas juvenis, para o bem-aventurado egocentrismo do primeiro amor ou da primeira fuga. Essas coisas eram indulgências que dependiam de paz, e a paz, insistiria ele em seu livro, não estaria assegurada até que «aquela mistura de busca de lucro, interesse próprio, emoções baratas e brutalidade organizada que se chama fascismo tivesse sido combatida e destruída para sempre».

Muito mais tarde, Jessica se tornou uma jornalista de campanha, com talento particular para desencavar a exploração tão flagrante que beirava o absurdo (escreveu um surpreendente best-seller expondo o grande esquema dos funerais americanos). A guerra espanhola, que continha mais do que um pouco de loucura, poderia ter sido apenas o lugar em que ela amadurecia como aquela escritora. Mas isso seria perguntar o que a guerra espanhola poderia ter feito por Jessica Mitford, o que até ela, aos dezenove anos, saberia que era uma pergunta feita de maneira errada.

Jessica ficou desapontada com Nancy por tentar persuadi-la a voltar da Espanha para casa, com receio do que a aventura poderia fazer com sua reputação. «A sociedade», sua irmã a havia alertado, «pode tornar as coisas infernais para aqueles que desobedecem às regras.» No que lhe dizia respeito, ela apontou o dedo exatamente para aquilo que distinguia suas formas de encarar a vida. «No fim das contas», declarou, «é preciso viver neste mundo tal como ele é.» Jessica passaria a maior parte de sua futura carreira discordando dessa visão.

Mais tarde, ela alegou ter obtido permissão para se casar com Esmond ao anunciar que estava grávida, embora pareça que Lady Redesdale fez em seu nome a maior parte do trabalho de persuasão. Por mais que Jessica e Esmond proclamassem sua condição de enjeitados, tanto a mãe de um quanto a do outro estavam com eles no consulado britânico em Bayonne quando se casaram em 1937. Unity e Diana enviaram presentes de casamento. «Se alguma coisa acontecer, não se esqueça de que há um quarto sobrando aqui», Nancy ofereceu, antes de acrescentar, com aquela inflexão de última hora da qual elas não podiam prescindir: «(£4.10 a cama)».[118]

\*

Se passamos muito tempo na companhia dos personagens de Nancy Mitford — em *A procura do amor*, por exemplo, no qual ela fez bom uso da própria família —, começamos a ter a sensação de que ela acha todos no mundo francamente ridículos e provavelmente, no fim das contas, um tanto inofensivos. Seus personagens favoritos são capazes de vagar pelos caprichos da vida se não incólumes, então ao menos despercebidos. O mundo exterior pode agitar-se o quanto quiser: certas coisas fundamentais permanecem as mesmas. O pai ficará enfurecido, a casa estará sem aquecimento, o romance oferecerá a melhor válvula de escape.

No entanto, catorze anos depois da fuga de Jessica — anos em que a história interveio ainda mais espetacularmente

---

118  Nancy Mitford a JM. In: C. Mosley (Org.), *The Mitfords*, p. 83.

na vida das irmãs —, ela se recusaria a permitir o relançamento de *Wigs on the Green*. «Muita coisa aconteceu», explicou, «para que piadas sobre nazistas sejam consideradas engraçadas e não algo de péssimo gosto.»[119]

Quando Nancy Cunard condenou «o distanciamento irônico», meu palpite era que ela realmente se referia a uma espécie de menosprezo irreverente ou uma abordagem maliciosamente descompromissada — o tipo de ar de *Wigs on the Green* que é muito bem-vindo quando se está enjoado da seriedade. Mas também havia algo irônico sobre a ideia do distanciamento praticado pelas Mitford. Jessica, Nancy e Unity estavam todas relutantes em desfazer os laços que as conectava. Às vezes, é só quando a conexão casual entre as ideias e seus resultados é confrontada que a diferença de opiniões começa a parecer mais uma fenda que nem o amor nem as brincadeiras conseguem contornar.

«Mande [a Diana] meu carinho», escreveu Jessica certa vez a Unity na Alemanha, «& ódio a Hitler.»[120] Em 1937, seus caminhos se bifurcaram para sempre. Durante a maior parte da vida delas, Jessica havia sido a observadora mais próxima dos encantos de Unity, assim como de seus defeitos; sua parceira de confiança e sua companheira. Naquele ano, Unity se ofereceria amavelmente para ser amiga de Esmond, partindo do princípio de que ela atiraria nele se a situação política em algum momento exigisse isso, já que «os laços

---

119    Nancy Mitford a Evelyn Waugh, apud C. Mosley, «Introduction». In: N. Mitford, *Wigs on the Green*, p. IX. Nancy e Diana acabaram fazendo as pazes, mas a essa altura Nancy havia levado a sério a política de sua irmã. Durante a Segunda Guerra Mundial, ela estava entre aqueles que apoiaram a prisão de Diana.

120    JM a Unity [1935]. In: Mosley, *The Mitfords*, op. cit., p. 67.

familiares deveriam fazer a diferença»[121] mesmo onde os partidos já foram tomados. Mas Esmond, um veterano das pontes queimadas, esperava um afastamento completo por parte da família de Jessica. E, envolvida nas realidades do abismo político em cujos lados opostos ela e Unity se haviam posicionado, ela não conseguia mais dissociar a pessoa amada das convicções incompreensíveis.

Apesar de todas as piadas que elas faziam, Jessica acreditava que ela e cada uma de suas irmãs eram «ótimas odiadoras» — uma habilidade que compartilhavam notavelmente com Nancy Cunard. Talvez, quando nos falta humor ou nos falta ódio, o outro elemento ocupe o espaço. A decepção mais profunda de Jessica em sua «adversária enorme e brilhante» era que, em última análise, sua irmã havia falhado em odiar «inteligentemente» — como se isso fosse a chave, ou a absolvição, para odiar.

Aos olhos de Jessica, Unity havia apoiado a mais vil, «a mais mortalmente conformista de todas as filosofias». (Unity possivelmente pensava o mesmo sobre o comunismo.) Os ódios promovidos pelo nazismo corromperam a ideia de odiar como um ato de resistência, aquilo que os impedia de ser conformistas: «ela havia esquecido qual era o objetivo de odiar, e se colocado de uma vez por todas ao lado dos odiosos».

A raiva, como se diz às meninas, não é uma característica atraente. Por si só, tampouco é extremamente útil. No entanto, se não somos capazes de expressar um pouco de fúria em resposta à injustiça, ou à opressão, ou a algum sofrimento evitável, ou à ameaça dessas coisas, o que

---

121    Unity Mitford a JM, 11 de abril de 1937. In: Mosley, *The Mitfords*, op. cit., p. 90.

isso diz sobre nós? A indignação de Nancy Cunard, sua «vontade de lutar», pode ter deixado as pessoas desconfortáveis, mas também a mantinha em movimento. Como afirmou certa vez um personagem escrito por Martha Gellhorn, «para ficar com raiva, é preciso ter esperança».[122]

---

122    MG, «Till Death Do Us Part». In: MG, *The Novellas of Martha Gellhorn*. Londres: Picador, 1994, p. 337.

# Parte II

# Chegadas[1]
# Martha Gellhorn
# Madri: primavera de 1937

É primavera de 1937 em Madri; a primeira reportagem de guerra escrita por Martha Gellhorn. O artigo é destinado à *Collier's* — uma grande conquista para uma jovem repórter, porque é uma revista bem-conceituada e lida por 2,5 milhões de pessoas. E também não é um jornal. Não há necessidade de tentar resumir os acontecimentos, as manobras militares ou as alianças complexas. É apenas Martha, sozinha em seu quarto de hotel que vai se cobrindo de poeira (poeira que entra pelas janelas à medida que trechos da rua vão explodindo), ouvindo os nacionalistas bombardearem a cidade. «Só dava para respirar de forma estranha, apenas levando o ar à garganta e não conseguindo inalá-lo.» Em outras palavras, Martha deveria estar em choque, mas em sua prosa ela conseguia conter o pânico. O quarto é um lugar ruim

---

1     Os artigos de MG escritos na Espanha para a *Collier's*, incluindo «Only the Shells Whine», citados neste capítulo estão reunidos (sob diferentes títulos) em *FOW*. O diário datilografado que ela manteve na Espanha (também citado neste capítulo) está guardado na Caixa 1, Pasta 7 de seus papéis no Howard Gotlieb Archival Research Center em Boston. Também cito notas sem data mantidas no mesmo acervo.

para estar: ela desce até o saguão para esperar junto com o pesaroso *concierge*.

Em Madri, ela já aprendeu que sempre há espera. «Você esperava o bombardeio começar», conta Martha, «e terminar, e começar de novo.» De seu lugar de espera, ela pode ver outras pessoas demorando-se nas portas de entrada até poderem voltar às suas atividades. Para os madrilenhos, a espera se tornou uma espécie de estoicismo, a resiliência de uma vida diária que deve persistir, por mais ameaçada que esteja. Há mulheres das quais ela sempre vai se lembrar, «em pé nas filas, como fazem em toda a cidade de Madri, mulheres caladas, geralmente vestindo preto, com cestas de mercado nos braços, esperando para comprar comida. Um projétil cai na praça. Elas viram a cabeça para olhar e se aproximam um pouco mais da casa, mas ninguém abandona seu lugar na fila».

É como se tudo fosse uma longa pausa cheia de suspense, pontuada pela destruição. Um projétil aterrissa, «e havia uma fonte de paralelepípedos de granito voando», outro projétil cai, «e uma janela se quebrou suave e levemente, produzindo um adorável e tilintante som musical». Se tudo parece estranhamente irreal — bem, é claro que sim: esse é o bombardeio de uma capital europeia, algo quase impensável em 1937. Quando tudo está em silêncio, e todos saem e Martha volta para o quarto, o próprio hotel é atingido. Um «assobio-ganido-grito-rugido e o barulho estava na sua garganta e você não conseguia sentir ou ouvir ou pensar», e de repente o *concierge* fica sabendo que há buracos lamentáveis nos quartos 218 e 219. A realidade não é que você está sempre esperando por segurança, mas que está sempre esperando ser atingida.

Embora a humanidade — geralmente na forma de governos — sempre fosse decepcionar Martha Gellhorn, ela gostava dos seres humanos. A persistência das mulheres comprando laranjas na praça, sua coragem num mundo sem escolhas (morrer de inanição ou vítima de projéteis?), era exatamente o tipo de detalhe que caracterizava suas reportagens na Espanha. Martha gozava de certa liberdade ao escrever para uma revista semanal. Como diria certa vez um alter ego ficcional seu a colegas de imprensa: «Eu não escrevo notícias como vocês. Escrevo histórias».[2] Com isso ela queria dizer que tinha tempo e espaço para criar longas reportagens; para escrever num estilo literário de percepção aguçada que vê, em outro artigo, um garoto ferido «torcendo o corpo devagar, como se quisesse sair dele»;[3] que transmite a estranha irrealidade de algo tão horrendo quanto a guerra.

Por estar fazendo o trabalho de olhar por nós, simplesmente nos contando o que vê, Martha é capaz de narrar cenas de trauma extremo com uma espécie de empatia tranquila. Em Madri, o que ela viu foram pessoas: vidas cotidianas, medos comuns e racionalizações.

Em Madri ela vê uma senhora arrastar um garotinho pela praça — uma corrida louca motivada por uma breve pausa no bombardeio —, e Martha sabe por que a mulher fez isso. Ela suspeita que todos nós saibamos, em algum nível, por que ela faria isso. «Você sabe o que ela está pensando: está pensando que deve levar a criança para casa, você está sempre mais seguro em sua própria casa, com as coisas que você conhece. De algum modo, você não acredita que pode ser morto quando está sentado em sua própria sala, você nunca imagina isso.» Não nos entregamos todos a pensamentos mágicos para nos sentirmos seguros? Não é exatamente

---

2    MG, *ASF*, p. 9.
3    Id., «Madrid to Morata», *New Yorker*, 24 jul. 1937.

isso que as democracias ocidentais estão fazendo em 1937, dizendo a si mesmas que as questões de um país distante não lhes dizem respeito nem um pouco, quando todas as evidências mostram o fascismo em curso?

Um pequeno pedaço de aço retorcido, quente e muito afiado, espirra do projétil; atinge o garotinho na garganta. A velha mulher permanece ali, segurando a mão da criança morta, olhando estupidamente para ela, sem dizer nada, e homens correm em sua direção para carregar a criança. À sua esquerda, ao lado da praça, há um enorme cartaz brilhante em que está escrito: VÁ EMBORA DE MADRI.

\*

A guerra combinava com Martha Gellhorn porque os extremos combinavam com ela. Ela oscilava entre polos: da vida precária em zonas de guerra, ela submergiria a si mesma num retiro total e luxuoso; da circulação nos mais altos escalões das celebridades políticas, diplomáticas e literárias, vestida impecavelmente e destilando glamour, ficava orgulhosa da sua habilidade de compartilhar a vida no campo com «os garotos»; ela buscava companhia, e depois queria desesperadamente ficar sozinha.

Em suas viagens, que ela utilizava para observar a história tal como era feita (ou seja, em sua vida, a guerra), Martha não recuava diante das piores coisas. Eram as coisas comuns que lhe traziam problemas. A vida cotidiana era de interesse quando vista *in extremis*, quando o perigo tornava heroica sua persistência. Quando Martha largou a universidade de Bryn Mawr em 1929, o que a assustava era retornar às pequenas regras e às mentes tacanhas em sua cidade natal de St Louis.

Única menina de quatro filhos, Martha desenvolveu cedo um aguçado senso de justiça. «Walter e George tentaram me matar», comunicou uma vez a seus pais numa carta pendurada num local proeminente da casa. «Se vocês não tomarem uma atitude, vou embora de casa.»[4] Mais tarde, responsabilizou seus pais por a terem criado da mesma forma como criaram os meninos, o que não era exatamente verdade. «Se se presume que os homens fazem o que querem», disse Martha, «eu simplesmente presumi que fiz o que eu queria.»[5]

Mas, quando ela de fato foi embora, seus pais ficaram devidamente alarmados. Mesmo para eles, o lugar mais seguro para uma filha era em casa, sendo útil para a mãe. Martha pegou dinheiro emprestado para comprar uma passagem de trem com destino a Nova York. E de Nova York cedeu um artigo sobre o serviço de passageiros da companhia de navegação alemã Norddeutscher Lloyd em troca de uma cabine para a Europa.

Quando Martha chegou a Paris em 1930, tinha 21 anos. «Scott Fitzgerald, John Dos Passos, Ezra Pound e Nancy Cunard», observou sua biógrafa, «haviam todos vindo e ido embora.»[6] Isso, ao que parece, combinava bem com Martha. Mais tarde, ela comparou a Paris deles — aquela dos «talentosos americanos e britânicos» — com a «vida real» da Paris que ela veio a conhecer, a cidade tal como era familiar a Simone Weil: «bairros miseráveis, greves, marchas de protesto interrompidas pela Guarda Republicana montada, frenéticos trabalhadores mal remunerados e frenéticos desempregados subnutridos».[7] Ela ganhava a vida em vários empregos insatisfatórios, escreveu um romance, teve um relacionamento com

---

4     Apud Moorehead, *Martha Gellhorn*, op. cit., p. 17.

5     *Witness History: Martha Gellhorn*, BBC World Service, 2015.

6     Moorehead, *Martha Gellhorn*, op. cit., p. 37.

7     MG, apud K. McLoughlin, *Martha Gellhorn*, p. 21.

o jornalista francês Bertrand de Jouvenel; voltou aos Estados Unidos; voltou à Europa. Visitou Genebra, Londres, foi à Alemanha com Bertrand e retornou aos EUA novamente.

Até então, Martha pensava que os problemas eram uma condição europeia. Havia feito alguns trabalhos jornalísticos antes, mas, ao tentar articular um retrato humano da Grande Depressão, o que significava analisar o que ela sentia a respeito disso, Martha começou a desenvolver uma voz literária que destilava indignação com uma clareza implacável. Por causa da missão especial que lhe havia sido designada na Nova Inglaterra e nas Carolinas do Norte e do Sul, esse treinamento inicial a ensinou a observar os salões enquanto a história acontecia: a se concentrar em entender o que algo tão importante quanto uma guerra ou uma depressão econômica significava para as pessoas que a viviam.

Em 1936, tendo voltado a explorar sua ideia de um romance sobre pacifistas, Martha deixou a Europa novamente para passar o Natal com a mãe e o irmão. Seu pai tinha morrido no ano anterior, arrancando um dos pilares de sua vida, e os três fugiram da casa da família para passar as férias em outro lugar, rumando para o sol de inverno. No extremo sul da Flórida, na abafada cidade insular de Key West, Martha conheceu Ernest Hemingway.

Esse relacionamento lançaria uma sombra longa e muito amarga sobre a vida e a reputação de Martha, mas, a bem da verdade, havia muitos escritores da sua geração que poderiam dizer o mesmo. Já autor de *O sol também se levanta* e *Adeus às armas*, Hemingway produzia o tipo de prosa que Martha sonhava em escrever e tinha medo de imitar. Grande, barbudo, beberrão e famoso, ele era, aos 37 anos, um homem imponente.

No relato presunçoso que fez aos amigos, Ernest afirmou ter visto Martha e o irmão dela num bar e tê-los confundido com um casal em lua de mel, lançando-lhe o desafio de arrancar a jovem noiva para si mesmo. A presença na cidade da própria esposa dele, Pauline, e de seus dois filhos pequenos parece não ter sido um obstáculo. Martha acabou conhecendo a família inteira.

No Natal de 1936, durante aquilo que Nancy Cunard denominou o «inverno da morte e da agonia» de Madri,[8] Martha e Ernest discutiram a escalada na guerra na Espanha. Ela estava bem-informada devido ao tempo que havia passado na Europa. Ele queria ir para lá. Em carta a Eleanor Roosevelt, uma amiga de sua mãe que se transformou numa espécie de mentora, Martha expressou uma mistura de pavor e animação. Ela acreditava que a intervenção fascista no lado nacionalista tornaria a guerra internacional. E que eles poderiam esperar uma conflagração bem maior.

A carta insinua outros acontecimentos também: Hemingway, «um pássaro estranho», mas também «muito amável e cheio de fogo e um maravilhoso contador de histórias».[9] E agora ela tinha uma pessimista cláusula de escape pronta para apresentar: «Se houver uma guerra, então todas as coisas que a maioria de nós faz não vão mais importar».[10]

De volta a St Louis, Martha sofria «terrivelmente por morar aqui, fora de tudo» e queria «desesperadamente» ir à Espanha. A publicação de *The Trouble I've Seen*, que recebeu críticas excelentes, não ajudou a satisfazer suas exigências

---

8    NC, «December 1936, Madrid». In: NC, *Selected Poems*, op. cit.
9    MG a Eleanor Roosevelt, 8 de janeiro de 1937. In: MG, *The Selected Letters of Martha Gellhorn*, p. 46.
10   Ibid.

em relação a si própria, nem a resolver a questão sobre o que fazer em seguida. A perspectiva de perder a ação, seu medo de não ter objetivo, permitiu-lhe insistir com fria perversidade, da segurança e do conforto da casa de sua mãe, que, «se você faz parte de uma coisa grande, você se sente seguro; o que deixa alguém nervoso e perdido é esperar e olhar de fora».[11]

«Tenho a sensação de que é preciso trabalhar dia e noite e viver também», confidenciou a Roosevelt, «e nadar e pegar sol no cabelo e rir e amar o maior número possível de pessoas que conseguirmos encontrar por aí e fazer tudo isso muito rápido, porque o tempo está ficando mais curto a cada dia.»[12] Três meses depois, ela estava em Madri.

*

«Fiquei cinco dias na Espanha e vi muitas coisas», escreveu Martha numa versão datilografada do diário que ela mantinha, «mas era tudo preparação, era como aprender a gramática de uma língua estrangeira. Eu esperava o tempo todo por Madri.»[13]

Março de 1937 foi um bom momento para chegar. A resistência da cidade já estava se tornando lendária. Uma vitória republicana em Guadalajara, cerca de 65 quilômetros a nordeste, tinha finalmente rompido a fixação de Franco em tomar a capital. O bombardeio da cidade continuava, mas os

---

11    MG a Eleanor Roosevelt, 13 de janeiro de 1937. In: MG, *The Selected Letters...*, op. cit., p. 46.

12    MG a Eleanor Roosevelt, 8 de janeiro de 1937. In: MG, *The Selected Letters...*, op. cit., p. 45.

13    MG, «En route to Madrid», Caixa 1, Pasta 7, MG Collection, HGC.

conselheiros alemães de Franco conseguiram agora persuadi--lo a se concentrar em alvos republicanos mais vulneráveis no norte, levando o conflito na direção do território que Jessica Mitford havia acabado de deixar.

Virginia Cowles, uma glamorosa e bem relacionada nativa de Vermont que se destacou em 1935 por conseguir uma entrevista com Mussolini na semana em que a Itália invadiu a Etiópia, chegou pouco depois de Martha. «Os republicanos ficaram animados com a vitória em Guadalajara», recordou-se mais tarde, «e agora encaravam o futuro com um otimismo robusto. Eles falavam em termos de ofensivas em larga escala e da paz que imporiam no fim da guerra.»[14] Além do próprio espírito de luta, havia ainda certo número de batalhas acontecendo, pois o front serpenteava notavelmente perto — tão perto que alguns lugares faziam parte da cidade.

Era o que Martha estava buscando. «Madri não é uma cidade nem um campo de batalha», anotou ela. «Você consegue ouvir o tiroteio em frente à Cidade Universitária, logo no fim de uma rua; você consegue ouvir a artilharia a oeste. [...] Você vive com a guerra a cada minuto, e ainda assim você anda pelas ruas como se estivesse em Londres ou Roma ou Viena, e se preocupa com as mesmas pequenas coisas humanas que preocupam as pessoas em qualquer lugar, e você ri e conversa com os amigos.»[15]

Ela podia alcançar «o front com a mesma calma com que se passeia pelo Central Park»,[16] pegando um bonde no

---

14    VC, *Looking for Trouble*, op. cit., p. 30.

15    MG, anotações sem datas da Espanha, Caixa 1, Pasta 7, MG Collection, HGC.

16    Id., 28 de março, Notas da Espanha, Caixa 1, Pasta 7, MG Collection, HGC.

meio do caminho e depois atravessando — mesmo Virginia de salto alto — a pé. Quando Langston Hughes chegou a Madri meses depois, ele descreveu trincheiras que «se curvavam e ziguezagueavam através de jardins, sob cercas e debaixo de casas», às vezes até passando «exatamente pela parede e pela sala de estar de uma casa de campo, ou talvez pela casa inteira, passando pelo fogão na cozinha e depois pelas portas afora até se tornar de novo uma trincheira aberta».[17] Visitando as trincheiras à noite, Martha descobriu que o inimigo estava perto o suficiente para atormentá-los tocando no gramofone uma música chamada «Kitten on the Keys» no volume máximo e repetidamente. Ernest encontrou uma casa em ruínas, de onde eles podiam assistir a combates distantes na Casa de Campo como se estivessem assistindo a um filme de uma guerra travada com brinquedos.

Martha passaria por uma rua de casarões e descobriria que só o que estava de pé eram as fachadas; olharia para um edifício destruído e veria um telefone «pendurado pelo fio no ar».[18] Ela conversava com as pessoas, entrevistava oficiais. Visitou o grande Hotel Palace, onde cirurgiões agora operavam sob a luz de candelabros de cristal e «estantes eduardianas, que antes serviam para exibir joias e bolsas de couro de crocodilo, guardavam suas ferramentas».[19] O sangue nos degraus de mármore era como um aviso: do lado de dentro, o cheiro e os sons de pessoas sofrendo de dor lhe provocavam

---

17    LH, «Madrid's Flowers Hoist Blooms to Meet Raining Fascist Bombs», *Afro-American*, 27 nov. 1937.
18    MG, anotações sem data da Espanha, Caixa 1, Pasta 7, MG Collection, HGC.
19    Id., «When Franco Died». In: Id., *The View from the Ground*, p. 311.

náuseas. Havia pouquíssimas enfermeiras treinadas e nenhuma morfina.

Ela ia às compras com Virginia Cowles. Como a clientela usual das butiques de luxo de Madri tinha ido embora, havia muitas pechinchas. Ela passava por pessoas se deslocando para o trabalho. A comida era terrível em qualquer lugar — em sua primeira noite (assim como em muitas outras noites), serviram-lhe um punhado de grão-de-bico com bacalhau seco e picante —, mas ela estava hospedada num hotel que diziam ser o único lugar com água quente na capital. Em outras palavras, a vida na cidade era normal e, ao mesmo tempo, um pesadelo.

No início, a abordagem de Martha era similar à escola de pensamento de Valentine Ackland: fazia-se uma declaração ao chegar, e essa declaração era o elemento crucial. «Eu acreditava que tudo que se fazia em relação a uma guerra era ir até ela, como gesto de solidariedade», escreveu anos depois, «e ser morto, ou sobreviver se tiver sorte.»[20] Martha passou várias semanas em Madri antes de enviar um artigo para a *Collier's*, e tinha pouca esperança de que fossem publicá-lo. Mas eles publicaram, e então ela escreveu outros. A *New Yorker* pegou dois textos dela; a *Collier's* acabou colocando-a como colaboradora fixa da revista.

A essa altura, havia uma vibrante comunidade de jornalistas ao longo da Gran Vía, em Madri: entre seus bares e restaurantes, o Hotel Florida na Plaza de Callao, onde Martha pegou um quarto, e mais acima o ponto de referência crucial da Telefónica. Martha se tornaria uma nativa dessas oscilantes comunidades internacionais, valorizando

---

20    Id., *FOW*, p. 15.

a camaradagem das pessoas lançadas numa intimidade que se construía rapidamente. «Ela gostava muito deles», escreveria em um de seus romances, descrevendo uma jornalista que se parecia muito consigo mesma, «e não os conhecia nem um pouco.»[21]

O prédio da Telefónica foi um dos primeiros arranha-céus na Europa, tanto um observatório elevado para os defensores da cidade quanto um alvo para seus inimigos. Ali, os jornalistas entregavam seus artigos para os censores da imprensa republicana e depois ligavam para casa em seus respectivos idiomas. No meio do bombardeio e no meio da noite, as «garotas da central telefônica» permaneciam a postos, enquanto os correspondentes podiam se valer de camas de acampamento montadas nos corredores. Martha descreveu tê-los visto «correndo do hotel para a Telefónica, às vezes esperando um projétil ser disparado e em seguida correndo antes dos próximos disparos»,[22] tudo para registrar uma história. Em 31 de dezembro de 1936, tropas de Franco celebraram o Ano-Novo lançando doze projéteis diretamente na cidade. Dez deles atingiram a Telefónica. E ainda assim o edifício continuou de pé, icônico em sua resiliência majestosa, o porta-voz de Madri para o mundo.

Jornalistas eram bem-vindos e bem tratados num lugar onde boas relações públicas começavam a parecer uma questão de sobrevivência. Apesar de o embaixador da Itália ter admitido que as forças de seu país estavam na Espanha (e permaneceriam ali até a vitória de Franco), o Comitê de Não Intervenção tinha até então apenas adotado medidas contra

---

21    Id., *ASF*, op. cit., p. 8.
22    Discurso de MG em 1937, reproduzido em Hart, *The Writer in a Changing World*, op. cit., p. 66.

alistamentos estrangeiros, assim efetivamente mirando voluntários das Brigadas Internacionais, uma vez que as tropas enviadas por Hitler e Mussolini estavam servindo como parte de seus próprios exércitos nacionais. Como os britânicos, os Estados Unidos seguiam uma política de proclamada neutralidade que na prática beneficiava os nacionalistas. O lobby católico, firmemente ao lado de Franco, havia pressionado o Congresso a bloquear o suprimento de armas à República. No entanto, o embargo não impediu o presidente da companhia petrolífera Texaco de abastecer os nacionalistas a crédito. No período em que Martha cruzou a fronteira, os passaportes americanos estavam sendo carimbados com os seguintes dizeres: NÃO É VÁLIDO PARA VIAJAR NA ESPANHA. (Voluntários chegavam sorrateiramente via França, tal como ela havia feito.) Mais tarde, o presidente Roosevelt se arrependeu de ter desconsiderado o fluxo de relatórios do embaixador dos EUA na Espanha, nos quais solicitava apoio para a República — uma campanha que logo teve paralelo nas cartas de Martha à primeira-dama. Mas, como britânicos, franceses, americanos e outros aderiram à não intervenção, o governo republicano esperava convertê-los com evidências do envolvimento de potências fascistas estrangeiras e das atrocidades nacionalistas, e desfazendo os danos iniciais à reputação da aliança legalista. Para isso, os jornalistas eram fundamentais.

Martha registrou sua própria aclimatação. No fim de março, acrescentou uma anotação em seu diário: «Estou ficando tão endurecida que esqueci o projétil que passou hoje de manhã rente à casa da esquina e atravessou o quarto andar de um apartamento na Gran Vía, matando um garoto de catorze anos e ferindo dois adultos... Eu estava escovando os dentes e ouvi os barulhos e mesmo assim continuei».[23] A essa altura da vida, Martha acreditava que o jornalismo seria capaz de promover mudanças, que a injustiça não havia sido remediada porque poucas pessoas estavam a par dela. A maioria não podia ir à Espanha e ver o bombardeio de Madri, o sangue nas ruas: era isso que ela poderia fazer. Seu trabalho, ela chegou a acreditar, era «ser os olhos da consciência alheia».[24]

Há um bordão no poema sobre Madri que Nancy escreveu naquele ano: «Eu vi», repete ela, «eu vi». Por mais que essas palavras soem como a ladainha de um trauma, a mente insistentemente evitando fatos terríveis demais para esquecer, elas também articulam uma reivindicação de autoridade. Martha acreditava que o bom jornalismo era «uma forma de comportamento respeitável, envolvendo o repórter e o leitor».[25] Seu lado do negócio era o de dar testemunho. (Mesmo reunindo seus artigos de 1959, o corolário aparentemente evidenciava que «o sentido desses artigos é que eles são verdadeiros; contam o que vi».[26]) Ela olhava para o que era desconfortável olhar e fazia o relato do que via. O bastão moral foi passado a seus leitores.

Enquanto alguns repórteres, como Virginia Cowles, baseavam seu trabalho num relato equilibrado e abrangente, o conceito que Martha tinha do jornalismo, e da verdade jornalística, residia nesse papel atribuído a si mesma. Ela se expressava repetidamente a partir de uma observação franca

---

23 MG, 31 de março, Notas da Espanha, Caixa 1, Pasta 7, MG Collection, HGC.
24 MG, «Introduction 1959». In: MG, *FOW*, op. cit., p. 1.
25 Ibid., p. 3.
26 Ibid., p. 6.

e visando transmitir o que tinha visto, uma insistência numa simplicidade de seu trabalho que começa a soar muito como um protesto. «Estão bombardeando a cidade de novo», anotou ela no início de abril. «É fácil dizer ou escrever isso, mas não tão fácil na realidade.»[27] E, ainda assim, a dificuldade do fato em si — a experiência palpável do bombardeio — não era, de modo algum, fácil de contar. Ela trabalhava em sua máquina de escrever, narrando o problema que tinha visto, não no ritmo de uma corrida louca para a Telefónica, mas em relatos literários que sobreviveriam ao teste do tempo. Martha estava escrevendo a história, conforme a via.

*

Em 1983, o jornalista John Pilger entrevistou Martha para uma série televisiva que ele intitulou *The Outsiders*. No mesmo ano, ele incluiu Jessica Mitford. É um prazer observar os gestos de Martha. Em contraste com a ligeiramente aristocrática Jessica, ela é completamente glamorosa. Martha fala de maneira imperativa, quase num tom de pronunciamento. Ela voltara recentemente de El Salvador, onde, como Pilger aponta, havia coberto sua sétima guerra em cinquenta anos como repórter. Ele lhe pergunta sobre a Espanha. O que a afetou ali, questiona Pilger, e o que influenciou seu trabalho posterior?

«Bem, a bravura, a enorme bravura das pessoas... uma bravura absolutamente inacreditável sob condições terríveis.» A bravura e a dignidade eram importantes para ela. Quanto ao que permaneceu com ela — «coisas individuais, não sei».

---

27    MG, 6 de abril, Notas da Espanha, Caixa 1, Pasta 7, MG Collection, HGC.

Martha balança a cabeça ligeiramente, olha para cima e ao redor, como se procurasse a resposta ou uma forma de se distrair dela. «Madri, projéteis atingindo a praça em frente ao hotel, e uma fila de mulheres que estavam ali só para pegar uma laranja, e ninguém se movia porque era muito importante simplesmente pegar uma laranja e levar para casa, para sua» — ela fecha os olhos — «família subnutrida». Ela escreveu essas cenas.

«Não sei», continua. «É difícil dizer — havia tantas — fazia muito tempo que eu estava lá», ela pega um novo cigarro, «e todo dia havia alguma coisa que — que », olha brevemente para ele, enquanto acende o isqueiro, falando com determinação, «mexia comigo e me impressionava».

Pilger fez outra pergunta: em tempos de guerra, quando um jornalista deve se censurar?

«Acho que nunca.»

Quando é impossível ser objetivo?

Isso é mais difícil. «Bem», começou Martha. «Eu — eu não sei — eu realmente não sei.» Ela fica mais incisiva, enfática — quase irritada — quando ele pergunta sobre Dachau, o campo de concentração em que ela entrou no dia em que a Segunda Guerra Mundial acabou, cumprindo seu «objetivo de guerra pessoal». (Tanto o pai quanto a mãe de Martha eram metade judeus, um fato a que ela, curiosamente, dava pouca atenção.)

«O que havia lá para ser objetivo?», pergunta ela. «Era um horror total e absoluto. [...] Eu nem sei o que você *quer dizer* exatamente com 'ser objetivo'. [...] Não suprimi nada, nem inventei, eu reportei.»

Aqui fui tomada por certa surpresa (na verdade, foi só uma decepção) por Jessica Mitford nunca ter chegado a

Madri nem se envolvido com Martha Gellhorn. Elas diferiam muito entre si como entrevistadas em 1983 — Jessica estava se divertindo, Martha se mostrava ágil e intransigente; ambas se arrastando em sotaques de origens bem diferentes —, mas assistir às conversas uma depois da outra, tal como eu tantas vezes as lia em estreita proximidade, revelava-as como escritoras que haviam assumido posições muito similares. Quando Jessica foi aclamada como a mãe do Novo Jornalismo, uma modalidade que trouxe técnicas literárias da ficção para a reportagem nas décadas de 1960 e 1970, foi um manto que ela herdou de escritores como Martha Gellhorn, um estilo forjado na guerra espanhola. «Quando você vai ficar *brava*?», um amigo perguntou a Jessica certa vez, após ler o rascunho de uma de suas reportagens de denúncia.[28] «Nunca», respondeu ela, tendo aprendido a se apoiar no humor como meio de persuasão, «perder as estribeiras não faz parte da minha natureza amigável, muito menos numa publicação.»

Com isso ela queria dizer que, quanto menos chamasse a atenção para sua própria presença e seu ponto de vista, mais evidente sua opinião ficaria. Apresentados sem editorialização, os alvos de Jessica condenavam a si mesmos. Porque o objetivo não envolvia ficar brava ou não. O objetivo eram as «Mensagens Morais globais» que ela queria que seus leitores absorvessem.[29] A precisão era «essencial»; a objetividade — «Se ser objetivo significa não ter um ponto de vista, ou dar igual peso a todas as informações que chegam até você»[30] — não era.

---

28    JM, *Poison Penmanship*, p. 24.
29    Id., apud P. Y. Sussman, «Introduction». In: JM, *Decca*, op. cit., p. XV.
30    JM, *Decca*, op. cit., p. 345.

No fim dos anos 1930, havia um grande grupo de jornalistas prontos para descartar a objetividade como princípio norteador. Martha gostava de palavras com o tipo exato de nobreza monolítica que faz parecer rude interrogá-la — palavras como «bom» e «forte» e «verdadeiro». É fácil ver por que a «objetividade», com sua ênfase em evitar a reação pessoal, pode ser percebida como uma afronta por alguém cuja carreira jornalística deslanchou na Espanha e que acompanhou o fascismo ao longo de uma guerra mundial até os portões de seu desfecho nos campos: por que a «verdade» (segundo o dicionário Merriam Webster: «o estado de ser o que é; sinceridade na ação, no caráter, na expressão...») se assenta melhor.

Em outras palavras, se você é Martha Gellhorn, então a verdade está sempre ali para ser vista; não precisa ser desencavada e não é alcançada pelo cuidadoso equilíbrio da balança. Como escreveu sua biógrafa a respeito dela: «Tal como mentir, ficar em cima do muro era algo desprezível»;[31] representaria um abandono de sua missão, seja como repórter, seja como pessoa. Em Dachau, a objetividade deixa de ser uma responsabilidade para ser algo que se parece muito com uma abdicação da responsabilidade. (Copiado de uma tirinha acerca da crise climática, um pedaço de papel que flutuou sobre minha mesa por meses dizia o seguinte: «Alguém avise à tribuna de imprensa que o muro em cima do qual eles tentam ficar está em chamas».[32])

«Se você vê algo acontecendo», disse ela uma vez, «me soa totalmente absurda a ideia de que você é tão descerebrado e coração de pedra a ponto de não esboçar nenhuma

---

31  Moorehead, *Martha Gellhorn*, op. cit., p. 6.
32  Era uma tirinha de First Dog on the Moon.

reação.»[33] Não dá para ficar impassível diante de um garoto agonizando enquanto se agarra à mão da avó. Toda a verdade, para Martha, era a admissão de posições morais, de reações humanas.

Ainda assim, não há sentimentalismo na escrita de Martha Gellhorn. A pura força do horror no que ela descreve não está ali pelo fato de ela deixar tudo correr solto e inundar a página com suas primeiras e instintivas reações, mas justamente o contrário: está ali no controle palpável, como se ela falasse entre os dentes cerrados de raiva. Sua biógrafa define isso como seu tom de «fúria e indignação mal contidas».[34] Martha descreve um processo de «eliminar o máximo possível o som dos meus gritos».[35]

---

33   MG, *Witness History*.
34   Moorehead, *Martha Gellhorn*, op. cit., p. 91.
35   MG, apud Ibid., p. 499.

# Visão[36]
# Gerda Taro
# Almería: início de 1937

Em março de 1937, a revista francesa *Regards* publicou uma história de duas páginas sobre a crise de refugiados causada pela queda de Málaga, com fotos feitas por Gerda Taro e Robert Capa. Depois de capturar as cenas iniciais de euforia e fervor em Barcelona para a revista *Vu* — garotinhos usando boina da CNT, milicianas na praia aprendendo a atirar —, o casal perambulou pelo sul durante suas primeiras seis semanas na Espanha, na esperança de bater fotos da luta em ação, mas em vez disso viu-se fotografando refugiados. Quando voltaram em fevereiro, eles tinham uma comissão conjunta especificamente para documentar o êxodo de Málaga.

Mesmo entre as atrocidades que Franco cometeu contra seus compatriotas, Málaga sobressai. Longe dos centros republicanos de Madri, Barcelona e Valência, a cidade estava num território mal protegido, no extremo sul do país, na Andaluzia. Um terço dos milicianos responsáveis por sua

---

36    As citações de Endre Friedmann/Robert Capa neste capítulo foram extraídas das cartas dele enviadas à mãe, que, por sua vez, são citadas por Jane Rogoyska em seu *Gerda Taro*.

defesa não tinha rifles. Talvez a antiguidade da cidade, a orla cintilante da Costa del Sol e a retaguarda imóvel das montanhas tenham promovido uma falsa sensação de segurança. O ataque nacionalista os pegou de surpresa.

Quando a cidade caiu em 8 de fevereiro, milhares de legalistas que haviam permanecido ali foram fuzilados ou presos (em Málaga, as execuções continuariam por anos). Dezenas de milhares de civis, assustados com o avanço dos tanques italianos, debandaram da cidade e dos vilarejos vizinhos, enquanto Málaga sofria ataques aéreos e marítimos. Havia uma saída: ao longo da rodovia leste, para Almería. Alguns fugiram de carro, outros colocaram seus pertences em burros, mulas e cavalos; o restante foi a pé. Tendo ultrapassado as ruas devastadas, «tanques e aeronaves dos nacionalistas», escreveria um historiador, «alcançaram os refugiados. Deixando as mulheres livres, para aumentar as dificuldades da República com a alimentação, eles fuzilaram os homens, muitas vezes diante da própria família».[37]

Os membros remanescentes das famílias seguiram adiante pela ininterrupta estrada costeira, aprisionados entre o oceano à direita e as montanhas de Sierra Nevada à esquerda. Navios nacionalistas acompanhavam o ritmo, bombardeando a coluna maltrapilha a partir do mar. Aviões faziam sobrevoo, descarregando bombas, e unidades italianas os perseguiam com tiros de metralhadora. Mães pressionavam seus filhos no chão para se esquivar dos bombardeios, esmagando-se contra a terra dura. Homens e mulheres exaustos deitavam na beira da estrada para morrer. Os pés das crianças mal calçadas inchavam e sangravam. As pessoas enlouqueciam.

---

37    Thomas, *The Spanish Civil War*, op. cit., p. 373.

Almería ficava a mais de 160 quilômetros de distância. Como a cidade se enchia de sobreviventes, os nacionalistas a bombardearam também — aparentemente mirando o centro, onde as pessoas faziam fila para conseguir comida. Taro e Capa tiveram de passar por amontados de pessoas traumatizadas e apontar suas câmeras para elas. Os retratos de Gerda documentam um horror atordoado e indistinto; o grito silencioso por trás da reportagem de Martha Gellhorn.

É impressionante o quanto as crianças nessa série estão se segurando às coisas. Geralmente se agarram a um adulto que parece não conseguir vê-las e, na ausência de adultos, seguram-se umas nas outras e, quando sozinhas, agarram-se firmemente a cobertores. Numa foto de grupo de adultos e crianças feita por Gerda, cada um deles, mesmo os bebês, parece perdido em pensamento, ou perdido em algum outro lugar. Com olhar preocupado, as mulheres lembram a imagem icônica de Florence Owens Thompson — a «Migrant Mother» [Mãe migrante] fotografada no ano anterior por Dorothea Lange — que se tornou um símbolo da Grande Depressão. Desorientadas mas à espera, essas mulheres estavam numa situação perfeitamente relatada pela suspensão de uma fotografia.

*

Gerda Taro sabia tudo sobre deslocamento. Talvez, antes de ir à Espanha, ela pensasse que sabia tudo o que havia para saber sobre isso. Quando ela e Capa se conheceram em Paris em setembro de 1934, eles ainda não haviam descartado nomes — Endre Friedmann e Gerta Pohorylle — que revelavam o que eram: famintos, pobres, judeus, imigrantes num país que insistia em lembrá-los de que não eram tão bem-vindos assim.

A simpatia inicial da França pelos refugiados alemães havia diminuído à medida que eles continuaram chegando, tornando-se pouco a pouco mais judeus. Essa foi a Paris que Martha Gellhorn encontrou pela primeira vez: uma cidade com seus próprios problemas. Imigrantes tinham, de alguma forma, de provar que não privariam os trabalhadores franceses de seus empregos nem dependeriam do Estado para sobreviver, e eles precisariam fazer isso regularmente. Muitos mantiveram autorização de permanência falsificando uma renda familiar vinda do exterior; a maioria sobrevivia de trabalho freelance, coisas como o emprego mal remunerado de secretária que Gerda manteve por um tempo, e fazendo fotografias. Gerda e sua colega de quarto, uma amiga de Leipzig, eram tão pobres e malnutridas que muitas vezes passavam o fim de semana inteiro na cama, poupando energia debaixo dos cobertores.

Foi a colega de quarto que uniu Gerda e Endre. Quando um rapaz desalinhado, com a barba por fazer, e segurando uma câmera, pede para te fotografar num parque, você não vai sozinha, por mais que esteja precisando de dinheiro. Acompanhando sua amiga, Gerda descobriu que Endre tinha seu portfólio para recomendá-lo, e logo a ambição dela passou a incluir também esse húngaro moreno em cujo talento acreditava. Quando era adolescente, Endre se envolvera com socialistas e artistas de vanguarda em Budapeste, e se manifestara contra o regime antissemita do almirante Horthy. Preso, agredido e expulso do país pela polícia secreta, ele foi então forçado a deixar Berlim devido à ascensão dos nazistas no momento em que sua carreira de fotógrafo se mostrava promissora. Endre falava um péssimo francês com forte sotaque, era errático e bebia muito: mal conseguia sobreviver. Gerda o pegava pela mão, promovia seu trabalho, certificava-se de que ele estava apresentável e cumpria tarefas. Como ele observou com admiração, Gerda «não media as palavras quando não gostava de algo». Endre tinha bons motivos para fazer o que lhe era dito: ela era «ainda mais inteligente do que bonita».

De sua parte, Endre encorajava o talento crescente de Gerda, e até compartilhava sua câmera (quando esta não estava na loja de penhores). Numa rara fotografia dos dois juntos, Endre aparece limpo e arrumado, olhando para ela com indisfarçável adoração. Os dois eram, disse ele, «camaradas independentes» e «ótimos amigos», o que eles consideravam crucial caso fossem morar juntos. Essa era uma daquelas parcerias muito alardeadas nos círculos artísticos que eles frequentavam — algo como o que os Green estabeleceram na Inglaterra. Amor e trabalho e ideais numa base compartilhada. Duas pessoas jovens, talentosas e desfavorecidas: nenhuma delas obtinha vantagens. Mesmo que antes Endre estivesse procurando uma musa-assistente, ele não a teria encontrado em Gerda.

A vida ainda era uma luta árdua. «Você não pode imaginar, Mutti, a forma como vivíamos», contou ele à mãe, «ralando o dia inteiro, e passando a noite fabricando artigos. Passei a chamar Gerda de 'A Maltrapilha'.» Eles iam o tempo todo aos jornais, para tentar vender seu trabalho, e a sola dos sapatos de Gerda estava gasta. Imigrantes judeus maltrapilhos não eram muito procurados como fotógrafos; então, instigados pela própria Gerda, eles se tornaram outra coisa: Robert Capa, uma persona disfarçada para dar o devido brilho ao trabalho de Endre; uma miragem de sucesso resplandecente, cheirando a Estados Unidos, privilégio e ousadia, «como nascer de novo».

Gerda incorporou o sobrenome Taro, possivelmente emprestado de um amigo japonês; distingue-se melhor e de maneira mais pronunciável que Pohorylle. Agora ela tentava vender o trabalho de Robert Capa, inventando histórias travessas acerca da sua cifra glamorosa. Capa havia desembarcado recentemente na Europa e, no entanto, em outro sentido, já tinha chegado. Ele era alguém que podia comprar um iate e, portanto, quase não precisava de encomendas de trabalho. Fazia tanto sucesso que suas fotografias valiam três vezes mais que a taxa corrente. Eles devem ter se divertido naquela quitinete que dividiam perto da torre Eiffel — onde a cama era pequena demais para se deitarem lado a lado — inventando a vida despreocupada de Capa.

A mentira parece não ter convencido ninguém por muito tempo, mas o nome se firmou. Capa estava vendendo mais fotografias; Gerda tinha um emprego numa agência fotográfica. Então lhes ofereceram uma comissão em Barcelona.

Embora a revista *Collier's* fosse ricamente ilustrada, os artigos de Martha escritos na Espanha foram os primeiros a aparecer ao lado de fotografias: mulheres e crianças abrigando-se no metrô da cidade, prédios em ruínas. Quando abri um arquivo sobre a Espanha em meio a seus papéis, a primeira coisa a se revelar foi uma foto grande e escura da visão através de um buraco no chão do Hotel Florida, publicada ao lado de seu ensaio de 1938 sobre o bombardeio. Ali, visível através das tábuas quebradas do quarto, havia uma figura em miniatura. No verso, lê-se o seguinte: «o homem vem com sua carroça de burro vender laranjas às donas de casa».

Em 1937, o fotojornalista havia se tornado o companheiro natural do repórter. Revistas ilustradas europeias como a francesa *Vu* instituíam um padrão que passou a ser amplamente imitado (a *Vu* foi a inspiração por trás da extremamente influente *Life*; seu editor fretou um avião para levar sua equipe a Barcelona o mais depressa possível após a rebelião de Franco). Essa foi a primeira guerra na qual a história contada ao mundo exterior era transmitida tanto por imagens quanto por textos. Câmeras menores e mais portáteis permitiram aos fotógrafos uma proximidade íntima com o conflito, e alguns na divisão de imprensa republicana foram rápidos em apreciar o poder de propaganda das fotos — particularmente da carnificina em áreas civis.

«O governo espanhol», Virginia Woolf registraria com uma hipérbole melancólica, distribuía tais imagens «com paciente pertinácia mais ou menos duas vezes por semana».[38] Como Martha, ela ficou impressionada com o arrombamento de casas em Madri, os santuários domésticos expostos e reconfigurados, passando de uma interioridade protetora (*você está sempre mais seguro em seu próprio lar*) a algo meramente sugestivo do que foi perdido. Ela também identificou um salão em meio às cenas interrompidas de casas danificadas: «ainda se vê uma gaiola de passarinho balançando onde ficava, supostamente, a sala de visitas».[39]

O desconforto de Virginia fica evidente quando ela menciona as fotos a seu sobrinho Julian num tom evasivo e meio contrariado: «Recebi um pacote de fotografias da Espanha, todas de crianças mortas, atingidas por bombas — um presente animador».[40] Mas a expectativa era a de que o choque dificultaria a evasão. A Europa nunca tinha visto antes o tipo de bombardeio aéreo lançado sobre civis na Espanha republicana. (O que não significa que isso não tenha

---

38  VW, *Três guinéus*, op. cit.
39  Ibid.
40  VW a JB, 14 de novembro de 1936. In: vw, *Letters*, op. cit., v. 6, p. 85.

acontecido em algum outro lugar; mas, quando eram os britânicos «pacificando» vilarejos palestinos, ou italianos atacando etíopes, aparentemente não ficava registrado da mesma forma na imaginação coletiva.) A Blitz, Dresden, Hiroshima: era o que havia no antigo futuro inimaginável. «Olhe para as fotos deles, povos», ordenou Nancy em «Madrid 1936». «Qual é a resposta por vir?»

Gerda e Endre não chegaram à Espanha como observadores imparciais. Sua vida havia sido moldada ao fugirem do fascismo; agora tinham a oportunidade de tomar a iniciativa: de ir em direção ao monstro em vez de correr para longe dele. O avião da *Vu* oferecia uma pausa da rotina de Paris, da luta para pagar o aluguel num lugar que te aceitava com relutância; uma oportunidade de, em vez disso, ser bem recebido como camarada.

Gerda tinha vendido suas primeiras fotografias, ganhando assim a credencial de imprensa, apenas seis meses antes da eclosão da guerra. Seu primeiro passe de imprensa a mostra feliz e segura de si, com um sorriso largo. Trabalhando ao lado de Endre, Gerda rapidamente ganhou confiança e logo se dedicaria a suas próprias atribuições. Determinada a se destacar, cobriu os destroços em Madri, as trincheiras no vale do rio Jarama e a derrota das tropas de Mussolini em Guadalajara. De início, a maioria de suas imagens creditadas da Espanha aparecia sob o nome de Robert Capa, sua criação conjunta. (A *Vu* se limitou a incluir um equivocado «Cappa» entre os fotógrafos listados na sua edição de Barcelona, sem mencionar Gerda Taro.[41]) Mas Endre é que

---

41    O erro ortográfico nos créditos da *Vu* é apontado por B. Lebrun; M. Lefebvre, *Robert Capa*, p. 89.

era conhecido como Robert Capa — «Bob», para as pessoas que, como Martha e Ernest, vieram a conhecê-lo na Espanha. O disfarce compartilhado tinha escondido — e continuaria escondendo — o trabalho de Gerda, ajudando a assegurar que sua maior parte fosse atribuída a Capa. Gerda não parece ter sido alguém que aceitasse de bom grado o apagamento. As fotografias de Almería foram publicadas com uma distinção rara: «Fotos de Capa e Taro».

Numa guerra que enxerga os jovens como recrutas e baixas, Gerda e Capa ainda se destacavam. Na primavera de 1937, eles tinham 26 e 23 anos. Até seus nomes eram novos. Um jornalista espanhol que os conheceu no início da guerra os descreveu, encantado, como «quase crianças». Ele os viu encorajando um ao outro sob o fogo cruzado com gritos de «Avante!». O casal trouxe boa aparência, ânimo e ousadia. Até os soldados mais endurecidos se comoviam com a imagem dos dois. Um brigadista internacional que os conheceu mais tarde naquela primavera no front de Segovia se recordou de Gerda como «pequena com o charme e a beleza de uma criança». Não havia distâncias seguras com aqueles dois. «Essa garotinha», concluiu ele, «era corajosa.»[42]

Entre os exilados alemães servindo nas Brigadas Internacionais, Gerda era particularmente popular, capaz de conversar na sua língua compartilhada (ela também falava espanhol). Esperta e extrovertida, com suas sobrancelhas de Marlene Dietrich e seu bom humor, ela deve ter sido um desafio direto às privações da guerra. Mas também era aparentemente intransigente em sua coragem. Certa vez, insistiu em correr num terreno perigoso em plena luz do dia, apenas para

---

42   Apud Rogoyska, *Gerda Taro*, op. cit., p. 161.

visitar um batalhão polonês que havia atraído sua atenção. Tudo estava a serviço de sua câmera, garantindo súditos que confiavam nela — e queriam agradá-la.

A mesma coisa acontecia com o batalhão misto aquartelado perto do vilarejo de Peñarroya. Nessa guerra cada vez mais midiática, é claro que muitos soldados aprenderam a posar e que em tempos calmos eles se divertiam fazendo um espetáculo. (Isso pode ter sido parte do que acabou levando Gerda a assumir riscos para alcançar a ação autêntica.) Quando Capa surgiu com uma filmadora, os homens recriaram um ataque para eles. Num relato deixado pelo comissário alemão, fica evidente que a atenção ajudou a elevar o moral. Havia também a visão de Gerda, aparecendo nos quartéis de calça e com uma boina por cima dos «belos cabelos louros-morango»,[43] portando um pequeno revólver na cintura; os camaradas apareciam ao ouvir a risada dela.

*

Essas visões de Gerda constroem um retrato cativante: uma jovem que tinha, em igual medida, charme e coragem obstinada. Uma jovem cuja pessoa e imagem eram, por si sós, sua contribuição antifascista. Há muita coisa não dita. Gerda não deixou quase nada para trás na escrita — nenhum diário, nenhuma anotação, apenas a estranha carta guardada por amigos —, uma lacuna que apresenta sua própria questão acerca dos limites daquela prática compulsiva.

Em algum momento ao longo do caminho, ela ganhou o apelido de «raposinha vermelha»: possivelmente derivado de uma designação não exatamente elogiosa dada por uma

---

43    Apud I. Schaber; R. Whelan; K. Lubben (Orgs.), *Gerda Taro*, p. 26.

antiga empregadora, uma mulher que dirigia uma agência fotográfica em Paris e não gostava muito de Gerda; pode ter sido uma invenção póstuma. Mas aquela imagem continua me vindo à mente. Gerda correndo no front. Gerda como uma criatura esquiva, ágil e perspicaz, sempre à distância de uma lente de câmera.

Em outra de suas expedições conjuntas, Gerda estava com Capa em Valência para fotografar o funeral do general Lukacs, um popular líder republicano que havia sido morto num bombardeio recente. As imagens captadas por ela são surpreendentemente sombrias — uma mulher que aparenta estar ferida segurando enormes arranjos florais e fazendo a saudação de punho cerrado; multidões de enlutados atentos e pacientes —, mas pela primeira vez as fotos de outra pessoa pareciam mais interessantes. Por coincidência, outro fotógrafo havia capturado Gerda no meio da multidão. Numa das imagens, as pessoas estão de pé logo atrás dela: o cabelo bem cortado de Gerda está em primeiro plano, seu pescoço branco nu, a câmera levantada na direção de seus olhos. O retrato a exibe tanto em seu habitat natural quanto fora dele: tirando fotos e ela própria registrada em uma.[44]

Há uma ligeira sensação de impropriedade ao olhar para essas imagens: como se eu estivesse incomodando alguém no trabalho. Deveria haver uma liberdade incrível ao escrever sobre o passado, pesquisando e comentando acerca de pessoas que não têm consciência alguma sobre você. Mas

---

44 As fotos de Gerda no funeral foram feitas por Emilio Rosenstein, um médico judeu polonês que atuava como voluntário na Espanha. Ver María José Turrión, «Trove of unseen photos shows Gerda Taro and Robert Capa in action», *El País*, 12 fev. 2018. Disponível em: <https://english.elpais.com/elpais/2018/02/12/inenglish/1518429171_470029.html>. Acesso em: 24 jan. 2024.

pensar assim seria entender errado a forma como interagimos com a história (seja qual for a direção em que se vá), a forma como as gerações pedem algo umas das outras (*lembre-se disso, conte-nos como*), a forma como tirar uma foto é um reconhecimento implícito da relação entre o passado e o futuro. Você pressiona o obturador e a sentença de morte dispara na hora.

Gerda nunca foi uma raposa bonitinha capturada pelos holofotes da atenção de outra pessoa. Ela estava construindo seu próprio olhar. Suas fotos são a história daquilo com que ela gostaria de contribuir para a causa republicana e o que ela queria daquilo tudo. A biógrafa de Gerda, Irme Schaber, ressaltou o quanto de seu filme, entre idas à frente de batalha, foi dedicado a assuntos em que «os editoriais dos jornais demonstravam pouco interesse».[45] Não era, portanto, um trabalho para fazer seu nome (embora ela fosse fazer muito disso), mas um trabalho que pudesse ser usado para panfletos de arrecadação de fundos e boletins de propaganda. Ela queria fornecer evidências para o Comitê de Não Intervenção em Londres, provando que Itália e Alemanha estavam violando o acordo internacional. E toda essa aproximação, diretamente para as fileiras e para a ação, não servia apenas para conseguir a imagem mais interessante. Como Schaber também observou, os pais de Gerda ainda estavam na Alemanha: despojados de seus pertences, forçados a morar em alojamentos «judaicos» e tentando obter vistos para a Palestina. Se aquela era uma guerra contra o fascismo, Gerda não estava apenas documentando-a, ela estava mergulhada no próprio acontecimento.

---

45    Schaber; Whelan; Lubben, *Gerda Taro*, op. cit., p. 23.

A guerra arrastou milhões para seu atoleiro, mas muitas vezes Gerda escolhe um indivíduo, um pequeno grupo, e se concentra nele. Ela trabalhava para as demandas do momento: instantâneos eufóricos de Barcelona, transmitindo a própria autoconfiança que a República precisaria ter no verão de 1936; quadros de regimentos em março de 1937 mostrando a nova ordem de um novo Exército Popular. Mas está ali naquela única miliciana ajoelhada numa praia em Barcelona, como se Gerda tivesse treinado sua câmera em outra mulher, num papel tão novo que era como se o mundo tivesse ficado admiravelmente louco e dito *veja o que uma pessoa pode fazer*.

# Camaradas[46]
# Martha Gellhorn,
# Josephine Herbst, Gerda Taro
# Madri: primavera de 1937

Após algumas semanas em Madri, Martha assumiu os ares de alguém calejado. A pressão da empresa estava começando a pesar sobre ela. «Acho tudo muito ruim, exceto as pessoas ativamente envolvidas, e cheguei a um ponto em que a sociedade humana é novamente exasperante para mim», escreveu no diário. «Não sou uma pessoa muito boa.» Ela havia começado a classificar os recém-chegados aos campos: os sérios e comprometidos (como ela), e os turistas que chegavam para ver como era a guerra, talvez com a pretensão de escrever um relato «definitivo» baseado numa experiência de 48 horas e num boletim do Ministério da Informação. A República

---

46 Neste capítulo, cito novamente trechos das anotações de MG, com data ou sem, feitas na Espanha e guardadas na Caixa 1 de seu acervo no Howard Gotlieb Center. «On Travelling Alone» também está guardado ali, na Caixa 20. «A Sense of Direction» foi incluído em MG, *The Heart of Another*. A descrição de JH sobre a noite de 22 de abril foi tirada de um diário mantido na Caixa 62, Pasta 3, entre os papéis dela na Beinecke Rare Book and Manuscript Library na Universidade Yale. Qualquer carta de JH citada neste capítulo e não especificada de outra forma está reproduzida em Langer, *Josephine Herbst*.

espanhola tinha se tornado uma *cause célèbre*, e a primavera de 1937 marcou o pico de visitantes à zona legalista. Não estavam chegando apenas repórteres e voluntários, mas também políticos, ativistas humanitários e celebridades que apoiavam a causa. Poucos permaneciam por muito tempo, mas todos precisavam de abrigo e alimentação. No almoço de 3 de abril, Martha reclamou que «não havia mais espaço na mesa, devido ao fluxo de gente merda agora que tudo está calmo». A gente merda em questão era um casal de jornalistas chamado Seldes, um «simpático, bonito e burro chamado Errol Flynn» e Josephine Herbst.

É verdade que Josephine tinha chegado à capital num momento relativamente tranquilo, e ela própria condenaria mais tarde a superficialidade da presença da imprensa em Madri (embora haja uma camada de mágoa e ressentimento em suas queixas de ver a si mesma como uma pessoa entre tantas, quando estava acostumada a ser uma vanguardista solitária). Os jornalistas passavam longas noites repletas de bebida na Gran Vía, num restaurante no subsolo reservado a quem tinha as credenciais apropriadas. O romancista John Dos Passos descreveu essas noites como um mergulho teatral em que figuras típicas dos tempos de guerra em Madri interagiam umas com as outras: «os correspondentes profissionais e os jovens salvadores do mundo e os membros de delegações estrangeiras radicais. Nas mesinhas das alcovas costuma haver milicianos e estrangeiros na farra e uma pitada de moças da brigada de entre os lençóis».[47]

Virginia Cowles tem uma lembrança ligeiramente diferente: um lugar «sempre barulhento e lotado e azul de

---

47    John Dos Passos, *Journeys Between Wars*. Nova York: Harcourt, Brace, 1938.

fumaça» onde ela tantas vezes via «mulheres chorando e implorando para entrar, mas ninguém era autorizado sem um passe oficial».[48]

O Hotel Florida também tinha seu lado desleixado. A farra continuava madrugada adentro, já que no fim das contas havia pouca esperança de uma noite inteira de sono. A palavra «calmo» tinha conotações diferentes numa cidade com um cronograma diário de bombardeios das trincheiras nacionalistas.

Em 22 de abril, Josephine foi arrancada do sono às 6h da manhã por «baques pesados, início de bombardeio, logo seguido por estrondos — a batida forte da casa caindo como parede d'água, vozes no hall, portas se abrindo, vozes se elevando, mais vozes conforme o bombardeio continua». Nos corredores, as pessoas se apressavam em direção aos quartos dos fundos e ao porão para se abrigar. Brigadistas internacionais de folga, jornalistas, um número enorme de prostitutas se acotovelavam em meio à confusão. Josephine viu um garçom arrastando colchões para fora. Ela tremia. Conseguiu vestir meias vermelhas e um robe, e deixou o quarto. Martha também saiu de pijama: ela havia jogado um casaco por cima. Josephine a viu desaparecer com Virginia, conseguindo uma «risada de semibravata». Dos Passos estava em seu roupão de banho, mas se dera ao trabalho de se barbear: uma atividade relaxante. Josephine tentou controlar os nervos, fez outra tentativa de se vestir. Mas esse hotel poderia ser o lugar onde ela morreu. Não havia ido até lá para ser morta, não no Hotel Florida «como um rato numa armadilha». O barulho era tão alto a ponto de ser quase físico; os projéteis bem ali

---

48    VC, *Looking for Trouble*, op. cit.

com ela. «A frente do hotel parece estar sendo arrancada. Esperam-se a qualquer momento gritos terríveis, a queda de pedras e de reboco.» Alguns deles estavam realmente pousando bem ali fora, «despedaçando a calçada, danificando o teatro Paramount» e estragando o pôster de Charlie Chaplin em *Tempos modernos*.

Quando Josephine saiu do quarto outra vez, Hemingway tentou verificar se ela estava bem, mas ela mal conseguia falar. Todos eles se agarraram à coragem adotando um comportamento trivial. Conversavam, embora posteriormente Josephine não fosse lembrar o que havia sido dito ali. Antoine de Saint-Exupéry, futuro autor de *O pequeno príncipe*, que estava lá para fazer reportagens para o *Paris-Soir*, deu um toque de cortesia à situação ao se curvar a cada uma das mulheres que passavam cambaleando por ele. Josephine ajudou a preparar um bule de café. O bombardeio continuou. Quando finalmente diminuiu, ela se aventurou lá fora com alguns dos outros e encontrou operários já reparando os danos na praça. Sem perceber, e mesmo que não sentisse isso, ela havia passado na prova de coragem de Madri. «Sempre lembraremos o quão humana você parecia e agia», Dos Passos confidenciou mais tarde.[49]

Mas outros tipos de exposição sempre eram possíveis na desordem das noites do Hotel Florida. Ernest e Martha emergindo no caos e vindo do mesmo quarto, por exemplo.

---

49    John Dos Passos a JH, 1939, Caixa 5, JH Papers, Beinecke.

Martha e Ernest na Espanha.

\*

Na verdade, Josephine ficara ainda menos impressionada com a visão de Martha Gellhorn do que Martha havia ficado ao encontrá-la na Gran Vía. Se a cautela de Martha em relação a Josephine tinha alguma coisa a ver com o fato de Josephine conhecer Hemingway desde os anos 1920 — dias lendários em que Martha ainda era adolescente —, a hostilidade de Josephine certamente estava relacionada de algum modo com o fato de que ela conhecia a esposa de Hemingway. Ela enxergava Martha, em termos sucintos, como uma «prostituta insistente».[50]

Em Madri, o caso amoroso de Martha e Ernest logo se tornou de conhecimento geral. Tal como Gerda, Martha precisava encontrar uma forma de seguir sua carreira numa esfera em que seu parceiro teve maior reconhecimento. Elas tiveram de negociar as implicações de seu gênero em tempos de guerra, e as implicações dos seus relacionamentos para si mesmas. Martha era uma viajante experiente e uma escritora de talento reconhecido, mas na arena de guerra, um ambiente supostamente masculino, ela estava menos certa de suas credenciais. Numa caminhada em direção à Plaza de España no dia seguinte à chegada de Josephine, ela ouvia sem de fato acompanhar as explicações de Ernest sobre o sistema de trincheira e de barricada de rua. «Estou nervosa com a falta de tabaco», escreveu ela, «e gente demais e terrivelmente preocupada com a escrita.»[51] Como autor, Hemingway reivindicava a guerra para si; em Madri, ele reivindicava Martha. Isso trouxe incômodos e vantagens.

---

50   JH, diário espanhol, Caixa 62, Pasta 3, JH Papers, Beinecke.
51   MG, 4 de abril, Notas da Espanha, Caixa 1, Pasta 7, MG Collection, HGC.

Na primeira noite de Martha no Hotel Florida, ele a havia trancado no quarto dela sem avisá-la, deixando-a presa durante um ataque aéreo. Mas a fama dele rendeu benefícios materiais. Eles não tiveram nenhuma das dificuldades de conseguir transporte das quais Josephine e Langston Hughes se queixariam: o governo pôs dois carros à disposição de Hemingway. Martha era experiente demais para não apreciar as outras formas pelas quais o «pertencimento» a ele poderia simplificar sua própria experiência. «Quando eu era muito jovem, sozinha e atraente, no começo da minha carreira de viagem», escreveu anos depois, num artigo que não chegou a ser publicado e que se chamava «On Travelling Alone» [Sobre viajar sozinha], «eu achava os homens uma praga. Homens e meninos, o conjunto. Eles interferiam na minha liberdade de ação.»[52]

As liberdades da vida masculina sempre a atraíram. «No geral, sinto muito pelas mulheres», confidenciou certa vez a outra escritora. «Elas não são livres: não há como se tornarem livres.»[53] A sociedade em que ela havia nascido tendia a reforçar essa ideia, de modo que determinados atributos de uma vida significativa, como liberdade e livre-arbítrio, só podiam ser concebidos por homens. «Quase me contorço ao pensar em como seria bom se eu tivesse sido um menino», concordou uma jovem Josephine Herbst. «Foi um grande erro — tenho certeza... Do jeito como as coisas são, sou uma menina com as ambições e aspirações de um menino.»[54]

---

52    Id., «On Travelling Alone», Caixa 20, Pasta 3, MG Collection, HGC.
53    Apud Moorehead, *Martha Gellhorn*, op. cit., p. 234.
54    Apud Langer, *Josephine Herbst*, op. cit., p. 37.

Gerda — consciente, como Martha, de seus próprios atrativos físicos — sentia que os efeitos de sua presença entre os soldados eram parte da sua contribuição. Na esperança de levantar o moral, ela parece ter oferecido de bom grado a performance; tentando, por meio de sua juventude e beleza e ânimo, compartilhar sua própria resiliência. (Naquele jeito reducionista e desconfiado que ele costumava ter com as mulheres, Hemingway supostamente a descreveu como uma *femme fatale*.) Às vezes Martha Gellhorn também oferecia a feminilidade como um elemento revigorante; voltou para visitar ao menos um soldado ferido que havia conhecido nos hospitais, levando-lhe camélias e dando margem para que ele suspeitasse de que o gesto carregava um significado que não tinha.

Também ela enxergava as coisas em termos de camaradagem. Descrevendo uma viagem de carro que ela passou em silêncio lutando para se desvencilhar das mãos de um comandante italiano nas Brigadas Internacionais — calada para não constranger o motorista —, Martha admitiu: «Ele estragou tudo, claro, de um jeito masculino, faminto e desesperado: mas isso pode ser ignorado, por ser algo dado».[55] Era um entendimento que tinha de ser mantido com esforço. Estragou, em algum nível, a ideia de que todos seriam acima de tudo reconhecidos como camaradas. Talvez também tenha estragado qualquer distinção com que Martha contava no Hotel Florida, onde a população feminina foi alocada em peso na equipe de tarefas domésticas e como trabalhadoras sexuais — um desejo de se distinguir que sugeriria insegurança como

---

55    MG, 24 de abril, Notas da Espanha, Caixa 1, Pasta 7, MG Collection, HGC.

uma explicação para os comentários desdenhosos que ela fez sobre algumas mulheres espanholas em suas anotações.

Ocasionalmente, a presença perturbadora de Martha e Gerda não era bem-vinda no front. Gerda gostava de se intrometer entre os soldados e passar tempo suficiente com eles, a fim de «entendê-los»,[56] contou ela a uma colega. Mas, no início de maio, um comandante italiano resistiu bravamente ao dividir o quarto por uma semana com aquela «pequena, loura, enérgica, em seu macacão sujo»: «Estou ansioso para ela ir embora».[57]

Num país profundamente patriarcal, a nova visibilidade e assertividade das mulheres era talvez um dos aspectos mais revolucionários da zona republicana. E, ainda assim, também um dos mais precários. Aquelas milicianas fotografadas por Gerda foram logo desarmadas e relegadas, consideradas uma presença desconcertante demais no campo de batalha e no necrotério para ser permitida, apesar do fato de que mulheres civis estavam morrendo aos milhares. Sylvia e Valentine fizeram amizade com uma miliciana em Barcelona, uma antiga vendedora que havia provado seu valor num combate no início da guerra. Na época em que se conheceram, mulheres nas milícias já estavam sendo «eliminadas», como definiu Sylvia. «Então agora», observou ela sardonicamente, «embora os fascistas ainda tenham uma boa chance de matar Ramona, é mais provável que ela seja fuzilada numa cidade capturada, ou morta como civil num ataque aéreo. Para os fascistas, isso fará pouca diferença — um trabalhador morto é um trabalhador morto para eles. Mas a diferença é considerável para Ramona, tão orgulhosa em seu uniforme, usando

---

56     GT, apud Schaber; Whelan; Lubben, *Gerda Taro*, op. cit., p. 25.
57     Apud Schaber, *Gerda Taro*, op. cit., p. 96.

seu gorro de forragem tão alegremente com a borla pendurada acima de seus olhos reluzentes.»[58]

\*

Um conto publicado por Martha em 1941 dá uma ideia do quanto a posição pode ser escorregadia — o quanto, mesmo numa guerra, com projéteis voando sobre sua cabeça e rifles estalando, você pode estar em perigo devido a seu gênero. Em «A Sense of Direction» [Um senso de direção], ela imagina aquele encontro no banco de trás indo mais longe, atraindo sua protagonista, uma correspondente, para um encontro solitário com um comandante italiano no front, com a esperança de ver ali alguma coisa sobre a qual valesse a pena escrever.

Assim que ela chega e suas acompanhantes desaparecem, a correspondente percebe, rindo, que perdeu o controle da situação. A terra é bonita e deserta. Ela poderia estar em qualquer lugar; poderia estar num local seguro. «Eu estava com saudades de um país como este, adorável, gentil e tranquilo, e de uma vida tranquila e sem importância, em que você dispusesse de todo o tempo que quisesse para respirar e deitar de costas, olhando para o céu, em que nada de trágico ou grave acontecesse dentro de seu campo de visão.»

Independentemente do que ela pense sobre si mesma e de suas razões para evitar a vida tranquila, para o comandante ela é uma coisa bem específica. Talvez ele pense que ela foi à Espanha para dormir com ele, porque, quando ela comenta sobre o bombardeio, ele pergunta num tom de encorajamento condescendente: «Você está interessada na

---

58    STW, «I Saw Spain», *The Fight*, fev. 1937, p. 6.

guerra?». Martha o lembra de que ela é jornalista, ao que ele responde: «Faz muito tempo que não passo uma tarde numa encosta com uma mulher». Ela tenta aquele confronto educado e indiferente, o cuidadoso equilíbrio de tom: amigável mas não encorajador. Espera resistir sem ofender; não provocá-lo, não provocar absolutamente nada. Ela se mantém parcialmente fora de alcance puxando conversa. «Por que você fala tanto?», diz ele.

Mais tarde, depois de uma visita às trincheiras e um jantar com as tropas dele — cenas em que ela reconhece a coragem desse homem e a adoração mútua entre ele e seus homens —, Martha está novamente com ele numa posição de solidão tramada, dessa vez no escuro, dessa vez possivelmente perdida em território inimigo. Ciente do parco senso de direção do comandante, um dos homens quisera acompanhá-los de volta ao carro — «Eu andaria muito à sua frente, comandante» —, e ela estava ansiosa para que ele fosse junto. «Três, pensei, é um bom número numa guerra em que há uma escassez notável de mulheres.»

Em certo sentido, Martha aceitava esse tipo de cenário como parte do percurso: um dos muitos desafios sobre os quais decidiu não fazer alarde. Mas ela reconhecia o quanto a situação estava carregada de verdades mais amplas sobre ser mulher num mundo de homens. No conto, apesar de a mulher resistir ao comandante, para fazer isso ela precisa resistir a um instinto complacente dentro de si mesma. A autodefesa é imediatamente seguida pela culpa e depois pela súplica. «Eu não queria magoá-lo nem manchar qualquer imagem que ele tivesse de si próprio. De nós dois, ele era quem importava.»

Tanto para uma repórter quanto para uma mulher: você não é a história. (A menos que uma escritora como Martha transforme você em uma.) Quando Martha mencionou sua preferência pelas «pessoas ativamente envolvidas», certamente estava excluindo a si própria desse grupo, assim como qualquer outra pessoa. Mas aqui a admiração de sua personagem pelos voluntários dilui de algum modo os padrões a que ela os submete.

Em «A Sense of Direction», a jornalista não se impressiona com o comandante — sente pena dele. Ela consegue ver através dele justamente porque ele não consegue vê-la; porque, em vez de camaradagem, ele lhe oferece apenas a familiar prepotência masculina. Mesmo em ambientes seguros, quando eles se encontraram pela primeira vez, ela se repreende por notar os defeitos dele: «Ele não entendia muito bem as piadas, mas era extremamente corajoso. Seus homens o adoravam».

No trajeto de volta a Madri, no carro, a jornalista se dá conta de que o resultado duradouro desse encontro será uma piada sobre como ela ficou assustada nas trincheiras após anoitecer. Embora seja irritante para uma mulher que gosta de ostentar a própria força, ela o entende como uma troca: um consolo necessário para reparar os danos causados por sua resistência. (Ou, sob outro ângulo, um baixo preço a pagar para evitar algo pior.) Isso, ela observa, é uma forma de restaurar o equilíbrio que ela mesma perturbou, de modo que eles terminem onde começaram, onde devem estar: homem corajoso e mulher assustada. Ela descobriu uma das margens além dos limites da revolução.

Esse senso arraigado de dever sexual deixava as coisas difíceis para as mulheres: incitadas por ideias humilhantes acerca de seu papel, das quais até mesmo elas às vezes lutavam para se desvencilhar. Quando Marion Merriman, uma voluntária cujo marido era comandante da Brigada

Internacional admirado por Ernest, foi abordada por soldados que lhe explicaram seus deveres políticos em termos sexuais, ela lhes deu pouca atenção. No entanto, quando foi estuprada por um oficial e decidiu manter em segredo, o crime dele se tornou sacrifício pela causa: «Isso é uma guerra, eu disse a mim mesma. Homens estão morrendo e sendo mutilados. Esse é meu fardo».[59] Foi por essa mesma razão que Josephine Herbst, então com 45 anos, podia repreender a si mesma por recusar os avanços dos soldados: homens «prestes a morrer», nas palavras dela, para quem «ela não poderia dar... o que tinha dado a tantos outros».[60] Foi também por essa razão que a personagem de Martha, negociando uma saída para o perigo sexual que o comandante representa, fica tão preocupada com a possibilidade de magoá-lo quanto com o mal que ele pode infligir a ela.

*

Que essa camaradagem podia operar de formas diferentes conforme o gênero era um fato bem conhecido por Josephine Herbst. Ela talvez não tivesse mais familiaridade do que Martha com a guerra, mas estava imersa no radicalismo americano e sabia que poderia encontrar portas fechadas na maioria das mentes abertas masculinas. Exemplo dessa consciência de Josephine é o relato mordaz que ela deu em 1931 à contista Katherine Anne Porter, sobre conversas que amigos delas estavam tendo acerca dos assuntos mais importantes do dia: «o caso Scottsboro, a greve dos

---

59     Marion Merriman, «So Personal, the War». In: S. Alexander; J. Fryth (Orgs.), *Women's Voices from the Spanish Civil War*, p. 169.

60     JH, apud Langer, *Josephine Herbst*, op. cit., p. 215.

mineiros e a Revolução». Ou melhor, o relato não é exatamente das conversas propriamente ditas, porque Josephine não estava a par delas:

alguns cavalheiros, incluindo Herr Herrmann [seu marido] e alguns de nossos bem conhecidos falastrões... decidiram se encontrar para falar sobre algumas coisas, sobre cerveja, como você deve saber. Eu, sendo também uma falastrona entusiástica e ansiando por participar desse banquete verborrágico, de fato mostrei bastante interesse nisso, mas [recebi] a usual réplica masculina, como bem sabemos... o mesmo fique-no-seu-lugar gentil que pode ser ou não a própria casa... O senhor Herrmann partiu para lá cheio de uma importância masculina que você e eu jamais conheceremos, infelizmente, e voltou meio embriagado, mas até onde pude ver sem nenhuma ideia brilhante.

Quando outras sessões falharam em encontrar soluções para problemas graves, Josephine arriscou dizer ao marido que, «enquanto os cavalheiros tiverem reações burguesas às mulheres, eles provavelmente nunca chegarão muito longe nas conversas revolucionárias». Lamentavelmente, «tais observações deslizaram feito água».

John e Josephine tinham originalmente planejado uma união que transcendia os limites de um casamento convencional. «Será uma corrida equilibrada entre nós ou nada», ela o advertiu em 1925. Eles tinham se conhecido no ano anterior nos redutos parisienses em que ela também conhecera Hemingway. Naquela época, John tinha toda a beleza e o charme natural de um filho predileto. Na verdade, ele e Ernest eram os mais compatíveis dos três: próximos em idade — 23 e 24, respectivamente — com os mesmos interesses juvenis em pescar, velejar e beber. Josephine tinha mais a reserva e a esperteza de uma pessoa acostumada a lutar. Ainda assim, ela conversava e festejava com o melhor deles.

«Eu tinha esquecido totalmente como era o amor jovem», contou a uma amiga. Ela tinha 32 anos, mas passava por 27.

Antes de Paris, Josephine chegara em 1919 a Nova York procedente de Iowa, via Universidade da Califórnia em Berkeley, no mesmo ano em que o Partido Comunista Americano havia sido fundado. «Quanto mais vejo os pobres — a população subjacente», disse Josephine à sua mãe naquele ano, «mais acredito na revolução e na luta de classes.» Mas não é como se ela estivesse vendo os pobres pela primeira vez quando se juntou a um comício de mineiros e metalúrgicos grevistas no Madison Square Garden. Sua família havia muito enxergava a pobreza a partir de suas bordas de areia movediça. Na cidade, ela passava por suas próprias dificuldades: nunca estava aquecida no inverno e sempre tinha de se preocupar com seu sustento.

Josephine e sua irmã mais nova, Helen, compartilhavam uma piada que não era bem uma piada, sobre a sorte da família Herbst, que era algo mais próximo de uma maldição. O pai delas, William, havia se aposentado como vendedor de implementos agrícolas na estrada para abrir uma loja e ficar mais perto da mulher e das quatro filhas. O negócio nunca prosperou. Josephine levou dois anos depois do ensino médio para economizar dinheiro suficiente para sair de casa e entrar na universidade, e mesmo nesse caso ela precisou abrir mão de seu sonho real de ir embora do estado: escolheu a Universidade de Iowa, porque assim, permanecendo ali, poderia manter suas despesas abaixo de 200 dólares por ano. De qualquer forma, em pouco tempo estava de volta a Sioux City, porque o negócio de seu pai faliu e os parentes precisavam dela.

William encontrou trabalho como vigia num armazém, e suas duas filhas mais novas mantiveram vivas as esperanças de se formar, poupando dinheiro e estudando num ritmo intermitente, alternando entre voltar para casa e arrumar empregos fora. As duas irmãs pretendiam ser escritoras, mas, acima de tudo, naqueles primeiros dias atrofiados, elas pretendiam viver o máximo possível e com a maior ousadia. Como a fuga havia sido sucessivamente adiada, tornou-se uma ambição desgastada, sustentada em parte pela sua solidariedade, pela crença inabalável que tinham no talento superior dos outros. (Houve momentos em que Josephine adiou seu próprio retorno à faculdade para financiar o de Helen.) Josephine levou oito anos para concluir sua graduação; Helen jamais conseguiu.

Alugando um quarto no Greenwich Village quando finalmente chegou a Nova York, trabalhando de dia para uma instituição de caridade no Bronx e à noite como livreira, Josephine roubou tempo para suas duas obsessões gêmeas: literatura e revolução. Em 1920, dois contos seus foram publicados na *The Smart Set*, aquela revista da Era do Jazz que recentemente havia lançado a carreira de F. Scott Fitzgerald. Ela se envolveu com o que mais tarde sua biógrafa descreveria como «uma população mutável de jovens mulheres independentes... artistas, atrizes e radicais que atraíram para seus bairros boêmios uma igualmente mutável população de alguns dos homens mais engajados dos Estados Unidos, incluindo quase toda a página de créditos da *The Masses* e da *The Liberator*».[61]

Outro terreno familiar era a casa de «um socialista americano nascido na Rússia que era um representante semioficial do governo bolchevique».[62] Isso, com certeza, foi o

---

61    Langer, *Josephine Herbst*, op. cit., pp. 53-4.
62    Ibid., p. 58.

que a fez aventurar-se em Nova York: essa cena altamente tensa, de algum modo secreta, fortemente sensível, na qual o sexo importava mais que o casamento, trabalhadores debatiam com escritores, e a revolução aparecia em tudo.

E, no entanto, esse período de independência triunfante da Nova Mulher teve uma vida brutalmente curta. Josephine foi convencida por seu amante casado a fazer um aborto do qual ela se arrependeu amargamente. Depois Helen escreveu pedindo sua ajuda: ela havia engravidado e queria interromper a gestação. «Diga-me se você souber de alguma coisa», implorou. Mas Josephine não disse. Possivelmente pelo fato de Helen estar com os pais delas e Josephine suspeitar que a mãe fosse ler as cartas, ela mandava mensagens de apoio e conselhos recolhidos de «amigos», sem jamais descrever o conhecimento que ela própria havia adquirido a partir da dolorosa experiência. Não que necessariamente fosse aconselhá-la contra o aborto se elas pudessem conversar livremente: mais tarde ela disse que teria desencorajado a irmã apenas se «não tivesse dado certo comigo». Helen arranjou por conta própria alguém para fazer um aborto clandestino, contraiu uma infecção e morreu.

A vida depois disso ficou muito difícil. «Eu tinha a sensação de que as cinzas da minha irmã cobriam o mundo inteiro e tudo parecia pálido», Josephine contou a uma amiga. Anos mais tarde, ainda protestava contra esta injustiça: que a pobreza e o gênero poderiam se fundir para matar uma mulher. «Minha irmã era uma mulher adorável como nenhuma outra», escreveu certa vez a John, que não chegou a conhecê-la. «Ela queria filhos e vida, e tudo o que conseguiu foi a morte.»[63]

---

63    JH a John Herrmann em Berlim, agosto [1935?], Caixa 15, JH Papers, Beinecke.

Em janeiro de 1921, Josephine passou duas semanas num sanatório para se recuperar de «exaustão nervosa»; mais tarde naquele ano, começou a ter palpitações tão severas que um médico a alertou para esperar uma vida de invalidez. No entendimento dela, restavam-lhe duas opções: suicidar-se ou partir para a Europa.

Na primavera de 1922, ela havia economizado dinheiro suficiente para uma passagem no navio Cunard. Mais de dois anos longe de casa: Alemanha, Itália, França. Com 20 dólares por mês, ela era rica o bastante para viver em Berlim com a comodidade que lhe era necessária: tratar-se em spas, frequentar óperas, fazer sexo casual e escrever. Ela produziu um romance autobiográfico que se destacou pela descrição visceral de um aborto. No livro, a protagonista espera a pessoa que fará o procedimento nela e se dá conta de que nunca leu um texto literário sobre o que está prestes a enfrentar.[64] Depois ela é distraída pela dor.

Pensei a respeito disso quando soube que — como Josephine — Jessica Mitford e Martha Gellhorn fizeram abortos muito antes da legalização; que Nancy Cunard quase morreu aos 24 anos de uma infecção que pode muito bem ter sido o resultado de uma interrupção ilegal da gravidez.[65] Josephine estava quase sempre escrevendo memórias. «Para mim, é difícil separar a experiência de vida e a experiência da escrita», explicou.[66] O que era parte da vida era parte legítima da literatura, para ser dignificada e enfrentada. Diante

---

64    Isso é observado por J. C. Ehrhardt, *Writers of Conviction*.

65    Lois Gordon acha mais provável do que Anne Chisholm que a infecção quase fatal de Nancy tenha sido causada por um aborto.

66    JH, do rascunho de um pedido de bolsa de estudos, apud Ehrhardt, *Writers of Conviction*, op. cit., p. 140.

do risco de processo, Josephine dificilmente poderia esperar que o romance fosse publicado. Ela o escreveu porque precisava fazer isso. Era como se, disse ela a uma amiga, «eu tivesse enfim encontrado um amor que soubesse tudo e entendesse tudo».

*

Parecia-me revelador que, no apartamento parcamente mobiliado que eles alugaram na parte sul da Quinta Avenida quando voltaram da Europa em 1924, de três quartos e localizado no sexto andar, John e Josephine tenham conseguido colocar seis cadeiras em torno de uma mesa redonda; e que essas cadeiras tenham sido a primeira coisa que ela citaria ao descrever o lugar décadas mais tarde. Josephine gostava de companhia e gostava de fazer sala para recebê-las. Naqueles dias, com base no livro que se tinha, era possível puxar uma conversa com um desconhecido que levaria você noite adentro, «transbordando da taberna clandestina para a rua, da rua para o quarto de alguém, até finalmente lançá-lo num amanhecer alegre, estranhamente em paz», satisfeito porque essa era a vida que você havia prometido a si mesmo.

Nova York foi um retorno abrupto à realidade. «Se o país estava num período de alta prosperidade», Josephine escreveu mais tarde, «nenhum dos jovens que conhecíamos compartilhava isso.»[67] Ela arranjou um emprego em que tinha de investigar as condições de trabalho das mulheres nas lavanderias e também trabalhou como leitora para uma editora de revistas *pulp* (era preciso gim contrabandeado apenas

---

67    JH, *SBS*, p. 56.

para sobreviver ao dia). Quando estavam desesperados por dinheiro, John pegou a estrada como vendedor de uma editora. Essa era uma forma punitiva de viver. Eles trocavam cartas de amor maculadas por discussões sobre dinheiro; a exaustão dele, a solidão dela. Às vezes, Josephine lamentava pelas pessoas que eles poderiam ter sido se houvessem tido uma chance, se a vida não tivesse ficado tão difícil. «Eu deveria ser sábia, alegre e saudável», disse a ele, «e só estou bem cansada e muito doente.»[68]

Ela publicou romances em 1928 e 1929; depois em 1933 e 1934. Por ocasião da publicação de *Pity Is Not Enough* [Pena não basta] (1933), o crítico do *Herald Tribune* a descreveu como «uma das poucas mulheres romancistas importantes». No ano seguinte, na época em que foi lançada a sequência do livro, ele estava pronto para retirar a classificação. Josephine havia se tornado «um dos poucos grandes romancistas dos Estados Unidos hoje».[69] Ainda em 1927, após seis anos de prisão e de campanha internacional em prol deles, os anarquistas italianos Nicola Sacco e Bartolomeo Vanzetti haviam sido executados em Boston por questionáveis condenações de assassinato. Josephine tinha acompanhado seus apelos e esperado um indulto de última hora. Em vez disso, as luzes se apagaram na prisão e, para ela, numa década de 1920 em que a ficção poderia ser o elemento principal.

Quando aquela prosperidade acelerada colapsou na Grande Depressão, não havia tanta gente comprando livros. John e Josephine se envolveram no movimento rural radical. Eles se mudaram para a Pensilvânia, onde

---

68    JH a John Herrmann, [sem data], Caixa 15, JH Papers, Beinecke.
69    Resenhas citadas em Langer, *Josephine Herbst*, op. cit., pp. 144, 161.

os vizinhos estavam indo à falência, perdendo suas fazendas e lutando para alimentar os filhos. Mas, depois que John aderiu ao Partido Comunista e de certa forma trocou a escrita por um trabalho cada vez mais secreto como mensageiro e organizador, a presença de Josephine era frequentemente associada a seu marido. E as prioridades do partido nem sempre eram as dela. Conforme ela havia aprendido pela própria experiência, a opressão nunca era apenas econômica, e, no entanto, o movimento de esquerda ao qual ela pertencia esperava que ela aceitasse que a luta de classes era o desafio supremo daqueles tempos, que a vida das mulheres estava muito desvinculada de qualquer coisa que importava.

Os envolvimentos de John a empurraram ainda mais para escanteio. Seu casamento sempre havia acomodado as infidelidades dele; em 1932, também tinha sido flexibilizado brevemente para permitir o *affair* de Josephine com o pintor Marion Greenwood antes de ela se afastar dele por causa de John. Mas, no período em que ela trabalhava como repórter em Cuba em 1935, John estava envolvido numa relação com uma mulher determinada a substituí-la.

Essa perda de importância em tantas frentes foi tão intensa que Josephine começou a senti-la como uma ameaça existencial. Para ela, o triunfo de sua rival passou a ser um elemento associado a tudo que havia de errado num mundo que recompensava o egoísmo e a ganância. «Você é como os ricos», ela acusou John quando ele ignorou suas mensagens de Cuba, «que dizem aos pobres: do que vocês estão reclamando?, vocês têm pão para comer, não?, querem mais o quê?»[70] Em recados e diatribes, a própria escrita se tor-

---

70    JH a John Herrmann, [sem data], Caixa 15, JH Papers, Beinecke.

nou a retaliação de Josephine contra a absoluta indiferença daquele mundo. Um mundo que — seja como o gigante insensível do capitalismo ou como o marido ausente — se recusa a ouvir os gritos dos desesperados. Arremessando suas cartas de Havana, obcecada por elas num solitário quarto de hotel, Josephine insistia no seu direito de ter significado. Ou, como escreveu numa de suas anotações abjetas e provavelmente não enviadas para um John já falecido: «Essa é Josy tentando fazer sua voz ser ouvida desde o inferno até o céu».[71]

Em Havana, Josephine sentia sua perspectiva sendo limitada por sua dor pessoal: «Tenho pena dessa ilha miserável, mas é preciso alguém forte e saudável para cuidar dela. Não eu».[72] Ainda assim, aqueles meses itinerantes de 1935 foram os mais significativos para ela como jornalista. Parte da razão pela qual iria à Espanha era a esperança de «um antídoto para o veneno»[73] que encontrara na Alemanha nazista dois anos antes; a Espanha, escreveu mais tarde, «colocaria ferro em mim no momento em que eu precisava de ferro».[74]

Josephine partiu para Madri em 1937 sem sequer ter conseguido uma missão de imprensa. Sua ida parecia ter sido uma daquelas decisões tão abruptamente urgentes que são também inexplicáveis. «Por que você escreve um livro?», escreveu anos depois. «Por que você se apaixona? Porque sim. Essa é a única resposta conclusiva que vem do fundo do poço. Mais tarde você pode enfeitá-la com motivos; alguns deles podem se aplicar muito bem. Mas *porque sim* é a resposta

---

71    Ibid.
72    Ibid.
73    JH, *SBS*, op. cit., p. 135.
74    JH a Ilsa Barea, Caixa 2, JH Papers, Beinecke.

mais sólida que se pode dar a um imperativo. Eu nem queria ir à Espanha. Eu tinha de ir. Porque sim.»[75]

---

75    JH, *SBS*, op. cit., p. 132.

# Complicações[76]
## Josephine Herbst
## Madri e seus arredores, Valência, Barcelona: primavera de 1937

Quando Josephine arrastou sua mochila pela primeira vez para o Hotel Florida, coberta de poeira das explosões na rua, recebeu uma acolhida calorosa de Ernest Hemingway. Mas, quando mais tarde ele a reconfortou dizendo que ela havia sido uma boa esposa para John, ela não pôde deixar de apontar que Hadley (a esposa que Ernest tinha abandonado pela esposa que ele abandonaria para ficar com Martha) havia sido boa para ele também. Josephine gostava de Ernest e o admirava, guardava boas lembranças dele na França quando era «modesto, feliz», mas agora se aproximava dele com uma competitividade cautelosa. Nas férias com ele e Pauline em Key West, Josephine se incomodava com a tendência dele de incitar e dominar o descontraído John. Durante uma visita em 1931, quando o casamento dela já enfrentava turbulências, Ernest atacou John de forma tão implacável que ela ameaçou pegar sua arma e atirar nele. Essa era, aparentemente, a maneira de lidar com ele. William Pike, um médico

---

76    A menos que seja atribuído de outra forma, as citações de JH neste capítulo, incluindo as descrições dela sobre EH, foram retiradas de *SBS*.

que conheceu ambos no Hotel Florida, mais tarde descreveu Josephine como a única pessoa com quem Hemingway nunca implicava. Ele inclusive testemunhou sua intervenção para conter a onda de arengas de Ernest contra outras pessoas. Estava claro que a compostura externa de Josephine, apesar das tormentas internas, raramente vacilava. «H[emingway] a respeitava por sua honestidade, integridade e calma», escreveu ele.[77]

Sempre sensível ao desdém que ela percebia, na Espanha Josephine se mortificou com a honraria a seu velho contemporâneo e com as loucuras da jovem e atraente Martha, como se representassem uma marginalização que soava mais acentuada do que nunca. Para suas reportagens internacionais anteriores, ela havia chegado a lugares onde poucos imaginavam ou ousavam se aventurar — mas todos pareciam ter ido a Madri. Chegar sem um trabalho de imprensa tinha se revelado um sério passo em falso. Isso a deixou sem justificativa óbvia para estar ali e tornou mais difícil o processo labiríntico de conseguir credenciais.[78] Josephine

---

77 «Uma espécie de dignidade a acompanhava, disse-me ele.» William Pike a Elinor Langer, 25 de fevereiro de 1980, Caixa 4, Elinor Langer Collection of JH, Beinecke.

78 Isso provavelmente também embasou suspeitas posteriores de que ela havia ido como espiã soviética. Stephen Koch, em seu livro *O ponto de ruptura* (trad. Pedro Jorgensen Jr. Rio de Janeiro: Difel, 2008) afirma que Josephine foi como uma espécie de agente da NKVD, uma hipótese considerada altamente improvável pelo historiador Paul Preston. Se ela fosse espiã, pareceria estranho que tivesse tanta dificuldade para se estabelecer na Espanha. Ela era, porém, um pouco mais bem relacionada do que sugeriu mais tarde — afinal, ao menos conseguiu uma permissão para entrar na Espanha e pôde falar com certos oficiais lá, possivelmente por meio de conexões existentes entre comunistas alemães, um dos quais lhe deu informações sobre a execução de um amigo espanhol de John Dos Passos que permanece obscura.

não estava entrincheirada em lugar algum: não contava com as proteções do casamento, pertencia à esquerda radical mas não era membro do Partido Comunista; como sua agente iria lembrá-la com certa irritação, a imprensa progressista para a qual Josephine escrevia não poderia competir em anúncios e, portanto, em remuneração com as revistas de grande público como a *Collier's*.

Em Cuba ela havia lamentado a interminável precariedade de sua vida; a necessidade constante de trabalhar por uma ninharia, a inabilidade para financiar sua segurança: «Eu poderia... ser mais saudável se não tivesse trabalhado continuamente e tanto tempo para ganhar tão pouco». Por que ela havia feito isso? Que diferença haviam feito seus artigos não remunerados sobre a luta dos agricultores, suas reportagens com dinheiro contado? «Sinto como se eu nunca fosse escrever de novo e acho totalmente sem sentido dizer que isso é bom para um escritor. Não é.»[79]

O que incomodava em Martha era que ela aparentava ser preocupada demais com seu status, boa demais em *networking*: coisas que soavam pouco sinceras. Josephine duvidava que seus sentimentos por Ernest fossem genuínos e achou a jovem Martha insistente, o que parecia um motivo estranho de ressentimento para uma pessoa com seus princípios. Mas isso era coerente com as suas impressões sobre Madri. «Odeio essa característica muito predominante aqui», anotou ela, «de ficar a serviço de Alguém.»[80]

Essa reverência às celebridades e os empurrões indolentes em Madri aborreciam Josephine além de seu próprio senso de insignificância. Ela se envergonhava de sua falta

---

79    JH a John Herrmann, [sem data], Caixa 15, JH Papers, Beinecke.
80    JH, diário espanhol, Caixa 62, Pasta 3, JH Papers, Beinecke.

de propósito, ficava constrangida com seu pânico durante os bombardeios e frustrada com sua imobilidade. Sem um lugar para o qual escrever, Josephine questionava seu direito de estar lá, consumindo os escassos recursos espanhóis. Mas também sentia que grande parte da cena em Madri era falsa e insular. Foi uma impressão ecoada por Arturo Barea, o chefe do escritório de imprensa estrangeira de Madri, que tinha a mente aberta e mais tarde distinguiu Josephine e um amigo dela dessa massa egocêntrica. «Fora alguns trabalhadores 'veteranos' de Madri», recorda-se ele, «tais como George Seldes e Josephine Herbst, os jornalistas e escritores estrangeiros giravam num círculo próprio e numa atmosfera própria.»[81]

Em contraste com a situação na zona de Franco, as autoridades republicanas davam aos jornalistas estrangeiros uma notável liberdade de movimento. Barea também não achava que uma censura rígida seria útil à causa legalista: em geral, os estrangeiros eram livres para reportar o que quisessem, desde que não divulgassem segredos militares nem incluíssem dados imprecisos. Tal como Nancy Cunard fizera, Martha viajou para fora de Madri quando podia e visitou cidadezinhas e acampamentos militares. Esse acesso não garantiu elogios servis aos esforços republicanos. Martha foi franca sobre a ineficiência e os recursos limitados que eram evidentes em qualquer lugar (quando ela estava viajando com Ernest, muitas vezes eles paravam para que ele pudesse mostrar aos jovens recrutas como segurar o rifle e atirar), mas para ela essas coisas apenas destacavam o heroísmo dos soldados.

Josephine queria sair da cidade também e ver algo real, algo que ela sabia que estava perdendo em Madri. Um

---

81    Barea, *The Forging of a Rebel*, op. cit., p. 655.

dia, voltou ao hotel e encontrou sentados num carro do lado de fora os colaboradores de Hemingway no documentário pró-republicano *Terra de Espanha*. Eles estavam saindo da cidade e lhe ofereceram uma carona. Ela entrou no veículo sem hesitar. Nas colinas acima de Morata de Tajuña, um vilarejo a sudeste de Madri e próximo ao front em Jarama, ela encontrou o que vinha procurando.

Como contaria mais tarde, Josephine foi deixada em uma casa onde dois soldados estavam descascando batatas numa enorme mesa de cozinha, então ela se juntou a eles na atividade e esperou que algo acontecesse. Felizmente, os homens reconheceram seu nome da reportagem em Cuba. Estavam usando o uniforme «cor de canela» das Brigadas Internacionais; ela sabia que a Brigada Abraham Lincoln havia sofrido baixas maciças, incluindo centenas de americanos, em combates recentes no vale de Tajuña. Um homem acabou chegando para levá-la ao general no comando nas proximidades. O general lhe deu permissão para visitar a frente de batalha. Também lhe ofereceram hospedagem num café do vilarejo se ela quisesse permanecer ali por uns dias: um lugar para se enraizar.

Para chegar ao abrigo, Josephine e seu guia tiveram de atravessar uma perigosa extensão de terreno aberto com uma vista sobre Morata. De lá, ela podia ver a igreja e a prefeitura, um homem lavrando ao longe, olivais e vinhedos preenchendo as colinas. Ela se lembra da paisagem avariada, marcada por escaramuças: as oliveiras danificadas, a ausência de pássaros, o «próprio solo [com] poucos riachos arados que irrompem aqui e ali em bolsões com formato de estrela». Foi uma cena que ela montou em fragmentos. Era preciso se mover rapidamente para atravessar, e se concentrar apenas em seu objetivo, não no som distante do fogo de metralhadora, não na bala ocasional que passava assobiando perto do seu corpo. No topo da colina, como ela veio a saber, a terra era frequentemente «manchada com o lodo das coisas mortas».

Os homens que ela encontrou estavam no front havia sessenta dias e estavam preparados para um ataque esperado a qualquer momento. Apenas os tiros vindos das linhas inimigas, que constituíam o perigo de fundo, pontuavam a espera. «Alguém é alvejado quase todo dia», disseram mais tarde a Josephine. «Só uma ferida aqui, outra ali.» Ela era uma distração bem-vinda.

Josephine era sensível ao fato de que visitantes estrangeiros — sejam eles soldados ou jornalistas — poderiam ser uma benção confusa para os aldeões, cujas reações às vezes eram mais ambivalentes do que se costuma reconhecer. Ela sabia que as travessuras no Hotel Florida não agradariam a todos. Alguns espanhóis, disse ela a um acadêmico anos depois, «achavam que éramos bem ridículos e que só fornicávamos o tempo todo»:[82] uma imagem nada lisonjeira, haja vista o sofrimento que a guerra causava à população espanhola. No entanto, parte dessa hostilidade era atribuída por Josephine a um orgulho que ela admirava profundamente: que os espanhóis podem «odiar os forasteiros se parecerem precisar deles».[83] Particularmente consciente do fato de estar compartilhando refeições com pessoas que lutavam para sobreviver, ela fazia o que podia para se integrar em Morata. Desenhava retratos para as crianças e coletava gravetos para cozinhar à lenha com a esposa do prefeito local (que estava

---

82    JH a Hugh Ford, 10 de novembro de 1962, Tulsa.
83    Ibid.

fora da região com o exército). Ela era útil em outros aspectos também. Quando o doutor Pike encontrou resistência à vacinação contra a febre tifoide nas seções britânica e polonesa, ele recrutou Josephine, na esperança de que a presença de uma mulher pudesse envergonhar os opositores e impeli-los a obedecer. Em vez disso, ela os ouviu e os persuadiu, salvando muitas vidas num momento em que uma epidemia varria as fileiras.

Josephine se destacou. Desfrutava de uma admiração recíproca com os voluntários; Pike não era o único veterano a se lembrar dela com entusiasmo décadas depois. Caminhando pelas trincheiras em Jarama, Josephine apertava toda mão que se estendia para ela, «e cada mão», observou, «era diferente». Ela acompanhou o médico até cavernas esculpidas nos tempos antigos nas montanhas acima de Alcalá de Henares, a cidade de Cervantes, onde a população local se escondia de aviões inimigos, emergindo diariamente para trabalhar nos campos abaixo. Em cavernas que se mantinham limpas como casas, ela e Pike distribuíam suprimentos. As mulheres se aglomeravam em torno deles, dando-lhes boas--vindas, e ele se lembra de Josephine passando «entre elas em silêncio, com compaixão, algumas palavras aqui, um toque no ombro ali».[84] Ela se comoveu com a alegria da comunidade diante de um novo bebê, nascido nos recessos escuros da caverna — e com o medo persistente de que o leite da mãe subnutrida fosse acabar logo. As mulheres estavam mantendo a ordem, tal como faziam em todo o país, e seu heroísmo cotidiano, sua resposta à prevalência da morte, atingiu-a de modo inesquecível. «Elas ficavam ali tão cheias de vigor e ânimo, afirmando a vida, que me pergunto onde poderei ver

---

84    William Pike a Elinor Langer, 25 de fevereiro 1980, Beinecke.

alguém como elas novamente. Assim como alguém procura determinada música ouvida uma vez, sei que procurarei aqueles rostos, ou algo parecido, pelo resto da vida.»[85]

Interlúdios no Hotel Florida começaram a parecer mais superficiais do que nunca. «Eu estava angustiada na Espanha por várias razões», escreveu mais tarde para Isa, a esposa de Barea, «e toda aquela banalidade no Florida contrastava muito com a realidade do que estava acontecendo lá fora.»[86] Seu «Porque sim» para ir à guerra espanhola pode ter sido em parte para testar sua coragem política, mas foi também um teste do movimento difuso que a inspirara por muito tempo e a frustrara; talvez até mesmo um teste para saber se ele realmente existiu. O que ela havia escutado da luta republicana lhe sugerira a remota possibilidade de que a revolução — aquela atiçada em Cuba, em fazendas na Pensilvânia, no coração dos radicais das pradarias no Meio Oeste — poderia realmente estar em curso: «havia insinuações de possíveis milagres na Espanha».

Josephine se identificou com as pessoas que encontrou lá, sentiu e viu tudo intensamente, mas o significado disso parece ter sido avassalador. Ela não conseguia escrever. As semanas que passou no país lhe renderam apenas alguns artigos menores (e apolíticos), e ela trabalhou o resto da vida num livro de memórias que só saiu nos anos 1960 e mesmo assim apenas em partes. Ela descreveu um tumulto incorpóreo, como se na Espanha ela tivesse se tornado mero receptáculo

---

85    Anotações de JH para transmissão de rádio, Caixa 62, Pasta 5, JH Papers, Beinecke.

86    JH a Ilsa Barea, 26 de agosto de 1963, Caixa 2, JH Papers, Beinecke.

de impressões, ou um polo em torno do qual elas «iam e vinham... às vezes enxameando e zumbindo».

Ela chegara até ali ainda processando não só as interrupções em sua própria vida, mas a experiência desnorteante da década até então. Tentando explicar sua luta na Espanha anos depois, Josephine descreveu as «confusões» como sociais e políticas. «Os anos 1930 chegaram como um furacão. Toda uma geração jovem foi arrastada para um protesto violento», mas ainda não havia estabelecido respostas satisfatórias. Em 1936, ela já estava alertando contra a pressão sobre «escritores de esquerda para entoar a mesma canção», um processo que ela achava que arruinaria «a integridade intelectual do movimento cultural».[87] Como escritora, sentia-se desafiada e ameaçada; em meio a um fenômeno que ela ainda não era capaz de processar. «A política havia engolfado o mundo», explicou ela anos depois, «e poderia devorar o escritor também, mas, antes que ele o reconhecesse como o dragão, precisou tentar encontrar o caminho para o covil.»[88]

Em maio de 1937, Gerda estava em Valência, enquanto Capa seguia sem ela para Bilbao para cobrir a ameaça ao norte agora que Franco havia desviado sua atenção de Madri. Além dos perigos de viajar sozinha, em Paris Gerda havia sido alertada a não voltar de jeito nenhum à Espanha para esse trabalho mais recente. Brigas internas haviam eclodido no lado republicano — sobre táticas militares e organização, mas também sobre objetivos e ideologia —, e as rixas foram

---

87    JH, «Josephine Herbst Protests», *New Masses*, v. xviii, n. 11, 10 mar. 1936, p. 20.
88    JH a Burroughs, 22 de outubro de 1959, Caixa 3, JH Papers, Beinecke.

tão violentas que as amizades dela com pessoas ligadas à parte perdedora eram suficientes para colocá-la em risco.

Pode ter sido seu temperamento gregário que a salvou de problemas. Enquanto seus velhos amigos eram antistalinistas — algo perigoso de ser agora na Espanha —, suas afiliações abrangeram a divisão política. Na Alianza, a união de intelectuais antifascistas onde ela ficou quando estava em Madri (e onde ajudou a instalar uma câmara escura básica num dos banheiros), ela foi descrita por seu anfitrião como um de seus hóspedes mais populares. Talvez seu novo emprego no jornal impresso do Partido Comunista *Ce Soir*, que ela conseguiu com Louis Aragon, ex-amante de Nancy Cunard, tivesse lhe dado uma sensação de segurança também, embora não fosse o bastante para tranquilizar seus amigos.

Na aliança republicana, o lado obscuro do apoio soviético estava se tornando evidente. Amparados por agentes do NKVD, os comunistas perseguiam uma política de infiltração e manipulação, contando com táticas stalinistas para consolidar o poder e efetuar expurgos da oposição. O comunismo nunca havia sido antes uma força significativa na política espanhola e, em tempos de paz, nunca havia rivalizado com a popularidade do anarquismo, mas, na ausência de outros aliados internacionais, os líderes republicanos lutaram para conter a sua influência. No início daquele mês, no que veio a ser conhecido como os «Eventos de Maio», hostilidades irromperam nas ruas de Barcelona, causando derramamento de sangue entre os comunistas e seus adversários: os anarquistas e o trotskista Poum. Os anarquistas foram persuadidos a se retirar, e pouco depois os agressores comunistas estavam aparentemente operando à rédea solta. Eles lançaram campanhas difamatórias, acusando seus oponentes de conspirar com Franco. O Poum acabou sendo banido e seu líder, Andreu Nin, foi preso numa onda de perseguições. Os comunistas alegaram que Nin foi então resgatado por falangistas; na verdade, ele foi torturado até a morte por agentes do NKVD.

Essas divisões tiveram muito a ver com o motivo pelo qual Josephine nunca poderia entender realmente o que ela pensava sobre a guerra espanhola, por que Morata de Tajuña e as «cooperativas» que ela visitou na Catalunha lhe deram esperança, enquanto os centros de poder na cidade a deprimiram. Ela também foi a Valência naquele mês, seguindo, de certo modo, as fontes de sua inquietação.

Josephine estava longe de ser a única nessa confusão. As alegações contra o Poum eram tão extremas que muitos acabaram presumindo que deveria haver alguma coisa lá. Quando George Orwell — que tinha lutado na milícia do Poum e escapou por pouco de ser preso pelos comunistas em Barcelona naquele mês de maio — enviou a Nancy uma carta furiosa denunciando o «reino de terror» comunista ali, ela presumiu com apreensão que ele se tornara «um trotskista» e estava determinado a «prejudicar... a Espanha».[89] A essa altura, ela própria não estava na Espanha havia meses e, embora tenha buscado imediatamente mais informações sobre Orwell (que ela não conhecia pessoalmente), o protesto dele não a levou a questionar seu apoio à República.

A supremacia impiedosa dos comunistas, paralela à matança secreta então clandestina na URSS, provocou alguns terríveis colapsos de fé nas áreas republicanas. Camaradas nos Estados Unidos seguiram a linha partidária ao condenar

---

89    NC, apud Andy Croft, *Comrade Heart: A Life of Randall Swingler*. Manchester: Manchester University Press, 2003, p. 68.

o Poum, mas, para Josephine, o assunto era complexo em um nível preocupante — mesmo suspeito. «Há muitas coisas na Espanha que estão longe de ser simples», escreveu ao editor da *New Masses* em seu retorno. «Embora eu pense que havia criminosos na liderança do Poum, sei que homens honestos também se mantinham ali. Por que essas coisas não foram esclarecidas?»[90]

Para Josephine, que considerava papel da literatura «trazer clareza a partir da obscuridade, abrir caminho na selva»,[91] a atmosfera de suspeita e desconfiança — a confusão da verdade — era tão antitética em relação ao que ela queria encontrar na Espanha quanto incapacitante. Ela se identificava com a luta antinacionalista como algo que entendeu em sua essência como a revolta do espírito humano contra as várias forças que o esmagam; buscava uma força que ia além do partidarismo e da teorização que ela conhecia de casa, algo mais puro e de maior alcance e menos definido. As maquinações políticas que seguiram adiante e as reais considerações militares a deixaram indiferente, e ela desconfiava da ênfase comunista na eficiência, no adiamento da revolução social até depois de a guerra ser vencida. Para Josephine, escreveu ela própria anos depois, «a guerra era um evento revolucionário genuíno ou não era nada».[92]

Martha e Ernest a frustraram com o seu partidarismo aparentemente inquestionável. Na época dos Eventos de Maio, eles já estavam no caminho de volta aos EUA, com

---

90    JH a Granville Hicks, setembro de 1937, apud Langer, *Josephine Herbst*, op. cit., p. 227.

91    JH a Mr Hall, fevereiro de 1968, Caixa 2, JH Papers, Beinecke.

92    JH a Hugh Ford, 10 de novembro de 1962, Hugh Douglas Ford Collection, Universidade de Tulsa.

a filmagem de *Terra de Espanha* concluída. Mesmo assim, Martha admitiu em particular ter achado alguns comunistas «um pessoal assustador e muito muito sagaz».[93] Ernest com certeza estava ciente das sombrias execuções e torturas no lado republicano; Martha devia estar também. No entanto, ela não mencionou essas coisas em seus artigos. Seu silêncio sugere o quanto a tomada de partido exigia, para ela, aceitar aliados sem nenhum tipo de questionamento — não admitindo nenhuma dúvida. Quando, como Martha, você decide que a verdade significa apenas contar o que você viu — sem suprimir nem inventar nada —, você traz à tona a questão, ou talvez se esquive dela, sobre a direção na qual você decidiu olhar.

Para muitos simpatizantes, era difícil não deixar a promessa da Espanha republicana superar quaisquer ressalvas. Havia, no fim das contas, gastos elevados em educação, enormes transferências de propriedades de terra, programas eficazes de assistência a menores, um ministro da Justiça que era anarquista e podia proclamar publicamente: «Pela primeira vez, vamos admitir aqui na Espanha que o criminoso comum não é um inimigo da sociedade. É mais provável que ele seja uma vítima da sociedade».[94] Os comunistas compartilhavam oficialmente o objetivo de restabelecer a democracia espanhola, de modo que apoiá-los não precisava necessariamente significar apoio à ideia de um novo regime soviético. Martha não era uma mulher de botar fé em ideologias, e a prioridade de derrotar o fascismo se manteve sempre na sua mira. Se algum lembrete era necessário, havia os

---

93   MG, apud Moorehead, *Martha Gellhorn*, op. cit., p. 151.
94   Apud Thomas, *The Spanish Civil War*, op. cit., p. 368.

dentes «irregularmente quebrados» e a «polpa sem unha»[95] na ponta dos dedos das vítimas da Gestapo nas Brigadas Internacionais. Para ela, tomar partido sem hesitações era o que tornava isso tudo suportável. Como explicou o herói de uma história que ela escreveu sobre Robert Capa uma década depois: «Numa guerra, você precisa odiar alguém ou amar alguém, você precisa ter uma posição ou não vai suportar o que está acontecendo».[96]

A necessidade de uma frente unida contra o fascismo parecia crucial: as notícias vindas de Barcelona soavam incompreensíveis. Josephine falou de sua confusão com um correspondente britânico que estava igualmente perplexo. Quando ele arranjou um carro para Valência, que ainda era a sede do governo desde sua evacuação de Madri, convidou-a a ir junto para ver se eles conseguiam se aprofundar nas coisas.

Uma das últimas anotações de Josephine em seu diário da Espanha descreve uma parada na estrada para Valência, que mais tarde ela incluiu, ligeiramente reformulada, em suas memórias. Na ocasião, ela conversa num posto de gasolina com um oficial legalista, que se lembra dela de uma visita que ela fizera a Guadalajara. Depois um cidadão os ouve falando espanhol e se aproxima. De início, o homem escuta respeitosamente, mas logo não consegue reprimir a curiosidade. Ele bombardeia o oficial com perguntas sobre Josephine, depois ouve um pouco mais, amigável e maravilhado. Não consegue resistir a uma intervenção final: «Mas ela entende tudo!», exclama para o soldado. Sim, o soldado responde, com certo

---

95    MG, «The Third Winter». In: Id., *FOW*, op. cit., p. 41.
96    Id., «Till Death Do Us Part». In: Id., *Two by Two*.

desdém, ela é muito esperta. «*Muy inteligente*.» «Corajosa», o homem corrige, «*muy valiente*.»

«Mas eu estava longe de entender tudo», lembra-se Josephine. «Sobre as questões mais importantes, naquele momento, eu me sentia desagradavelmente confusa. Quanto a ser *valiente*, quem não era? Se eu anotasse no meu diário, seria para me dar coragem, para dizer o mínimo. Venha agora, seja *muy inteligente*, seja *valiente*. Pelo menos tente.»

Em Valência, onde os comunistas estavam consolidando sua vantagem, ela fez anotações sobre uma assembleia convocada para denunciar o Poum. Registrou diligentemente a acusação, mas não chegou mais perto de algo que ela pudesse compreender. «*Citações*», escreveu no fim de uma página. «Não acredite.»[97] Passando brevemente por Barcelona, onde barricadas ainda estavam de pé devido às batalhas nas ruas, ela não encontrou nada mais esclarecedor.

A essa altura, incapaz de abrir caminho na selva, ela aproveitou sua proximidade com a França e foi a Paris. Estava exausta, havia perdido nove quilos, e disse a si mesma que voltaria quando estivesse recuperada. Mas estava enganada.

Ir embora não foi nenhum alívio. Em Toulouse, onde seu avião pousou, Josephine sentou num café e caiu em prantos. Demoraria anos para ela entender o motivo de seu sofrimento. Ainda não tinha percebido que seus anos de reportagens internacionais, de esperança e fé, estavam quase no fim.

*

---

97     Apud Langer, *Josephine Herbst*, op. cit., p. 223.

Às vezes era muito simples. Certo dia, numa estrada rural, Josephine foi perseguida por uma mulher que queria lhe mostrar uma fotografia de seu filho, morto aos dezenove anos. Para além de seu orgulho materno («por que olhar apenas para as pernas dele, alguém já viu um homem tão alto»), ela tinha uma mensagem para Josephine e, por intermédio desta, para a comunidade internacional. Brandindo o punho em direção ao inimigo nas colinas, «Fascista, diz ela, *malo*. Uma velha do lado de fora também grita: *malo*, *malo*. Elas querem que eu tenha certeza de que o inimigo é muito perverso».[98]

Naquele mês de abril na fronteira francesa, com as notícias da destruição da cidade basca de Guernica sendo transmitidas no rádio, Jessica Mitford ouvira uma «velha basca» gritando: «*Alemanes! Criminales! Animales! Bestiales!*».[99]

E, durante os frustrantes dias iniciais de Nancy Cunard em Aragão, quando ela lutou para encontrar um caminho para o front, certa vez desperdiçou uma manhã inteira na estrada, na expectativa de conseguir uma carona em algum lugar. Um velho se aproximou dela, gritando sobre o fascismo. Ele pisou com força no chão, como se dissesse: «deve-se pisar nele assim, assim!». Então «me lançou um olhar sombrio e perguntou se eu o havia entendido. Sim», lembrou-se ela depois, «sim, eu havia entendido muito bem. Sim, foi ali, na beira na estrada... que esse velho apareceu e deu a melhor de todas as boas descrições que havia, e haverá, do fascismo no mundo».[100]

---

98    Rascunho de JH para uma transmissão de rádio, Caixa 62, Pasta 5, JH Papers, Beinecke.

99    JM, *H&R*, op. cit., p. 219.

100    NC, anotações sem data, Nancy Cunard Collection, HRC.

Na força desses encontros, que nunca se dissipou, estava a justificativa de tomada de posição, da escolha de um lado apesar de suas imperfeições. Uma contribuição que Josephine pôde fazer em Madri foi transmitir informações pelo rádio para os Estados Unidos. Ela falava com orgulho sobre os voluntários americanos, enaltecendo o que acreditava, com inveja, ser a sua clareza de propósito. «Eles saíram de [seu] mundo, deliberadamente», disse ela, «*sabendo por que foram embora.*» O que ela compreendia sobre essas pessoas, o que a atraía, era que estavam vivendo de um jeito que tinha um significado compatível com suas convicções; não estavam avançando cegamente num mundo aterrorizante que não havia sido feito por elas, mas se movendo com propósito em direção a um que havia.

Na Espanha, Josephine encontrou pessoas convencidas de que a história dos seus sacrifícios era tão importante quanto os próprios sacrifícios. Sentia que contavam com ela para preservar isso. Em suas memórias, ela cumpriria seu dever para com os homens nas trincheiras, que lhe haviam pedido: «por favor, lembre-se». Seu papel passou a ser o de transmitir sua clareza, ainda que ela estivesse perdendo a maior parte da sua própria; no intuito de garantir que continuasse inteligível em meio a quaisquer divisões que tivesse de percorrer.

# Revelando segredos
# Martha Gellhorn e Josephine Herbst
# Nova York: primavera e verão de 1937

Quando voltou a Nova York em maio, Martha achou difícil ficar longe da Espanha. Achou difícil falar sobre a guerra com pessoas que não haviam estado lá e que, portanto, obviamente não conseguiriam entender o quanto esse assunto era importante. Achou difícil estar afastada daquilo com que ela se preocupava e, como as batalhas seguiam adiante na sua ausência, também achava difícil receber más notícias à distância. Ir embora da Espanha só confirmou sua necessidade de estar ali. «Não sei o que se pode fazer lá», admitiu a Hemingway em junho, «mas obviamente é o lugar onde se deve estar.»[101] Ela estava aprendendo suas primeiras lições sobre a solidão de uma jornalista de guerra longe da guerra, alienada por um mundo que não espera só porque você sabe mais do que sabia antes. Em poucas semanas, tudo havia mudado para ela: «nenhuma das velhas coisas é boa, e nenhum amigo fala a velha língua compreensível».[102]

---

101    MG a EH, 17 de junho de 1937, Caixa 24, Pasta 7, MG Collection, HGC.
102    Ibid.

Mas falar sobre a Espanha era exatamente o que ela havia se comprometido consigo mesma a fazer, tendo se inscrito para dar uma série de palestras sobre a guerra. Era um trabalho que ela considerava extenuante e, em certo sentido, invasivo, e rapidamente começou a questionar o valor disso. «É extremamente difícil falar sobre a Espanha para aqueles rostos tranquilos que não compreendiam nada», queixou-se para Ernest. «É como revelar segredos.»[103] Como transmitir as coisas que ela acreditava que tinham de ser vividas para serem compreendidas? Como ser digna das confidências de sofrimento e esperança que lhe foram confiadas? Para Eleanor Roosevelt ela disse ter persistido porque não sabia mais o que fazer, porque a lembrança de pessoas que precisavam de ajuda a perseguia, quer ela fosse útil para elas, quer não. (E sua influência foi maior do que ela admitia. Foi graças ao lobby de Martha que ela, Ernest e Joris Ivens foram convidados à Casa Branca para exibir *Terra de Espanha* em julho daquele ano.) «Quero fazer rápido um livro sobre a Espanha», anunciou a um amigo em seu retorno, «e quero voltar.»[104]

*

Talvez a pressa fosse em parte para amenizar o fato de que ela poderia ir embora — outra daquelas distinções inescapáveis que ela reconhecia, como escrever sobre soldados como uma não combatente; distinções que poderiam ser apenas uma característica definidora de sua experiência na Espanha. Isso

---

103    Ibid.
104    MG a John Gunther, 10 de maio, apud Moorehead, *Martha Gellhorn*, op. cit., p. 154.

me faz lembrar um passeio que ela descreveu certa vez, um dia agradável em que ela e Hemingway fizeram uma pausa num parque porque o bombardeio havia parado. «Estávamos fartos da guerra», escreveu Martha. «Não tínhamos o direito de estar, já que não éramos os homens nas trincheiras, tampouco éramos os americanos cegos no hospital em Salices, nem o espanholzinho no posto de primeiros socorros perto de Jarama, que não tinha braço.»[105]

Escrever um livro — voltar. Por tudo em que ela se envolveu, a válvula de escape de um passaporte estrangeiro (que mais tarde ela chamaria de «a grande e injusta vantagem de ter escolha»[106]) tornou as apostas imediatas para Martha muito diferentes do que eram para os espanhóis, ou para aqueles membros das Brigadas Internacionais que já eram exilados de países fascistas.

Martha acreditava que era do interesse das democracias (e, portanto, do seu próprio interesse) apoiar a República, mas sua relativa liberdade sugeria questões delicadas sobre o envolvimento; questões que, eu estava descobrindo, pareciam surgir, sob diferentes formas, com outras ligações entre escritores e política também. Voltar era uma coisa, mas sem mais trabalho a vida no Hotel Florida poderia ser o tipo de gesto vazio que Virginia Woolf descartou logo depois num contexto diferente, considerando-o algo que proporciona «alívio emocional» aos privilegiados que tentam estender a mão a outras classes «sem sacrificar o capital de classe média ou partilhar da experiência operária».[107]

---

105   MG, «Zoo in Madrid», *Harper's Bazaar*, 1937.
106   Id., *The View from the Ground*, op. cit., p. 74.
107   VW, notas de rodapé a *Três Guinéus*, op. cit.

Virginia sabia o que era ser um desses rostos tranquilos que não compreendiam nada, odiados por Martha. Ouvindo mulheres da classe trabalhadora discutirem problemas que as afetavam («questões de saneamento e educação e salários») — algo que fizera durante anos de envolvimento com a cooperativa feminina Guild —, ela descobriu que o problema era a dificuldade de escapar de sua própria identidade, sua falta de envolvimento pessoal com princípios que eram profundamente importantes para elas. «Se toda reforma que elas exigem fosse concedida neste exato instante, não tocaria num fio de cabelo da minha confortável cabeça capitalista», escreveu com franqueza, reconhecendo seu privilégio. «Portanto, meu interesse é meramente altruístico. É uma cobertura fina e da cor da lua. Não há sangue vital ou urgência em relação a isso.»[108] Por mais reconfortante que seja ter a resposta emocional «correta» ao sofrimento (àquelas fotos que chegavam de Madri), conforme Josephine havia declarado com o título do primeiro volume de sua trilogia: pena não basta. Essa era certamente a mensagem incorporada pelos voluntários que Martha admirava na Espanha, pessoas para as quais a solidariedade era uma posição ativa que não podia ser mantida à distância.

Voltar, então — embora ela não fosse espanhola e pudesse facilmente ir para casa de novo. Negar a distinção seria reivindicar algo que não era dela, o que levantava outra questão: onde estava a linha entre a solidariedade e a presunção descarada, até mesmo a apropriação?

Para mim, foi uma questão que me fez pensar em Nancy Cunard, avançando de diversas formas que abalaram

---

108    Id., «Introductory Letter». In: M. L. Davies (Org.), *Life as We Have Known It*.

muito seu trabalho, emergindo no polo oposto ao de Virginia Woolf. Era um problema que parece não ter ocorrido a Nancy, mas que provavelmente deve ter absorvido mais de sua atenção quando ela planejava a antologia *Negro*: como prestar serviço a um movimento (ou a uma minoria) e, ao mesmo tempo, evitar a falácia de que aquilo é seu para você se apropriar — ou simplesmente perder o foco por completo. Nancy caminhou na linha entre a solidariedade e a apropriação, e sua hesitação explica de alguma forma por que seus esforços políticos foram minimizados e muitas vezes vistos com suspeita.

Quando as pessoas realmente se importam, escreveu certa vez, «as tragédias do sofrimento humano passam a ser como suas próprias».[109] Esse deveria ser o tipo de abordagem que torna o mundo melhor. Mas isso, e o trabalho que ela fez para eliminar muitas das armadilhas de seu passado, deu a Nancy a ideia de que podia «falar como se eu mesma fosse um Negro». Ela era o tipo de pessoa branca que, nas palavras de um estudioso, «foi ao Harlem... com a ideia pioneira de que eles poderiam *se voluntariar* para a negritude».[110] Isso era pioneiro especialmente pela insinuação de que «a raça é uma construção social e não um aspecto essencial de nosso ser».[111] A negação da diferença — uma abordagem consoladora para alguém que preferia não aceitar a ideia de se beneficiar do status quo que ela condenava — se tornou central para a versão de solidariedade adotada por Nancy.

---

109 NC, apud Kaplan, *Miss Anne in Harlem*, op. cit., p. 310.

110 NC, apud Ibid., p. 297. De fato, o vigilante Departamento de Estado dos EUA a descreveu em 1932 como tendo «se tornado negra».

111 *Miss Anne in Harlem*, op. cit., Kaplan, p. xxvi.

É um dos estranhos enigmas de uma mulher que tão prontamente enxergou classe e raça se cruzando na opressão contra a qual ela protestava, que poderia então desconsiderar as implicações de sua própria identidade. Opunha-se ao racismo porque a injustiça desse fenômeno a horrorizava, mas, ao reivindicar a negritude para si mesma, renegou de algum modo aquela razão perfeitamente suficiente — falhou em reconhecer como o racismo opera, recusou-se a admitir a realidade do poder e o lugar onde ele reside neste mundo. É difícil olhar agora, digamos, as fotos solarizadas (feitas por Barbara Ker-Seymer) para as quais ela posou no fim dos anos 1920, que tiveram o efeito de fazer sua pele parecer negra, e levá-la totalmente a sério. Um cidadão médio do Harlem na década de 1930 pode ter achado bastante ultrajante (se não inteiramente surpreendente) a ideia de Nancy falar em nome deles; sem dúvida, a ideia de Nancy falar *como* um deles teria parecido não apenas risível, mas também grosseiramente ofensiva. Você pode escolher entre uma mistura desesperançada de razões — nenhuma das quais será a história completa —, a fim de encontrar uma explicação para os aspectos mais extremos de sua versão de solidariedade: saudades não correspondidas, pura insensibilidade, o impulso de uma mulher mimada que gostava de chocar; algum tipo de declaração sobre nossa humanidade em comum e os rótulos que construímos para negá-la.

Se Nancy parecia, como de costume, ter criado problemas em vez de resolvê-los, outras pessoas também lutaram mais intencionalmente contra dificuldades similares bem antes de chegarem à Espanha. Como intelectual de classe média e comunista, Sylvia Townsend Warner descobrira que havia certo grau de desconforto em protestar contra um estado de coisas que, pelo menos em termos de classe, não a prejudicava particularmente. Logo que se filiou ao partido, ela escreveu com uma gratidão meio constrangida a um camarada da classe trabalhadora, agradecendo-lhe as boas-vindas — apesar de ela e Valentine serem originárias «de um bairro tão duvidoso, de lares de classe média e estofamento refinado»[112] (uma posição de conforto que não difere de chegar à Espanha como não combatente vindo de um país sem guerra).

No entanto, Sylvia ainda estava atenta à maneira como ela, a exemplo de qualquer indivíduo, constituía um emaranhado de identidades que não poderiam facilmente ser definidas como opressor/oprimido, privilégio/desvantagem. Numa palestra sobre «Mulheres como escritoras», ela deu atenção específica às escritoras da classe trabalhadora, usando o palanque com o intuito de dirigir o foco para ainda mais baixo na escala de visibilidade. Isso a levou a uma espécie de autodepreciação. «Pode muito bem ser que não nos tenham contado a metade», ela advertiu: «que obras-primas desenfreadas, inovações ousadas, épicos, tragédias, trabalhos de uma impropriedade geral — todas as coisas que até agora as mulheres haviam falhado notavelmente em produzir — tenham sido socialmente, não sexualmente, excluídas».

Talvez a humildade de Sylvia (ela parece desprezar inteiramente sua própria ficção) seja uma parte necessária da solidariedade. Quando deparei com o reconhecimento do poeta sul-africano William Plomer de que a influência da antologia *Negro* «ampliou outras influências já em ação»[113] a serviço da mudança, ocorreu-me que ele estava descrevendo

---

112 STW, apud Harman, *Sylvia Townsend Warner*, op. cit., p. 141.

113 Apud Carole Sweeney, *From Fetish to Subject: Race, Modernism, and Primitivism, 1919-1935*. Westport: Praeger, 2004, p. 73.

exatamente o que um aliado deveria almejar: amplificação da causa e não daquele que contribui com ela.

Às vezes Nancy era um pouco mais clara sobre sua posição. Descrevendo um discurso proferido por Langston Hughes em 1937, ela escreveu que ele representava «o elo mais vital entre seu povo, que é negro, e nosso próprio mundo branco». (Langston se via mais frequentemente na posição de representar e analisar a cultura afro-americana para benfeitores brancos, como se o valor de seu trabalho residisse nesse serviço que poderia oferecer a eles, mas ele estava aberto a possibilidades mais frutíferas de cooperação, particularmente como um aspecto de política radical.) Aqui Nancy enxergava ambos como pessoas intermediárias, peregrinos aparentados abrindo caminho através de uma ponte malcuidada. Poetas como ele, continuou ela, estavam «construindo uma estrada intermediária, uma estrada chamada Entendimento».[114] Poetas como ela também. Mais tarde naquele verão, ao enviar a Langston uma cópia do artigo, Nancy reivindicou para si um lugar na mesma trajetória, acolhendo-o «como um companheiro de viagem em nossa única estrada».

Talvez seja aí que entre o livro que Martha estava escrevendo. A imaginação é muitas vezes oferecida como uma forma de construir pontes, de pensar numa saída para o preconceito ou num caminho para a compaixão. Algumas das ideias fantasiosas de Nancy sobre a África podem fazer a imaginação soar como uma pista falsa. Ainda assim, há um momento no romance de Virginia Woolf *Os anos*, cuja conclusão a empurrou até a beira de um colapso em 1936, que me fez pensar que ela também tinha pelo menos alguma

---

114  Apud A. Donlon, *Archives of Transnational Modernism*, p. 102.

fé naquele impulso de comunicação, naquele trabalho que a literatura faz.

O romance acompanha uma família, os Pargiters, ao longo de várias gerações, mas nunca chega a se apropriar realmente de nenhum deles. É repleto de pensamentos apenas parcialmente articulados e conexões perdidas; de pessoas tateando o caminho em direção a entendimentos comuns apenas para serem inundadas pelo discurso convencional e por suas trocas superficiais, pela dificuldade absoluta, na verdade, de falar abertamente — e de saber como expressar o que se quer dizer. Mas eles continuam tentando. Talvez a única defesa real contra a tirania *seja* continuar tentando. Peggy Pargiter, num momento de oportunidade com seu irmão, consegue transmitir «apenas um pequeno fragmento» do que pretendia. «Mas... sentiu-se aliviada de uma opressão. Seu coração batia com força; as veias da sua fronte inchavam. Não tinha dito, mas tentara pelo menos.»

\*

«De repente me dei conta de que não vou terminar meu livro», confessou Martha no início de julho. «Nem consigo fazer isso direito porque tudo está perto demais de mim e sinto as coisas com muita força e não consigo me afastar disso e olhar com clareza.»[115] Um tempo longe da Espanha, necessário para escrever um livro, era difícil de justificar quando os acontecimentos ali eram tão importantes. Em agosto, ela e Ernest embarcaram de volta à Europa, viajando separadamente numa tentativa de manterem a discrição. (Embora seus privilégios grandes e injustos significassem que

---

115    MG, *The Selected Letters...*, op. cit. pp. 55-6.

eles se entregavam a festas em Paris, e que ela poderia passar uns dias sozinha no litoral, antes de voltarem à Espanha em setembro.) Mas, antes de partir, ela ainda precisava sobreviver ao discurso que faria.

Uma multidão de milhares — «jovens, entusiasmados, ansiosos»[116] — compareceu ao Carnegie Hall naquele verão para a abertura do Segundo Congresso de Escritores Americanos. Ainda era um evento da Frente Popular, apoiado e organizado pelo Partido Comunista Americano, mas envolvendo palestrantes selecionados pelo perfil e não por estrita filiação política. As atividades foram dominadas pela ameaça do fascismo internacional.

No palco, Martha sentou entre mais de 350 representantes de delegações. Mais tarde, deu uma palestra sobre «A luta do escritor na Espanha», referindo-se não apenas aos soldados que escreviam e aos escritores que lutavam, mas também aos jornalistas que se arriscavam para cobrir a guerra. Sua formulação soava como uma espécie de bravata (um hábito não só de Hemingway) que repreendia todos aqueles que ela considerava difíceis de tolerar: em outras palavras, qualquer um que não estivesse «ativamente envolvido». Um verdadeiro escritor não poderia ser um intelectual distante. (Nem estava claro que poderia ser uma mulher.) «Um escritor precisa ser também um homem de ação agora», anunciou. «Ele é um homem que sabe a que lugar pertence.» Se não na Espanha, um ano poderia ser passado com metalúrgicos em

---

116    Anotações de um dos participantes, apud Franklin Folsom, «The League of American Writers As I Found It», *CEA Critic*, v. 56, n. 2, inverno 1992, pp. 8-19. Folsom ressalta que a Liga «salvou dos nazistas sessenta escritores europeus antifascistas mediante o trabalho complexo do Comitê de Escritores Exilados da Liga».

greve ou abordando «os problemas do preconceito racial». «Se você sobreviver a tal ação», prometeu ela, «o que você tem a dizer sobre isso depois é a verdade, é algo necessário e real, e vai perdurar.»

É uma posição fácil de ser ridicularizada (esse dramático «se»), estabelecendo riscos que os escritores poderiam ser perdoados por achar injustificados. Consideremos o resumo seco de Dawn Powell sobre o discurso de Hemingway: «os escritores deveriam todos ir à guerra e ser mortos, e, se não fossem, eram um bando de maricas».[117] Mas a época de Martha era de alto risco, e ela chegou às mesmas conclusões que Nancy Cunard e Simone Weil: uma escritora precisa ver e vivenciar por si mesma, precisa garantir — na medida do possível — que sabe sobre o que está escrevendo.

Josephine permaneceu na Europa até o fim de junho e não participou do congresso em Nova York. «Falar num palanque nunca me proporcionou muita coisa», afirmou mais tarde. «Preciso de livros e de sossego.»[118] No entanto, lidou com sua própria rodada de palestras sobre a Espanha e experimentou uma inquietação semelhante à de Martha. «Fiquei muito assustada com a indiferença enraizada nas pessoas», contou ela a Katherine Anne Porter em agosto, «a sua incapacidade de reagir efetivamente, uma espécie de apatia.»[119]

Havia também o crescente desencanto entre Josephine e o Partido Comunista. Ela mantinha uma correspondência

---

117 Apud Moorehead, *Martha Gellhorn*, op. cit., p. 156.
118 JH, *SBS*, op. cit., p. 124.
119 JH a Katherine Anne Porter, apud Langer, *Josephine Herbst*, op. cit., p. 228.

regular com pessoas que havia conhecido na Espanha e acompanhava de perto as notícias, mas ter utilidade prática era mais desafiador quando as entidades de ajuda eram todas órgãos do partido. Uma parcela do seu relativo silêncio em termos de publicação se devia provavelmente ao reduzido apetite por seu trabalho. A revista *The Nation*, que havia concordado em publicar vários textos seus, só chegou a adquirir um; Josephine atribuiu parte disso ao fato de ter escrito mais coisas positivas sobre as políticas anarquistas do que sobre as comunistas. «Havia uma coisa que você não poderia fazer quando voltasse da Espanha», observou ela muito depois. «Você não poderia começar a falar em termos de contradições. Todo mundo que eu conhecia queria a resposta fidedigna.»[120]

Quando voltou para os EUA, ela foi direto para o retiro de escritores em Yaddo antes de passar a maior parte do resto do ano sozinha em sua casa em Erwinna, no condado de Bucks, uma área a oeste de Nova York, na Pensilvânia. Josephine dava enorme importância a Erwinna. Ela fizera o enorme sacrifício de se casar (para agradar a seu sogro) a fim de obter a propriedade e lutou ferozmente para mantê-la após o divórcio. Numa vida que sempre beirou a precariedade, ter a posse daquela casa representava um mínimo de proteção, suas paredes forneciam um lastro mal equipado contra um rendimento extremamente incerto. No fim da vida de Josephine, a casa de campo havia se tornado uma parte aparentemente inseparável de sua história. Iniciando sua pesquisa na década de 1970, a biógrafa de Josephine ouviu repetidas vezes sobre uma senhora idosa

---

120    JH, *SBS*, op. cit., p. 131.

«pobre e isolada sem encanamento em sua velha casa de pedra na fazenda».[121]

\*

Quando folheei os arquivos de Josephine na biblioteca Beinecke, na Yale University — um mapa da Espanha, cópias dos jornais da Brigada Internacional, fotografias de antepassados seus feitas em estúdio —, demorei-me em várias folhas de contato de retratos dela no fim da vida. Esses retratos foram feitos no jardim bem cuidado de Erwinna. Josephine fuma, fala, ergue os braços acima da cabeça, senta-se com as pernas cruzadas nos degraus de pedra, escuta com o queixo apoiado no punho; em quase uma folha inteira de imagens, ela está aparentemente dando um passeio em meio aos arbustos. A radical animada está ali nos gestos, e ao fundo aparece a lateral da casa com sua cerca branca.

As fotos foram feitas em 1965, mas eu também tinha visto um instantâneo de Erwinna de 1928, ano em que Josephine se mudou para lá com John. Aquele retrato parecia ter sido feito no inverno: as pequenas árvores em primeiro plano estavam nuas, e a imagem toda tem um aspecto sombrio e solitário. A casa fica num vale aparentemente desabitado, e um córrego branco desponta num canto inferior da foto. Não é visível, mas uma instável ponte de cedro antes cruzava o riacho, acorrentada de um lado a uma árvore. Foram necessárias as habilidades de carpintaria de John e a determinação de Josephine para tornar o novo lar habitável, e eles não tinham encanamento nem eletricidade. Naqueles dias, Erwinna era uma área remota e rural: o casal tinha seis

---

121    Langer, *Josephine Herbst*, op. cit., p. 8.

hectares inteiros para si. Amigos acabavam se hospedando em casas nos arredores para temporadas fora da cidade. A proximidade de Nova York era ao mesmo tempo uma benção e uma maldição: em 1939, Josephine reclamava do pessoal de Hollywood («as Dorothy Parkers») aparecendo e comprando viagens de fim de semana, estragando a atmosfera do lugar. Mas Josephine e John sempre acharam úteis seus vizinhos mais ricos: uma fonte imediata de dinheiro quando eles arrecadavam fundos para os mais pobres.

Algumas semanas antes de viajar aos EUA, pesquisando ociosamente no Google, vi «A casa de Josephine Herbst» à venda on-line. Era descrita como um «Retiro em Creekside», a um custo de quase 1 milhão de dólares. Pensei, então, numa cena de um dos romances de Josephine, em que ela descreve famílias empobrecidas de fazendeiros do condado de Bucks voltando às antigas propriedades que eles tinham sido obrigados a vender, apenas para se maravilharem com as reformas empreendidas pelos ricos que passavam os fins de semana ali.

No verão de 1937, Josephine voltou a Erwinna, à casa onde ela agora viveria sozinha, e ao romance interrompido por sua partida abrupta para a Espanha. Em 1933, ela havia publicado o primeiro volume de sua monumental trilogia Trexler, *Pity Is Not Enough*, e logo veio *The Executioner Waits* [O carrasco está à espera] no ano seguinte. Agora ela se preparava para completar a série com um livro ao qual chamaria *Rope of Gold* [Cordão de ouro]. Em vez de continuar de onde havia parado, ela começou de novo. Escreveu o romance, lembra-se sua biógrafa, no «maior [isolamento] que ela havia experimentado até então». (Saiu de Erwinna apenas no fim do ano para visitar Washington, onde esteve entre os líderes de uma manifestação no Departamento de

Estado, protestando contra o embargo de armas.) Josephine fez o oposto de Martha: continuou com o livro. «Se não fosse pelo meu trabalho», escreveu mais tarde, «e meu próprio envolvimento real nele, eu teria empacado muitas vezes.»[122]

As ambições de Josephine em relação aos romances de Trexler eram ao mesmo tempo intimistas e grandiosas:

---

122  JH a Ruth Herschberger, [sem data], Caixa 15, JH Papers, Beinecke.

prestar homenagem à família de sua mãe e escrever uma história da sociedade americana. Por meio desse amálgama, ela achava que poderia encontrar um modo de entender os tempos em que vivia. Na época em que *Pity Is Not Enough* foi publicado, ela explicara a trilogia a Katherine Anne Porter como uma tentativa de responder à sua própria confusão, o mesmo impulso que mais tarde a levaria à Espanha. «Continuo sentindo em minha própria vida essa necessidade constante de uma interpretação adicional do presente», escreveu Josephine, retratando o que passou a ver como a principal contribuição que a literatura poderia dar. Quando seus planos para a trilogia se concretizaram, enxergou subitamente «o negócio inteiro numa espécie de intervalo».[123] Ela sabia como os livros se desenrolariam, e viu que a vida de seus antepassados se relacionava diretamente com sua própria vida no século xx.

A mãe de Josephine, Mary Frey, era da Pensilvânia, o que significava que a mudança para Erwinna seria como um retorno ao lar. Mary mantivera documentos de várias gerações da família Frey pendurados em sacos nas vigas de sua casa, e, quando criança, Josephine os ouvia balançando e suspirando quando o vento soprava no sótão. Eles acabaram se tornando a base de *Pity Is Not Enough*, embora a trilogia tivesse suas raízes mais profundas nas histórias de família em que sua mãe a criara.

A trilogia é intensamente pessoal, estritamente autobiográfica. Ao explicá-la mais tarde, Josephine falaria da «história assombrosa» da «decadência natural e do fim» de sua família, o que é algo triste e estranho a dizer quando ela

---

123    JH a Katherine Anne Porter, 27 de fevereiro de 1933, Caixa 21, JH Papers, Beinecke.

e duas de suas irmãs ainda estavam vivas (mesmo que, em parte, estivesse falando em termos de classe). *Pity Is Not Enough* narrava a origem precária e a juventude batalhadora de Mary Frey no período posterior à Guerra Civil Americana, enquanto *The Executioner Waits* se concentrava na vida contemporânea, com foco nas duas filhas mais novas do alter ego ficcional de Mary, Anne Wendel (nascida Trexler): Vicky («uma criatura feroz que sabia como usar a língua») e Rosamond, que morre antes do fim do romance. Quando voltou a *Rope of Gold* em 1937, Josephine havia superado sua mãe e estava processando depressa a história recente.

Toda a luta que ela conheceu e herdou foi parar nos romances. A família Trexler-Wendel nunca está segura, e Anne Wendel está sempre planejando formas de oferecer alguma ajudinha a suas vivazes irmãs mais novas enquanto elas passam laboriosamente pela faculdade. Vicky segue para Nova York e acaba conhecendo Jonathan Chance, seu John Herrmann. No fim do segundo romance, seu casamento já está em perigo, o otimismo inicial de ambos colide com a realidade de serem pobres.

Essas vidas individuais, contudo, são apenas uma parte do período abrangido, um alcance que é tanto temporal quanto social. Para Josephine, a herança Frey/Trexler ganhou significado apenas por sua «implicação mais ampla». Lendo os romances, fiquei impressionada com o quanto atraem para seu escopo. A amplitude de personagens e de lugares é desconcertante. Há operários de fábrica, anarquistas, organizadores do Partido Comunista, progressistas inoperantes e burguesia hipócrita; há movimentos como o Trabalhadores Industriais do Mundo, que Josephine recorda de sua juventude; há greves e agricultores protestando contra execuções hipotecárias. Josephine usou suas reportagens da época da

Grande Depressão tanto quanto sua história pessoal. Depois de se concentrar nos Estados Unidos nos primeiros dois romances, ela começou a trabalhar em vidas em outros países também: trabalhadores em Cuba, soldados na Espanha. Personagens emergem da escuridão da história apenas para mergulhar de volta nela: pessoas reais e imaginárias, com nomes ou anônimas. A sensação de opressão em *Rope of Gold* começou a parecer uma expressão do estado de espírito de Josephine naquele verão, embora talvez seja mais acurado dizer que a abrangência do romance foi sua resposta às confusões que atingiram seu auge na Espanha. Ao retornar à literatura, com seu potencial de trazer claridade a partir da obscuridade, ela estava procurando um fio condutor.

Escrever, tendo em mente o que denominava «uma teoria marxista de classe», permitia que Josephine reunisse tudo: almas errantes, famílias isoladas de agricultores, uma jornalista infeliz, seus parentes mais ricos e os que já estavam mortos havia tempos — todos podem ser vistos uns em relação aos outros. Em sua descrença itinerante (nenhuma família, movimento, época ou cidade tem a palavra por muito tempo), ela admite a pequenez do indivíduo e tenta trazer à luz o que eles não podem ver.

Inspirada num afresco de Diego Rivera que viu no México — «uma espécie de estudo duplo... a grande pintura acima e abaixo da representação exata de fatos quase históricos»[124] —, Josephine tentou um método similar para os romances de Trexler. Ela queria mostrar indivíduos remando numa maré de história insondável para eles, com tendências e movimentos rolando por baixo, tão imperceptíveis em sua totalidade quanto uma grande baleia passando ao lado de uma

---

124 Ibid.

pequena jangada. Para ela, o passado estava muito presente: criativamente nutritivo, mas também sempre atuante na vida humana. Como Vicky observa em *Rope of Gold*, «tinha um jeito de dobrar como um sino».

As chances dos heróis de Josephine residem na solidariedade. Outros sabem disso antes deles e sentem medo. «Meu Deus», pensa em *The Executioner Waits* um oficial de ajuda humanitária do governo, «se eles em algum momento percebessem que estavam no mesmo barco, se em algum momento parassem de esganar uns aos outros, se o pequeno lojista em algum momento metesse na cabeça que seu amigo, seu único amigo, era o agricultor pobre, não o banqueiro rico, onde diabos estaria o sistema então?»

Quando notícias dos julgamentos de Moscou vieram à tona e a fé de Josephine na União Soviética se dissipou, ela diria (e isso pode ter sido um exagero) nunca ter sido «absorvida em organizações, e só em política até onde eles me davam algum entendimento do mundo».[125] A crença de Nancy Cunard na especial sensibilidade dos escritores repercutiria nela. Para Josephine, significava estar especialmente sintonizada com a própria época, algo que chamou de «um relacionamento completo entre os escritores e a situação».[126] Isso nunca poderia ser nada além de pessoal e político. Foi por essa razão que, como os críticos observaram, sua trilogia mapeia seu próprio progresso tanto quanto o da história:[127] do pessimismo de sua juventude à fé do convertido na

---

125    JH a Katherine Anne Porter, 1938, apud Langer, *Josephine Herbst*, op. cit., p. 232.

126    JH a E. H. Russell, 4 de maio de 1956, Caixa 22, JH Papers, Beinecke.

127    Winifred Bevilacqua, por exemplo.

organização radical, às duras lições de Vicky — na política e no amor — sobre tentar construir um futuro quando você não consegue escapar da cobrança espectral do passado.

Se em 1937 Josephine ainda não escrevia muito sobre a Espanha, em certo sentido estava escrevendo sobre o que a Espanha significava para ela. O declínio de suas esperanças não foi a única dificuldade. Lembrando sua resposta às artes dos anos 1920, uma vez ela se recordou de seu «desejo de uma voz baixa e mansa, de um porta-voz não para os estrondos das ondas na rocha, mas para a correnteza, lá embaixo, que nenhum olho podia ver».[128] Talvez o choque de címbalos da guerra e da revolução na Espanha — o momento explosivo — tenha sido simplesmente o material errado para um escritor que procurava as longas correntes ondulantes da história, que queria ouvir os sussurros tanto quanto os gritos em que eles se transformaram.

No fim da trilogia, um sindicalista chamado Steve Carson ajudou a ocupar a fábrica onde ele trabalhava em Detroit. Todos os conflitos e as esperanças frustradas das mil páginas anteriores parecem ter culminado numa greve promissora, num despertar do poder coletivo. Carson levanta cedo, seus camaradas ainda dormem ao seu redor, e encontra a cena silenciosa e nevada além das janelas. «Foi desse jeito», ele se dá conta. «Não como você pensava, mas assim. O entusiasmo disso estava se agitando dentro dele como se assistisse a um grande cinejornal do mundo, como se olhasse a história da sua própria vida.»

---

128   JH, *SBS*, op. cit., p. 84.

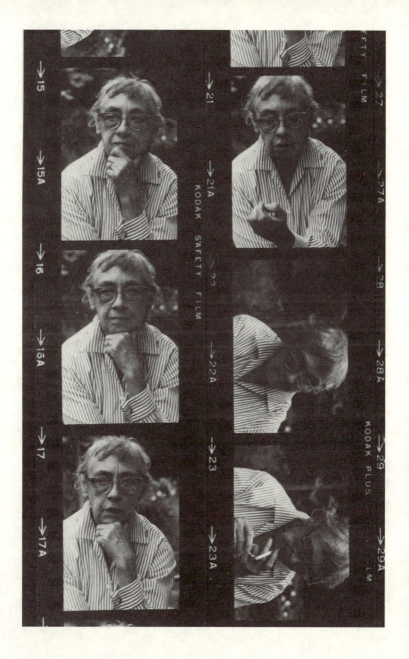

A ameaça da guerra, conjurada
de forma irresponsável há quase
quinze dias, ainda paira sobre o
norte da China. Uma mobilização
parcial foi ordenada no Japão...
O temperamento do Japão é beli-
coso, e a China não cederá além
de determinado ponto sem oferecer em algum grau a demonstração de violência.

«Sabre-Rattling», *The Times*,
22 jul. 1937

# Apenas um escritor
# Virginia Woolf e Nan Green
# Londres: primavera e verão de 1937

Quando Julian, sobrinho de Virginia Woolf, veio visitá-la —
batendo à sua porta num dia em que ela estava feliz —, ela
parou no topo da escada e tentou provocá-lo. «Quem é?», a
voz de Virginia ressoou aflita. A figura familiar, de membros
grandes, «começou», lembrou-se ela mais tarde, «& riu & eu o
deixei entrar».[129] Virginia estava esperando Leonard, a pessoa
com quem compartilharia seu tesouro: ela acabara de chegar trazendo uma cópia do *Evening Standard*, no qual havia
uma resenha entusiástica de seu novo romance, *Os anos*. Mas
Julian foi uma agradável surpresa. Ela esperava que ele fosse
ficar — e o convidou —, mas ele a estava visitando para pedir
um número de telefone e parecia pouco inclinado a demorar
ali. Ela o acabou deixando sozinho com o *Evening Standard*
e foi buscar o que ele queria. Quando voltou, Julian estava
dando uma olhada em outra página do jornal e não mencionou o triunfo dela.

Virginia não o pressionou a ficar, embora quisesse. Ela
não era boa em demonstrar carinho. Tinha sido uma figura

---

129 VW, apud Bell, *Virginia Woolf: A Biography*, p. 257.

central durante toda a sua infância, mas às vezes havia um constrangimento entre os dois; respostas sem tato aos esforços literários dele que não poderiam ser desfeitas. Agora havia a Guerra Civil Espanhola. Julian planejava se juntar às Brigadas Internacionais. Sua mãe e sua tia estavam tentando urgentemente impedi-lo, ambas convencidas, de alguma forma, de que se fosse à Espanha ele jamais voltaria.

Quando Virginia escreveu sobre esse encontro, a resenha de *Os anos* calava fundo em seu coração não reconhecido; não mencionada por nenhum deles e ainda assim um assunto de enorme importância. Seu trabalho em torno do romance quase lhe custou a sanidade. A publicação foi adiada em 1936 — ela não conseguia encarar as provas. Convencida de que o livro era um fracasso, cada aclamação no ano seguinte era um adiamento da execução para sua psique. Ela havia se recuperado, estava se regozijando em seu alívio.

Mas a reação de Julian também era significativa. Será que ele nem tinha notado que havia uma resenha ali? Virginia deixara o jornal aberto na página crucial, mas não era o que ele estava lendo quando ela voltou. Num primeiro momento, pensou em chamar a atenção dele para o texto — «Olha como me elogiaram»[130] —, mas então pensou melhor sobre essa ideia de exigir reconhecimento de um escritor mais novo que ainda estava para conquistar o seu próprio. Uma romancista na posição dela não deveria precisar fazer isso. Além do que, Julian pode ter visto a resenha e optado por não comentar sobre ela. Para ele pode não ter parecido importante.

Eis um detalhe revelador: nas lembranças de Virginia, Julian não apenas ignora a resenha, mas também desvia os olhos dela — «Acho que para a seção de política». É tão

---

130 Ibid., p. 258.

simbólico de um debate entre eles que é difícil não enxergar um senso de ordem e de significado da romancista no trabalho. Julian, pulando direto da literatura — o domínio de Virginia — para as páginas que importam.

Em 1937, Julian tinha a intenção de escolher seu lado. «É tarde demais para a democracia e a razão e a persuasão e escrever para a *New Statesman*, e Virginia assinando cartas dizendo que é tudo uma pena», escrevera ele recentemente para seu irmão. «As únicas opções reais agora são se submeter ou lutar.»[131] Não era que Virginia fosse totalmente antipática à posição de Julian, ou que não estivesse ciente de que a história os separava. Ela, como Nancy e Sylvia, havia sido uma testemunha assustada da Primeira Guerra Mundial; ele era filho dos anos 1930, com a pobreza, o declínio e o fascismo em sua mente. «Ele diz que a política tem cada vez mais peso em sua consciência», observou ela em seu diário. «Está na consciência de toda sua geração. Então ele não pode ser apenas um poeta, um escritor. Entendo o dilema dele.»[132] Há um tom de ironia autodepreciativa nesse «apenas», essa compreensão generosa, mas não era um dilema que Virginia negava. Ela só não entendia por que ele tinha de causar sofrimento à mãe e ir à Espanha. Ela não conseguia aceitar a guerra como uma resposta para tudo.

*

Em 22 de junho de 1937, um rastro de refugiados espanhóis passou pela Tavistock Square. Bilbao havia caído e, em maio, o governo britânico — para o protesto vociferante da BUF

---

131    Julian Bell, apud Lee, *Virginia Woolf*, op. cit., p. 667.
132    VW, *The Diary of Virginia Woolf*, op. cit., v. 4 (17 de julho de 1935), p. 332.

— oferecera a contragosto abrigo a milhares de crianças bascas. Grupos delas ainda circulavam pelo país, recebidos com indiferença. Talvez estivessem entre elas algumas das crianças elegantemente vestidas e sóbrias que Robert Capa havia fotografado nas docas de Bilbao enquanto Gerda estava em Valência. Morrendo de calor por fazer compras no clima de junho e usando roupas pretas, Virginia estava a caminho de casa quando os viu:

Crianças se arrastando; mulheres em jaquetas baratas de Londres com lenços alegres na cabeça, rapazes, & todos carregando malas baratas, & chaleiras de esmalte azul-brilhante, muito grandes, & panelas cheias, suponho, com presentes de alguma instituição de caridade — uma procissão confusa e arrastada e tremulante —, impelidos por metralhadoras nos campos espanhóis para se arrastarem pela Tavistock Square, ao longo da Gordon Square, e depois onde?[133]

Virginia tinha a sensação de ser a única pessoa na rua que estava impressionada com a sua aparência. Talvez fosse sua pura incongruência — parecendo «uma caravana no deserto» — que a fez cair em prantos enquanto as outras pessoas seguiam em frente sem demonstrar surpresa. A memória que ela registrou em seu diário foi uma mini-inundação de detalhes: a cor deslocada para a monotonia de Londres; chaleiras e panelas desatreladas das casas e expostas na rua para escrutínio; um menino «batendo papo» em contraste com a concentração de seus companheiros; e pessoas se arrastando, embora se movessem depressa. Por mais que Virginia pudesse adivinhar de onde vinham (ela tinha visto as fotos), não era capaz de imaginar seu destino. E, curiosamente, embora houvesse passado pouco mais de duas semanas desde que ele

---

133 Ibid., v. 5 (23 de junho de 1937), p. 97.

partira para a Espanha, ela não mencionou Julian quando escreveu sobre eles.

Dois dias depois, ela estava num palco do Royal Albert Hall, presa pelo vento favorável do microfone, de modo que as palavras de todos os discursos ressoavam sobre ela em duplicata. «É a última [reunião], eu juro», prometeu a si mesma. Depois de novo, contou a uma amiga, «eles arrecadaram 1.500 libras para as crianças bascas».[134]

Tudo o que requisitavam dela na arrecadação de fundos era sua presença, seu nome nos panfletos. Então ficou sentada por horas enquanto os oradores pediam doações. Pablo Picasso deixara que os organizadores usassem nos cartazes um detalhe de seu quadro *Guernica*. O grande Paul Robeson, que os jornais americanos uma vez afirmaram infundadamente ser amante de Nancy, dirigiu-se à multidão. Reunindo seu público, Robeson insistiu: «O artista deve tomar partido. Deve escolher lutar pela liberdade ou pela escravidão. [...] Digo novamente, o verdadeiro artista não pode se manter indiferente».[135]

No entanto, de algum modo a noite não conseguiu envolver Virginia. Ela achou a reunião «toda muito teatralmente vazia e irreal».[136] Esse era um problema que ela encontrava com frequência. A gestualidade da vida não a interessava nem a convencia tanto quanto as correntes subterrâneas mais obscuras da vida circulando na mente. (Ela também foi

---

134 VW a Janet Case. In: VW, *Letters*, v. 6, p. 139.

135 Royal Albert Hall, «Spain and Culture, in Aid of Basque Refugee Children», 24 de junho de 1937. Notas sobre o evento disponíveis em: <https://catalogue.royalalberthall.com/Record.aspx?src=CalmView.Performance&id=Eavoronoigifef&pos=1>. Acesso em: 29 jan. 2024.

136 VW, *The Diary of Virginia Woolf*, op. cit., v. 5 (25 de junho de 1937), p. 98.

vítima de um impulso típico de Nancy quando exotizou a voz de Robeson, ao considerá-la impregnada dos «vapores quentes das florestas africanas»: recordando-se do som em vez do conteúdo de seu discurso.) «Acho a ação geralmente irreal», disse a Stephen Spender, agradecendo-lhe os elogios feitos a *Os anos*. «O que fazemos no escuro é o que é mais real; o que fazemos porque há pessoas nos olhando me parece histriônico, pueril.»[137] Demonstrações de envolvimento, como a decisão de Julian de se tornar voluntário na Espanha (Vanessa conseguiu pelo menos persuadi-lo a ir como motorista e não como soldado), eram de difícil compreensão para ela, ou talvez ela simplesmente relutasse em reconhecê-las. Comentando sobre seu sobrinho com Spender, escreveu apenas que sentia que ele estava cometendo «um erro».

As coisas que fazemos no escuro. «Como eu detesto a publicação de livros», disse a uma amiga nas semanas anteriores ao lançamento de *Os anos*. «O que é importante para mim está sendo fisgado & puxado para a superfície quando minha morada natural fica na escuridão das profundezas.»[138] Virginia ansiava por um espaço não invadido, tanto mental quanto temporal, onde a criatividade pudesse florescer sem que fosse interrompida ou observada. Quando começaram a solicitar sua presença em comitês e palcos, ela reagiu com instintiva resistência. Recusara-se a participar do Primeiro Congresso Internacional de Escritores em Paris em 1935, porque a interrupção causaria «uma semana sofrível» justamente quando estava «avançando» em *Os anos*. Ela tentou deixar de lado toda a socialização que ofendia a escuridão fértil

---

137   Id., *Letters*, op. cit., v. 6 (30 de abril de 1937), pp. 122-3.
138   VW a Ethel Smyth, 1º de março de 1937. In: VW, *Letters*, op. cit., v. 6, p. 111.

(«Só vou pegar alguma imagem exacerbada: vou me espumar em faíscas»[139]).

Em 1937, quando todos pareciam estar na guerra ou no palco falando sobre o assunto, Virginia tentava se concentrar em seu próximo tratado feminista, que finalmente já tinha o nome — *Três guinéus* — que seria mantido. Mas eis que veio a incontestável realidade da caravana silenciosa na Tavistock Square. Havia a evidência fotográfica daquilo de que eles haviam fugido. E naquele verão havia Julian, invisível em Madri, cujo perigo ameaçava romper a «bolha mágica»[140] de um novo livro que surgia.

Naquele verão, Nan Green recebeu a visita de Wogan Philipps, o pintor bonito e aristocrático que era marido da romancista Rosamond Lehmann. Wogan era uma das pessoas na Espanha de quem Virginia Woolf havia ansiosamente pedido notícias, buscando potenciais aliados entre amigos e conhecidos para dissuadir Julian: Wogan se voluntariara como motorista de ambulância na mesma época que George. Eles haviam dirigido pela França no mesmo comboio e trabalharam nas mesmas frentes de batalha e sob as mesmas condições horríveis.

Wogan foi ferido na primavera e foi mandado inválido para casa. Mas ele não teria utilidade para Virginia — ainda acreditava na causa. Ele disse a Nan que o que faltava nas unidades médicas republicanas, além de suprimentos e médicos suficientes, era pessoal administrativo para manter a coisa toda funcionando. A visita dele era para persuadi-la

---

139    VW., *The Diary of Virginia Woolf*, op. cit., v. 4 (22 de outubro de 1935), pp. 347-8.

140    Ibid., v. 5 (11 de julho de 1937), p. 101.

de algo que ela mesma começava a suspeitar: que também deveria ir à Espanha.

Nos meses anteriores, Nan tinha garantido o sustento da família. Ela conseguiu um emprego de escritório que a deixava sair cedo o suficiente para encontrar Frances e Martin depois da escola e, com seu sogro ajudando a cuidar das crianças, pôde dar conta de suas responsabilidades como secretária de sucursal do Partido Comunista. Foi difícil, mas conseguiu porque precisava disso, e porque havia camaradas que a ajudavam. O orgulho que ela sentia por George se infiltrava na família. Uma eleição local foi realizada, e um cabo eleitoral conservador cometeu o erro de bater à porta deles, sendo despachado por Frances, então com seis anos, que lhe disse: «Papai foi à Espanha lutar contra os fascistas». Mas, quanto mais Nan ouvia sobre o que estava acontecendo na Espanha, mais se perguntava se sua casa poderia não ser exatamente o lugar onde ela era mais necessária.

# O Congresso[141]
# Sylvia Townsend Warner
# Barcelona, Valência, Madri:
# verão de 1937

A estrada saindo de Valência descia em curvas fechadas ao lado de precipícios, para depois subir de novo graciosamente, levando os viajantes de um mundo a outro. Uma abundância de laranjeiras e oleandros e rosas crescendo onde bem entendiam ao longo da estrada empoeirada cedia lugar, por fim, às planícies em torno de Madri, «um vasto planalto austero» onde se cultivava milho. Em julho de 1937, enquanto Martha dava palestras nos Estados Unidos, Sylvia Townsend Warner escreveu sobre a colheita em andamento em Madri. «Os ceifeiros», registrou, «estão queimados demais de sol para parecerem quentes. Rostos e braços nus estão escuros, brilhando com suor e parecendo madeira oleada. Os homens usam chapéus de palha de abas largas, as mulheres cobrem

---

141  Neste capítulo, as citações dos artigos publicados de STW foram retiradas da *New Stateman and Nation*, 31 jul. 1937, «What the Soldier Said», *New Frontier* (mantido em Dorset — e publicado na *Time and Tide*, 14 ago. 1937, apud V. Cunningham [Org.], *Spanish Front*). Os comentários de Stephen Spender foram publicados em suas memórias, *World Within World*, de 1951. O poema «Valencia, July 1937», de Valentine, foi publicado na *New Masses*.

a cabeça com lenços grossos, às vezes têm um pano branco amarrado sobre a boca. Isso evita que o pó áspero da palha irrite a garganta. A poeira se assenta no rosto e nos braços nus, as moscas zumbem...»

Essa era a primeira safra que seria colhida pelos ceifeiros e não pelos proprietários de terra. E, no entanto, observando-os, Sylvia viu homens e mulheres presos a movimentos aprendidos havia tempos. «Submetidos a esse ritmo, trabalhando sob o sol forte, o pó do milho voando, as moscas zumbindo, a batida da veia inchada, a dor na virilha... para aqueles que a ceifam, será que essa colheita de 1937 parece tão diferente assim das colheitas dos outros anos?»

Após um ano de guerra, o quanto havia mudado? Naquele verão, finalmente de volta à Espanha, ela e Valentine tinham uma oportunidade de avaliar. Semanas depois de escritores americanos se juntarem em Nova York, o Segundo Congresso Internacional de Escritores para a Defesa da Cultura reuniu duzentos representantes de pelo menos 26 países para sessões em Paris e, deliberadamente, na Espanha republicana.

*

Os Congressos Americano e Internacional de Escritores haviam ambos sido inaugurados em 1935, frutos de uma atmosfera de internacionalismo nas artes. Escritores se autodenominavam um novo tipo de servidor público: comunicadores profissionais preparando-se para assumir onde os diplomatas haviam falhado — a literatura em seu modo mais assertivo. Os representantes debateram o papel do escritor e do indivíduo na sociedade, nações e culturas, criatividade; como se, na explicação conscienciosa de ideias, eles pudessem conter a ameaça crescente, ou ao menos demonstrar sua alternativa.

Como parecia ser o caminho, o Congresso Internacional havia se multiplicado, levando ao estabelecimento da Associação Internacional de Escritores para a Defesa da Cultura, em cujo comitê executivo Sylvia trabalharia; e, na Espanha, da Alianza de Intelectuales Antifascistas, que agora administrava instalações em Madri, Valência, Barcelona e Alicante. Em 1935, ficou decidido que o Congresso Internacional seguinte seria realizado dentro de dois anos em Madri. Apesar da guerra, o governo republicano reafirmou sua intenção de ser o anfitrião, transformando a assembleia de 1937 numa oportunidade para os escritores expressarem sua solidariedade em solo espanhol.

Nem todos os governos facilitaram as coisas para eles. Quando Sylvia e Valentine solicitaram o visto na Inglaterra, elas se viram com passaportes carimbados com os seguintes dizeres: NÃO É VÁLIDO PARA VIAGENS À ESPANHA. Sylvia se irritou ao ouvir, com «paciência e firme serenidade», que a «cultura» não era uma «razão válida» para viajar. *Negócios*, por outro lado, sem dúvida eram. Elas foram a Port Bou com documentos falsos.

O Congresso foi aberto em Valência no dia 4 de julho. Sylvia e Valentine eram as únicas mulheres na delegação britânica. Elas também estavam um pouco atrasadas.

Depois de se reunirem no calor sufocante de Port Bou em 3 de julho, os representantes das delegações precisavam ser transportados por mais de quinhentos quilômetros ao longo da montanhosa estrada costeira para Valência. Os escritores britânicos tiveram a seu dispor um Rolls-Royce e um motorista que estava animado para mostrar o que o carro podia fazer, o que significava uma jornada não apenas árdua, mas também aterrorizante, e nem um pouco facilitada pelo número de carros destruídos que eles viam pela estrada. Em Barcelona, a menos da metade do caminho para o Congresso, seus passageiros exaustos aceitaram um convite para passar a noite no Hotel Majestic, em vez de irem adiante. No fim do dia seguinte, quando finalmente chegaram a seu destino, foram levados às pressas para a Prefeitura, onde, numa sala que exibia os nomes dos mártires republicanos, sua sessão já estava em curso.

Nos oito dias seguintes, eles viajariam de Valência a Madri, e de Madri de volta a Valência e Barcelona, para uma série de reuniões, recepções e passeios, antes de encerrar em Paris. Muitas palestras foram dadas, músicas foram cantadas, comemorações observadas, resoluções e homenagens feitas. Houve comida, bebida e algumas brigas. Alguns dos participantes se perguntavam qual era o objetivo daquilo tudo.

Os delegados poderiam oferecer à República dois golpes de mestre: poderiam demonstrar ao mundo exterior que a simpatia de escritores proeminentes em nível internacional estava fortemente ao lado dos republicanos, e poderiam atuar como testemunhas do argumento de que a guerra era menos um conflito civil do que um ataque a civis. Para os espanhóis, e os escritores-representantes espanhóis, eles esperavam dar o impulso moral da solidariedade.

Como escritores, não costumavam estar engajados em trabalhos com efeitos quantificáveis; o impacto da sua presença na Espanha era simplesmente incalculável. Mas, do interior de uma guerra real, a eficácia de pensar e falar pode ter se mostrado um pouco diferente de como havia sido em Paris dois anos antes. Soldados-representantes como Gustav Regler, amigo de Josephine, o qual havia participado da conferência de 1935 como escritor, concentraram seus esforços numa perspectiva mais dura.

Enquanto faziam tour, regalando-se com banquetes em cidades famintas e recebendo homenagens, outros se perguntavam se sua presença era mesmo apropriada. Alguns dos membros das delegações se viam claramente andando numa linha estreita — a divisão tênue entre tipos de olhar: de um lado, voyeurismo; de outro, um ato vital de reconhecimento.

Na delegação britânica, o poeta Stephen Spender, que havia admirado George Green no começo daquele ano, sentiu-se constrangido por fazer «um tour de luxo por um país devastado pela guerra». Estranhamente, contudo, ele reservou sua maior hostilidade a Sylvia e Valentine, que apareceram em suas memórias da década de 1950 sob a desdenhosa designação de «uma *lady* escritora e comunista, e a amiga dela, uma *lady* poeta». Sylvia, ele alfinetou, «parecia e se comportava como a esposa de um vigário presidindo um chá oferecido num gramado paroquial tão amplo quanto toda a Espanha republicana». Ele não gostava que ela chamasse todo mundo de «camarada», ressentia-se das manipulações por meio das quais ela conseguia o que queria (aquela noite extra e demorada em Barcelona foi tudo culpa dela) e debochava do quanto Sylvia e Valentine eram solícitas uma com a outra.

Uma pista sobre a origem da antipatia de Spender pode ser encontrada num relato que ele escreveu logo depois do Congresso, narrando uma das poucas conversas estimulantes das quais desfrutara ali. Com o romancista francês André Malraux ele havia discutido privadamente política e poesia. O ambiente, afirmou Malraux, moldava o vocabulário de um poeta. Spender explicou isso melhor: «Coloque o poeta em áreas simples da terra, o boi, a mulher e a montanha, e as imagens sugeridas por esse ambiente serão recorrentes na sua poesia».[142] Sylvia entendia que, quando uma mulher se desprende da paisagem e revela a habilidade de falar, isso pode ser desconcertante. A surpresa se transforma em hostilidade. Uma mulher, observou ela certa vez, «precisa ser mantida dentro dos limites».

Não é difícil imaginar que Spender tenha ficado ofendido não com o tratamento que Valentine e Sylvia davam uma à outra, mas com a intimidade entre elas, e tampouco é difícil supor que as descrições dele sobre as manipulações de Sylvia eram relatos ressentidos da autoridade dela como ativista experiente dentro do Partido Comunista Britânico (foi Sylvia quem — num curto espaço de tempo — organizou a delegação britânica para o Congresso).

Mas ele também ficou indignado com a recusa de Sylvia e Valentine em reconhecer (na presença dele) sinais da violência interna republicana. Certamente a lealdade delas parecia ser não tanto para com o lado republicano quanto com determinada facção dentro dele. Numa resenha escrita naquele ano a respeito de novos livros sobre a Espanha, Valentine havia aderido com precisão assustadora às acusações do Partido Comunista contra o Poum, descrevendo a «apresentação convincentemente fascista»[143] do Poum em Barcelona: algo que ela parecia não ter notado quando presenciou uma animada procissão do Poum em 1936. O fervor de Sylvia também se manteve intacto, apesar do choque de realidade no seu retorno.

---

142    Stephen Spender, «Spain Invites the World's Writers», *New Writing*, n. 4, outono 1937.
143    VA, resenha de *Behind the Spanish Barricades*, *Spain in Revolt* e *Spain Today*, manuscrito, R (SCL)/3/17, Dorset.

Essa era uma Espanha diferente da que elas haviam conhecido nove meses antes. O recrudescimento palpável do perigo quando chegaram a Madri deixou Valentine muito abalada. Ela viu bombardeiros «cuspindo e enfurecendo-se» nas ruas, enquanto «aviões perseguidores, com nariz para cima», iam ao encalço das pessoas num pandemônio de barulho de motor.[144] Quando ela saiu depois, as mulheres faziam fila para o leite — mulheres que devem ter sido visíveis aos disparos dos pilotos. Ela ficou horrorizada com os danos sofridos por Madri. A guerra era «INFINITAMENTE pior», escreveu a um amigo, do que ela jamais havia imaginado.[145] Semanas depois, ela reconheceria que «cada dia faz a [esperada] vitória menor, exceto para a glória — pois o país está sangrando e o povo está morrendo».[146]

Para Sylvia, a paisagem parecia ameaçadora. Montanhas a preocupavam: em sua escrita, seus contornos pesam sobre as pessoas em seu cativeiro; elas se empinam, como sombras rastejantes de monstro, nas costas de soldados feridos; elas protegem seus ceifeiros com «a vigilância dos tiranos».[147]

No entanto, ela ainda estava claramente sob o feitiço do país, encantada com as improvisações improváveis e a pura sorte mágica que parecia manter a vida em funcionamento na zona republicana. («Malas presas misticamente às traseiras e capotas dos carros», por exemplo, que «por um simples

---

144    Id., «Congress in Spain», manuscritos inacabados, D/TWA/A56, Dorset.

145    Id., apud Harman, *Sylvia Townsend Warner*, op. cit., p. 165.

146    VA a Elizabeth Wade White. In: P. H. Judd, *The Akeing Heart*, p. 103.

147    Ver STW, «Benicasim» (1938). Mercedes Aguirre, em sua tese de doutorado *The Spanish Civil War in the Works of Nancy Cunard, Martha Gellhorn, and Sylvia Townsend Warner*, afirma que «a presença ameaçadora das montanhas é um tema comum na escrita de Warner sobre a Espanha» e conecta esses dois textos.

pedaço de barbante permaneciam ali, flutuando serenamente acima de quaisquer leis normais da gravidade, por mais de quatrocentos quilômetros de estrada intensa», ou as «ruas de elástico» que pareciam se expandir conforme seu carro ultrapassava caminhões intransponíveis.[148]) Lendo sobre sua admiração por tudo o que ela encontrou, é difícil dizer se o entusiasmo de Sylvia poderia apenas ser sustentado convencendo-se a si mesma de que havia encontrado a perfeição ou se isso simplesmente fez tudo parecer perfeito. Na frugalidade geral de sua vida, a principal extravagância que ela se permitia estava na expressão. E ela se apegou à excitação dos ideais, a um senso abrangente de estar do lado certo da história que coloriu toda sua percepção da República. Para usar uma de suas próprias expressões, nenhuma «ideia de compromisso típica da classe média»[149] poderia ser autorizada a entrar.

Ao modo da *New Yorker*, ela teve um prazer particular em ver os representantes das delegações sucumbindo aos encantos da Espanha. Todos eles haviam chegado rígidos e pragmáticos, determinados a provar que não estavam ali para férias glamorosas, mas começaram irresistivelmente a se divertir. Sylvia não era insensível à possível dissonância de «discutir questões de cultura e humanismo enquanto a batalha se desenrola tão perto», conforme sua descrição, mas achou afirmativa a recepção aos delegados nas viagens deles. O que mais lhe agradou foi ser recebida com gritos de «¡*Viva los intelectuales!*». Ela sentiu que eles eram bem-vindos «não como curiosidades, nem mesmo como

---

148    STW, rascunho de um texto sobre a Espanha, D/TWA/A24, Dorset; Judd, *The Akeing Heart*, op. cit., p. 83.
149    STW a Elizabeth Wade White. In: Judd, *The Akeing Heart*, op. cit., p. 94.

possíveis propagandistas, mas como representantes de algo...
valorizado e compreendido». Pela primeira vez ela poderia
existir como intelectual «sem sentir o constrangimento usual
e o encolhimento desafiador».

Sylvia estava ciente do desprezo de Spender e tinha
muito com o que retribuir. Percebendo a desilusão dele com o
Partido Comunista, o que para ela demonstrava apenas uma
falta de compromisso, sugeriu que Spender fosse expulso antes
que ele fosse mais rápido e saísse. Na visão dela, a filiação partidária havia sido prejudicial ao trabalho dele. Isso a perturbou.
É uma coisa séria, pensava ela, «se nossos métodos são tais
que prejudicam os trabalhadores criativos». Diferentemente de
muitos na liderança do partido (como Josephine havia entendido com mais astúcia), Sylvia claramente acreditava que os
escritores eram politicamente valiosos pela qualidade de seu
trabalho tanto quanto por seu perfil público.

Em casa, Sylvia sentiu que a desconfiança da classe
dominante britânica em relação à cultura — a sua rejeição
a pessoas como ela, considerando-as «excêntricos genuínos
ou afetados» — infiltrou-se pela sociedade, impedindo que
os intelectuais assumissem papéis públicos produtivos. Pior
de tudo, ela temia as pessoas que viam essa ineficácia simplesmente presumindo «que somos apenas um bando de pre-
guiçosos». Mas na Espanha os refugiados lhes ofereceram
empregos na área de serviços. Tal como elas haviam feito
com Josephine e Martha e Nancy, Valentine relembrou as
mulheres espanholas «nos dizendo o que deveríamos escrever
quando voltássemos, o que deveríamos falar».[150]

Em vez de questionar seu lugar na Espanha, Sylvia extraiu das suas boas-vindas a tão necessária garantia de que

---

150    VA, *Daily Worker*, diário de VA, 1937, D/TWA/A72, Dorset.

não era uma intrusa. Para ela, era importante demonstrar que a literatura pertencia a todos. Afirmou enfaticamente num texto que mais de 4 mil soldados haviam alcançado o status de «alfabetizados» durante o único mês de maio, graças aos esforços da Milícia Cultural. Se isso não era evidentemente bom por si só, «o barulho das máquinas de escrever» audível nas ruas afirmava a necessidade: o ruído vinha, explicou, das barracas públicas de escritores de cartas, onde as pessoas faziam fila pacientemente para pagar a estranhos para transcrever suas mensagens aos entes queridos, porque não podiam escrever por conta própria.

\*

No romance que Sylvia concluiu no ano seguinte, um colégio local ganha intenso significado simbólico como o lugar de uma última resistência numa rebelião camponesa. *After the Death of Don Juan* transporta os trabalhadores que ela observou avançando na Espanha para um vilarejo andaluz no século XVIII. O romance brinca com a lenda do libertino Don Juan (tal como foi expressa na ópera *Don Giovanni*, de Mozart, e na peça de Molière), mantendo a premissa de abertura mais ou menos a mesma: ao tentar estuprar a virtuosa virgem Doña Ana, Don Juan é interrompido pelo pai da mulher, que acaba sendo assassinado pelo protagonista. Uma estátua é erguida em memória do velho homem, e Don Juan, tão desrespeitoso em relação à morte quanto em relação aos patriarcas, convida zombeteiramente a figura a jantar com ele. Seu convidado de mármore aparece na hora marcada, pedindo a Don Juan que se arrependa, e, quando este não o faz, Don Juan é arrastado para o inferno.

O romance de Sylvia engata com desenvoltura no rescaldo dessa história, quando uma recém-casada Doña Ana insiste que Don Saturno, pai de Don Juan, deve ser informado da morte de seu filho. Relutantemente, o marido dela parte com a nova esposa e um séquito de servos em direção a Tenorio Viejo, vilarejo ancestral de Don Juan. Ali, eles ficam atordoados ao descobrir não apenas que Don Saturno é cético em relação à história, mas também que a comunidade inteira parece pouco inclinada a sofrer. A morte de Don Juan, se de fato aconteceu, seria uma benção para todos.

Descrevendo o romance para Nancy Cunard, Sylvia o chamou, um pouco timidamente, «uma parábola, se você gosta da palavra, ou uma alegoria ou o que você quiser, da química política da guerra espanhola, com Don Juan... aparecendo como o fascista da obra».[151] Ela também categorizaria o livro como «definitivamente um romance político — pelo menos talvez eu deva dizer que é uma fábula política».[152]

Por anos, a pobreza abjeta de Tenorio Viejo persistiu por causa das intermináveis demandas de financiamento do estilo de vida de Don Juan. O custo de todos os estupros, compras e bebidas recaiu sobre os camponeses e suas terras supercultivadas e cada vez mais resistentes. E, no entanto, para os aldeões de Tenorio Viejo, Don Juan não passa de um emblema da escravidão que impediu o seu florescimento. Mesmo que o Demônio o tenha levado, um deles comenta, «não nos livraremos dele... Temos mais nas nossas costas que o filho de Don Saturno».

A alfabetização está intimamente ligada à resistência em *After the Death of Don Juan*. Os visitantes de Don

---

151     STW, apud Mulford, *This Narrow Place*, op. cit., p. 123.
152     Ibid.

Saturno ficam chocados com sua indulgência transformadora em relação a seus inquilinos; alarmados por descobrir que ele os havia deixado ter uma escola e que todos sabiam ler. («Como o filho de um pai como esse escapa da maldição?», pergunta-se Doña Ana.) Ele aceita o risco de que «com o tempo as artes da leitura e da escrita vão forçá-los a perceber a miséria do seu estado, e então a ressentir, e então, talvez, a remediar isso»; ele antecipa uma «colmeia de revolucionários», e compreende isso.

Nisso, Sylvia captava uma mensagem insistentemente transmitida pela República. Depois do Congresso, Valentine escreveria um artigo sobre os livros de instrução distribuídos aos soldados, que terminavam com uma carta de boas-vindas assinada pelo ministro da Educação Pública. «Um novo mundo se abre diante de nossos olhos e da compreensão de vocês», dizia a eles. «Vamos conquistar esse mundo magnífico se numa das mãos segurarmos o livro de lições e na outra o rifle com o qual podemos proteger nosso direito à educação.»[153] Apesar dos horrores percebidos por Valentine, as compensações observadas em Valência haviam sido emocionantes:

> novos homens andam, novas mulheres povoam as ruas,
> e as crianças se debruçam sobre livros escolares, tendo enfim a verdade diante delas.[154]

\*

---

153 Apud Judd, *The Akeing Heart*, op. cit., p. 106.
154 VA, «Valencia, July 1937», *New Masses*, 30 nov. 1937.

Embora num romance bem diferente de *A Rope of Gold*, Sylvia, como Josephine, estabeleceu uma conexão entre o passado e o presente promissor e ameaçado. Para elas, a guerra espanhola não era somente um posicionamento contra o fascismo, mas um conflito de classes: um levante dos oprimidos, um coletivo que abrangeu não apenas continentes, mas séculos. Em contraste com muitos observadores, Sylvia podia admirar os pobres do campo sem idealizar a sua condição. Em casa, ela e Valentine se mantinham bem-informadas: a pesquisa de Valentine sobre o declínio dos padrões de vida dos trabalhadores rurais, *Country Conditions*, havia sido publicada logo depois de elas terem voltado de Barcelona em 1936. Para Sylvia, os aldeões imaginários de Tenorio Viejo eram nobres, mas suas circunstâncias não eram, e tampouco a nobreza deles derivava de alguma simplicidade ignorante. Eles têm a permissão de lutar por algo melhor — beiram o empreendedorismo — e de se ressentir de sua posição. Quando Don Juan finalmente reaparece, acabando com as esperanças de uma vida melhor, os aldeões se recusam a aceitá-lo. Em vez disso, cercam o castelo, iniciando uma rebelião.

Os nobres convocam o exército, e os rebeldes são massacrados. Como seus inimigos devastam as casas de suas futuras viúvas, alguns sobreviventes se reúnem na escola. A derrota parece não os abater. Nesse momento de crise, de autoafirmação, as incertezas foram varridas para longe, deixando em seu lugar propósito e unidade. Um ódio que, inexplorado, pode apenas corroer impotentemente por dentro foi transformado num ímpeto revolucionário. Um aldeão chamado Diego exulta na nova coletividade, numa substância nova para amar e odiar da qual Sylvia desfrutou em Barcelona:

A desconfiança, o egoísmo insatisfeito que o atormentara ao longo de toda a vida tinha murchado e desaparecido. Ele se sentia seguro no amor de seus semelhantes, a afeição fraterna unia todos eles, os vivos e os mortos, numa harmonia em que não havia coação, em que o indivíduo não cedia em relação à sua entonação verdadeira. Seguro no amor, seguro no ódio. Seu ódio foi liberado e correu solto, belo à luz do sol, regozijando-se como algum animal selvagem que foi solto de uma jaula na qual teria crescido flácido e sarnento.

*

Sylvia tinha visto como uma causa que transcende nosso egocentrismo pode, paradoxalmente, restituir-nos a nós mesmos. Vira isso funcionar com Valentine. Entorpecida e deprimida pelo que Sylvia descreveu como «a visão um tanto paroquial de nossos visitantes do Partido»[155] em Dorset — mas também por uma consciência inescapável de seu menor reconhecimento como escritora —, Valentine foi visivelmente revitalizada pelo Congresso. «Madri», observou Sylvia, «substituiu-a em si mesma.»

Quando deu a Valentine uma cópia de *After the Death of Don Juan*, Sylvia fez uma dedicatória utilizando a descrição de Ramon no romance, um aldeão conhecido pela «firmeza com a qual ele vive de acordo com sua própria crença».[156] Uma homenagem a Valentine, essa também era certamente uma homenagem à sua vida juntas. O amor de Sylvia por Valentine havia sido revelador, redirecionando sua vida e sua ficção. *Summer Will Show* [O verão mostrará], sua crônica de amor lésbico em contraponto às revoltas de 1848 em Paris, havia descrito a revolução do sentimento tanto

---

155 STW, apud Aguirre, *The Spanish Civil War...*, op. cit., p. 122, nota de rodapé.

156 Essa observação é de Mulford, *This Narrow Place*, op. cit.

quanto a da política. Com esse novo romance, ela se esforçava para dar o próximo passo político: esboçar o retrato de um coletivo, em vez de algo tão individualista quanto uma emancipação pessoal.

Em *After the Death of Don Juan*, a posição de Don Saturno como refém da extravagância de seu filho sempre expunha as limitações de suas boas intenções. Se Don Juan é o fascista de Sylvia, o pai dele serve como o progressista que carece da implacável intensidade de propósito e assim não conquista nada. Esse tipo de ineficácia assombrava Sylvia. Num discurso que fez sobre a guerra espanhola, Sylvia advertiu que o conflito era uma lição para a época deles. «Se aprenderemos a lição ou não», disse ela à plateia, «dependerá de essa cruzada ser um passo em direção à vitória ou meramente um período no qual alguns de nós farão discursos e outros farão boas resoluções.»[157]

Sylvia estava determinada a pôr sua ficção e suas energias para trabalhar em prol dos outros, mas jamais considerou suficiente sua própria contribuição literária. Em vez disso, assumiu todo o incansável trabalho organizacional e de campanha que o Partido Comunista esperava de suas integrantes mulheres, sem filhos e solteiras, e ela sempre permaneceu consciente das vozes que não foram ouvidas. (Para uma amiga, ela admitiu o alívio dos afazeres, às vezes: ao passar das lutas internas para as externas, enfrentando contratempos práticos em vez de «decepções introspectivas».[158])

Sua posição escolhida como escritora de esquerda exigia um equilíbrio difícil entre a humildade e a autoconfiança.

---

157 STW, apud Harman, *Sylvia Townsend Warner*, op. cit., p. 172.
158 STW a Elizabeth Wade White. In: Judd, *The Akeing Heart*, op. cit., p. 73.

Ela se considerava fora das vidas que importavam, enquanto municiava seu trabalho por acreditar que isso podia fazer a diferença. Ao encontrar os assuntos «certos», ela teve de sintonizar sua escrita com outras vozes. Mas, em vez de hesitar diante da possibilidade de falar por outros, desfrutava de sua habilidade de perambular. Quando lhe perguntaram certa vez sobre a inconsistência do tema em seu trabalho, ela protestou citando Walt Whitman: «Há multidões dentro de mim».

Para Sylvia, o sucesso de um romance dependia, ao menos em parte, da clareza da mensagem. Não havia como esperar que a musa atacasse, ou descesse ao subconsciente para ressurgir com seu melhor trabalho: para o tipo certo de combustão criativa, um escritor precisa começar com uma ideia e um propósito. «Quando a afirmação inequívoca corresponde ao pensamento predeterminado e o impulso criativo os incendeia», declarou ela, «sobrevém a qualidade que chamamos de urgência.»[159]

Isso me impressionou. Na progressão de *Summer Will Show* para *After the Death of Don Juan*, é possível traçar o desenvolvimento político de um autor, mas fiquei me perguntando se isso era também uma marca de algo menos orgânico — dos ditames da literatura comunista, digamos, e se eles poderiam ter minado sua fé em seus instintos radicais. (Entretanto, se o fizessem, há comédia suficiente no romance para testemunhar o irrefreável senso de humor de Sylvia.) Lendo o menosprezo de Spender, sua observação sarcástica sobre a *lady* escritora, com sua amiga especial e *lady* poeta, sublinhava o quanto era radical a escrita dela sobre mulheres que se amavam, mulheres que reconheciam

---

159    STW, «Women as Writers», 1959.

suas responsabilidades para com o coletivo, mas que também abraçavam liberdades semelhantes para si mesmas. Sylvia sabia na própria pele e na alma o quanto diferentes tipos de liberdade frequentemente estão ligados. Tanto quanto podemos falar em nome dos outros — emprestar nossa voz —, ela entendeu que deixar as próprias pessoas falarem por si mesmas é algo que não tem substituto. Negar a alguém a capacidade (ou a plataforma) para fazer isso é o verdadeiro crime: a caricatura de homens e mulheres fazendo fila para que escrevessem suas cartas por eles.

*

Há uma fotografia de Sylvia discursando no Congresso na noite de abertura do evento em Valência. A imagem a capta no meio da fala: olhos semicerrados atrás de óculos redondos, boca aberta, braços estendidos para baixo na direção da mesa à sua frente. Ela tem uma aparência quase beatífica. Veste uma blusa amarrotada com uma confecção de babados ao redor do pescoço, os cabelos presos em pequenos cachos; é possível, até provável, que ela ainda esteja com a roupa que usava na sufocante viagem de Barcelona. Ela aparenta cansaço, e alguma coisa em sua postura faz parecer que sua força para o discurso está vindo de outro lugar.

A julgar pelo ângulo da foto, Gerda devia estar em algum lugar abaixo de Sylvia, bem perto, olhando para ela — acompanhando o discurso através de suas lentes — à espera do momento certo para pressionar o obturador. Sylvia dificilmente poderia deixar de notar a figura diminuta tirando fotos, fazendo parte da plateia e não do próprio evento. Nesse instante, ela está olhando para a frente, perdida em sua mensagem de saudação ao povo espanhol, mas talvez em algum momento elas tenham chamado a atenção uma da outra. Gerda deve ter esperado que Sylvia olhasse em sua direção.

Sylvia fez o discurso em francês, então Gerda não teve problema para acompanhá-lo. Mas as atividades do Congresso não prenderam sua atenção por muito tempo. Naquela noite, surgiram rumores de uma grande mobilização fora de Madri e ela imediatamente se distraiu do evento para encontrar um caminho até o front.

# Acertos de contas[160]
# Gerda Taro, Julian Bell,
# George Green
# Brunete: verão de 1937

Julian Bell sabia antes mesmo de Gerda que algo estava acontecendo. Em 1º de julho, menos de um mês depois de ter chegado, ele escreveu de Madri à sua mãe: «Há uma crise repentina aqui — até que enfim — e rumores de um ataque». Tendo ido à Espanha para observar a guerra, para aprender com ela, ele estava ansioso para ver de perto a ação. As deficiências de sua unidade o estavam afetando. Mesmo o segredo aberto da iminente ofensiva parecia amador e arriscado. Julian estava ficando, disse ele, «muito irritado com a organização» — ou melhor, com a falta dela. Ainda assim, tudo aquilo constituía uma experiência valiosa para o futuro político que ele esperava ter. Exausto pelas exigências do trabalho, cercado por outros motoristas de ambulância tão cansados e comprometidos quanto ele, Julian considerou

---

160    As cartas de Julian Bell citadas neste capítulo estão reproduzidas em Stansky e Abrahams, *Journey to the Frontier*, op. cit. As estatísticas da Batalha de Brunete são citadas em Beevor, *The Battle for Spain*, op. cit., que também cita Von Richthofen. As cartas de George Green a Nan são citadas em Preston, *Doves of War*, op. cit.

seus dias na Espanha «uma vida melhor que a maior parte da que levei».

Em geral, o moral republicano estava perigosamente baixo nessa época. Uma série de derrotas havia abalado a fé, e a infiltração comunista estava destruindo a unidade. Os oficiais se juntavam ao partido ou arriscavam perder as armas de seus homens, as rações e até a assistência médica. As táticas foram alteradas para se alinhar com uma lógica astuciosa e anômala, inteligível apenas aos que estavam familiarizados com a realidade soviética. Bolsões de descontentamento irromperam dentro das Brigadas Internacionais, onde a brutalidade inflexível de alguns comandantes significava que era suicídio seguir suas ordens e suicídio resistir a elas. Voluntários, alguns dos quais haviam esperado um período de seis meses, viam-se eles mesmos presos.

Quando Madri se recusou a cair, os nacionalistas haviam treinado suas forças no norte e tomado Bilbao em meados de junho. Mais perdas no País Basco teriam sido desastrosas, e por isso um desvio foi planejado no vilarejo de Brunete, cerca de 25 quilômetros a oeste de Madri. O melhor de tudo à disposição da República seria lançado no ataque, no que pretendia ser uma grande demonstração da façanha comunista. Setenta mil homens, incluindo todas as cinco Brigadas Internacionais, foram reunidos ao lado da maior concentração de tanques, armas e aeronaves até então.

Tropas e equipamentos foram agrupados dentro e em torno do Escorial, um vasto complexo real e monástico do século XVI, localizado a oeste da cidade. Hospitais foram construídos, bem como, num dos imponentes pátios do palácio, um *motor pool* onde se reuniam as ambulâncias dos serviços de assistência médica. George Green trabalhava num hospital de campanha num monastério abandonado que ficava mais abaixo na colina. A esperança era romper o domínio sobre Madri — talvez até mesmo marcar o aniversário da guerra com uma virada a favor da República.

Os rumores chegaram a Gerda em Valência pouco antes de o Congresso seguir para Madri. À medida que a notícia se espalhou, o escritório de imprensa foi sitiado por correspondentes que solicitavam passes para a capital. Gerda fez seu próprio apelo com estilo. Vendo que a mulher que dirigia o escritório em Valência estava sobrecarregada, deixou um buquê de flores em sua mesa. «Peço desculpas por preocupá-la num momento em que você está tão agitada e ocupada e cansada», escreveu Gerda num bilhete, «mas preciso chegar a Madri antes que a ofensiva acabe.»[161] Tal ofensiva pode não ter acontecido oficialmente, mas Gerda conseguiu seu passe para Madri.

O Congresso teve início na capital em 6 de julho. Mais cedo na mesma manhã, uma divisão republicana atacou os nacionalistas em Villanueva de la Cañada, enquanto outra se dirigia a Brunete. No escritório de imprensa de Madri, Arturo Barea não tinha autorização para dizer coisa alguma aos correspondentes ruidosos. Não havia passes para o front.

Na tarde seguinte, soldados interromperam o Congresso com uma notícia formidável: os republicanos haviam assumido o controle de Brunete. Os representantes das delegações reagiram com euforia. Gerda ficou ali apenas tempo suficiente para fotografar rapazes com estandartes nacionalistas capturados em suas baionetas, mirando a câmera no rosto deles, em vez de se fixar no tecido esfarrapado acima. Não exatamente jubilosos, eles erguem os olhos quase com ansiedade, como se estivessem preocupados com a responsabilidade de manter

---

161    Apud Rogoyska, *Gerda Taro*, op. cit., p. 186.

tudo no alto. Mais do que qualquer coisa, o semblante deles lembra aquelas imagens mais familiares de Madri, de pessoas olhando para o céu «não para ver o sol ou as estrelas», nas palavras de Valentine, mas com medo dos aviões.

A mensagem no escritório de imprensa de Madri continuava a mesma: não haveria passes para o front. Mesmo assim, Gerda chamou um carro. Ela sabia se virar agora, e, mais importante, os soldados a conheciam. Isso era o que ela, como Julian, estava esperando. Isso era ação. Capa tinha levado o filme deles da abertura do Congresso em Valência de volta a Paris para ser revelado, e assim a oportunidade e o risco eram todos dela.

*

Tendo ultrapassado seus camaradas, a 11ª Divisão do Exército Republicano espera em Brunete. Os nacionalistas consideram a vitória republicana uma mentira, mas Gerda está ali para fornecer a prova: uma fotografia de soldados republicanos parados em frente a uma placa de rua, clara como o dia. Um colega a vê ajoelhar-se na terra da estrada, inclinando-se com cuidado para encaixar no enquadramento: BRUNETE.

Mais tarde, eles passam por um grupo de brigadistas internacionais descansando num campo, e param para comer com eles. Na despedida, cantam «A Internacional», e ele se comove ao ver «o pequeno punho [de Gerda] estendido para o céu».[162]

A batalha está tão próxima de Madri que a fumaça e o brilho das detonações podem ser vistos da cidade. Arturo Barea observa a «nuvem escura e cintilante» e pensa na

---

162  Ibid., p. 203.

Brunete que ele conhece desde a infância, no «vilarejo pardacento» de paredes de barro e campos desolados, sendo destruída por «tanques estrondosos e bombas berrantes». É a isto que a guerra se resume para ele: resistir aos que querem manter «todas as Brunetes do meu país áridas, secas, empoeiradas e pobres como eram».

Enquanto o Congresso continua, Gerda pode dividir seu tempo entre o front e os representantes das delegações, e passa as noites na Alianza, ouvindo rádio em busca de notícias e cantando com amigos para elevar o ânimo.

Valentine registra a retaliação nacionalista: «armas pesadas abastecendo altos explosivos e projéteis incendiários no coração de Madri — destruindo um hospital, arruinando casas, matando e queimando mulheres e crianças».[163] Nas ruas, Sylvia tem outra chance de admirar mulheres espanholas sob fogo, insistindo novamente na gentileza e na fúria delas. Por baixo da tensão, escreverá ela, toda mulher que ela vê carrega «a mesma expressão de raiva concentrada e indomável. Se você puxa conversa, elas são tão amigáveis, tão gentis, quanto você quiser. Mas, no momento em que param de falar, aquele olhar colérico retorna. Isso foi a coisa mais impressionante que vi na Espanha».[164]

Em 10 de julho, o Congresso voltou a Valência, o que significa que Gerda pode concentrar suas atenções na batalha. Ela é popular com os soldados e amigável com o general Walter, o comandante polonês de uma das Divisões

---

163    VA, «Harvest in Spain», manuscritos, 18 de julho de 1937, R(SCL)/3/12, Dorset.

164    STW, apud Harman, *Sylvia Townsend Warner*, op. cit., p. 162. JH também adorava as matriarcas «tremendamente coléricas» que ela viu na Espanha.

Internacionais, o que significa que está bem-informada sobre onde as coisas estão acontecendo e tem condições de ir até lá.

O Escorial fica numa elevação, outrora um ponto vantajoso para o poder monárquico e religioso. Se eles se aventuram nos jardins à noite, a equipe médica pode observar as luzes piscando no céu: armas antiaéreas e vilarejos em chamas.[165]

Apesar de todas as comemorações iniciais, a realidade no terreno é desesperadora. Desde o início, a resistência nacionalista foi mais forte que o esperado, e soldados republicanos estão lutando contra alvos bem defendidos sob o sol escaldante do verão espanhol. O Escorial está sobrecarregado desde as horas iniciais da primeira ofensiva. A morfina acaba. As moscas se instalam. Os funcionários estão oficialmente em turnos de vinte horas, mas na realidade seu trabalho é interminável.

George Green, temporariamente sem uma ambulância, presta assistência como auxiliar. «Trabalhamos arduamente», escreve ele a Nan, «mal falando uma palavra, limpando quartos, esfregando, instalando fiação, consertando lâmpadas no centro cirúrgico e na triagem no andar de baixo.» No centro cirúrgico, ele se vê atuando como «anestesista, pugilista exausto, assistente de palco, mediador de brigas entre irmã e cirurgião, selecionador de matéria-prima da triagem e secretário — e ocasionalmente cirurgião assistente em consultas quando todo mundo está cansado demais para usar o bom senso».

Os nacionalistas rapidamente mobilizaram contra-ataques que custaram milhares de vidas e exauriram as Brigadas

---

165    Irene Goldin, «Americans and British». In: Alexander; Fryth, *Women's Voices from the Spanish Civil War*, op. cit., pp. 146-7.

Internacionais. No lado republicano, não há água nem munição em nenhum lugar próximo. Os tanques se tornam fornalhas. Na terra dura, é difícil cavar trincheiras para abrigo. Em 11 de julho, a República perdeu sua supremacia aérea inicial e um bombardeio implacável de suas fileiras começa a acabar com seus veículos blindados. Quando, no dia seguinte, a Legião Condor alemã libera os caças Messerschmitt Bf 109, o céu escurece com mais de duzentos aviões. Os hospitais estão entre os alvos.

Gerda deveria retornar a Paris, mas decide ficar. Ela vai o mais perto possível da batalha, pequena e rápida, ansiosa para parecer destemida e para encorajar os soldados exaustos. Carregando sua Leica e uma câmera de cinema Eyemo que Capa deixou para ela — vem com um pesado tripé, que logo fica salpicado de buracos de bala —, vai temerariamente longe. Há fotos dos feridos sendo levados de maca para as ambulâncias, e, se ela estava perto das ambulâncias, estava perto do perigo. Os maqueiros estão correndo riscos terríveis; metade da unidade médica britânica estará morta antes que isso termine.[166]

Nas trincheiras abandonadas pelos nacionalistas nos arredores de Villanueva de la Cañada, os motoristas de ambulância como Julian aproveitam para dormir sempre que conseguem. Eles se abrigam ali quando os aviões inimigos sobrevoam — quando conseguem. Estão num vaivém quase constante entre as estações de primeiros socorros do front e os hospitais no Escorial, e às vezes os aviões os seguem, atirando. Numa confusão de tráfego militar, eles dirigem lentamente pelo terreno sem cobertura. Com frequência, dirigem à noite em estradas malcuidadas e sem iluminação, deixando os passageiros

---

166 Stansky; Abrahams, *Journey to the Frontier*, op. cit., p. 409.

numa sobressaltada agonia. Em determinado trecho, George dirige por oito horas sem parar. A poeira, a fumaça e o odor dos corpos obstruem o ar, e eles estão com sede, sempre com sede. George não consegue imaginar como sobreviverá.

Um embate devastador se instala. Corpos, espalhados livremente pela paisagem, ficam pretos e pútridos ao sol. Por um breve período, após a explosão de sua ambulância, Julian trabalha como maqueiro, liderando um time de trinta pessoas que tenta resgatar os mortos em momentos de relativo sossego. Faz um calor insuportável.

Os representantes do Congresso terminam em Valência e estão programados para concluir os eventos em Paris com os colegas que não puderam ir à Espanha. Eles cruzam a fronteira a tempo do Dia da Bastilha, em 14 de julho; Sylvia e Valentine marcham por horas pelas ruas de Paris no desfile. Nancy Cunard comparece às sessões francesas do Congresso, ouvindo com particular admiração Langston Hughes, que foi à França como um dos representantes americanos.

Diante de uma calmaria em Brunete, Gerda se permite uma pausa rápida em Paris com Endre. Eles passam o Dia da Bastilha com amigos; depois, à noite, sobem até Montmartre para passar um tempo numa pequena praça embaixo da Sacré-Coeur. Endre, sob o nome de Capa, tornou-se um fotógrafo conhecido graças às fotos que fez na Espanha. Agora as imagens captadas por Gerda na vitória antecipada em Brunete estão no *Ce Soir* e na *Regards*, seu crédito ao lado delas. A *Regards* se orgulha de sua ágil fotógrafa, que garantiu à revista as «primeiras e únicas imagens da ofensiva». Ela fez seu nome, e não é Robert Capa.

Quando parte outra vez para Madri, Gerda promete voltar a Paris em dez dias. Capa quer que os dois viajem à

China e cubram a Guerra Sino-Japonesa, que já está empurrando a Espanha para fora das primeiras páginas. Amando-a ferozmente, ele acredita ser a única pessoa que pode protegê-la dos perigos de uma guerra, o que também significa protegê-la de si mesma. A perspectiva da China é irresistível. Se ele puder lhes assegurar uma comissão, Gerda diz que irá com ele.

Sylvia e Valentine chegam em casa em 16 de julho. Dois dias depois, a unidade britânica de assistência médica recebe um novo caminhão, o que significa que Julian tem uma ambulância novamente. As coisas ainda estão calmas o bastante naquela manhã para que ele proponha dirigir a fim de preencher alguns buracos de projétil na estrada, a fim de facilitar o transporte dos feridos. Mas esse dia é 18 de julho, o aniversário do levante rebelde, e Franco o escolheu para lançar um contra-ataque arrasador.

Enquanto as tropas republicanas lutam desesperadamente para reprimir os nacionalistas, um fluxo implacável de vítimas recomeça, inundando os hospitais. A camaradagem de George e Nan significa que ele não a poupa de nada. Numa carta escrita provavelmente nesse período, ele documenta uma luta penosa e incessante. «Trabalhamos por três dias e noites com não mais que duas horas de sono, e você não pode imaginar o cansaço disso», afirmou, «e, ainda assim, a sensação de ser estimulado por saber que a triagem está cheia de homens feridos que dependem de nós... E, Nan, havia algumas feridas *terríveis*. Alguns deles morreram na mesa de cirurgia.»

Ele descreve a luta no centro cirúrgico para salvar a perna de um homem esmagado que ficou sem socorro por doze horas na encosta de uma colina antes de chegar ao hospital; e depois, no dia seguinte, a luta para amputar a perna antes que a gangrena o matasse, George observando a podridão se espalhar à sua frente na mesa de cirurgia, descartando a perna o mais depressa possível antes que o soldado voltasse a si e visse. Ele conta não ter sido capaz de responder quando o homem perguntou pela segunda vez se sua perna poderia ser salva. Ele descreve o lavadouro no fim do jardim, onde os mortos são deixados, e a tentativa de consolar uma enfermeira com «os fundamentos simples que nos fazem saber sem fé cega que, se eles matarem todos os comunistas e queimarem todos os livros e destruírem a União Soviética amanhã, mesmo assim devemos ganhar, e o pacto feito com os filhos não nascidos dos adormecidos no lavadouro será mantido, e devemos construir um novo mundo».

O tempo todo, George quer Nan ali: porque as unidades médicas estão desesperadamente com falta de pessoal e porque ele precisa dela. «Quero você à noite e de dia», implora, «para trabalhar com você e dormir com você e acordar com você e chorar e consolar e ser consolado por você e para segurar sua mão e para você se apoiar em mim às vezes à noite se quiser e para amar e paparicar. Por favor, escreva e diga que você também quer todas essas coisas, ou venha e me fale delas.» Nan lê as cartas, sente que tem o dever de ir; atormenta-se com o pensamento de seus próprios filhos e a maneira como eles também precisam dela.

No Escorial, um motorista de ambulância ferido chega tão coberto de lama que, num primeiro momento, o médico (um amigo dele) não vê quem é. Julian está consciente, mas não consegue sobreviver ao ferimento no peito. Ainda lhe resta um tempo para arriscar uma piada, murmurar algo em francês que o médico não consegue decifrar, e depois ele entra em coma. Dali a dois dias, Vanessa Bell nunca mais será feliz.

Quase todo dia, Gerda acorda cedo — o melhor horário para a luz — e segue da Alianza para o front. Na Gran Vía, ela agora tem a reputação de chegar perto da ação, de levantar o moral. Um respeitado correspondente americano acredita que o comando legalista está feliz por tê-la ali, porque a presença de alguém que parece tão jovem, tão diferente da sujeira da guerra, tranquiliza os homens no sentido de «que as coisas não podiam ser tão ruins assim. Geralmente eram. Ou piores».[167]

Desde 23 de julho, os nacionalistas estão na ofensiva. No dia seguinte, eles rompem as linhas republicanas e alcançam os limites de Brunete. As coisas começam a colapsar. Numa divisão, quatrocentos homens são supostamente baleados por fugir. Ao longo de toda a campanha, momentos de escassez extrema foram agravados por problemas de comunicação. Num hospital, uma enfermeira contabiliza vinte nacionalidades diferentes. Como eles poderiam entender uns aos outros?

Comandantes temerosos de admitir suas falhas enganaram seus próprios camaradas. Após se vangloriar de vitórias exageradas, o comando republicano avançou a um custo irreparável. Sua ofensiva principal terminaria em breve com um ganho final de cinquenta quilômetros quadrados. Para isso, sacrificaram a maior parte de sua força armada e um terço dos caças mobilizados, e sofreram 25 mil baixas. Isso quer dizer que 25 mil soldados foram mortos ou feridos em apenas um lado.

Gerda recebe notícias de Paris: a revista *Life* vai enviá-la, e também Capa, à China. Capa não cabe em si de entusiasmo; em Madri, Gerda conta para todo mundo. No

---

167 Jay Allen, apud Rogoyska, *Gerda Taro*, op. cit., p. 203.

dia seguinte, ela entra em contato com Ted Allan, um canadense que a segue com adoração, mas que até então nunca a havia acompanhado ao front. É o último dia antes do retorno dela à França; ela tem um carro oficial e um motorista. Ele gostaria de ir junto?

O front está um tumulto. Mesmo o general Walter, um contato de Gerda que em geral é amigável, ordena que eles saiam imediatamente. Mas Gerda simplesmente envereda por uma trincheira diferente e, enquanto os aviões inimigos disparam e Allan se encolhe no solo, fotografa num ritmo frenético. Pelo relato de Allan, ela está quase enlouquecida pela adrenalina, convencida de que está fazendo as fotos da sua vida, vitais em meio à morte. Ele não consegue persuadi-la a ir embora antes que seu filme se esgote.

Nesse dia, Franco vai declarar o fim da batalha. O coronel Von Richthofen, comandante das operações da Luftwaffe na Legião Condor e um homem que não costuma se impressionar com os esforços nacionalistas, está satisfeito com aquele dia. «Incontáveis vítimas vermelhas, que já estão se decompondo no calor», escreverá em seu diário. «Tanques atingidos em todo lugar. Uma grande visão!»

Gerda e Allan pegam a estrada em direção a Villanueva de la Cañada, primeiro a pé e depois em cima de um tanque. A República está recuando. Corpos se alinham nas margens. Ao chegarem a Villanueva, avistam um carro transportando soldados feridos para o Escorial e saltam para os estribos. Em torno deles, os campos estão em chamas. Aviões alemães aparecem de novo acima das cabeças, voando baixo e metralhando a estrada; o motorista luta para manter o controle do carro, que avança como um animal assustado. Um tanque republicano surge do nada, colide com eles onde Gerda está pendurada. Quando Allan acorda na beira da estrada, ela não está ali. No hospital, consciente apesar dos ferimentos devastadores, ela pergunta por suas câmeras.

Na manhã seguinte, os anfitriões de Gerda na Alianza aparecem correndo no hospital no Escorial. Eles foram informados de que uma jovem fotógrafa havia morrido ali à noite, e de que, se o corpo dela não fosse identificado e reivindicado, ela seria enterrada numa cova anônima, com todos os muitos mortos.

*

Quando Langston Hughes chegou à Alianza em Valência não muito depois, ele encontrou o local «envolto em luto». O «corpo de Gerda Taro, jovem fotógrafa húngara, jazia ali».[168] Ao confundir a nacionalidade dela, Langston estava apenas reproduzindo um mal-entendido comum sobre Gerda — outra suposição que a unia a Capa. Mas, em outro sentido, agora não havia dúvida sobre quem ela era. Na Alianza de Madri, milicianos montaram uma guarda de honra à sua «pequena heroína húngara», enquanto um fluxo de enlutados passava por seu caixão improvisado e Capa telefonava freneticamente de Paris para descobrir por que ela não havia chegado.[169] Coube a Louis Aragon, na condição de editor do *Ce Soir*, dar a notícia. Em seguida o *Ce Soir* assumiu a situação, preparando o palco para um enorme funeral em Paris — uma manifestação multitudinária de luto — que definiria Gerda como uma mártir comunista, apesar de ela não ter sido

---

168    Hughes, *IWAIW*, op. cit., p. 328.
169    Os temores de Capa já haviam sido inflamados por uma pequena notícia de jornal sobre a morte de «Miss Taro».

membro do partido. Alguns dias depois, uma longa e lenta procissão passou pelas ruas até o cemitério Père-Lachaise. O pai de Gerda viera da Iugoslávia, onde a família dela tinha finalmente se exilado, e viu seu sofrimento desfilando pela multidão. Capa estava inconsolável.

Gerda foi a primeira mulher fotojornalista a ser morta em ação. Não é o tipo de consagração que ela teria escolhido para si. Primeira fotógrafa mulher a chegar tão perto do combate; um dos fotógrafos pioneiros que mudaram para sempre a forma de reportar a guerra; um dos primeiros oponentes ao fascismo — ela mereceu consagrações melhores. Mas, após um breve período póstumo de celebridade como heroína antifascista, não havia muitas outras em oferta. Algumas de suas imagens da Espanha se tornaram icônicas, mas seu crédito por elas se provou efêmero. No caos dos primeiros meses da guerra, não era incomum que fotógrafos confiassem seus rolos de filme a qualquer estranho que estivesse prestes a sair do país e disposto a levá-los. Eles tinham sorte se suas fotos chegavam a uma câmara escura em Paris, e mais ainda se recebiam o devido crédito quando eram publicadas. Gerda e Capa muitas vezes trabalhavam lado a lado, o que tornava difícil distinguir o que cada um havia produzido. No perigo e na desordem implacáveis dos anos seguintes, Capa — sua fama floresceu com a Segunda Guerra Mundial — dificilmente estava em posição de ser o melhor guardião dos negativos de Gerda ou da sua reputação. Tampouco havia outros herdeiros para falar por ela. Alguns anos depois do funeral espetacular da fotógrafa, sua família inteira havia desaparecido, sem memória, no Holocausto; assassinados pelo fenômeno que ela esperava que fosse repelido na Espanha.

Até seu trabalho começar a ser redescoberto na década de 1990, sobretudo por meio dos esforços de sua biógrafa,

Irme Schaber, Gerda era lembrada, se é que era, como a trágica, talvez politicamente fanática, esposa do famoso fotógrafo de guerra Robert Capa. «Esposa» foi um equívoco que surgiu com o próprio Capa: provavelmente um daqueles empurrões instintivos que pressionam o registro de uma linha factual estreita para um espaço mais amplo de coisas que aparentam ser verdadeiras.

O fato de Schaber ter conseguido descobrir algo sobre Gerda Taro quando começou sua pesquisa se atribui a uma velha história: Gerda estava «num relacionamento com um homem que mais tarde se tornou mundialmente famoso; ela era jovem e bonita; e morreu em circunstâncias trágicas».[170] Tudo isso é verdade; mas a soma dessas informações resulta em algo muito menor que a imagem inteira de Gerda.

---

170    Schaber, *Gerda Taro*, op. cit., p. 6.

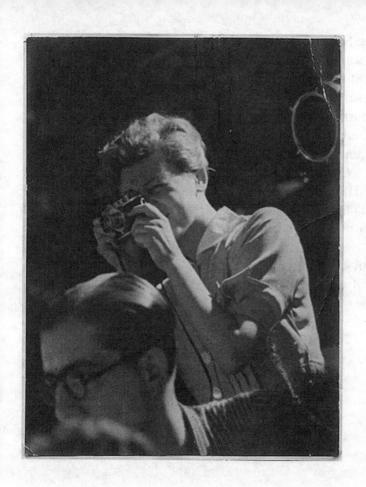

Gerda Taro.

# À procura de Salaria Kea, Parte I[171]

Salaria Kea era como Gerda, entrando nos registros e saindo deles, sua própria história nas mãos de terceiros. Ao procurá-la, fui em busca de uma mulher chamada Salaria Kea, ou Kee, ou O'Reilly.[172] Ou, como uma menção feita a ela no ensino médio, Sarah Lillie. Ainda mais do que Nancy Cunard, cujos documentos acabaram sendo destruídos pelos ocupantes nazistas, Salaria parecia destinada a escapar da consolidação narrativa. Certos registros sobrevivem porque são considerados mais dignos de preservação do que outros. No campo irregular da memória, tudo se resume a organização, coerência e cuidado póstumo. Escritores têm pelo menos essa vantagem sobre a morte e a marginalidade. Eles estão sempre importunando a face indiferente da história, deixando um rastro para os coletores da memória. Salaria parece ter sabido disso ela própria, já que fez várias tentativas de arrancar sua história dos fabricantes de

---

171 A menos que especificado de outra forma, todas as citações foram retiradas de gravações de entrevistas com Salaria mantidas nos arquivos de pesquisa *Into the Fire*, de Julia Newman, e nos papéis de John Gerassi na Tamiment Library and Robert F. Wagner Labor Archives.

172 Salaria foi descrita (por Anne Donlon) como alguém «cujo nome é sempre grafado incorretamente». Optei pela grafia que ela deu numa entrevista que ouvi na biblioteca Tamiment («K-E-A»), que está na compilação dos materiais de pesquisa de Julia Newman para *Into the Fire*.

propaganda.[173] Mas nesse ponto eles haviam estabelecido uma versão com uma clareza tão enganosa — uma lógica tão fácil — que ela teve problemas em enxergar autenticidade no que sobrou.

O lugar em que fui procurar informações sobre ela foi Nova York. Era lá que Salaria estava vivendo e trabalhando quando decidiu se oferecer como voluntária na Espanha, e era na biblioteca Tamiment — um prédio de aspecto enferrujado na Washington Square — que estava minha melhor oportunidade de juntar suas peças.

Salaria veio de Akron, Ohio, mas em 1937, aos 23 anos, trabalhava como enfermeira no Harlem Hospital quando se ofereceu para integrar uma unidade médica com destino à Europa. Ela saiu de Nova York em março e se tornou a única enfermeira afro-americana a se voluntariar na Espanha. A Brigada Abraham Lincoln, formada por voluntários americanos, já tinha grande importância como a primeira unidade militar integrada na história dos EUA. Salaria, retratada com sua capa grossa de enfermeira orgulhosamente pendurada sobre os ombros para mostrar o distintivo AMB,[174] tornou-se um ícone da solidariedade afro-americana com a Espanha, e do amplo espectro de causas associadas à Causa Republicana. Tanto a imprensa comunista quanto a

---

173 Anne Donlon sugere que as memórias panfletárias *Negro Nurse* publicadas em 1938 foram escritas por Thyra Edwards. Estabelecer uma data para as memórias posteriores que a própria Salaria escreveu — das quais alguns trechos foram ocasionalmente publicados — revelou-se difícil, embora Emily Robins Sharpe observe que a versão completa de *While Passing Through* é datada de 1973. *While Passing Through* foi escrito por Salaria, mas parece derivar muito diretamente de textos anteriormente publicados sobre ela.

174 Sigla de American Medical Bureau. [N. T.]

afro-americana publicaram histórias sobre ela; Salaria apareceu em pelo menos dois filmes contemporâneos sobre a guerra. Ainda assim, o registro de seu período na Espanha permanece confuso e indistinto.

Um dos primeiros relatos que li foi um panfleto de propaganda publicado pelo «Negro Committee to Aid Spain e o Medical Bureau e o North American Committee to Aid Spanish Democracy»[175] em 1938, que foi inteiramente dedicado à história de Salaria e parecia se basear no seu depoimento pessoal. Essa foi a narrativa do despertar político de uma jovem. («Agora ela estava aprendendo a resistir, a organizar e mudar as condições. Ela emergiu com um novo e forte sentimento de identidade de grupo.») O que me atraiu à Tamiment, no entanto, foi a evidência de que Salaria fizera várias tentativas de escrever suas próprias memórias da Espanha de forma independente. Havia, por exemplo, *While Passing Through* [Ao passar por isso]: um esboço do que pretendia ser parte de uma autobiografia mais completa, da qual alguns trechos foram publicados no fim dos anos 1980. Quatro folhas datilografadas, numeradas de seis a nove, haviam sido encontradas num arquivo em Londres e identificadas como parte de um relato anterior tanto ao panfleto quanto a *While Passing Through*.[176] (Na época em que visitei aquela biblioteca, essas páginas haviam desaparecido.) Nos arquivos na Tamiment, eu também encontraria um de seus amigos relatando no fim dos anos 1960 que Salaria estava

---

175    Respectivamente, Comitê Negro de Ajuda à Espanha, Agência Médica e Comitê Norte-Americano de Ajuda à Democracia Espanhola. [N. T.]
176    Essas folhas são mencionadas por Carmen Cañete Quesada, «Salaria Kea and the Spanish Civil War». In: R. Cornejo-Parriego (Org.), *Black USA and Spain*.

estudando com o famoso poeta Langston Hughes a fim de registrar suas memórias no papel. Mas minha viagem a Nova York esclareceu pouquíssimo a esse respeito. Não só esse livro aparentemente nunca foi concluído, como também as histórias a que Salaria deu voz se provaram extremamente questionáveis.

Muitos dos detalhes de sua vida eram difíceis de identificar com exatidão. Um artigo de 2011 informava que sua morte havia ocorrido tanto em 1990 quanto em 1991; seu nascimento mudava o tempo todo; nenhum de seus nomes parecia ter uma ortografia permanente, e, quanto mais eu lia, mais encontrava as mesmas histórias — que de algum modo se originavam dos próprios relatos de Salaria — repetidas, retrabalhadas, contestadas, sobrescritas e adulteradas.

Seu local de nascimento, que ela geralmente informava ser Akron, era na verdade a Geórgia. Ela perdeu os pais cedo, mas os relatos das circunstâncias variam, mesmo nas informações concedidas pela própria Salaria. Parece bem possível que ela simplesmente não tivesse certeza dos fatos: seu pai morreu quando ela era bebê, uma perda que precipitara o tipo de ruptura que despoja a família de suas memórias fundamentais. Em geral está escrito que o pai de Salaria foi assassinado por um paciente em seu local de trabalho, um hospital psiquiátrico que sofria com escassez de funcionários. Salaria às vezes dizia que ele fora morto no mar durante a Primeira Guerra Mundial. O que a morte dele significou foi que Salaria e seus três irmãos mais velhos foram levados pela mãe para Akron, onde ela também não entrou nos registros. Salaria cresceu da mesma forma que o biógrafo de Langston o descreveria: como uma «criança que circulava».[177]

---

177     A. Rampersad, *The Life of Langston* Hughes, v. 1, p. 3.

Embora fossem entregues de casa em casa e frequentemente separados, os irmãos de Salaria arranjavam maneiras de cuidar dela. Nenhum deles conseguiu se formar no ensino médio, mas se certificaram de que sua irmã esperta e esportiva o fizesse.

Nova York, representando o melhor que ela poderia encontrar em termos de oportunidades, era também uma espécie de beco sem saída. Se o racismo estabelecesse barreiras ali, não havia outro lugar aonde ir. O panfleto de 1938 localizava o desenvolvimento político de Salaria no Harlem Hospital, onde muito cedo em sua carreira ela esteve envolvida na desagregação da equipe do refeitório. Entrosando-se com um grupo de enfermeiras progressistas, Salaria frequentou palestras e grupos de discussão que, segundo o panfleto, aprofundaram sua compreensão dos sistemas internacionais de opressão. Em outras palavras, ela começou a fazer conexões.

De acordo com Salaria, foram os médicos refugiados da Europa que lhe mostraram os Estados Unidos sob uma nova perspectiva. A Ku Klux Klan não era uma aberração aterrorizante. Existia num *continuum* com um governo que defendia a segregação, e com a subjugação de pessoas em terras colonizadas, e com um movimento em países distantes que tornava a vida quase impossível para judeus, de maneiras que guardam semelhanças e diferenças — mas em ressonância — com a maneira como a vida para o seu povo estava frequentemente à beira do impossível. Como dizia o panfleto de 1938, «o que estava acontecendo no Harlem Hospital tinha relação com os eventos na Europa e na África... Quando Mussolini fez suas tropas avançarem da Etiópia para a Espanha, ela entendeu que essa era a mesma luta».

«Parecia que em todas as coisas que eu queria fazer eu havia sido rejeitada no meu próprio país», disse ela a um jornalista em 1975, recordando-se de todos os obstáculos lançados contra seus esforços para oferecer suas habilidades. «Eu não sabia nada sobre política... Tudo o que eu sabia era sobre democracia, e qualquer coisa que não fosse democracia não era para mim.»[178] Os Estados Unidos poderiam se considerar uma democracia, ela disse em outra ocasião, mas «o que

---

178  SK, entrevista à *Cleveland Magazine*, 1975.

a democracia significava para mim era que todos seríamos iguais... eles estavam mentindo. Não éramos todos iguais».[179]

Salaria Kea sabia o quanto tinha a oferecer. De todas as coisas que lhe foram negadas, nas entrevistas ela às vezes dava a impressão de que o que mais a magoava era a rejeição recorrente e arbitrária de seus dons. Na Tamiment, assisti a gravações suas na velhice, sentada num sofá xadrez ao lado daquela sua fotografia em uniforme de enfermeira. Seu rosto se enruga numa expressão feroz. «E por que eu não deveria ir e ajudar o mundo?», diz.[180]

Como todas as salas de leitura, a da biblioteca Tamiment tinha um ambiente silencioso e acolchoado no qual era possível ficar tão absorto em seu material que às vezes, ao olhar para as janelas e ver o mundo ainda em movimento, sentia-se uma espécie de surpresa. Era escuro também. Dos arquivos, onde as luzes costumam ser diminuídas para proteger material delicado, todo mundo lá fora parece de fato estar operando dentro de uma área inteiramente diferente.

Mesmo aqui, no seu lugar certo, lutei para encontrar os registros que eu esperava. Não tinha encontrado a memória completa de Salaria Kea. Eu estava com pouco tempo. Havia limites para o que eu poderia pedir do acervo a cada dia, e, considerando que o catálogo era variado e complicado e eu não tinha plena certeza do que estava buscando, soava como pura sorte se o que chegava seria útil ou não. Muitas vezes é assim. Você pode passar a manhã inteira vasculhando fotocópias de artigos que já leu antes, só para tropeçar em

---

179 Entrevista de SK, Julia Newman *Into the Fire* Research Files, ALBA 226, Série 1, Caixa 2, Tamiment.
180 Ibid.

algo novo e crucial no momento em que os arquivistas estão conduzindo você para fora.

Por algum motivo, demorei até o último dia antes que a biblioteca fechasse para o Natal até deparar com uma série de gravações de Salaria que haviam sido feitas como preparação para um documentário lançado em 1984. Os arquivos de áudio estavam armazenados em CD-ROMs, então eu precisava de um conjunto diferente de aparelhos para ouvi-los. Enquanto eu esperava que tudo isso chegasse, senti o potencial do dia voltando.

Salaria devia ter cerca de setenta anos quando concedeu a entrevista, e de início soava distante e com fala mansa, mas, à medida que a fita se acomodava, ouvi uma voz leve e refinada, talvez um legado de seu treinamento na NAACP durante a infância, que entoava ocasionalmente com um direto «olha, boneca» ou «entendeu?». Escutei a conversa durante horas. Salaria se mostrava frequentemente animada, engraçada ou enfática, e ágil para se desviar de perguntas tolas. Quando lhe perguntaram se havia «aceitado» o fato de que não tinha permissão para nadar nas piscinas locais quando era criança, ela retrucou numa rápida afronta: «Claro que sim. Está brincando? De fato se aceitam essas coisas... Eu só pensava que aquilo era o mundo. Eu não estava no céu. Essa era a terra».

Mas, a certa altura, tive a sensação de que ela estava começando a ficar cansada. Suas respostas se tornaram menos diretas e menos precisas; o fio condutor de suas histórias, um pouco mais difícil de acompanhar. Os entrevistadores, um homem e aquela que soava como uma mulher jovem, estavam inevitavelmente não fazendo as perguntas que eu teria feito, deixando-me ponderar sobre o que não estava sendo dito tanto quanto sobre o que estava. Comecei a me perguntar por que eles não tinham sugerido a Salaria uma pausa. Na sala escura e confortável, com os fones de ouvido quentes em torno das minhas orelhas, minha própria atenção começava a se dispersar.

As centenas de arquivos inexplorados seriam sempre uma distração. É difícil mensurar o valor de seu trabalho a cada dia quando na maior parte do tempo no arquivo você fica esperando; esperando um encontro revelador, ou comprobatório, que pode nunca chegar.

Retomei o foco. Salaria estava falando sobre sua travessia dos Estados Unidos para a Europa em 1937, no SS *Normandie* (em outros lugares, dizia-se que era no SS *Paris*). Alguém a encontrara no porto, ela dizia, um jornalista francês. Também — se era a mesma pessoa ou sua acompanhante, eu não saberia dizer — uma mulher; uma mulher cujos pais eram donos de uma linha de navegação.

Olhei para cima, assustada, meu lápis pairando sobre meu caderno. A tela à minha frente registrava continuamente os segundos. Salaria não conseguia lembrar o nome. Esperei, desejando que se recordasse. Ela estava se vangloriando um pouco agora: essa pessoa a pusera, disse Salaria, como sua hóspede num dos melhores hotéis da França. Para mim isso soou como um gesto familiarmente extravagante. É claro que, se alguém levasse o nome de uma linha de navegação, seria um equívoco razoável presumir que a família deles ainda era a proprietária.

Salaria também queria saber o nome. Pediu ao entrevistador que pausasse a fita enquanto ela ia até o outro cômodo para perguntar ao marido. Ele saberia quem estivera esperando por ela na França. Quando a fita crepitou de volta à vida, todo mundo estava rindo. Nancy Cunard!, anunciou Salaria. Era Nancy Cunard.

# THE QUESTION

**WRITERS and POETS of ENGLAND.**
**SCOTLAND. IRELAND and WALES**

It is clear to many of us throughout the whole world that now, as certainly never before, we are determined, or compelled, to take sides. The equivocal attitude, the Ivory Tower, the paradoxical, the ironic detachment, will no longer do.

We have seen murder amd destruction by Fascism in Italy, in Germany — the organisation there of social injustice and cultural death — and how revived, imperial Rome, abetted by international trenchery, has conquered her place in the Abyssinian sun. The dark millions in the colonies are unavenged.

Today, the struggle is in Spain. To-morrow it may be in other countries — our own.

But there are some who, despite the martyrdom of Durango and Guernica, the enduring agony of Madrid, of Bilbao, and Germany's shelling of Almeria, are still in doubt, or who aver that it is possible that Fascism may be what it proclaims it is :

" the saviour of civilisation ".

This is the question we are asking you : Are you for, or against, the legal Government and the People of Republican Spain ? Are you for, or against, Franco and Fascism? For it is impossible any longer to take no side.

Writers and Poets, we wish to print your answers. We wish the world to know what you, writers and poets, who are amongst the most sensitive instruments of a nation, feel.

*SIGNED*

Aragon
W . H . Auden
José Bergamín
Jean Richard Bloch
Nancy Cunard
Brian Howard
Heinrich Mann
Ivor Montagu
Pablo Neruda
Ramón Sender
Stephen Spender
Tristan Tzara

To be able to print you all we want a message from you, a statement in not more than 6 lines. We ask you to phrase your answer on Spain, on Fascism, in this concise form, to send it us as soon as you receive this—in no case later than July 1. – addressed to:

Nancy Cunard. Co Lloyds.
43. Boulevard des Capucines. Paris

The collection of answers will be published forthwith. A copy will also be sent to all those who reply.

*PARIS : JUNE 1937*

# A pergunta[181]
# Nancy Cunard
# França e Londres: verão de 1937

Quando Nancy ficou sabendo da morte de Julian Bell, escreveu ao pai dele, Clive, confiante de que ele poderia se consolar com «a gratidão do povo espanhol a todos que se juntaram a eles na hora da tragédia», e confiante de que ela, «como um dos que estiveram na Espanha por tantos meses» (embora não desde o ano anterior), poderia dar testemunho disso.[182] Então fez algo menos compatível com uma carta de condolências. Ela o cutucou sobre uma mensagem não respondida. «Sabe, eu te mandei isso há semanas. Você não vai responder, Clive?»

Considerando o momento, certamente só havia uma coisa que poderia ser: o desafio que ela enviara a muitos de seus colegas escritores, pedindo-lhes que ponderassem sobre a guerra espanhola. Aqui ela está em seu modo mais

---

181    A menos que atribuído de outra forma, as citações neste capítulo foram retiradas de NC (Org.), *Authors Take Sides on the Spanish War*. As citações de VW, por sua vez, são de *Três guinéus*.
182    NC a Clive Bell, 24 de julho de 1937, CHA/1/156, King's College, Cambridge.

obstinado e talvez mais presunçoso: Clive Bell não apenas estava de luto pela guerra, mas também era um pacifista notoriamente engajado.

É também mais um momento de Nancy e Virginia esquivando-se uma da outra. Leonard respondendo à Pergunta de Nancy e Virginia não. Virginia, enlutada, desenvolvendo estratégias para evitar justamente pessoas como Nancy Cunard.

\*

A primeira coisa que eu soube a respeito de Nancy foi o panfleto impositivo que ela despachou no verão de 1937, contendo o desafio que me fez ir à procura dela e de Salaria Kea e de outros como elas, antes de mais nada. Ela endereçou a mensagem a muitos dos mais importantes escritores da Inglaterra e da Irlanda, às vezes enviando múltiplas cópias com a ideia de que eles as passassem adiante. O panfleto chegou a George Bernard Shaw e Evelyn Waugh; a T. S. Eliot, James Joyce, Samuel Beckett; a Rebecca West, Rose Macaulay e os Woolf; a Cecil Day-Lewis, Stephen Spender, Louis MacNeice e W. H. Auden. Alcançou também Aldous Huxley e George Orwell; Vita Sackville-West e Sylvia Pankhurst. E, ainda, Vera Brittain e H. G. Wells; Rosamond Lehmann e seu irmão John; Sylvia Townsend Warner e Valentine.

Nancy imprimiu sua missiva em preto e vermelho e a endereçou, ampla e grandiosamente, aos «Escritores e Poetas da Inglaterra, da Escócia, da Irlanda e do País de Gales». Anunciava em letras grandes: A PERGUNTA. Ao longo da margem esquerda da folha foi adicionado verticalmente: ESPANHA.

330

A Pergunta (embora tecnicamente fossem duas) era apresentada sem rodeios: «Você é a favor ou contra o Governo legal e o Povo da Espanha Republicana? Você é a favor ou contra Franco e o Fascismo?».

Nancy assegurou a seus escritores que ela publicaria as respostas que eles decidissem enviar, e com isso queria dizer: você está sendo solicitado a declarar uma posição publicamente. Para ela, *não* tomar uma posição era impossível.

O projeto girava em torno de sua crença fundamental e de simplicidade apelativa no valor de tomar partido, e nesta proposta impressionante — de que a história às vezes apresentará momentos em que as convicções têm de ser definidas, em que linhas são traçadas e precisam ser reconhecidas.

*

Nancy reuniu doze signatários adicionais (todos eles homens) ao questionário, mas depois o reivindicou apenas como seu. Foi ela quem concebeu a ideia, rascunhou as perguntas, providenciou a impressão do material em Paris e elaborou uma lista de destinatários. Nomes continuavam lhe ocorrendo, até que ela enviou mais de duzentas cópias. Na realidade, a cooperação dos outros signatários foi de pouca importância. «Se todos eles tivessem dito 'Não'», contou ela a um acadêmico nos anos 1960, «eu deveria ter feito o pequeno trabalho da mesma forma — e como! Entenda que naqueles dias havia ENTUSIASMO pelo que parecia ser bom e certo e verdadeiro.»[183]

---

183    NC a Hugh Ford, 1961, apud Chisholm, *Nancy Cunard*, op. cit., p. 240.

Nancy então deixou Réanville: «Agora vem o verão de 1937. Estou no Hotel Arvor, na rue Laferrière, em Montmartre, em junho ou julho, e estou muito ocupada, pois muitas respostas a meu Questionário chegam rapidamente».[184] Seu entusiasmo, descobriu-se, estava à altura do de outros. O panfleto acabou consistindo em 148 respostas, mas pelo menos 25 foram deixadas de lado por causa de espaço, o que significa que uma grande proporção dos envios de Nancy teve o resultado esperado. Ela deu a si mesma apenas duas semanas para organizá-los e prepará-los para publicação, e depois estava de novo em movimento: rumo a Londres, para encontrar uma editora. Assim como na antologia *Negro*, ela não se dedicou a procurar uma de antemão (provavelmente, teria publicado com seu próprio dinheiro se fosse necessário). Nancy queria arranjar uma editora convencional que pudesse garantir um público amplo, mas na Inglaterra ela teve dificuldade em encontrar interessados. As maiores casas editoriais recusaram, então ela ofereceu o material à *Left Review*, que o aceitou de primeira. Eles imprimiram 3 mil exemplares de *Authors Take Sides on the Spanish War* [Autores tomam partido na guerra espanhola], que se esgotaram imediatamente.

Nancy não havia limitado seu escopo a escritores que ela conhecia ou que presumia que concordariam com ela, mas estava convencida de que os resultados seriam esmagadoramente favoráveis à República, e estava certa. Das 148 respostas impressas, apenas dezesseis escolheram a neutralidade, e somente cinco foram contra o governo espanhol. (As respostas deixadas de lado por questão de espaço eram

---

184    NC a Richard Ellmann, apud Calver, *Authors Take Sides on the Spanish War*, op. cit., p. 308.

todas pró-República.) Em Paris, ela própria tinha classificado as respostas, categorizando-as como «A favor» da República, «Contra» ou «Neutro», sem aderir a nenhum método particularmente discernível, da mesma forma que sua base para abordar os entrevistados dificilmente havia sido científica. Foi uma empreitada muito típica de Nancy: um galope livre e instintivo desde a concepção até a fruição. Alguns daqueles que ignoraram seus comandos e optaram por ser ambíguos foram anulados e incluídos na pilha de «A favor», quando talvez pretendessem estar em «Neutro». Por outro lado, havia declarações publicadas sob o rótulo de «Neutro» que poderiam convincentemente ser designadas como «A favor». E pelo menos Nancy permitia a neutralidade. A formulação de suas perguntas tinha sido descaradamente incisiva. O objetivo do questionário não era alcançar um equilíbrio de opiniões. A intenção era publicar uma declaração.

«É de esperar que alguma pessoa metódica tenha feito uma compilação dos vários manifestos e questionários emitidos... durante os anos 1936-37», Virginia Woolf comentou mais tarde, tendo uma visão muito imprecisa da «inquisição» a que ela se sentia submetida naqueles dias. «Pessoas reservadas sem formação política eram convidadas a assinar petições em que se solicitava a seu próprio governo ou a governos estrangeiros que mudassem sua política; artistas eram chamados a preencher formulários declarando as relações apropriadas do artista com o Estado, a religião, a moral...»

O dilúvio foi em parte um sintoma de um ruidoso panorama de publicações de esquerda na Grã-Bretanha, que levantou um clamor de pequenas revistas, manifestos e declarações.[185] A evidente desconfiança em algumas respostas ao panfleto de Nancy dá uma ideia do partidarismo da época. Era em parte um problema de definições. Alguns dos respondentes hostis presumiram que Nancy estava lhes pedindo que escolhessem entre o fascismo e o comunismo, mas não estava; outros presumiram que deixaria de fora qualquer coisa desfavorável à posição dela (as suas respostas apareceram devidamente no panfleto).

Nem todos estavam convencidos de que o simples ato de se declarar poderia ser de grande utilidade. Rebecca West, ao enviar sua resposta, expressou preocupação com o fato de «seis linhas ser terrivelmente pouco e soar muito banal e chato». E. M. Forster não compartilhava a convicção de Nancy «de que manifestos de escritores tenham qualquer peso que seja».

Em certo sentido, o questionário de Nancy pedia demais e perguntava de menos. É muito fácil sentar-se num lugar calmo, escrever algumas linhas e relaxar satisfeito com o cumprimento de um dever cívico. «Rabiscar um nome numa folha de papel é fácil», observou Virginia no livro que estava escrevendo naquele verão, mas expressar uma opinião não era uma «ajuda efetiva». Por outro lado, é fácil imaginar intelectuais hesitando em expor o que pensam tão publicamente — ou tão simploriamente — quanto Nancy gostaria. Uma guerra no país de outra pessoa era certamente mais complicada do que ela estava preparada para admitir.

---

185 Curiosamente, em *Três guinéus*, Woolf sugere que a proliferação de tais manifestos poderia ser atribuída ao declínio dos salões aristocráticos mantidos por mulheres como Lady Cunard. Sem esses espaços privados, «a intelligentsia, a ignorantsia, a aristocracia, a burocracia, a burguesia etc. são impulsionadas... a falar em público» — levantando a ideia de que, com seu questionário, Nancy estava cumprindo o tipo de papel em que sua desprezada mãe se saía tão bem.

No entanto, não é difícil ver por que Nancy achava o projeto importante. Na Liga das Nações ela havia testemunhado as democracias companheiras da República ainda se recusando a confrontar a Alemanha ou a Itália sobre sua «invasão» da Espanha. «Enquanto as potências aprovam resoluções», ela lembrara a seus leitores, «o fascismo internacional mata.»[186] Com tanta confiança na mudança da narrativa fora do país, aproveitar as opiniões de figuras públicas articuladas — os editores listaram quarenta delas na capa — e fazê-las soar o alarme em sua autoridade acumulada foi uma contribuição sensata e até inspirada.[187] No duelo dos panfletos, Nancy havia compilado um competidor de peso. Era um sinal de que o que estava acontecendo na Espanha era uma questão grave e relevante. Quase dá para ouvir o chocalhar secundário das pulseiras de Nancy enquanto ela datilografa: Isto merece sua atenção.

Nancy não estava pedindo a seus respondentes que meramente lamentassem «o quanto isso tudo é perverso»,[188] como George Orwell iria acusá-la de fazer, mas, ao anunciar um lado, que fizessem algo mais difícil: abandonar tais generalizações incontestáveis em favor das especificidades. Mas, no panfleto que surgiu, a particularidade da Espanha — sua história e suas tradições; a natureza de seu cenário político — muitas vezes foi deixada de lado. Da mesma forma que muitos dos escritores enxergaram a Pergunta como algo

---

186    NC, «Tells of League's 'Behind the Scenes' Attitude On Ethiopia», *Pittsburgh Courier*, 19 jun. 1937, p. 24.

187    No ano seguinte, Donald Ogden Stewart aceitou a ideia e consultou autores americanos em *Writers Take Sides: Letters About the War in Spain from 418 American Authors.* John Steinbeck e William Faulkner estavam entre aqueles que registraram sua oposição a Franco.

188    Eric Blair a Stephen Spender, 2 de abril de 1938.

perfeitamente simples — um governo eleito poderia ser o único competidor legítimo —, também aproveitaram a deixa de Nancy como uma oportunidade para expressar suas suspeitas em relação às potências fascistas na Europa. Nancy criou um símbolo que permitia a seus correspondentes levar adiante seus próprios debates. Ler o panfleto é ver um grupo de escritores refletindo sobre seu lugar no mundo.

A exortação de Nancy aos escritores era mais do que um simples atestado de fé na influência deles. Ela também via no fascismo um inimigo implacável das artes. Em seu próprio depoimento, ela declarou: «É... impensável para qualquer intelectual honesto ser pró-fascismo... Acima de todos os outros, o escritor, o intelectual, deve tomar partido. Seu lugar é ao lado do povo contra o fascismo; sua missão, protestar contra a atual degeneração das democracias».

Ocupar seu lugar «ao lado do povo» é claramente uma posição influenciada pelo comunismo (que, tal como se manifestou na época na URSS, provaria ser igualmente hostil à liberdade intelectual). Mas, assim como Nancy, a maioria de seus respondentes considerava o fascismo — particularmente como se demonstrou nos regimes de Hitler e Mussolini — não apenas hostil aos intelectuais e repressor da liberdade artística, mas também antitético em relação à cultura: mero «barbarismo», conforme disseram Leonard Woolf e outros. (Coincidentemente, «barbarismo» era também o termo com o qual Franco descrevia o socialismo.) Repreendendo a esquerda na década de 1950, Josephine Herbst afirmaria que «um anti-intelectual era basicamente uma posição fascista».[189]

---

189 JH a Mr Branch, 4 de fevereiro de 1957, Beinecke.

Nas respostas que Nancy recebeu, obras do intelecto e da imaginação eram às vezes entendidas como algo que conferia «civilização» tanto quanto dependia dela própria. Foi nessa ideia que alguns escritores enxergaram a oportunidade de tomar partido ativamente sem se afastar de seu trabalho como artistas e pensadores, e isso me levou de volta à declaração de Nancy — ao qualificador que ela inclui quando se refere especificamente a si mesma como a intelectual «honesta». Valentine Ackland esperava dos artistas ao mesmo tempo «razão e coragem tenaz»: atributos necessários para se posicionar. Afinal, é a aplicação honesta do intelecto — um desdobramento não corrompido da razão ao lado da imaginação — que nos ajuda a dar sentido aos fenômenos com que nos defrontamos. Sem algum fundamento de verdades compartilhadas e reconhecidas, algum padrão básico de honestidade racional, a paisagem coletiva é apenas uma confusão intransitável de cavernas e trincheiras. (Deve ser o que nos impede até de permitir que a tomada de partido signifique uma lealdade cega e irracional.) Isso explicaria por que Nancy via os artistas e intelectuais dotados de uma responsabilidade especial em relação à verdade, por que eram os inimigos naturais de movimentos fascistas que a distorciam e a suprimiam. Parecia-me que seus destinatários teriam apreciado isso de imediato: escritores, seja identificando-se como intelectuais, seja como artistas, já são negociantes confiáveis. Eles precisam ter capacidade de convencimento, pelo menos em certo grau, se querem que suas criações comovam e envolvam.

Como Sylvia escreveu em sua resposta, «o fascismo se baseia na desconfiança das potencialidades humanas». A arte e a erudição, em contrapartida, expressam e mobilizam essas potencialidades. Um escritor, que vivera na Espanha nos anos 1920 e retornara como jornalista em 1936, descreveu artistas em sua contribuição como uma espécie de vanguarda, cuja imaginação (quando combinada com «a esperança do trabalhador», claro) poderia «tornar o futuro real».

Penso que com isso ele queria dizer que criamos possibilidades ao imaginá-las. É uma ideia sedutora e ainda assim, de algum modo, banal por ser óbvia. Por meio de sonhos deliberados, artistas e acadêmicos conjuraram mundos anteriormente inconcebíveis — mundos em que as pessoas poderiam chegar até o céu ou prevenir a cólera, ou derrubar impérios aparentemente todo-poderosos — e novas formas radicais de entender a realidade; ao pensar o impensável, eles permitem que outros façam o mesmo.

Como todo censor sabe e teme, nas artes há linguagens secretas que podem codificar, e assim proteger, a independência; que podem entrincheirar dissidência em domínios nos quais é difícil identificá-la e impossível erradicá-la. «Imprimindo! E imprimindo o quê?», Nancy imaginava seus vizinhos em Réanville pensando, muito depois de ela ter compreendido a profundidade da suspeita deles. «Uma prensa é muito perigosa! Significa a disseminação de ideias.»[190] Respondendo ao questionário de Nancy, Cyril Connolly, o editor da revista *Horizon*, ressaltou que os objetivos agressivos dos Estados fascistas exigiam uma população que fosse «apresentada tanto como belicosa quanto como servil» — os «estupidificantes», em outras palavras, «da raça humana». Quando um sistema depende da prevenção do pensamento independente, o uso

---

190   NC, *These Were the Hours*, op. cit., p. 199.

do intelecto (a disseminação de ideias) se torna uma forma primordial de resistência.

Num poema escrito naquele verão, Nancy reivindicou uma longa herança de resistência para os escritores, intimidando seus contemporâneos e chamando-os a agir ao evocar cronistas que vieram antes deles, aqueles que «escreveram e pintaram e disseram/ Seu NÃO [...] contra a mentira»: «assim o artista se torna o ato».

Isso não era Nancy insistindo que os escritores pegassem em armas imediatamente — ou pelo menos não no sentido literal. Essa era sua grande reivindicação do poder das artes e da consequente responsabilidade dos artistas. Cada época lhes pede algo novo e perene. Para Nancy, não era só que o artista deveria agir, mas deveria se elevar ao potencial de sua arte. «Cada um com sua batalha, jovem», disse ela, «essa é a sua.»[191]

---

191    Id., «Yes, It Is Spain».

Numa época em que o mundo está
repleto de tensões e confusões alarmantes, em que os elementos mais
perigosos tentam atacar e destruir
a civilização da Europa, a Alemanha
e a Itália se encontraram numa amizade sincera e numa cooperação política comum.

Adolf Hitler numa recepção
a Benito Mussolini, Berlim,
27 de setembro de 1937

# A Torre de Marfim[192]
# Virginia Woolf
# Inglaterra: verão-outono de 1937

Após cumprir seu dever na arrecadação de fundos para as crianças bascas no Albert Hall em junho, Virginia se viu «em plena enxurrada» em seu livro seguinte, *Três guinéus*. Depois Julian foi morto, e a perda foi tão grande que superou sua usual válvula de escape de observar e escrever. Em vez disso, havia apenas o consolo de ser necessária para sua irmã, Vanessa, que havia colapsado no que ela mais tarde descreveria como um «estado irreal»[193] que durou semanas.

Pela primeira vez, Virginia permaneceu na superfície, e sua voz era o único som que poderia resgatar sua irmã dos abismos da dor. Virginia — que, deixada sem controle, poderia falar incessantemente num frenesi, e cuja conversa animada Vanessa sempre havia observado com cautela — ia todos os dias e jogava à sua irmã uma tábua de salvação. E, embora, por enquanto, Vanessa não conseguisse

---

192    A menos que especificado de outra forma, as citações neste capítulo procedem de VW, *The Diary of Virginia Woolf*, vv. 4 e 5.
193    Vanessa Bell a Vita Sackville-West, 2 de abril de 1941. In: V. Bell, *Selected Letters of Vanessa Bell*, p. 475.

sair do silêncio, o debate de Virginia com Julian estava apenas começando.

Quando Virginia voltou a seu diário duas semanas e meia depois de elas receberem as notícias, seu humor era insolente. Se a morte de Julian representava a falta de sentido, «o imenso vazio» e a frágil partilha da vida, a resposta de Virginia foi preparar seu protesto. Escrever e pensar representava não apenas a vida, mas o desafio à morte. «Não vou ceder uma polegada ou uma fração de polegada ao nada, desde que reste alguma coisa.» O problema era entrar novamente no livro que ela havia abandonado no outro lado do cataclismo. Como terminar *Três guinéus*? Em agosto ela se preparava para enfrentar outra baixa: «agora acho que está rijo & frio».

No entanto, uma semana e meia depois, ela estava de volta em pleno fluxo de trabalho. Leonard e Virginia levaram Vanessa para Sussex, e, entre escrever e cuidar da irmã, Virginia agora fazia suas caminhadas costumeiras — acompanhada de Julian, «que andava a meu lado, de muitas formas».

*Três guinéus* fora concebido com *Os anos*, partindo da mesma ideia. Virginia havia insinuado isso a Julian em 1936, quando lhe disse: «Infelizmente, a política se interpõe entre mim e a ficção. Sinto que preciso escrever alguma coisa quando [*Os anos*] acabar — alguma coisa vagamente política; sem dúvida imprestável, certamente inútil».[194] Mas o que ela não disse foi como a política e a ficção estavam intimamente conectadas, como foi difícil para ela tentar de fato combiná-las.

---

194    Apud Lee, *Virginia Woolf*, op. cit., p. 694.

Ao longo de 1935, o ano em que ela e Leonard visitaram a Alemanha, Virginia havia oscilado entre os dois livros, descobrindo que o que não alimentava um poderia muitas vezes fertilizar o outro. Ela pegava resíduos para o ensaio em suas leituras, em festas, na correspondência e em encontros casuais com amigos: a indignação frequentemente provocava «enxurradas» de material para o livro. Em caráter privado, ela começou a se referir ao que se tornou *Três guinéus* como seu panfleto antifascista. Em seu álbum, os recortes se acumulavam: evidências para a argumentação que ela estava preparando para fazer. Relatos de Alemanha, Itália, Espanha e Inglaterra se fundiram de maneiras que fortaleceram sua determinação: lado a lado, afirmavam conexões, modos de pensar que se estendiam tão amplamente quanto Salaria Kea identificou.

O fascismo está perturbadoramente presente nas margens de *Os anos*, mas, no fim das contas, Woolf lutou para não introduzir polêmica. Ela temia que isso fosse impedir tanto o envolvimento do leitor quanto suas próprias faculdades criativas. No fim de 1935, ela vacilou. *Três guinéus* levou a culpa por seus problemas com *Os anos* («Agora novamente pago a pena por misturar fato e ficção»). Ao enfrentar o desafio de terminar o romance, o clarão das ideias para o ensaio se tornou uma intrusão indesejável. Assim como a nova aspereza de seu sobrinho a incomodava, ela também temia escrever propaganda: suspeitava que era algo rígido demais para permitir a necessária perambulação de sua mente.

Tudo que Virginia tirou de *Os anos* restou para ser dito em *Três guinéus*, e ela continuou se defendendo contra o instinto de recuar ou dissimular. «Senhor, que trêmula covarde eu sou», disse a si mesma em 1935, «mas não como escritora. Não. Eu me agarro a isso como forma de compensação.»

Virginia Woolf.

*Três guinéus* seria um claro manifesto — ela esperava que fosse sua palavra final em política. Era seu texto mais radical, mas também estaria entre os menos reconhecidos. Vendo seu sobrinho sucumbir à tentação da guerra, sobrevivendo às consequências, sentindo a necessidade de terminar a discussão que ela havia perdido contra a ida dele: tudo isso abastecia um livro sobre Julian que ela vinha alimentando por anos.

Algumas semanas antes de ele partir para a Espanha, Virginia havia testemunhado uma «longa e íntima discussão política» entre Julian, Stephen Spender e Kingsley Martin (o editor da *New Statesman*). Ela estava sentada à mesma mesa, mas, por seu relato daquela noite, a impressão é de que ela simplesmente os deixou falar, afastando as ideias que sua discordância provocava para ressurgirem em seu ensaio mais tarde. Enquanto os homens debatiam política e pacifismo, Virginia estava ali e não estava; agitada, mas não convicta. Sua mente trabalhava em um fluxo próprio, planejando sua resposta: «Sentei lá separando minha própria posição da deles, testando o que eles diziam, convencendo-me de minha própria integridade e justiça... discutimos sobre granadas de mão, bombas, tanques, como se fôssemos militares na guerra de novo. E eu senti flamejar em mim 3 Gs[195]».

Embora não zombasse dos princípios que haviam levado Julian à Espanha, Virginia sentia que poderia formular uma resposta mais produtiva ao desafio que a guerra representava. «Minha inclinação natural é a de lutar intelectualmente», refletiu em suas primeiras anotações sobre a morte de Julian. «Se eu fosse de alguma utilidade, deveria escrever contra isso; eu deveria desenvolver algum plano para

---

195    Referência a *Três guinéus*. [N. T.]

combater a tirania inglesa... é preciso controlar o sentimento por meio da razão.»

Lendo *Três guinéus*, de início parece que Woolf está contornando as questões, criando várias desculpas para falar o que pensa. O livro inteiro é esboçado como uma resposta tardia a um homem que havia pedido seu conselho sobre como «evitar a guerra». Virginia imagina isso em meio a uma pilha de correspondência em sua mesa. Há aquela carta sobre a paz — tão evitada por ela pois não esperamos sempre que alguém em algum outro lugar tenha a resposta? — com um pedido de assinatura num manifesto que apresentava o compromisso «de proteger a cultura e a liberdade intelectual» e fazia um apelo por doações de entidades respeitáveis e preocupadas com o progresso das mulheres. De alguma forma, responder à questão da guerra, ou da paz, exige lidar com toda a pilha. Ocorre que o pensamento de Virginia Woolf sobre a resposta apropriada ao fascismo abrange isso tudo.

Fazia muito tempo que Virginia enxergava Julian como seu entendimento da vida e da mente masculinas. A autoconfessa obsessão dele com a guerra deu combustível à posição dela, apresentada em *Três guinéus*, de que a guerra é um assunto inerentemente masculino. Na visão dela, «guerrear tem sido, desde sempre, hábito do homem, não da mulher».[196] (Ou, nas palavras de um personagem de uma das histórias de Martha Gellhorn, «eles fazem guerra porque é disso que os homens gostam».[197])

---

196   VW, *Três guinéus*, op. cit., p. 12.
197   MG, «Week-end at Grimsby».

«Às vezes sinto raiva dele», admitiu Virginia depois da morte de Julian.[198] Como testemunha do sofrimento de Vanessa, como ela poderia não sentir raiva? No entanto, para além desse ressentimento instintivo do desperdício, estava uma desconfiança dos grandes ideais que supostamente levaram os homens à guerra em primeiro lugar — o tipo de conceito que Simone Weil, após voltar da Espanha, havia condenado naquele ano como sendo «palavras com letras maiúsculas... todas infladas com sangue e lágrimas» —, palavras que na realidade eram «vazias».[199]

Não seriam esses termos em letras maiúsculas meramente uma grande forma de coerção, apoiando-se em reivindicações cínicas para um coletivo que só existia quando convinha aos poderosos? Virginia se lembrava da retórica da Primeira Guerra Mundial. A hipocrisia desse conflito a ofendia: a ideia de enaltecer as sufragistas pelo seu apoio aos esforços de guerra quando o uso da violência em suas próprias campanhas havia antes sido suficiente para vê-las encarceradas. O fato de o apelo de seu interlocutor ter sido endereçado a ela parece sem sentido. Por que não perguntar às pessoas que iniciam as guerras como fazer para evitá-las? É uma injustiça construída na desigualdade, no sentido de que o trabalho emocional, físico e intelectual de combater os males da sociedade deve recair em seus membros menos favorecidos — nas pessoas que já estão mais sobrecarregadas por esses próprios males (uma injustiça, ocorreu-me conforme a indignação de Woolf se infiltrava, que as alianças sociais tentam ao menos aliviar). Agora ela decidiu protestar contra o patriarcado como sua solução para a insegurança perene da paz.

---

198    VW, apud Lee, *Virginia Woolf*, op. cit., p. 697.
199    Simone Weil, «The Power of Words», 1937.

O que é realmente provocativo em *Três guinéus* é a clareza de Woolf sobre aqueles a quem o Estado serve, sobre o fato de que histórias acerca da solidariedade nacional, do patriotismo e de valores compartilhados na verdade escondem a repartição desigual dos benefícios de pertencimento. «Mas a irmã do homem educado — o que o 'patriotismo' significa para ela?, insiste. 'Será que ela tem as mesmas razões para se orgulhar da Inglaterra, para amar a Inglaterra, para defender a Inglaterra? Terá sido ela 'enormemente abençoada' na Inglaterra?'» Esse é um lembrete para pensarmos honestamente sobre a quem nos referimos quando falamos despreocupadamente no plural e para sempre questionarmos a manipulação da linguagem pelos poderosos.

Ela se volta para alguns dos recortes que vem compilando: citações de jornais britânicos em que as pessoas se opõem ao fato de as mulheres arrumarem empregos. Isso a faz revelar seus pensamentos:

Encontraremos lá... alguma coisa que, caso se espalhe, pode envenenar ambos os sexos igualmente. Ali, naquelas citações, está o ovo do mesmo verme que conhecemos por outros nomes em outros países. Ali temos a criatura em embrião: Ditador, como o chamamos quando é italiano ou alemão, que acredita ter o direito, quer lhe seja concedido por Deus, pela Natureza, pelo sexo ou pela raça, seja imaterial, para ditar aos outros seres humanos como eles devem viver; o que devem fazer.

«Acho que eu estava falando em discriminação», disse Salaria a seu entrevistador, «mas quando cheguei lá aprendi a dizer fascismo.»[200] Salaria Kea, Langston Hughes, Virginia Woolf, Nancy Cunard: todos viam no fascismo preconceitos

---

200    Entrevista de SK, Julia Newman *Into the Fire* Research Files, ALBA 226, Série 1, Caixa 2, Tamiment.

conhecidos por outros nomes. Há riscos nessa supressão da especificidade. Lendo as várias explicações sobre o motivo pelo qual a Espanha era importante, a resposta dada é frequentemente «fascismo» — e «fascismo» se torna uma espécie de taquigrafia que nem sempre faz uma distinção entre os diversos tipos e graus de preconceito. Ainda assim, usada dessa forma, também nega o benefício da dúvida (oferecido mediante vários eufemismos) a ideologias perigosas, aos tipos de elitismo que conferem dignidade humana básica a somente um lado estritamente definido: dos nobres espanhóis que se opunham à reforma agrária às multidões ameaçadoras no lado de fora de tribunais do Alabama. Começava a parecer um sistema de alerta precoce.

A tirania, para Virginia Woolf, não era um inimigo estrangeiro. As feministas estavam «lutando contra o mesmo inimigo que vocês e pelas mesmas razões». Este era o desafio dela aos interessados na paz, aos que se autodenominavam antifascistas, para que se erguessem à verdadeira solidariedade: para que vissem a causa da igualdade como uma causa indivisível da liberdade que eles defendiam. Para ela, as origens do «fascismo» eram visíveis nas relações de poder da vida familiar em um patriarcado. A todas as pessoas que insistiam na necessidade de combater o fascismo na Europa, ela responderia que havia tirania a ser enfrentada em casa. A ideia de escolher um lado era uma distração: uma convocação para se ajustar sem pensar. Como a guerra poderia ser evitada? Chacoalhando nosso pensamento livre das normas brutalizantes e masculinistas que governavam as sociedades e alimentavam a guerra em primeiro lugar.

Ela coloca uma imagem diante de nós: casas em ruínas e corpos ao fundo; um homem de uniforme — Führer ou Duce ou Tirano ou Ditador — em primeiro plano. Essa forma viva e reconhecidamente humana complica as coisas, envolve-nos, e no entanto sugere sua própria solução, uma que pode realmente ir além dos esforços de Nancy Cunard pela Espanha:

Sugere que os mundos público e privado estão inseparavelmente conectados; que as tiranias e servidões de um são as tiranias e servidões do outro... Sugere que não podemos nos dissociar desse padrão, mas que nós mesmos somos esse padrão. Sugere que não somos espectadores passivos condenados à obediência sem resistência, mas que, por meio de nossos pensamentos e ações, podemos nós mesmos mudar esse padrão. Um interesse comum nos une... Como é essencial que percebamos essa unidade que os corpos mortos, as casas em ruínas provam... ainda que olhemos para essa imagem a partir de diferentes ângulos, nossa conclusão é a mesma que a sua — é o mal.

# À procura de Salaria Kea, Parte II

Uma das coisas de que mais gostei em Nova York foi seu sistema de malha urbana. Numa cidade que povoava até mesmo o céu, eu às vezes era surpreendida pelas enormes erupções de espaço quando chegava a uma das avenidas, e grandes vistas se desdobravam em distâncias improváveis. Caminhando à margem de Manhattan pelo outro lado do East River numa manhã luminosa, notei conforme eu avançava que a cidade era regularmente cortada pela luz; que, apesar de todo o seu tráfego e todos os seus monumentos, eu podia de repente ver através deles.

Não havia tal clareza em minha pesquisa, que em vez disso ainda me mantinha afundada no atoleiro de detalhes conflitantes e confusão narrativa. Tendo captado um vislumbre tentador de Nancy Cunard na história de Salaria Kea, eu estava agora lutando para extrair um sentido disso. Eu estava igualmente começando a perceber que alguma coisa sobre essa semente de um encontro atingia o cerne das questões de identidade e solidariedade e verdade em torno das quais eu girava.

O lugar de Nancy na história de Salaria era controverso. Em entrevistas que ela deu nos anos posteriores à guerra espanhola, Salaria se tornou mais aberta sobre alguns detalhes de suas experiências ali e menos aberta sobre outros.[201] Em

---

201 Pouco depois de perguntar ansiosamente a uma amiga em 1974 se eles achavam que ela «podia estar na lista de inimigos de Nixon» (SK a FM,

particular, tornou-se mais franca sobre um insulto racista lançado contra ela na travessia para a Espanha por um membro sênior de sua própria equipe. E nessa história específica, em algum lugar ao longo do caminho, Nancy tinha sido envolvida.

Na velhice, Salaria contou várias vezes sobre a primeira refeição dessa jornada. Em linhas gerais, o que ela descreveu foi o seguinte: a equipe médica — da qual alguns integrantes ela conhecia e outros ela ainda iria conhecer — reuniu-se pela primeira vez diante de uma longa mesa na sala de jantar de um navio que os estava levando à Europa. Ninguém podia ocupar seu assento até que o médico-chefe, um tal de doutor Pitts de Oklahoma, chegasse para se juntar a eles. Mas, quando se aproximou da mesa e encontrou Salaria ali, ele se recusou a sentar. Nunca em sua vida, explicou a um garçom ansioso, ele havia comido, nem comeria, com uma «[n—]».[202]

Naquele momento, Salaria tomou plena consciência de que ela era a única pessoa negra no recinto. Todos estavam olhando — aparentemente em silêncio. Os garçons não conseguiram persuadir o doutor Pitts a ocupar seu assento. E então algo notável aconteceu: alguém saiu em defesa de Salaria.

A identidade de seu defensor é nebulosa (embora claramente não fosse outro membro da equipe). Numa entrevista concedida em 1980, Salaria disse que o capitão acabou aparecendo para resolver o impasse. Com ele

---

9 de janeiro de 1974, Fredericka Martin Papers, Tamiment), por exemplo, ela minimizou as crenças comunistas de seus colegas no American Medical Bureau (e possivelmente as suas próprias). Há evidências de que Salaria pode ter aderido ao Partido Comunista antes de embarcar para a Espanha, mas em anos posteriores ela afirmou não ter notado um traço sequer de comunismo na Espanha, e negou que sabia qualquer coisa sobre comunismo.
202    Ver nota 6 deste capítulo.

havia um homem que era ninguém menos que o proprietário da linha de navegação, e também a filha desse homem. Corajosamente, eles levaram Salaria para a primeira classe, onde ela permaneceu como a «colega de quarto» da mulher até a embarcação chegar à França. Na chegada, Salaria continuou um pouco confusa, foi recebida por Nancy Cunard «e ela disse: vou ser a colega de quarto dela». Nancy (nesse relato) deu sequência ao resgate, colocando Salaria num hotel e arcando com os custos da hospedagem, até que Salaria acabou viajando à Espanha para se juntar novamente a seu grupo. Encontrei outras versões, nas quais Nancy estava realmente no barco, e foi lá que ela fez de Salaria sua convidada — seja em sua cabine, seja apenas para as refeições.[203] Ou, em algumas outras versões, Salaria comeu à mesa do capitão em todo o restante da viagem. Como as diferentes variantes surgem em diferentes lugares, é difícil dizer exatamente quais detalhes conflitantes se originam de Salaria e quais foram se acumulando como erva daninha enquanto a anedota rolava pela rua da história.

Parecia estranho que a própria Nancy não tivesse deixado nenhum registro desse encontro. Também parecia improvável que ela tivesse estado no navio, considerando seus movimentos naquela primavera, mas a generosidade e a ostentação de arcar com os custos de Salaria certamente soariam como o tipo de declaração que ela teria adorado fazer. Traçando meu caminho em meio a tantas versões da história que pude encontrar, suspeitei de que a presença de

---

203    Uma foto nos papéis de Frances Patai na biblioteca Tamiment mostra a equipe médica acenando a bordo de um navio. A legenda no verso indica que se trata da chegada deles à «Espana» em abril de 1937 — Salaria está visível na segunda fileira, o que significa que chegou junto com eles.

Nancy na travessia tivesse sido um mal-entendido (ou um equívoco da memória) que poderia facilmente ter algo a ver com seu sobrenome. Mas a alternativa — a de que ela havia encontrado Salaria no porto e a retirado de lá — era igualmente estranha: por que Salaria teria desembarcado sozinha na França, quando sua equipe tinha como destino Port Bou, apenas para se juntar de novo a eles na Espanha algumas semanas depois?

Uma coisa que eu sabia, ou vim a saber, era que Nancy Cunard e Salaria Kea haviam definitivamente se encontrado, e que Salaria causara boa impressão. Em 1939, fazendo reportagens de uma Paris em guerra, Nancy acrescentou um apelo no fim de um de seus artigos da ANP: para que Salaria Kea, que ela havia conhecido na Espanha, por favor entrasse em contato. Outro vislumbre tentador, e um que implicava um encontro posterior à lembrança de Salaria.

Talvez Nancy não tivesse nada a ver com o doutor Pitts ou com os primeiros momentos de Salaria na Europa. É apenas uma versão atraente de uma história que provavelmente se desenrolou de outra forma. Talvez diversos fatos — o encontro delas, a famosa identificação de Nancy com o antirracismo, a humilhação de Salaria nas mãos de alguém que deveria ser um aliado — tenham convergido numa espécie de magnetismo lógico, diferentes memórias dando sentido a elas mesmas à medida que o tempo as encobre.

Mas isso se encaixa bem. Supre as duas mulheres com algo: Nancy fica ao lado dos perseguidos, para ser a salvadora que foi impelida a ser — que, em algum nível, ela claramente precisava ser —, e um incidente que teria sido puramente desagradável se torna algo um pouco diferente. Em seu arco reparador, a história tem um elemento de conto de fadas; concede um desejo para que o mundo se torne melhor do que é. Na narrativa de Salaria, ela é injustiçada e insultada, mas no fim das contas o respeito é restaurado, e ela é tratada como uma hóspede extravagantemente honrada, seu verdadeiro valor reconhecido. Ela nem precisa enfrentar o mal sozinha. Outros saem em sua defesa, e ela se eleva acima e longe de um lugar onde o doutor Pitts pode discriminá-la impunemente. É uma casa a meio caminho de um mundo melhor, onde, para início de conversa, não há discriminação, e que está posicionada adequadamente em sua travessia para a Espanha. Salaria tinha aprendido a falar por si mesma, em parte porque tinha aprendido que não poderia sempre contar com outras pessoas para falar em seu nome, mas aquele extenuante desvio de energias é, ali, eliminado. Com o doutor Pitts deixado para trás no convés inferior, as coisas estão indo na direção certa.

Quanto mais eu pesquisava, mais eu achava que a inclusão de Nancy na cena era menos interessante do que o que havia acontecido naquele jantar ou depois. Era decepcionante imaginar uma mesa repleta de voluntários brancos dispostos a arriscar a vida na Espanha, mas não a arriscar — o quê? a solidariedade deles com o doutor Pitts? — para denunciar o racismo. Talvez seja por isso que a história, quando começou a circular anos depois da guerra, provou-se difícil de engolir.

Em 1990, um ex-membro da Brigada Abraham Lincoln escreveu a Frances Patai, que estava reunindo material para um livro sobre as mulheres nas unidades médicas americanas, a fim de refutar o relato de Salaria.[204] Patai também

---

204 Nessa versão, há um membro da família Cunard no navio, o que deu origem a uma das objeções dele: a ideia «de que uma 'sra. Cunard' a convidara para jantar durante o resto da viagem na sala de jantar da pri-

estava inclinado a rejeitá-lo. Ela disse ao irado voluntário que os insultos de Pitts eram «tudo uma invenção da imaginação [de Salaria]». Sua certeza aparentemente não tinha a ver com Salaria, mas sim com seus colegas brancos e o que eles representavam. «É totalmente absurdo», continuou, «que Pitts (que pode não ter sido uma pessoa boa além de um sexista) proferisse um insulto rasista [*sic*]. Se ele tivesse feito isso, o pessoal do AMB e os voluntários da Lincoln no barco teriam ficado indignados.»[205]

Patai se comprometeu a não incluir a história em seu livro (que, aliás, nunca foi publicado), nem em um projeto de livro sobre voluntários afro-americanos, porque «nenhum de nós quer que uma mentira tão falsa ofusque a glória dos voluntários dos EUA». Não sei se ela não estava ciente dos comentários de Evelyn Hutchins, que havia dirigido uma ambulância na Espanha e mais tarde falou numa entrevista sobre o «infame doutor Pitt[s], que continuou criando problemas porque Salaria era negra e ele era um médico do Sul»,[206] ou se esse relato teve de ser sacrificado em prol de uma glória maior também.

---

meira classe». Há «uma grande discrepância», disse ele: «A 'sra. Cunard' da família da linha Cunard — uma empresa britânica de navegação não estaria viajando no SS *Paris* — uma linha francesa que era *nosso* navio» (R. F. Reid-Pharr, *Archives of Flesh*). Essa «discrepância», se relacionada com Nancy, não existia. Conforme ela disse a Langston Hughes em Paris, ela não viajava em navios da Cunard porque «a linha segregava negros» (Hughes, *IWAIW*, op. cit., p. 318).

205    Apud Reid-Pharr, *Archives of Flesh*, op. cit., p. 66.

206    Deparei com comentários de Evelyn Hutchins no artigo de Cañete Quesada, «Salaria Kea and the Spanish Civil War», op. cit. Emily Robins Sharpe aponta em *Mosaic Fictions* que outros voluntários no mesmo navio estavam entre aqueles que mais tarde contestariam o relato de Salaria, embora ela não pudesse encontrar evidência alguma de que o próprio Pitts já

Quando Robert Reid-Pharr, um acadêmico negro, deparou com a descrição de Salaria sobre esse incidente, o que o impressionou não foi a estranheza do fato, mas «o quanto isso é muito mundano».[207] O suposto insulto do doutor Pitts foi muitas coisas, mas provavelmente não muito chocante para uma mulher negra vivendo nos Estados Unidos dos anos 1930.

Como Reid-Pharr observou, a reputação dos voluntários antifascistas se tornou, na resposta de Patai, algo bastante vulnerável: uma glória que não resistia a perguntas, nem a hesitações ou desafios. Nessa abordagem, que transformou Salaria de aliada em agressora, a solidariedade se torna outra coisa: uma questão de conformidade, em vez de unidade de ideais ou uma forma de apoio mútuo; para sobreviver, ela requer a omissão de vozes dissidentes ou qualificadas. Como os médicos no barco estavam todos do lado «certo», eles receberam uma anistia do interrogatório. Isso produz estranhas contorções de solidariedade: os autoproclamados defensores de Salaria acabam precisando de mais proteção do que ela própria. (E mesmo Patai continuou querendo ter tudo em ambos os sentidos. Embora rotulasse Salaria de mentirosa, insistiu que esse fato «não diminuía, de forma alguma, sua bravura, coragem, nobreza no voluntariado».)

Não é de admirar que não haja menção a esse incidente no panfleto de 1938 dedicado a Salaria. Independentemente da perspectiva, não combina com a mensagem que as pessoas querem ouvir. Mas Salaria estava disposta a contar a história, e não apenas no fim de sua vida. Ela a contou a Nancy em

---

tivesse negado ou confirmado o encontro.

207    Reid-Pharr, *Archives of Flesh*, op. cit., p. 64.

1937, quando estavam juntas na Espanha. O que não era difícil de imaginar era o deleite de Nancy quando foi apresentada a essa jovem intrépida — muito provavelmente, descobri logo, por outro admirador de Salaria: Langston Hughes.

# Na corda bamba[208]
## Langston Hughes e Nan Green
## Valência, Madri e arredores:
## verão-outono de 1937

Langston deve ter chegado a Valência quase no mesmo momento em que o carro funerário de Gerda Taro parou brevemente ali a caminho da fronteira com a França. No entanto, apesar da nota sombria que soou na Alianza, um ano após o início da guerra, Valência explodia de vida. Dirigindo de Barcelona com o poeta cubano Nicolás Guillén (outro representante de delegação no Segundo Congresso Internacional), Langston havia sido apanhado fora da cidade num tráfego empoeirado de «burros, caminhões e carros de boi», enquanto nos dois lados da estrada viam-se laranjeiras estendendo-se ao longe. Em diferentes momentos, os guias turísticos haviam recomendado que se entrasse em Valência justamente por esse caminho a fim de apreciar o «jardim infinito» dos arredores da cidade, uma paisagem exuberante regada pelo rio Túria. Em 1937, eles passaram por camponeses idosos

---

208    A menos que especificado de outra forma, os relatos de LH sobre seu período na Espanha procedem de *IWAIW*. Já os relatos de NG neste capítulo foram retirados de *ACOSB*.

que se erguiam rigidamente nos campos para oferecer a saudação legalista.

Embora sofresse bombardeios aéreos e ataques vindos do mar, essa elegante cidade portuária mediterrânea ainda estava longe dos combates em torno de Madri e em outros lugares, e era muito mais bem abastecida. Havia «bom vinho e boa comida — peixe fresco, melões e as laranjas e uvas mais doces —, muito mais comida do que em qualquer outra cidade que visitei na Espanha. E havia parques e praias balneares, música e dança, armas antiaéreas fazendo fogos de artifício no céu toda noite, e projéteis luminosos arqueando-se como velas romanas no ar, enquanto as bombas de Franco iluminavam o porto».

O blecaute (imposto devido aos ataques aéreos noturnos) não era tão rigorosamente aplicado em Valência, e as ruas e cafés fervilhavam de gente. Soldados de folga visitavam a região, enchendo de casais as praias, e Langston estava de volta, como repórter de vários jornais afro-americanos, à cidade que o havia hospedado pela última vez em 1924, quando ele era um jovem marinheiro retornando aos Estados Unidos.

*

«Langston Hughes», anunciou Nancy Cunard ao descrever o discurso dele à sessão parisiense do Congresso, «teve uma vida aventureira ao redor do mundo.»[209] Pelos cálculos do próprio Langston, em 1937 ele já havia estado «em todo o mundo em guerra»: «Vi pessoas andando na corda bamba em todos os lugares — a corda bamba da cor no Alabama, a

---

209   NC, «Three Negro Poets». In: Edward J. Mullen (Org.), *Critical Essays on Langston Hughes*. Boston, Mass.: G. K. Hall, 1986, pp. 93-6.

corda bamba da transição na União Soviética, a corda bamba da repressão no Japão, a corda bamba do medo da guerra na França — e da própria guerra na China e na Espanha — e a mim mesmo em todos os lugares na minha corda bamba de palavras».

Esse ato de equilíbrio era a história de sua vida até então, que ele passara contrabalançando-se entre diferentes mundos, buscando uma acomodação entre as diferentes coisas que pediam dele e de seu trabalho; uma façanha que era também um ponto de vista privilegiado.

Boa parte da vida de Langston envolveu atos de delicada evasão, querendo agradar a seus vários admiradores sem se sujeitar à sua expectativa; linhas que negociou com tanta graça e charme que sua rebeldia nem sempre era imediatamente sentida. Nos anos 1920, tornou-se uma das estrelas — se não *a* estrela — do Renascimento do Harlem. Tentando sempre atingir a maioria dos negros, ele manteve amizade estreita com patronos brancos que financiaram sua educação e ajudaram a lançar e manter sua carreira; e também com benfeitores como Nancy, que formavam um mosaico de arte e ativismo. Ele entregou livros nas mãos de editores brancos. Viu a ameaça que diferentes grupos representavam para ele: «'Ó, seja respeitável, escreva sobre pessoas legais, mostre como somos bons', dizem os negros. 'Seja estereotipado, não vá longe demais, não destrua nossas ilusões sobre você, não prenda nossa atenção tão seriamente. Nós lhe pagaremos', dizem os brancos».[210]

---

210    LH, «The Negro Artist and the Racial Mountain». In: Id., *The Collected Works of Langston Hughes*, v. 9.

Quando, em 1926, anunciou suas intenções artísticas num brilhante e contundente apelo de autoafirmação, ele estava lançando uma nota de advertência:

Nós, jovens artistas negros que criamos, agora pretendemos expressar nossa individualidade de pele escura sem medo ou vergonha. Se isso agrada aos brancos, ficamos contentes. Se não agrada, não importa... Se agrada às pessoas negras, ficamos contentes. Se não agrada, o seu desprazer tampouco importa. Construímos nossos templos para amanhã, fortes como sabemos fazer, e nos colocamos no topo da montanha, livres dentro de nós mesmos.[211]

Quem exatamente era seu povo continuou sendo uma questão intrincada. Tal como Sylvia Townsend Warner, não estava convencido de que aqueles que ele mais gostaria de atingir tinham grande utilidade para ele. «Enquanto os negros de classe alta diriam ao artista o que fazer, o povo pelo menos o deixa em paz quando ele aparece», escreveu no mesmo ensaio. «E eles não têm vergonha dele — se é que sabem que ele existe.» Parece o tipo de necessidade não correspondida (o que, em sua biografia magistral, Arnold Rampersad chama de «desejo psicológico») que poderia levar ao desgosto: um artista escrevendo para pessoas preocupadas demais com a difícil labuta da sobrevivência para reparar no que ele estava oferecendo.

«A beleza e o lirismo estão realmente ligados a outro mundo, a torres de marfim, à sua cabeça nas nuvens, os pés flutuando na terra», escreveu Langston certa vez. Ele tinha um talento fascinante para a beleza e o lirismo. E seus «poemas sobre rosas e o luar» nunca foram os que o levaram a fazer piquetes ou ser ameaçado ou deportado. Mas, da corda bamba, estava claro como o dia que as rosas

---

211    Ibid.

e o luar não eram uma linguagem universal, nenhuma recompensa compartilhada da terra:

Infelizmente nasci pobre — e negro — e quase todas as rosas mais bonitas eu vi nos jardins das pessoas brancas e ricas — não no meu. É por isso que não posso escrever exclusivamente sobre rosas e luar — pois às vezes ao luar meus irmãos veem uma cruz flamejante e um círculo de capuzes de membros da Ku Klux Klan. Às vezes ao luar um corpo escuro balança de uma árvore de linchamento — mas para seu funeral não há rosas.[212]

A única solução era mais um de seus atos de equilíbrio. Como a Grande Depressão dispersou as estrelas promissoras do Renascimento do Harlem, ele foi cada vez mais atraído para o socialismo, outro movimento predominantemente branco, e seu trabalho mostrou isso. Com exceção de Richard Wright, ele era o escritor negro mais associado ao Partido Comunista Americano naqueles anos; vendo, como Nancy e Josephine, a luta de classes como algo vital para qualquer progresso em direção à igualdade racial. O mundo pode ser «dividido superficialmente com base em sangue e cor», declarou ele em Paris, mas estava na verdade dividido «com base em pobreza e poder».[213] Viajando pela URSS em 1932, Langston observou a proibição que existia ali da discriminação racial e se declarou satisfeito.

Mas, com a miséria frequentemente em seu encalço, ele também teve de conciliar a escrita radical com um trabalho mais convencional que o afastasse da penúria. De suas turnês de leitura no Sul, sabia que a voz e a forma de sua poesia mais militante ainda não eram o caminho para

---

212    LH, «My Adventures as a Social Poet», *Phylon*, v. 8, n. 3, 1947, p. 212.
213    Id., apud Rampersad, *The Life of Langston* Hughes, op. cit., v. 1, p. 345.

Nancy e Langston em Paris, 1938.

alcançar os leitores que ele mais queria engajar, não mais que seu celebrado estilo «literário». A esquerda radical era tratada com extrema desconfiança em quase todo lugar a que se pudesse ir, e Langston já havia começado a recuar de uma associação inextricável demais com essa ala ideológica.

Nancy Cunard lhe mandara cartas irresistíveis no verão de 1936. «Eu meio que gostaria de estar na Espanha para ver toda essa agitação», ele havia admitido.[214] Finalmente ele estava lá, «e nada», escreveu para casa, «poderia ser melhor».[215]

A pessoa para quem ele escrevia era uma figura proeminente na esquerda americana, servindo naquele período como a secretária nacional para a Seção Inglesa da Ordem Internacional dos Trabalhadores (IWO, na sigla em inglês), e ela também estava indo para a Espanha. Louise Thompson era uma experiente organizadora política e bem versada em mobilizar artistas. Ela e Langston eram amigos íntimos desde que se conheceram no Harlem na década de 1920. (Ela também conhecia Nancy Cunard, mas tinha pouco tempo para o que considerava como as intervenções emocionais de Nancy.) Em 1937, a IWO financiou sua participação numa delegação que iria à Espanha avaliar as prioridades nos esforços de ajuda humanitária.

Louise não era apenas a única pessoa negra no Comitê Executivo Nacional da IWO; era também a única mulher. Num artigo escrito no ano anterior, ela havia chamado a atenção para a «exploração tripla» das mulheres

---

214    LH a Richard Wright, apud Donlon, *Archives of Transnational Modernism*, op. cit., p. 98.

215    LH a Louise Thompson, 26 de julho [1937]. In: NC; LH; Thompson, *Poetry, Politics, and Friendship*, op. cit.

afro-americanas «como trabalhadoras, como mulheres e como negras». Na Espanha, por pouco ela se desencontraria de outra mulher afro-americana numa missão financiada para organizações de ajuda. Thyra Edwards pode ter sido a pessoa que escreveu sobre as experiências de Salaria para o panfleto *A Negro Nurse in Republican Spain* [Uma enfermeira negra na Espanha republicana], de 1938. Seu principal interesse em visitar o local era o bem-estar de mulheres e crianças que viviam sob condições de guerra. Esses eram ativistas para quem estar no lado «certo» também significava trabalhar em mais de uma frente.

Langston se demorou em Valência. Ele deu a si mesmo uma semana ou mais para aproveitar os encantos da cidade, sem ter grande vontade de correr para os perigos da capital e suas frentes de batalha. No fim das contas, ele e Guillén se arrastaram até um ônibus militar para uma viagem de três horas ao longo da estrada que tantas pessoas haviam morrido para manter aberta.

Quando Nan Green chegou ao hospital inglês em Huete, um vilarejo que ficava mais ou menos a meio caminho entre Valência e Madri, ela descobriu, para seu «profundo espanto», que seu marido estava lá. De todas as coisas que havia esperado na Espanha, esse golpe de sorte não era uma delas. Após oito meses afastados, encontrá-lo era «uma autêntica e absoluta alegria».

Os relatos de George sobre a escassez e a desordem nos hospitais republicanos foram os fatores que parcialmente convenceram Nan a oferecer seus serviços como voluntária. A visita de seu camarada Wogan Philipps em julho fizera o resto. Como parte de seu discurso de persuasão, Wogan se oferecera para pagar as taxas do colégio interno para Martin e Frances se Nan decidisse ir. «Andei para cima e para baixo por uma *noite inteira* de agitação», ela se lembraria depois, «tentando decidir o que era melhor.» A oferta de Wogan era «uma chance maravilhosa para meus filhos de saírem da pobreza em que estávamos»; ela até encontrou uma escola em que o diretor era um apoiador da República espanhola, alguém em quem ela confiava para proporcionar o tipo de ambiente que ela queria para eles. Mas escrupulosamente reconheceu a perspectiva como um escape para ela também, um alívio para a tensão cotidiana da responsabilidade exclusiva pelo bem-estar deles. No máximo, disse a si mesma, ficaria fora por seis meses.

Ela não foi até lá na esperança de se unir outra vez a George. Cartas do front eram censuradas e, embora ele tivesse lhe enviado notícias «cuidadosamente protegidas», incluindo um relato da morte de Julian Bell, Nan tinha apenas uma vaga noção de seu paradeiro. Ela sabia que os horrores que ele presenciara o haviam convencido a aprofundar seu compromisso, passando de motorista de ambulância a soldado — e que ele planejava se juntar às Brigadas Internacionais —, mas não fazia ideia de que uma queimadura de gasolina o havia levado primeiro ao hospital. Enquanto se recuperava em Huete, ele passou a ser comissário político com responsabilidade pelo moral do hospital. Então, quando Nan apareceu, ele requisitou seus serviços logo de início, ensinando-a a tocar acordeão durante uma única tarde para que ela pudesse se apresentar naquela noite num recital que ele havia organizado para os pacientes.

Há uma foto da pequena banda deles apertando os olhos sob o sol forte: George, num suéter de gola alta e óculos, segurando um violoncelo e quase como um professor, olha com expressão encorajadora para seus músicos. Era assim que ele queria passar a vida, não lutando numa empoeirada frente de batalha. «Minha ideia de diversão não é levar um tiro», escreveu para sua mãe naquele ano, tentando se fazer entender, «mas está ligada a cultivar alface e cebolinha, e beber cerveja num bar do interior, e tocar quartetos com amigos, e ter meus filhos ao redor para me educar e me manter humano.»[216] Na foto, Nan direciona um olhar taciturno contra a luz no ombro dele, o acordeão estendido numa curva protetora às suas costas. Ela fica o mais próximo possível de George num lugar como Huete, talvez incapaz de acreditar na sorte do seu reencontro, e sabendo também que não poderia durar.

O hospital foi instalado num gigantesco monastério do século XII, um edifício de paredes grossas em torno de um pátio interno e de uma ampla e abandonada capela com um novo mural pintado por um brigadista internacional que estava de passagem. Nan agora fazia parte da Spanish Medical Aid, uma organização criada em Londres logo depois da eclosão da guerra, por meio dos esforços de Isabel Brown, secretária do Comitê de Socorro às Vítimas do Fascismo, e de médicos associados ao Trades Union Congress [federação de sindicatos do Reino Unido] e à Associação Médica Socialista. Eles haviam organizado o comboio em que George e Wogan foram à Espanha.

Em Huete, Nan ocupou oficialmente o cargo de «secretária assistente», que na prática significava lidar com quase tudo que não era dirigir ambulâncias ou atender pacientes. Ela ajudava a manter o ânimo da equipe (as enfermeiras eram em sua maioria diligentes trabalhadoras britânicas e

---

216    George Green, 21 de agosto de 1938, Marx Memorial Library, SC/VOL/GGR/1.

neozelandesas), tentava gerenciar os suprimentos, estabelecia contato com as comunidades das redondezas. A realidade no terreno se provou a um só tempo preocupante e afirmativa. O hospital sofria com uma escassez paralisante de quase tudo; os veículos visitantes às vezes eram deixados sem combustível para que as enfermeiras pudessem manter em funcionamento os fogões Primus que usavam para esterilizar instrumentos. Ao longo de sua estada na Espanha, Nan encontrou ambientes que haviam se tornado (às vezes venenosamente) suspeitos. Em Huete, havia tensões entre voluntários comunistas e não comunistas, e Nan se pegou pensando sobre a possibilidade de espionagem e sabotagem. (Mais tarde, foi obrigada a se demitir de outro hospital após ser denunciada por um superior hostil — um comunista alemão cujas acusações infundadas contra ela chegaram aos arquivos soviéticos em Moscou.)

Mas o que lhe parecia ser o quadro mais geral estava na crescente confiança e autonomia dos vilarejos, no recrutamento de voluntários entre as mulheres locais que iam à porta das casas que ainda eram choupanas e se entusiasmavam com as novas maravilhas da escola. Suas filhas eram treinadas no hospital para ajudar as enfermeiras e tinham o tipo de certeza que tanto impressionara Josephine nas brigadas. «Como os homens de Cromwell», pensou Nan, «elas sabiam pelo que estavam lutando, e amavam o que sabiam.»

Nan não era a única voluntária encorajada pelos acontecimentos externos dos hospitais tanto quanto dos internos. No hospital de Villa Paz, que ficava perto e outrora havia sido uma casa de veraneio da família real, uma das enfermeiras americanas descreveu os inquilinos locais como antigos «escravos» que agora comiam com a equipe do hospital em louças estampadas com o brasão de seu antigo senhorio. Quando

369

espanhóis de uma comunidade próxima abordaram um dos hospitais com a sugestão de que a terra nos arredores de Villa Paz e de outro hospital fosse cultivada para gerar alimentação, alguns dos feridos que conseguiam caminhar se ofereceram para ajudar. Uma enfermeira presente na reunião se lembra de ter visto uma cooperativa se formar diante de seus olhos: «Vi a democracia nascendo entre... antigos empregados da realeza... Talvez vocês brigassem de vez em quando, e com certeza se queixavam, mas estavam todos unidos por um objetivo: o direito do homem de ser livre! Em 1937, eu estava vendo um idealismo quase puro».[217]

---

217   Lini De Vries, «Crying Would Have to Come Later». In: Alexander; Fryth, *Women's Voices from the Spanish Civil War*, op. cit., p. 144.

# Villa Paz
# Langston Hughes e Salaria Kea
# Leste de Madri e Madri:
# verão-outono de 1937

Langston estava tendo problemas para arranjar transporte. Sem carro, só conseguia chegar a outros lugares indo de Madri quando alguém que seguia na direção que ele queria ir estava disposto a lhe dar carona. Provavelmente foi assim que, em outubro, ele foi parar no hospital de Villa Paz.

Apesar de agora Villa Paz ser o «Hospital Americano n. 1», seus jardins exuberantes carregavam ecos de um mundo mais antigo, cujos cães de caça ainda perambulavam teimosamente pelo terreno como fantasmas. Havia uma piscina e enormes pinheiros e um riacho que jorrava sobre cascatas. Quando a equipe americana chegou pela primeira vez na primavera, encontrou uma abundância quase mágica de «rosas, lírios, violetas, uvas, bem-me-queres, íris, gladíolos, uma grande variedade de heras, cerejeiras e amendoeiras» viçosas.[218]

Lá dentro, o primeiro contingente da equipe havia juntado seus salários para refazer a instalação elétrica dos edifícios e instalar um gerador. Estábulos e outros anexos

---

218 Rose Freed, «Six Inch Roses». In: Alexander; Fryth, *Women's Voices from the Spanish Civil War*, op. cit., p. 130.

foram transformados em cozinha, refeitório e salas de cirurgia. Mas foi uma transformação apressada e fragmentária, e alguns dos tesouros do vilarejo permaneceram ali. O doutor Barsky, chefe do hospital, lembrava-se de «uma enorme cama adornada em brocado régio, o cobertor estampado com um desenho floral raro e todo o meio coberto com um gigantesco brasão real. Três de nossas enfermeiras costumavam dormir na cama juntas».[219] Pinturas e tapeçarias ainda cobriam as paredes dos quartos, contendo cartazes que anunciavam a requisição pela República. Havia uma biblioteca, onde muitos integrantes da equipe deixaram rastros de si mesmos na forma de livros doados.[220] Os aldeões da propriedade ajudaram com mão de obra e suprimentos, e aos domingos ficavam em longas e pacientes filas à espera de atendimento médico para seus filhos doentes e subnutridos.

Principal base da unidade médica americana, o hospital recebia casos sérios procedentes de outros hospitais próximos do front. Visitando seus imponentes prédios brancos, Langston reportou a seus leitores sobre um médico negro do Harlem, Arnold Donawa, que estava reconstruindo rostos em Villa Paz. Os nacionalistas, Donawa disse a Langston, estavam usando balas geralmente só vistas em caças de animais de grande porte, e elas explodiam dentro do corpo, espalhando cacos de metal. (Passando por um doloroso procedimento médico quase trinta anos depois da guerra, Nancy Cunard seria atormentada pela lembrança de um médico

---

219      Apud A. Hochschild, *Spain in Our Hearts*, p. 136.

220      Incluindo uma publicação da Columbia University Press sobre a opinião pública americana inscrita com o nome de uma Sarah L. Kee e que ainda estava ali setenta anos depois: <https://pdlhistoria.wordpress.com/hospitals-and-medical-support-for-the-spanish-republic/>.

lancetando um braço no Escorial, procurando, segundo disse a ela, «uma bala 'dundum'».[221]) Naquele ano, *Heart of Spain*, um documentário sobre a guerra, mostrava imagens acusatórias de homens enfaixados passando o tempo sob os amplos arcos brancos do pátio do hospital: vítimas do mesmo armamento. Uma enfermeira de vestido escuro com colarinho branco corta os curativos de um homem. Com dedos finos e habilidosos, ela revela o coto do braço dele. «Não desvie o olhar», ordena o narrador. «Isso é neutralidade. Isso é não intervenção, no estilo italiano.» Foi sobre essa enfermeira que Langston escreveu para casa: «uma moça esguia e cor de chocolate» chamada Salaria Kea.

Quando Langston a conheceu, Salaria estava no hospital havia seis meses. Durante semanas após ela ter chegado, cartas de boas-vindas afluíram de brigadistas afro-americanos que, quando conseguiam dispensa, iam até o hospital para conhecê-la. Única mulher afro-americana trabalhando como enfermeira voluntária na Espanha, Salaria se tornara uma celebridade. Produziam-se até cartões-postais com sua foto. Ela foi saudada como figura de proa para uma solidariedade de longo alcance. «'Salaria Salud!'»[222] Langston anotou em seu caderno: «Todas as crianças num raio de quilômetros sabem o nome dela».

Embora Villa Paz fosse o mais bem equipado hospital americano, sofria de privações e inconveniências endêmicas na zona republicana. O doutor Donawa mandou Langston embora com uma longa lista de suprimentos médicos necessários em caráter urgente. O hospital ficava sem energia elétrica frequentemente, lutava para manter tudo esterilizado,

---

221   NC a NG, apud Ford, *BPIR*, op. cit.
222   Apud Donlon, *Archives of Transnational Modernism*, op. cit., p. 103.

e travava batalhas contra a escassez de água e contra o frio. Salaria enfrentava esses desafios com aptidão inventiva. Langston relatou que, quando o hospital ficou sem aquecimento, ela encheu garrafas de água quente com sopa a fim de manter aquecido um paciente cirúrgico que estava hipotérmico. Quando ficaram sem água, ela ferveu ovos em vinho para manter seus pupilos alimentados. Como era de esperar, os pacientes gostavam dela. Um deles a descreveu como «uma pessoa muito encantadora», conhecida por «sua paciência, seu sorriso e sua perspicácia».[223] As condições improvisadas deram a Salaria a oportunidade de demonstrar seus talentos e vê-los reconhecidos. Regras e hierarquias perderam significado. Em vez das «broncas, transferências e ameaças de demissão» que poderia ter esperado no Harlem Hospital por sair da linha, aqui ela era elogiada pela «coragem, bravura e engenhosidade» nos despachos governamentais.[224] Foi até promovida a enfermeira-chefe de cirurgia, um reconhecimento que dificilmente lhe dariam em casa.

Descrevendo Villa Paz anos depois, Salaria insistiu (apesar das balas dundum e das crianças famintas) que «tudo era simplesmente adorável».[225] Era um lugar que lhe permitia florescer. O trabalho era duro e importante. Ela estava realizando um sonho de servir que tinha relação direta com sua fé. (Seu senso franco de fazer a obra de Deus pelo voluntariado — algo que possivelmente cresceu à medida que ela foi ficando mais velha — era outro exemplo de como

---

223 LH, «NY Nurse Weds Irish Fighter in Spain's War», *Afro-American*, 11 dez. 1937.

224 Apud Robins Sharpe, *Mosaic Fictions*, op. cit., p. 95.

225 Entrevista de SK a John Gerassi, 1980, John Gerassi Oral History Collection, ALBA.AUDIO.018-152,153, Tamiment.

ela complicava uma narrativa padrão. Questionada gentilmente por um entrevistador sobre a hostilidade da Igreja católica para com o lado republicano, e vice-versa, Salaria não admitia nada disso. «Conheci muitos católicos ali mesmo na Espanha», disse ela. «Eu estava com eles.»[226] Apesar de toda a antipatia republicana aplaudida por Nancy e Sylvia, muitos espanhóis mantiveram sua fé arraigada mesmo quando se alinharam com o lado que tentava educá-los, ou até obrigá-los, a abandoná-la. Em sua lealdade desordenada, Salaria era representativa da maioria das pessoas na maior parte do tempo.)

Em Villa Paz, o dr. Pitts já não era o mais graduado membro da equipe e, dentro do hospital, Salaria foi amplamente protegida da hostilidade dele. Ela gostava dos outros médicos com quem trabalhava, e os respeitava, particularmente o dr. Barsky e o dr. Pike (que havia admirado a forma como Josephine lidou com Hemingway no Hotel Florida) — ela sentia que eles mantinham Pitts na linha. Seus principais companheiros eram, de todo modo, sua «turma» de outras enfermeiras. «Sinto falta de vocês da mesma maneira que um bebezinho sente falta do leite da mãe», Salaria escreveria a elas depois que partiram.[227]

Langston foi claramente atraído pela camaradagem delas. Na noite de sua visita, algumas enfermeiras estavam se preparando para deitar no dormitório delas, «discutindo acontecimentos do mesmo dia», conforme contou uma delas depois, «quando Salaria Kea gritou de repente. Lá estava Langston sentado num canto, apenas nos

---

226    Ibid.
227    SK a Fredericka Martin, 7 de janeiro de 193[?], Fredericka Martin Papers, Tamiment.

observando. Ele pediu desculpas, disse-nos que estava gostando da conversa».[228]

A Espanha reacendera o idealismo de Langston. Após a semitrégua de Valência, «um centro de lazer para as folgas», Madri havia provado ser «uma cidade de luta», onde o blecaute e o toque de recolher deveriam ser levados a sério. Disseram-lhe que quase mil pessoas foram mortas por bombardeios em Madri durante os três meses em que ele esteve ali. Qualquer um que dirigisse na cidade depois das 23h poderia ser parado por guardas e era melhor saber a senha da noite. Mas, depois dos problemas exaustivos da vida cotidiana na era da Grande Depressão nos Estados Unidos, a companhia de pessoas sobrevivendo de uma promessa era animadora. «Aqui em Madri, onde as pessoas não tinham quase nada... elas esperavam ter tudo em breve.»

Posteriormente, Langston descreveria o interior da Espanha com um lirismo elegíaco que ele havia aperfeiçoado ao longo dos anos em que escrevia sobre as dores e a resiliência da vida afro-americana. Com sua habilidade especial para ver beleza no cotidiano, exaltando o que era terreno e maltrapilho, ele enxergava a Espanha com um olhar mundano mas não endurecido: um observador solidário a um país no meio da guerra. Ele entendia que a dor nem sempre era expressa como lamento, que o humor poderia ser sua própria resistência. Rememorado por Langston, quase tudo era bonito. Ele confundiu o som de franco-atiradores com o canto dos pássaros e fez até solicitações de prostitutas

---

228   Ray Harris, «Strawberry Jam and Crackers». In: Alexander; Fryth, *Women's Voices from the Spanish Civil War*, op. cit., p. 135.

tarde da noite, enquanto os soldados acendiam fósforos em ruas escuras para ver os atributos das mulheres que os saudavam, uma máscara de vaga-lume de esperanças ardentes e minguantes. Visitando a antiga casa de Neruda, a Casa de las Flores, ele a encontrou «vazia e desolada, com grandes buracos de granada nas paredes, as jardineiras quebradas e as varandas arrebentadas». E, no entanto, «algumas flores ainda desabrochavam em certas janelas, e de muitas varandas ainda pendiam trepadeiras verdes».

Madri enfrentava as consequências de Brunete, e os bombardeios das trincheiras republicanas nos arredores provocavam tremores contínuos pelas ruas. Langston tinha visitado o front de Brunete e ficara chocado com a desolação de uma cidade em ruínas. «Ninguém permaneceu lá, mas ainda havia partes dos mortos nas ruas.»

Mas ele não estava lá para ver o sangue nas ruas. Langston estava interessado na chegada de pessoas negras a um país que considerava livre de preconceito racial. «Espanha dividida», ele a denominou, «com homens negros nos dois lados. Eu vim para escrever sobre eles.»

Primeiro, ele procurou os afro-americanos na Brigada Abraham Lincoln. Dos quase 3 mil voluntários americanos que serviram durante a guerra, cerca de noventa eram afro-americanos. Tal como foi para Salaria, tornar-se voluntário na Espanha era frequentemente um consolo para quem não havia conseguido participar da luta da Etiópia contra Mussolini. (O desejo de Haile Selassie de cultivar boas relações com o governo dos Estados Unidos significava que simpatizantes haviam sido impedidos de se voluntariar ali.) Muitos reconheceram a ameaça representada pelo objetivo do fascismo de «um mundo só para brancos», como disse

Langston;[229] muitos simplesmente reconheceram os nacionalistas. «Dê um capuz a Franco», observou Langston naquele ano, «e ele será um membro da Ku Klux Klan.»[230]

Apesar de não falar muito espanhol, numa transmissão de rádio para os EUA, Louise Thompson afirmou compartilhar «uma língua comum» com seus anfitriões, porque «eles estão lutando contra a opressão, e eu venho de um povo cuja opressão tem séculos de existência».[231] Pegar em armas — ou ser reconhecido como um camarada — poderia ter um enorme significado psicológico para os voluntários familiarizados com o tipo de preconceito associado a Franco e seus aliados.[232] Um quarto dos brigadistas internacionais era judeu.[233] O dr. Pike, amigo de Josephine, deu voz ao tipo de ampla solidariedade frequentemente expressa quando apontou o antissemitismo que ele sofrera na vida como o «fator motivador» de sua ida à Espanha: «Eu me identificava com aqueles que foram maltratados, desrespeitados».[234]

Embora admirasse sua coragem, Langston não pôde deixar de sentir que os voluntários negros haviam fugido de uma batalha igualmente premente em casa. No entanto, para ele, seus sacrifícios também fizeram avançar a história

---

229  Apud P. N. Carroll, *The Odyssey of the Abraham Lincoln Brigade*, p. 78.

230  LH, «Soldiers from Many Lands», *Afro-American*, 18 dez. 1937.

231  Apud K. Gilyard, *Louise Thompson Patterson*.

232  A imprensa negra, por meio de repórteres como Langston, Nancy e Thyra Edwards, mantinha suas comunidades de origem abastecidas com notícias sobre voluntários negros, e essas mesmas comunidades arrecadavam doações substanciais para a causa republicana. Um jovem James Baldwin até conseguiu sua primeira publicação aos doze anos, com um texto inspirado nas notícias da Espanha (R. D. G. Kelley, *Race Rebels*).

233  Graham, *The Spanish Civil War*, op. cit., p. 44.

234  Apud Walter J. Lear, «American Medical Support for Spanish Democracy, 1936-1938». In: A.-E. Birn; T. E. Brown (Orgs.), *Comrades in Health*.

afro-americana, abrindo novos caminhos para o reconhecimento das realizações dos negros.[235] Ele estava orgulhoso de «negros americanos» terem ido à Espanha, não como «músicos de banda de jazz, artistas de concerto, dançarinos» que até então eram «os principais embaixadores dos negros na Europa», mas como «*combatentes voluntários* — que é quando a história virou outra página».

Langston observou que muitos espanhóis eram «bem escuros», com, pensou ele, «traços distintos» de ascendência africana resultante da longa ocupação que se seguiu à conquista muçulmana da península no século VIII (uma história que adicionou camadas potentes à presença dos norte-africanos no exército nacionalista). Em relação a si mesmo, não relatou nada além de boas-vindas, embora houvesse histórias de voluntários afro-americanos que tiveram problemas quando foram confundidos com «mouros».

Para sua vergonha, a primeira reação de Langston ao encontrar um homem negro que fazia parte do outro lado foi ter um lampejo de medo puro e instintivo. Certo dia, visitando um hospital prisional com outros repórteres, ele ficou inquieto em meio ao calor intenso e ao fedor opressivo, enquanto os outros conduziam longas entrevistas em alemão e italiano (idiomas que ele não falava). Ao passar por um corredor sinistramente vazio em busca de água, ele ficou «quase alarmado... morrendo de medo» por uma aparição alta e escura, uma figura do negrume mais profundo que já tinha visto. Langston congelou para deixar o homem silencioso passar.

---

235 Oliver Law, morto em Brunete havia pouco tempo, tinha sido o primeiro homem negro a comandar uma empresa americana mista.

O temido Exército da África, a força colonial que Franco havia transportado para a Espanha com ajuda alemã e italiana no início da guerra, foi alimentado pela Legião Estrangeira (que se distinguia pelo slogan «Viva a morte!») e por mercenários marroquinos. Embora sua reputação feroz sem dúvida se ancorasse parcialmente em suposições racistas de barbárie, soldados marroquinos eram com frequência mobilizados como tropas de choque, enviados para pacificar cidades que não se rendessem imediatamente. Eles eram muitas vezes invocados pelos generais nacionalistas como uma ameaça sexual contra as mulheres espanholas. Um soldado britânico disse a Josephine que, ao enfrentá-los na batalha, «você sempre guarda uma bala para si mesmo».[236]

Na sua cobertura jornalística do ano anterior, Nancy havia retratado os combatentes árabes como vítimas de seus patrões. «Os rebeldes fascistas espanhóis estão usando tropas nativas para massacrar trabalhadores espanhóis quase tão miseráveis e oprimidos quanto os próprios norte-africanos», relatou a seus leitores em dezembro. «Esses são os métodos de todas as potências imperialistas.»[237] Enquanto a Legião Estrangeira tinha desempenhado um papel fundamental na derrota de tribos rebeldes no Norte da África, eles agora lutavam ao lado de soldados recrutados nesses mesmos territórios. (Como observou um historiador, a «selvageria infligida às cidades conquistadas pelas forças coloniais espanholas era simplesmente uma repetição do que faziam quando atacavam um vilarejo marroquino».[238])

---

236     JH, *SBS*, op. cit., p. 145.
237     NC, «Blacks in Spanish Revolution Fighting on Side of Royalists», *Pittsburgh Courier*, 22 ago. 1936, p. 7.
238     Preston, *The Spanish Civil War*, op. cit., p. 206.

Para Nancy, a importação dessas tropas era mais uma evidência das vastas estruturas de opressão que colocavam suas vítimas umas contra as outras, roubando-lhes seus aliados naturais. Desconfiada das técnicas de recrutamento no Norte da África, ela visitara Tânger e o Protetorado Francês no Marrocos depois de deixar a Espanha, relatando que muitos tinham sido enganados e pressionados a se juntar ao exército de Franco. Os líderes republicanos também estavam se empenhando em reformular esse contingente do inimigo em suas mensagens públicas.

Repreendendo a si mesmo no hospital, Langston procurou uma enfermeira que lhe mostrasse uma pequena ala de soldados marroquinos capturados. Ali ele penou para se comunicar com qualquer pessoa, exceto um menino de treze anos que havia sido ferido em Brunete e falava um pouco de espanhol. O garoto tinha ido à Espanha com a mãe, que fora recrutada para cozinhar e limpar atrás das linhas de combate. Ele próprio acabou lutando. Sua mãe foi morta.

Como para desfazer sua falha inicial e restabelecer a possibilidade de comunicação fraternal, Langston imaginou uma conversa entre dois soldados negros em lados opostos, num poema escrito para enfatizar a discórdia dos soldados negros disparando uns contra os outros. («Os mouros», escreveu ele num artigo para a *Afro-American*, «estão atirando para o lado errado.») No poema, um soldado negro na Brigada Abraham Lincoln descreve a morte de um prisioneiro mouro numa carta enviada para casa:

Eu disse, Garoto, o que cê faz aqui,
Lutando contra os livres?

Mas o prisioneiro tem dificuldade em responder à pergunta, e isso é o que diferencia os dois homens. Ao passo que um assumiu uma causa, pode viver e morrer com um propósito, o outro sofre uma morte sem sentido, sua vida desperdiçada porque ele a passou a serviço de seu explorador. Ao contrário dos politizados «negros bem despertos» que Langston continuava encontrando, e dos brigadistas internacionais de Josephine, ele não sabia por que viera.

Langston escreveu várias «Cartas da Espanha», uma série que seu biógrafo mais tarde descartaria como sendo «poesia ruim de proletário»:[239] versos destinados a propaganda para envolver «as pessoas comuns» lendo-o em casa. Ele recebeu críticas igualmente robustas na última noite de sua estada com soldados no front, quando fez uma leitura num engenho abandonado e membros da Brigada Abraham Lincoln provaram ser tão assertivos culturalmente quanto eram politicamente. Na Espanha revolucionária, onde as artes eram consideradas propriedade coletiva — uma experiência participativa —, nem mesmo o trabalho do bardo do Harlem estava acima do desafio.

Os afro-americanos na brigada, observaram alguns soldados, não falavam como o homem no poema. «Eles disseram que muitos de seus camaradas negros eram bem-educados; além disso, posso estar erroneamente ajudando a perpetuar um estereótipo.»

Langston se defendeu. Ele estava determinado a falar com aqueles geralmente excluídos da arte erudita, os «negros comuns» que nunca sequer teriam ouvido falar do Renascimento do Harlem. Esse foi um poema de fácil

---

239    Rampersad, *The Life of Langston Hughes*, op. cit., v. 1, p. 351.

compreensão, para persuadir e engajar, para reconfortar e influenciar seus leitores. Para seu público da linha de frente, Langston admitiu que, «claro, a maioria dos negros nas Brigadas falava gramaticalmente, mas outros — e muitos brancos também — haviam tido pouca educação formal e não falavam como se fossem acadêmicos». Alguém precisa escrever por eles e mostrar que «até os menos privilegiados dos americanos, os negros do Sul, estavam representados nas Brigadas Internacionais». Ele havia criado uma voz para expressar que a política, tal como as artes, não estava além de ninguém.

Esse era Langston em sua corda bamba de palavras, sempre questionando sua arte e, no entanto, defendendo-a de interferências; procurando formas de alcançar as pessoas para as quais ele escrevia, a fim de enaltecê-las de maneiras que não alienassem, e ainda, física e criativamente, sobreviver como artista. Era um trabalho delicado retratar sua celebração da vida «indigna» — os tons, o léxico, o padrão do vernáculo negro, o ritmo do blues e do jazz que ele amava — a partir das caricaturas que representavam os afro-americanos na cultura dominante; no entanto, Langston havia muito resgatara a representação da linguagem que tinha sido apropriada e degradada em outro lugar.

*

Fiquei me perguntando se ele ainda pensava nessa defesa da poesia-com-propósito em Madri quando datilografou num pedaço de papel algumas linhas que nunca apareceram em sua obra reunida. Nelas, ele faz da poesia uma criatura trabalhadora, uma besta de carga que não merece nenhuma reverência especial. Seu lugar é na lama com o restante de nós, pronta para aguentar o poeta aonde ele quiser ir.

Não tenho grande deferência
Pelo alto estatuto da Poesia.
Eu iria cavalgá-lo na estrada lamacenta
E amarrá-lo ao portão eu iria,
E iria alimentá-lo com feno e cenouras
Depois de uma longa estadia. [...][240]

Na Espanha, Langston consolidou a compreensão de si mesmo como um escritor distante da humanidade que ele sempre buscava alcançar. Ele queria estar ali observando a história se desenrolando, «olhando para os principais acontecimentos», mas «ao mesmo tempo afastado das coisas». A escrita era seu canal para o mundo, mas também, de alguma forma, seu amortecedor. «Na Guerra Civil na Espanha, sou um escritor, não um combatente», escreveu. «Mas é isto que eu quero ser, um escritor, registrando o que vejo, fazendo comentários e destilando uma interpretação pessoal a partir das minhas próprias emoções.»

Sua visão da atividade do escritor como sendo não apenas a de registrar a realidade, mas também a de dar sentido a ela, faz-me lembrar a busca de Josephine pelo «relacionamento completo» com sua situação. Para Langston, os escritores aplicavam seu talento, mas também «sua história e sua experiência» e, fundamentalmente, uma habilidade de «estudar, simplificar e entender»: «Sendo a principal delas a de entender».[241] Se a ignorância corria o risco de ser escravizada, e o fascismo representava a morte, escritores poderiam oferecer o oposto. «As palavras têm sido muito usadas para

---

240 Esse poema é citado em Donlon, *Archives of Transnational Modernism*, op. cit.

241 LH, «Writers, Words and the World», 25 de julho de 1938. In: Id., *The Collected Works of Langston Hughes*, v. 9, p. 198.

fazer as pessoas duvidarem e temerem», ele anunciaria mais tarde em Paris. «Agora as palavras devem ser usadas para fazer as pessoas *acreditarem e agirem.*»

\*

No ano seguinte, quando estava de licença, Salaria trabalharia incansavelmente para divulgar os esforços dos voluntários americanos — trabalho que foi em parte possibilitado pela sororidade de mulheres negras. Quando Louise Thompson voltou aos EUA, ela escreveu a Langston na Espanha mencionando sua ideia de arrecadar fundos para uma ambulância como doação para o serviço médico da República. Em seu próprio retorno, Thyra Edwards ficou junto de Louise antes de embarcar numa ambiciosa turnê de palestras por várias cidades. Paul Robeson começou com uma doação de 250 dólares; a ambulância foi enviada no fim de 1938: um presente, como escreveu Thyra num artigo, «do povo Negro da América para o povo da Espanha republicana».[242]

Em Villa Paz, as enfermeiras com quem Salaria trabalhava eram em sua maioria da classe trabalhadora, como ela própria, e ela se identificou com as mulheres espanholas que conheceu, havia muito oprimidas por uma sociedade profundamente patriarcal. E lá havia seus companheiros afro-americanos nas forças armadas. No entanto, ela também estava consciente de como as facetas de sua identidade se combinavam para separá-la, como a alteridade que as pessoas escolhiam celebrar a deixava um pouco sozinha. Num livro de memórias incompleto que rascunhou em terceira pessoa, Salaria fez disso a ressalva de sua posição lá. «Muitas pessoas

---

242     Apud NC; LH; Thompson, *Poetry, Politics, and Friendship*, op. cit., p. 39.

visitavam e comentavam sobre a solitária garota negra servindo com tanta diligência», escreveu, «e no entanto ela estava tão longe de qualquer mulher da sua espécie.»[243]

Salaria daria muitas palestras sobre a guerra. Falou em escolas de ensino fundamental, em reuniões e igrejas da NAACP, a membros de sindicatos e a assembleias de enfermeiras. Mas, como Langston, ela também tinha uma mensagem específica para um determinado público de afro-americanos. Ao contar e recontar sua própria história, assumiu conscientemente o ônus da representação que lhe foi imposto na Espanha, oferecendo-se como inspiração. Conforme explicou em 1980, ela queria mostrar que nenhum dos contratempos e insultos em sua vida a derrubaram ou distraíram; mostrar «como os obstáculos apareceram [mas] não me desviaram».[244]

Entre as pessoas atentas aos encantos de Salaria estava um reticente irlandês branco chamado John Patrick O'Reilly, que havia se juntado às forças republicanas no começo da guerra. É possível que tivesse participado da defesa de Madri, mas na primavera de 1937 ele trabalhava como motorista de ambulância e assistente em Villa Paz. «Pat» era alto e magro; um homem que cantava «The Rose of Tralee» com «a cabeça jogada para trás, os olhos fechados, colocando na performance todo o seu coração irlandês sentimental»;[245] um escritor, descobriu-se, de poemas sobre Salaria.

Como ela, ele havia crescido pobre. Durante a Grande Depressão, vagara entre a Inglaterra e a Irlanda em busca de

---

243　SK, *While Passing Through*, apud Robins Sharpe, *Mosaic Fictions*, op. cit., p. 95.

244　Entrevista a Gerassi, ALBA.AUDIO. 018-152,153, Tamiment.

245　Fredericka Martin a SK, 1972, Fredericka Martin Papers, Tamiment.

trabalho, passando tempo em Oxford trabalhando numa olaria, onde às vezes entreouvia os oradores declamando nas áreas comuns da universidade. «Eu achava que haveria uma guerra», disse ele depois, «e, se eu iria morrer de qualquer jeito, seria melhor que fosse lutando pelos pobres do que pelos ricos.»[246]

Imediatamente impressionada com a aparência de Pat, num primeiro momento Salaria o enxergou apenas como um bom partido para uma de suas amigas. Mesmo sem os desafios quase impensáveis de um relacionamento inter-racial, era preciso manter o foco no trabalho. Mas Pat a conquistou. Posteriormente, ela atribuiu isso a um apelo bem estridente feito numa pausa para nadar. Por acaso ela realmente iria «deixar os reacionários tirarem a única coisa que um pobre merecia?», perguntou Pat. «Seu direito de se casar com quem ele amava e que ele acreditava amá-lo?».[247]

E então um casamento foi realizado em Villa Paz, com a presença de delegações do hospital e da comunidade local; um casamento tão festivo que vários convidados tiveram de ser carregados para seus respectivos carros no fim da noite. Dos baús abandonados de uma infanta, os amigos de Salaria a adornaram com peças elegantes e majestosas de um tipo que ela nunca vestira antes e nunca o faria de novo. Um coral de garotas locais cantou no lugar da marcha nupcial, e um juiz espanhol com um bigode em formato de guidão oficiou a cerimônia, enquanto a enfermeira-chefe de Villa Paz, Fredericka Martin, assistia a tudo como uma «orgulhosa mamãe testemunha».[248] O doutor Donawa fez um dis-

---

246    Entrevista à *Cleveland Magazine*, 1975.

247    Apud E. Robins Sharpe, «Salaria Kea's Spanish memoirs».

248    Fredericka Martin, 19 de janeiro de 1972, Fredericka Martin Papers, Tamiment.

curso em nome de sua equipe; um soldado cego falou pelos pacientes. Em vez de alianças, Salaria e Pat trocaram canetas-tinteiro. Mais cedo naquele mesmo dia, dois jornalistas — Martha Gellhorn e Ernest Hemingway — tinham visitado o hospital e foram informados sobre a união. Segundo um colega de Salaria, eles não puderam ficar para o casamento, mas «pegaram a história».[249]

Langston também perdeu a cerimônia, mas mandou para a imprensa dos EUA um artigo sobre Salaria e o casamento. Em particular, ele exclamou a Louise Thompson sobre a união: «Verdadeira solidariedade!».

Nos jornais, Salaria era novamente celebrada como um símbolo: um ícone vivo dos ideais da Frente Popular. Uma mensagem pública apareceu em Villa Paz endereçada à «Camarada Salaria», e por meio dela a «todos os nossos irmãos negros», desejando à noiva e a seu novo marido «todo tipo de felicidade». Mais do que uma história de amor, o casamento, de acordo com seus simpatizantes, havia «estabelecido outro marco de vitória em nossa luta contra o racismo!».[250]

---

249    Se algum deles escreveu a história, nunca deparei com ela.
250    Apud *Archives of Transnational Modernism*, op. cit., p. 104.

# Dias chatos[251]
# Martha Gellhorn, Langston Hughes, Nancy Cunard
# Madri e Valência: outono-inverno de 1937

À noite, o som dos leões rugindo de fome no zoológico chegava a Langston do outro lado do parque El Retiro. Havia carne de cavalo para o jantar ali e carne de cavalo para o jantar na Alianza onde ele estava hospedado, a menos que nada tão substancial pudesse ser preparado. Com o acesso à cidade tão restrito, era impossível mantê-la devidamente abastecida. Jornalistas rondavam os bares da capital, em busca de alguma coisa para comer. Langston perdeu quase sete quilos. Ele não podia dar-se ao luxo de frequentar os lugares na Gran Vía dos quais Hemingway e companhia eram

---

251  As citações de LH neste capítulo foram tiradas de *IWAIW*. O relato de John Banting de sua estada na Espanha está reproduzido em Ford, *BPIR*. A entrevista de NC com SK foi publicada como «Salaria Kee Plays Hero Role in Spainish [*sic*] War», ANP, 8 jan. 1938. Já as citações de VW neste capítulo procedem dos volumes 4 e 5 de seu publicado *The Diary of Virginia Woolf*, op. cit.

clientes assíduos, mas na atmosfera de camaradagem da guerra Langston encontrou, como ele observou enfaticamente depois, «mais escritores americanos brancos que em qualquer outro período da minha vida», entre eles Hemingway e «a de cabelos dourados Martha Gellhorn».

Martha visitara certa vez o mesmo zoológico, naquele dia em que o tempo estava bom e nada de mais acontecia e, culpada, ela queria alguma excursão descomplicada para aproveitar com Ernest; o dia em que eles «estavam cansados da guerra» e «queriam se divertir, alguma coisa não empolgante ou importante ou séria ou memorável, mas apenas diversão».

Tendo desejado voltar à Espanha na primavera, Martha estava agora achando os dias em Madri igualmente miseráveis. Não havia boas notícias. Os nacionalistas estavam arrematando partes não conquistadas do norte. Dois terços do país estavam agora nas mãos deles. Em casa, já circulava a informação sobre seu caso com Ernest e ela entendeu «como isso vai ser ruim». Seus vinte e tantos anos estavam com os dias contados. Dificuldades pessoais se instalaram com a guerra e sufocaram seu ânimo. «Dia chato», escreveu ela em 9 de novembro, logo após seu aniversário. «Cinza, frio, nada. Dia chato, mulher chata. Estou desperdiçando tudo e agora tenho 29 anos.»[252]

Ela estava preocupada com o medo de a vida passar sem nada para mostrar, e sua impotência numa zona de guerra apenas agravava o horror que sentia em relação à falta de propósito. Suas realizações como jornalista não serviram para satisfazê-la. A aproximação de seu aniversário havia agitado seu diário: «o tempo está passando quase

---

252   MG, 9 de novembro, Notas da Espanha, MG Collection, HGC.

antes de você conseguir vê-lo».[253] Apesar do banquete organizado por Ernest e outro jornalista americano, o dia em si foi estragado por preocupações com as fofocas em casa. E muitas vezes havia brigas, Ernest liberando torrentes de hostilidade, e Martha pensava: «Ai, Deus, faça funcionar ou acabe logo com isso».[254]

Quando voltaram a Madri em setembro, eles foram dar uma inspecionada em Brunete, capturada e perdida na ausência deles, e viram uma terra «ainda castanho-amarelada pelo verão».[255] Apontando seu binóculo numa direção, Martha observara soldados republicanos lavando-se num riacho; em outra, nacionalistas vasculhando prédios abandonados. Mesmo ali, mesmo então, era «bonito» para ela. Mas os meses de inverno trouxeram um frio inclemente, as ruas pegajosas de lama e pouquíssima ação. Os bombardeios continuavam. Enquanto os discos de suingue de Langston distraíam os hóspedes na Alianza, no Hotel Florida, Martha e Ernest rebatiam os estrondos e as batidas com uma mazurca de Chopin que sempre a faria lembrar-se de Madri. Abrindo as janelas para proteger o vidro, certa noite eles contaram os projéteis, mas acabaram desistindo depois de seiscentos. «Você tem uma sensação de desastre, balançando-se como a agulha de uma bússola, sem rumo, por toda a cidade.»[256] E ela continuou escrevendo sobre aqueles em quem a agulha pousava, sobre a multidão silenciosa vendo corpos sendo puxados dos escombros, até que uma «mulher estendeu a mão

---

253    MG, 28 de outubro, Notas da Espanha, MG Collection, HGC.
254    Diário de MG citado em Moorehead, *Martha Gellhorn*, op. cit., p. 136. «Brigas» pode não ser a palavra exata para isso. Martha descreve uma dessas discussões, na qual EH a atacou «sem oposição».
255    Apud Moorehead, *Martha Gellhorn*, op. cit., p. 161.
256    MG, «City at War», *Collier's*, abr. 1938.

de repente para seu filho e o tomou nos braços, e o segurou perto dela».

Quando Langston decidiu ir embora, Ernest e alguns outros correspondentes lhe deram uma festa de despedida no Hotel Victoria. Após três meses de estada na Alianza, Langston havia passado mais tempo em Madri do que seus editores tinham concordado em pagar. Ele achou difícil desvencilhar-se e, no entanto, como Josephine, preocupava-se em compartilhar a comida de uma cidade faminta. E ele também não poderia esquecer que era «um americano que poderia ir para casa quando eu quisesse».

Nancy havia atravessado a fronteira no mês anterior com o pintor John Banting. Era um velho amigo que cumprira deveres em outras viagens: observar com admiração protetora enquanto ela lidava com os tabloides de Nova York em 1932. *Authors Take Sides* deveria ser publicado na Grã-Bretanha em novembro, mas Nancy não ficara para vê-lo. Enquanto as autoridades francesas reprimiam as pessoas que entravam na Espanha, ela se recuperava de uma febre que a havia confinado à cama e negociava um caminho à margem dos «sabres e baionetas e oficiais franceses furiosos»[257] para que os dois chegassem à Espanha. Eles foram a Barcelona, que estava mais fria e faminta do que Nancy tinha visto pela última vez, e então de algum modo conseguiram um carro do governo para a longa viagem até Valência.

Lá encontraram Langston, ainda saindo da Espanha. John ficara impressionado com ele e o definira como «um homem magnífico e magnético». Nancy e Langston estiveram em contato desde a antologia *Negro*, mas podem ter

---

257  NC, *Grand Man*, op. cit., p. 110.

se encontrado pessoalmente pela primeira vez apenas naquele ano. Muito depois, ele descreveu Nancy como «gentil e boa», «cosmopolita e sofisticada e simples, tudo ao mesmo tempo».[258] Ele havia enviado a ela uma de suas «cartas para casa» de seu suposto brigadista da Abraham Lincoln e, mais cedo naquele ano, contribuíra para os panfletos de Nancy de arrecadação de fundos. Em Valência, Nancy retribuiu com a cópia de um poema que mais tarde seria intitulado «Yes, It Is Spain», que ela dedicou a Langston.

Ele também ajudou a organizar outro encontro agradável de Nancy em Valência: a entrevista com Salaria Kea. «Vocês já leram sobre ela», escreveu Nancy no começo do artigo para a ANP. «Agora eu tive a sorte de tê-la encontrado aqui em Valência, o privilégio de ter conversado com ela durante um bom tempo. Ela é muito conhecida neste país.»

Nancy parecia pensar que Salaria estava de passagem pela cidade a caminho de um hospital de recuperação no litoral (possivelmente em Benicassim, que, observou Nancy, havia sido bombardeada duas vezes naquela semana), mas também é possível que ela estivesse numa lua de mel concedida pelas autoridades do hospital. No texto, Nancy parece arrebatada por Salaria, interessada em ser sua amiga. A mulher «alta, escura, inteligente», «com um sorriso cativante e uma voz muito agradável», era «uma das personalidades mais simpáticas que eu conheci em muito tempo». Ela estimava que Salaria estivesse na faixa dos 25 anos, mas também, entregando-se a uma fantasia característica, imaginava-a como «uma jovem nascida, ó, há quanto tempo na África, antes de todas as invasões e conquistas brancas». Sentadas juntas

---

258     LH, «Nancy: A Piñata in Memoriam, If One Could Break It In Her Honor». In: Ford, *BPIR*, op. cit.

num silencioso quarto de hotel, as duas mulheres discutiram o fascismo, o racismo e o novo marido de Salaria.

Se Salaria tinha mencionado o insulto do doutor Pitts à autora do panfleto *A Negro Nurse in Republican Spain*, a história não chegou a ser impressa. Nancy, porém, ficou abertamente chocada. «Alguém poderia pensar que os americanos que se ofereceram como voluntários para qualquer tipo de trabalho antifascista por aqui perceberiam que Jim Crow simplesmente não pode existir neste país», observou ela com sarcasmo. «No entanto, a srta. Kee falou sobre ter se encontrado com um exemplo de Jim Crow aqui, por parte de um americano.»[259]

Preocupada em enfatizar a solidariedade internacionalista na qual ela punha tanta fé, Nancy assegurou a seus leitores que «os espanhóis ficariam realmente muito revoltados» com a experiência de Salaria. Informados por seus novos camaradas sobre as relações raciais americanas, eles demonstraram indignação. «Na verdade», insistiu ela, «dificilmente

---

259    Nancy não compartilha outros detalhes desse incidente, e é possível que ela esteja se referindo a algum tipo de oposição ao casamento inter-racial de Salaria, mas também se refere claramente à ausência de Jim Crow no café onde eles comiam juntos. Há algumas evidências de que Salaria houvesse estado anteriormente envolvida num relacionamento com Oliver Law, um comandante negro que foi morto durante a ofensiva de Brunete; talvez até tivessem se casado numa cerimônia que seria considerada legal pelas leis republicanas daquele período. Isso pode explicar parte da reticência — e da hesitação — que se insinuou entre os americanos em relação ao casamento de Salaria e Pat: uma preocupação com o casamento realizado tão pouco tempo depois da morte de Law. É claro que também pode muito bem ter havido desconforto a respeito do casamento inter-racial — ou a expectativa de desaprovação do público em casa —, apesar da acolhida com que a união deles foi recebida em outros lugares.

passa um dia agora sem que alguns espanhóis me digam o quanto isso é abominável.»

Mais tarde, Nancy e Salaria se reuniram com «um amigo inglês» (supostamente John Banting) num dos cafés de Valência. Nancy se sentiu próxima de Salaria («Acho que nós duas sentimos que nos tornamos amigas logo no primeiro encontro»), e, pelo menos de sua parte, a separação das duas foi comovente. Ela sabia que Salaria deveria se juntar a uma unidade móvel no front durante o próximo ataque — «Salaria diz isso tão calmamente quanto alguém diz 'Vou pegar o trem'» — e ela também sabia que a felicidade de Salaria com o novo marido já não estaria segura uma vez que eles estivessem fora do país. Falando de Pat, Salaria sorriu e disse: «Eu não poderia ir para o Sul com ele...». Mas então, em Valência, como duas mulheres capazes de sentar juntas num café público sem serem importunadas e conversar sobre as coisas, «a questão toda da cor, tal como existe nos Estados Unidos», parecia-lhes «uma absoluta fantasia».

Langston e Nicolás Guillén estavam tendo problemas para sair de Valência. A comida naquela cidade era ainda mais abundante, mas já havia também mais refugiados e mais rumores do que quando eles haviam partido. As forças nacionalistas estavam prontas para dividir a zona republicana atravessando Aragão e Castellón até o mar. Dizia-se que o governo planejava desocupar o norte, para Barcelona, mas isso não respondia à pergunta sobre como todos os outros escapariam. Com tanta gente lutando por uma saída, Langston se viu encurralado.

A estação estava lotada de filas «intermináveis», e eles foram informados de que não havia passagem para Barcelona por um mês. Mesmo o escritório de imprensa local não poderia prometer a eles nada em termos de transporte antes do Natal. Então Langston se lembrou da Thomas Cook & Son. A agência de viagens britânica tinha a reputação de ser «maravilhosamente confiável» — algo que ele não poderia atestar, já que seu serviço lhe fora recusado na filial de Nova York. Mas o escritório de Valência permaneceu despreocupadamente aberto e, sem outras opções, ele os procurou de qualquer maneira. Na cidade em pânico, ele foi recebido com tranquilidade por um educado funcionário que não parecia ver nada de absurdo na solicitação de Langston de duas passagens no vagão-leito para Barcelona. Quando ele gostaria de ir? «Amanhã», arriscou Langston.

Na noite seguinte, ele e Guillén partiram de Valência em grande estilo. Na França, foi direto para o bufê da estação — atordoado por sua abundância, depois das privações na Espanha. Mas, tal como Josephine alguns meses antes, ele percebeu que seus pensamentos se desviavam da refeição. Ele se sentou e «se perguntou o que aconteceria com o povo espanhol andando na sangrenta corda bamba de sua luta civil».

Durante essa viagem, como em outras, John Banting se maravilhou com sua guia incansável e despachada. Aonde quer que fossem, encontravam obstáculos intransponíveis que ela conseguia afastar e pessoas que ela conhecia. Nancy conseguia sempre ir em frente. Em Barcelona, ele tirou aquela que viria a ser sua foto preferida dela. Uma mulher que posou para muitos retratos, ela tinha a tendência a fazer poses assim que via a câmera dele. Mas dessa vez ele encontrou o momento certo, capturando-a quando ela estava cansada demais para se aprumar; impaciente demais para fazer qualquer coisa além de se submeter às lentes dele e tentar limitar o atraso. Ela parece justamente ter acabado de se virar em resposta a seu nome; seu braço está para fora num gesto de apelo e resignação. A luz do sol irrompe sobre a grande flor branca em sua lapela, revelando sulcos profundos de exaustão em seu rosto. «Se eu olhar atentamente para os olhos cheios de sombras», escreveu John anos mais tarde, quando enviou a foto a ela, «consigo ver esses poços de bondade e paciência e amor indomável e firmeza. (E, por sinal, você está uma gracinha também.)»[260]

Depois de Valência, seguiram para Madri: uma viagem de dez horas num ônibus com apenas uma parada ao longo do trajeto. Continuar era apenas seguir o exemplo dos madrilenhos. Na «congelante e faminta Madri sob os bombardeios de dezembro», mais do que em qualquer outro lugar, disse Nancy, ela encontrou «aquela fortaleza, aquela fé inata na causa do povo espanhol».[261] A temperatura mais baixa do século foi registrada naquele mês em Aragão.[262] No hotel, eles retiraram os tapetes do chão e os levaram até as camas para se aquecerem.

Certa manhã, levantaram-se às 6h30, «na calma escura, após um sono desconfortável em camas geladas», para um daqueles dias que nunca esquecemos. As «autoridades» (Nancy: «abençoadas sejam») queriam que os jornalistas vissem o trabalho de restauração em andamento no museu nacional da Espanha, o Prado. Por insistência da Alianza, o governo havia estabelecido um comitê para supervisionar a preservação das riquezas artísticas da Espanha desde o

---

260    Copiado no verso da foto por NC. Reproduzido em Chisholm, *Nancy Cunard*, op. cit.

261    NC, *Grand Man*, op. cit., pp. 165-6.

262    Preston, *The Spanish Civil War*, op. cit., p. 280.

início da guerra, e muito do que não tinha sido removido para Valência foi armazenado no Prado. (O comitê também iniciou programas educacionais, que ajudaram a desencorajar ataques à arte e à arquitetura pertencentes à Igreja e à nobreza, mas o bombardeio nacionalista causou enorme destruição. Quando Madri esteve em perigo pela primeira vez em novembro de 1936, o Prado, a Biblioteca Nacional, a Academia Real de Belas-Artes e outros museus foram todos atingidos.)

Insuficientemente fortalecidos por uma espécie de chá para o café da manhã, Nancy e John foram levados até as abóbadas silenciosas do museu para ver os restauradores já trabalhando à luz de velas.[263] Na escuridão ecoante, El Grecos resgatados de igrejas receberam ajudas pacientes e «mãos congeladas em luvas pretas» cuidavam de «belas pinturas de Hieronymus Bosch». John notou armaduras danificadas do século XVII; Nancy ficou impressionada, «para meu espanto», com os restos de cavalos de gesso esmagados que outrora carregaram «cavaleiros famosos».

Quando Nancy e John emergiram sob o sol fraco, a neve caía em flocos grossos. Eles passaram mais tempo do que haviam imaginado entre os tesouros do porão, e o dia estava clareando. Visitaram o quartel-general das Brigadas Internacionais, depois Nancy quis mostrar a John a cidade que ela amava. Enquanto as armas disparavam a uma distância bem curta, eles caminharam pela Plaza Mayor, e seguiram adiante até serem parados por uma sentinela no front.

---

263 Nancy menciona que ela e John foram enviados ao Prado com um intérprete «responsável» — ela ressaltou o quanto esse tradutor era desnecessário, já que ela era fluente em espanhol, mas aparentemente não ponderou mais sobre o fato de eles terem recebido uma escolta.

Os três fizeram uma pausa para fumar um cigarro. Clement Attlee, líder da oposição na Grã-Bretanha, tinha acabado de visitar um grupo de deputados, e a sentinela confidenciou que tinha muitas esperanças de que «El Comandante Attlee» defenderia a reputação da República no exterior. A inação britânica até então só poderia ser atribuída a algum mal-entendido.

No caminho de volta para a cidade, Nancy lembrou-se de Ernest Hemingway. Ela não o via desde a década de 1920 mas, de todo modo, levou Banting ao Hotel Florida para procurá-lo. Eles o encontraram numa sala quente, sendo o centro das atenções.

Abrandando diante da sua hospitalidade (cada um recebeu «uma bebida sofisticada e forte»[264]), Nancy e John foram recebidos com uma mistura hemingwayana de deferência e bravata. «Ele fez algumas observações sobre o estímulo da luta que não agradaram a nenhum de nós dois», registra John, e uma piada sobre as ervas que eles estavam fumando (era quase impossível obter cigarros adequados) que ele considerou de mau gosto. John também ficou ofendido, como sem dúvida deveria ficar, pelo anúncio de Ernest de que eles haviam chegado tarde demais para serem incluídos numa «peça que ele tinha acabado de escrever sobre os 'turistas de guerra'». Essa honra duvidosa não escapara a Martha, cuja semelhança superficial apareceu em *A quinta coluna* como a jornalista que era amante de um agente americano que vivia no Hotel Florida: uma mulher descrita como «preguiçosa e mimada» (de acordo com seu amante) «e um tanto

---

264   Apud Chisholm, *Nancy Cunard*, op. cit., p. 244.

estúpida»,[265] mas capaz de escrever bons artigos para uma revista feminina.

Foi uma estada tensa em Madri. Uma calmaria nas hostilidades em torno da cidade deu tempo a Ernest para escrever a peça, mas a República esperava outra ofensiva e havia rumores de planos para outro ataque diversivo, dessa vez em Teruel, em Aragão. «Choveu o tempo inteiro», escreveu Martha para a *Collier's* em novembro. «Estava chovendo e todo mundo esperava que a ofensiva começasse.» Todos pareciam convencidos de que a ofensiva seria um sucesso: só tinham de esperar por ela. Era preciso esperar no frio e na chuva. «Esperar é uma grande parte da guerra e é difícil de cumpri-la.»[266]

Para a consternação de Martha, a batalha em Teruel começou depois que ela deixou a cidade. Ela foi a Nova York, onde distribuiria presentes de Natal e daria conforto aos pais dos voluntários da Brigada Abraham Lincoln. Ernest cobriu a ofensiva sem ela, entrando em Teruel com os republicanos em condições gélidas, antes de seguir até Paris, onde sua mulher o aguardava.

John tinha certeza de que Nancy compartilhava sua antipatia por Hemingway, mas a lembrança dela era muito mais afetuosa. Mais tarde ela se decepcionou com o fato de ele não ter usado sua fama para promover mais causas, mas naquele dia congelante de dezembro o célebre escritor a tratou com uma ternura que ela jamais esqueceu. Ele retirou as botas dela para aquecer seus pés. Temerariamente negligente com o autocuidado, Nancy ficou surpresa e tocada pelo gesto. «Ele era encantador — um momento de tamanha

---

265     Apud Moorehead, *Martha Gellhorn*, op. cit., p. 168.
266     MG, «City at War», op. cit.

compaixão — vindo de um não espanhol — nunca foi minha sorte até então, nem seria de novo.»[267]

*

Num dos poemas de Nancy sobre a Espanha, ela menciona «Essas agonias, misturadas com tristezas individuais». Sempre li isso como um gesto para as incontáveis vidas feridas a que qualquer desastre nacional se resume no fim, mas agora eu me perguntava se ela também estava falando sobre suas próprias chagas, sobre essa maneira culpada como nossas tristezas e ansiedades individuais, insignificantes como são no grande esquema das coisas, permanecem inescapavelmente significativas para nós — vinculam-se, na realidade, a perturbações externas até parecer que todas fazem parte umas das outras, de modo que as convulsões políticas se tornam pessoalmente invasivas e, mais arriscadamente, que nossos próprios sentimentos sobre elas podem assumir a aparência de um significado épico.

Com frequência sugere-se que as pessoas se libertam de seus próprios problemas ao se envolver com assuntos mais importantes, como se pudéssemos simplesmente mergulhar nossas questões no silêncio ao nos preocuparmos com as dificuldades de outras pessoas. Mas isso também fornece uma explicação clara de por que uma pessoa que não precisa estar numa zona de guerra escolhe ir até lá: é mais fácil procurar interesse próprio do que sinceridade quando se julgam as motivações dos outros.

Martha observou na Espanha que as «mesmas pequenas coisas humanas que preocupam as pessoas em todos os

---

267 NC, apud Chisholm, *Nancy Cunard*, op. cit., p. 244.

lugares»[268] não foram sopradas para longe pelas bombas (nem ela própria conseguiu se livrar das suas questões pessoais); mas como, então, é possível dar-lhes seu devido lugar se essas coisas forem incorporadas ao registro? No que se refere aos nossos problemas e aos dos outros e do mundo em geral, a escala se faz sentir de maneiras ilógicas. Certamente não há melhor exemplo disso do que um diário escrito em tempos de guerra. Na privacidade da preocupação ociosa, todas as coisas importam, e as observações de Martha sobre o que estava acontecendo em Madri, suas avaliações agourentas da relação com Hemingway, seus relatos de compras, envelhecimento e desespero estavam todos registrados por escrito juntos.

Além de transmitir a pura intensidade de seu investimento emocional em agonias distantes, o poema de Nancy continua num caminho que me fez lembrar as censuras de Martha em seu aniversário de 29 anos, durante aquele novembro sombrio em Madri:

> Esta é a casa do tempo que definha
> E o tempo correndo, e o tempo perdido,
> Como um pé para sempre na escada, e o retorno
> de um mortiço chamado inverno.[269]

Talvez este seja um problema com os aniversários: a forma como eles nos lembram que, por mais que percamos a noção do tempo, o tempo nunca perde a noção de nós. É possível que 29 anos seja uma idade particularmente difícil. Os marcos da vida vêm à tona e colocam o que você fez até

---

268    MG, anotações sem data sobre a Espanha, Caixa 1, Pasta 7, MG Collection, HGC.

269    NC, «Pamiatnik – Memorial of Bittersweet», 1937.

então sob uma luz menos indulgente. «Ter 29 anos e não ser casada», escreveu Virginia Woolf num tom ácido em 1911, «ser um fracasso — sem filhos —, louca também, não escritora.»[270] Quase trinta anos depois, a rápida transitoriedade de nossa pequena vida se tornou uma razão para viver melhor. «Como a vida é um sonho, sem dúvida», escreveu ela, pensando em Lytton Strachey — sua grande amiga e incentivadora, cuja morte em 1932 havia inaugurado o que Leonard identificaria como o início, para eles, da «erosão da vida pela morte».[271] A ideia de um legado literário parecia um consolo incerto: «que ele deveria estar morto & eu o lendo», continuou ela, «& tentando entender que nós nos entalhamos no mundo; considerando que eu às vezes sinto que foi uma ilusão — passou tão rápido, vivi tão depressa; & nada para mostrar, exceto esses livrinhos. Mas isso me faz fincar meus pés, & aproveitar o momento». Não era exatamente que ainda houvesse muito a ser feito; havia ainda, crucialmente, muitas coisas sobre as quais ela queria pensar.

Os acontecimentos da década de 1930, à medida que a guerra se tornava mais provável, geraram uma pressão intensa de uma situação cada vez pior. É significativo que, quando Martha exortou seus colegas escritores em 1937 a se dedicarem ao mundo do ativismo, ela tenha buscado assegurar-lhes também que «Um homem que... deu um ano de sua vida a greves metalúrgicas, ou aos desempregados, ou aos problemas do preconceito racial, *não perdeu nem desperdiçou tempo*».[272] Qual escritor não está sempre desejando tempo? «Eu me pergunto por que o tempo sempre tem permissão para

---

270     vw, apud Lee, *Virginia Woolf*, op. cit., p. 307.
271     Woolf, *Downhill All the Way*, op. cit., p. 250.
272     Grifo meu.

atormentar alguém», ponderou Virginia em 1935, freneticamente animada para terminar *Os anos* e continuar com uma
polêmica que teimava em ser escrita. Ela tentou manter a
calma contra o correr das horas. «Se eu quiser mais tempo»,
prometeu a si mesma semanas depois, «eu terei. Não sou uma
boba do tempo — não.»

Perto do fim de sua vida, Martha chegaria a um acordo
com seu medo de desperdiçar tempo. «Agora acho isso tão
necessário quanto a solidão», disse a uma amiga em 1987,
«é assim que a pilha de compostagem cresce na mente.»[273]
A combinação importava, porque o tempo em si não era
suficiente. O tempo vem em diferentes qualidades. Para ser
útil, precisa ser do tipo que é também um espaço onde se
pode circular, uma espécie de privacidade.

Quando Sylvia Townsend Warner era uma mulher solteira vivendo sozinha em Londres, ela desenvolveu métodos
para fugir dos vários amigos e conhecidos que apareciam,
esperando confiantemente que estivesse disponível para eles
— ela colocava o chapéu antes de abrir a porta e fingia estar
de saída. Não é de admirar que sua Lolly Willowes não re-
corra à feitiçaria para recuperar a herança mal administrada
por seu irmão, ou para conquistar fama e beleza; ela faz isso
quando seu sobrinho chega para arruinar sua paz. Por mais
que goste dele, Lolly vai mobilizar pragas para reverter sua
invasão. Aquele quarto icônico em que Virginia depositava
suas esperanças era fundamentalmente uma proteção contra a intrusão, contra as demandas do mundo exterior: o
arquétipo do isolamento do escritor. Um quarto todo seu é
um espaço onde um escritor pode se desvencilhar de todas

---

273    MG a Victoria Glendinning, publicado na *New Yorker*, 22 jun. 1998.

as camadas necessárias para existir, e simplesmente pensar, simplesmente escrever.

Ao longo da década de 1930, Virginia desenvolveu isso ainda mais dentro de um ideal pessoal de «imunidade»[274] — termo que vem à tona diversas vezes em *Os anos*, um romance de longa maturação. Esse atalho para não deixar o mundo alcançá-la surgiu-lhe depois da morte de Lytton. «A imunidade», resumiu para si mesma, «é um estado desejável de calma exaltada.» Isso me fez lembrar um pouco Langston em sua corda bamba, uma pose precária e necessária. Estar imune era livrar-se das reivindicações que o mundo faz ao perceber alguém. Significava, conforme elaborou Virginia em 1932:

existir à parte das fricções, choques, sofrimento; estar além da gama de dardos; ter o suficiente para viver sem cortejar a bajulação, o sucesso; não precisar aceitar convites; não se incomodar com o fato de os outros serem elogiados; sentir Isto — sentar & respirar atrás da minha tela, sozinha, é suficiente; ser forte; contente... sentir que ninguém está pensando em mim; sentir que fiz certas coisas & posso ficar sossegada agora; ser dona das minhas horas; estar desapegada de todas as palavras sobre mim; & das exigências em relação a mim...

---

274    A biógrafa de VW, Hermione Lee, aponta o ano de 1932 como o momento de chegada desse conceito, e associa «imunidade» a «anonimato», «também uma palavra favorita de agora em diante», e à gênese de *Os anos* (Lee, *Virginia Woolf*, op. cit., p. 625).

Sua Alteza Real reconhece
com sorrisos e com a saudação
nacional-socialista os
cumprimentos das multidões
reunidas em seu hotel e em
outros lugares durante o dia.

Reportagem do *The Times*
sobre a visita do duque e da
duquesa de Windsor (outrora
rei Eduardo VIII e Wallis
Simpson) à Alemanha nazista
em outubro de 1937

# Forasteiros[275]
# Virginia Woolf
# Três guinéus

Virginia Woolf ocupa seu lugar numa ponte. Somos bem-vindos a nos juntar a ela — essa é, de fato, sua intenção. Veja: do outro lado, uma procissão está passando. Fileiras e mais fileiras de homens afluindo, em perucas e togas e outros adornos. O poder está passando por nós, em outras palavras, e podemos ver seu progresso porque ali na multidão há «bisavôs, avôs, pais, tios...»: legados de influência. Raramente o poder escapa da procissão; raramente se esgueira para juntar-se a nós, os observadores na ponte. Isso é o que Woolf queria que víssemos (a sorte que era eles estarem passando naquele exato momento), porque essa é uma procissão que deve ser mantida à nossa vista mesmo que — podemos sonhar — algum dia tenhamos a honra de nos juntar a ela. Acima de tudo, Woolf quer que fiquemos de olho no rumo que a procissão está tomando, porque, estejamos nela ou não,

---

275 A menos que atribuído de outra forma, as citações foram tiradas da edição *Três guinéus* referenciada na «Bibliografia selecionada» e do volume 5 de VW, *The Diary of Virginia Woolf*, op. cit. Já as citações dos relatos de NG sobre o período da Batalha do Ebro procedem de *ACOSB*.

seremos arrastados em sua direção. Viramos a cabeça e vemos que Woolf nos lança um olhar significativo. É um olhar que diz: *nunca se junte*. Torne-se participante dessas fileiras se necessário, mas nunca apenas siga a procissão. De início, fazemos esforço para captar o significado de suas palavras: podemos pertencer mas não devemos? Incline-se para a frente — em todos os clamores potentes de todos aqueles passos, o tilintar de medalhas, o farfalhar das togas e dos papéis, é difícil ouvir — «É imprescindível...», ela está dizendo. «Não paremos nunca de pensar — em que consiste essa 'civilização' em que nos encontramos?»

Inglaterra: 1938

*Três guinéus* foi publicado um pouco antes do primeiro aniversário da morte de Julian. «Se eu disser o que eu quero dizer em 3 Guinéus», Virginia alertara a si mesma, «devo esperar uma hostilidade considerável.» É fácil colocá-la na torre de marfim no final dos anos 1930, interpretando-a mal, e houve muitos que fizeram isso. Mesmo décadas depois, seu sobrinho que sobreviveu, Quentin, ainda estava exasperado com ela por brincar com questões menores, como o feminismo, num período em que assuntos vitais estavam em jogo: por que, ele perguntaria, «envolver uma discussão acerca dos direitos das mulheres com uma questão muito mais agonizante e imediata sobre o que deveríamos fazer para enfrentar a crescente ameaça do fascismo e da guerra»?[276] Esse segundo debate entre tia e sobrinho, no qual Virginia se tornara o fantasma e Quentin o sobrevivente que tinha de interpretar a posição

---

276     Bell, *Virginia Woolf*, op. cit., p. 205.

do outro, ensaiou o embate no coração da cultura dos anos 1930 em torno do valor das artes e do intelecto, e entre o pacifismo e a legítima defesa. Ou, nas palavras de Quentin com desprezo mal disfarçado, «fomos nós... a fugir como solteironas assustadas diante dos bandidos fascistas?».[277] No entendimento dele, a reflexão era uma evasão covarde (e feminina).

Não é difícil compreender sua impaciência persistente. Sua tia, ele achava, havia turvado as águas onde a clareza e a ação eram necessárias. Virginia foi presciente quando imaginou *Os anos* (que, para ela, formava «um livro» com *Três guinéus*[278]) sendo descartado como «a lenga-lenga arrastada de uma mente burguesa pudica e afetada». Nos anos 1930, sua reputação entrou num longo período de declínio, que por décadas aniquilou sua esperança de que *Três guinéus* receberia uma atenção efetiva. Como escreveu um de seus biógrafos: «Com a ascensão dos ditadores... ela começou a parecer uma autora maluca, sem contato com o mundo brutal da política. E assim nasceu o mito da esteta presunçosa, isolada do mundo real».[279]

---

277 Ibid., p. 186.

278 Apud G. Radin, *Virginia Woolf's The Years*, p. xviii.

279 Gordon, *Virginia Woolf*, op. cit., p. 366. Tal como a reação a *Três guinéus* mostrou, havia pouca tolerância à variedade em resposta ao desafio do fascismo no fim da década de 1930 (e, na geração mais jovem de escritores, quase nenhuma ao pacifismo). Basta nos lembrarmos da antipatia de Stephen Spender em relação a Sylvia e a Valentine para termos um exemplo das maneiras pelas quais a esquerda literária dos anos 1930 marginalizava as mulheres. Muitas vezes isso acontecia ostensivamente por motivos de classe (terreno pantanoso para alguém como Spender, educado em escola pública), mas em todo o movimento havia um privilégio da perspectiva masculina sobre a feminina.

Virginia estava muito ciente do exame de consciência que ocorria ao seu redor, a disputa pela torre de marfim. Mas, para ela, era uma questão de consciência de classe e elitismo. Em 1940, ela falaria de uma «torre inclinada» habitada por escritores que se assemelhavam a garotos de escola pública e que tinham finalmente registrado que seus antecedentes os distinguiam da maioria. E ainda, se a torre de marfim representa certa independência intelectual solitária, Virginia a defendia por motivos que a situavam no mesmo patamar de Nancy Cunard. As palavras eram valiosas, escreveu ela num ensaio publicado nas semanas anteriores à morte de Julian, pelo «seu poder de dizer a verdade». Mas eram criaturas retraídas que precisavam, como a própria Virginia, de «privacidade» para se desenvolver adequadamente. «Nossa inconsciência é sua privacidade; nossa obscuridade é sua luz.»[280] Dois anos depois, ela se afligiria com o tanto de literatura contemporânea que parecia «rodeado por um círculo de censores invisíveis». «Se eu disser isso, alguém vai me achar sentimental. Se disser aquilo... vão me achar burguesa.» A falta de privacidade retirou a «concentração» e a «beleza» da literatura: «Como se a mente precisasse de permissão para pousar imperturbavelmente sobre o objeto a fim de extrair a pérola». Como refúgio para o pensamento, a torre de marfim (um reino que o totalitarismo necessariamente buscaria conquistar) era também o último bastião da resistência.

Se Nancy se perguntou por que recebeu apenas uma contribuição da família Woolf para *Author Take Sides*, a resposta estava esperando em *Três guinéus*. Ao refletir sobre o lento progresso dos direitos das mulheres na Grã-Bretanha,

---

280    VW, «O artífice». In: Id., *Profissões para mulheres e outros ensaios*. Org. e trad. Wagner Schadeck. Rio de Janeiro: Nova Fronteira, 2021.

Virginia emitiu um alerta. A sociedade estava mudando, mas as mulheres permaneciam fora do poder. Esse era, portanto, um momento crucial para prestar atenção àquela procissão de homens poderosos: quando a oportunidade de se juntar a ela se aproximasse, as mulheres entrariam na linha ou tentariam mudar sua direção?

Virginia acreditava que as mulheres, devido à sua longa exclusão, haviam se tornado detentoras de uma história e cultura próprias. Ela queria que elas mobilizassem essa herança independente. Conforme explicou ao homem que pediu seu conselho de como evitar a guerra: «Embora vejamos o mesmo mundo, nós o vemos através de olhos diferentes. Qualquer ajuda que possamos dar deve ser diferente daquela que vocês podem dar, e talvez o valor dessa ajuda possa estar no fato dessa diferença».

Em outras palavras, a condição de forasteiras se tornara seu poder. As «filhas dos homens instruídos», acreditava Virginia, tinham algo a oferecer em virtude de sua história de exclusão: uma autonomia de pensamento que estaria comprometida se elas abrissem mão dessa sua perspectiva de forasteiras. Se perdessem isso, ela temia que as mulheres simplesmente contribuíssem para um sistema que perpetuava a guerra, e aprendessem a excluir os outros de suas vantagens, como elas próprias já haviam sido excluídas.

Ela propôs uma «Sociedade dos Forasteiros». «Não teria nenhum escritório, nenhum conselho, nenhuma secretaria; não convocaria nenhuma reunião; não realizaria nenhuma conferência.» Os membros se comprometeriam com uma política de não participação: recusariam honrarias,[281]

---

281 Woolf praticava o que pregava. Eis a forma como recusou um título honorário em 1935: «O véu do templo... devia ser levantado, e, como

evitariam trabalhar em indústrias militares, como fábricas de munição, e não se juntariam a exibições patrióticas que «estimulem o desejo de impor 'nossa' civilização ou 'nosso' domínio sobre outros povos». A independência financeira seria obviamente crucial, e, portanto, deveria ser dada atenção a salários iguais e a pagamento para trabalhos anteriormente não remunerados, tais como os deveres da maternidade. Os membros confiariam em sua consciência individual e em seus instintos pessoais. Interrogariam, questionariam e superariam os obstáculos. Agindo assim, poderiam encontrar a força para fazer o que é difícil. «É isso que exige coragem», pensa consigo mesmo North Pargiter em *Os anos*: «falar a verdade».[282]

Eis outro surpreendente paralelo entre Nancy Cunard e Virginia Woolf: apesar de seus privilégios, ambas podiam claramente identificar a si mesmas como forasteiras. Nancy fez esforços deliberados para alienar-se de sua classe nativa: escolher um lado tornou impossível viver com o inimigo. Virginia às vezes insistia num nível impressionante de impotência. Em *Três guinéus*, ela afirmou que «as filhas dos homens instruídos» (e ela certamente era uma delas) tinham menos livre-arbítrio que suas irmãs da classe trabalhadora, que poderiam ao menos entrar em greve de uma forma que as pessoas pudessem notar. Para ela, o poder estava tão concentrado nessa procissão de privilégios que a maior parte da humanidade podia, se quisesse, operar como forasteira, apesar

---

exceção, ela seria autorizada a entrar. Mas e quanto à minha civilização? Por 2 mil anos fizemos coisas sem receber por elas. Vocês não podem me subornar agora» (VW, *The Diary of Virginia Woolf*, op. cit., v. 4, p. 298).
282    Id., *Os anos*.

do espectro de vantagem econômica que eles representariam. Em 1940, ela se alinharia com uma plateia de trabalhadores ao dizer-lhes: «não vamos deixar que a escrita seja feita para nós por uma pequena classe de jovens endinheirados que não têm mais que uma pitada de experiência para nos dar».[283]

Mas ser uma forasteira tinha menos a ver com exclusão do que com o posicionamento de si mesma numa tangente que se tornou um ponto de vista privilegiado — com a manutenção da integridade. Martha Gellhorn considerava o não pertencimento uma virtude, a despeito de sua facilidade em se alinhar com a República espanhola. «Meu status escolhido e projetado é o de forasteira», escreveu certa vez. «Nunca vi nenhum lugar ou grupo ao qual eu quisesse me juntar; nem a seus tabus, regras, jogos, ambições... Sou uma espectadora.»[284] Josephine Herbst, que insistentemente narrou as injustiças sexuais tanto quanto as injustiças que ela tinha certeza de que eram efetivamente importantes, depositou uma expectativa adicional em seu trabalho. «Não consigo pensar em nenhuma escrita imaginativa realmente importante», declarou em certa ocasião, «que não seja basicamente crítica da ordem social.»[285]

*

Por muito tempo, um verso de um dos poemas de Nancy ficou pendurado num quadro em cima da minha mesa: *Estou de mau humor esta noite, garoto, marcada NÃO TOQUE.*[286]

---

283    Id., «A torre inclinada». In: Id., *O valor do riso e outros ensaios.* Org. e trad. Leonardo Fróes. São Paulo: Cosac Naify, 2015, p. 461.

284    MG, apud Moorehead, *Martha Gellhorn*, op. cit., p. 7.

285    JH, apud B. Wiedemann, *Josephine Herbst's Short Fiction*, p. 72.

286    NC, «Yes, It Is Spain». A cópia que encontrei na Beinecke, dedicada a Langston, é o rascunho desse poema intitulado «Ballad of the Two

Alguma chave para entendê-la parecia trancada nesse aviso tenso, na rígida *necessidade* dele. O verso faz parte de «Yes, It Is Spain», escrito por volta do período em que ela tentava publicar *Authors Take Sides*. (É um poema que ela dedicou a Langston em Valência.) Nele, ela inveja os mortos, «a salvo dos bombardeios e gritos e ferimentos»; a salvo de ver o pior de que a humanidade é capaz. Eu conseguia imaginá-la não querendo ser tocada — precisando, diante de todo aquele sofrimento, manter um escudo defensivo estreito contra as invasões do contato ou da consolação. A consolação não era algo que podia ser tolerado. A consolação não mudaria nada. Não ajudaria os mortos.

*Não toque*: um aviso que partia de uma mulher que precisava ficar sozinha. Quando questionado por sua biógrafa, um antigo amor de Nancy lembraria: «Uma vez ela me disse que precisava de um dia totalmente sozinha», mas também: «A solidão a aterrorizava».[287] Havia também algo sobre os dilemas do escritor — do forasteiro. O pêndulo oscilando entre companhia e solidão, envolvimento e isolamento. Hemingway expressou isso de outra forma quando descreveu Martha: «M. ama a humanidade, mas não suporta as pessoas».[288] Pensei em Virginia Woolf, infinitamente curiosa sobre outras vidas e infinitamente consciente de que sua imaginação só poderia bater «como uma mariposa ante a chama de tantas luzes inacessíveis»;[289] sempre mais à vontade com a multidão abstrata do que com os indivíduos que emergem

---

Wars».

287    Raymond Michelet, apud Chisholm, *Nancy Cunard*, op. cit., p. 173.
288    EH, apud MG, *Travels with Myself and Another*, p. 56.
289    VW, «Batendo pernas nas ruas: uma aventura em Londres». In: Id., *O valor do riso e outros ensaios*, op. cit., p. 330.

dela: talvez a razão pela qual a política tinha de ser traduzida para sua própria língua, como disse Virginia, antes que fosse possível lidar com ela.

O importante para Nancy, suspeitava eu, era não apenas ter acesso à solidão, mas ser capaz de suportá-la. Manter-se firme a seu próprio rumo, seu próprio código, em face de uma sociedade hostil e obtusa, é uma tarefa solitária. Felizmente, aquela mansão ecoante da infância de Nancy havia sido uma escola da solidão. Ela sempre foi uma extraordinária forasteira para as causas que escolheu — estruturalmente incapaz de ter disciplina partidária, dotada de tenacidade mas não de diplomacia, determinada a aprender mas nem sempre a ouvir. Apesar de todos os amigos, todos os movimentos artísticos e diversos com os quais ela cruzou, é difícil ver exatamente a que lugar Nancy Cunard pertencia. O mesmo vale para Martha, Josephine, Langston... Eles não se encaixavam muito bem (não tentavam) em lugar algum. Exceto, talvez, na Sociedade dos Forasteiros.

\*

Em janeiro de 2018, um homem chamado John Kiszely publicou no Twitter uma foto de seu pai, «um jovem médico da Brigada Internacional», cuidando do corpo de uma mulher. Quando comentários no post sugeriram que a paciente poderia ser Gerda Taro, Kiszely acrescentou uma foto do verso, no qual alguém havia escrito «Sra. Frank Capa... Morta em Brunete».

Quando vi o post na primavera de 2020, havia 173 comentários e a publicação havia sido compartilhada 1.600 vezes. Da mesma forma como a legenda rabiscada ocultava e ao mesmo tempo sugeria a identidade da mulher, o surgimento da fotografia levantou mais perguntas do que respostas. Nos comentários que acompanhei depois entre vários acadêmicos, as pessoas pareciam inclinadas a aceitar que a foto poderia realmente ser de Gerda. Dado o imenso espetáculo de propaganda que a Frente Popular fizera da morte dela, parecia plausível que alguém pudesse ter fotografado seu corpo.

Uma das respostas ao post de Kiszely incluía outra fotografia, assustadoramente semelhante: Gerda dormindo, capturada por Capa no quarto parisiense deles. Nessa imagem, ela está encolhida no seu lado da cama estreita, as cobertas jogadas num canto, seu pijama listrado amarrotado e preso em torno de um joelho. Um dos braços está agarrado ao peito num gesto defensivo, mas o rosto revela o descuido do sono: boca aberta, dentes ligeiramente visíveis. As duas fotos carregam uma intimidade transgressora, já que, por meio delas, nos intrometemos em estados que deveriam ser privados: sono, morte. Após um momento, você se dá conta: o que pensamos estar fazendo, observando-a desse jeito?

Há outro paralelo óbvio nas fotos que Gerda fez das vítimas do ataque aéreo em Valência nas semanas anteriores ao dia em que ela própria foi morta. Recordo-me particularmente de uma mulher fotografada numa laje mortuária improvisada, o braço jogado para trás com aquele abandono imprudente a que as crianças se entregam no sono; a boca ligeiramente aberta. Esse era o tipo de fotografia que a maioria dos jornais britânicos e americanos se recusava a publicar, por motivos de gosto do público; o tipo que a República incluía nos cartazes e que Nancy colava em seu álbum de recortes sobre a Espanha; o tipo que agora estamos acostumados a ver.

Em *Três guinéus*, Virginia se mostra preocupada com fotografias: ainda assombradà por aquelas cartas da Espanha, talvez mais do que nunca desde a morte de Julian. «A coleção desta manhã contém uma [fotografia] que pode ser o corpo de um homem, ou de uma mulher», escreve ela, «está tão mutilado que poderia ser, por outro lado, o corpo de um porco. Mas essas são certamente de crianças mortas...»

Em *Diante da dor dos outros*, Susan Sontag retomou o fio da reação de Virginia a essas fotos para navegar pelo labirinto ético da fotografia de guerra. Seria «moralmente errado» olhar com tal afastamento para o sofrimento dos outros?[290] Há algo de incômodo na distância: «o afastamento da agressividade do mundo, posição que nos deixa livres para a observação e a atenção eletiva». «Mas», continua ela, «isso é apenas descrever a própria função da mente. Nada há de errado em pôr-se à parte e pensar.»[291]

Na época em que eu refletia pela primeira vez acerca do desafio intransigente que Nancy havia lançado com *Authors Take Sides*, senti-me atraída pela ideia de Virginia sobre imunidade (embora, em contrapartida, eu também estivesse frustrada com o fato de sempre tentar elaborar o que pensava antes de poder elaborar como agir), mas eu suspeitava que isso continha alguma espécie de falha moral — certa conexão com a expectativa alegre (e dependente de privilégios) de Norman Douglas de ser capaz de «pulá-la». Porém, quanto mais eu pensava sobre *Três guinéus*, sobre sua luta para manter-se firme ao rumo que seus princípios exigiam, mais a «imunidade» aparecia como uma forma de criar espaço para o engajamento racional, em vez de soar como uma fuga.

---

290    S. Sontag, *Diante da dor dos outros*, p. 98.
291    Ibid.

Naquela viagem continental em 1935, tendo chegado a Roma via Alemanha e Áustria, ela ponderou sobre o «uso» das anotações que mantinha, e concluiu que apenas o tempo e a distância mostrariam o que elas poderiam oferecer: «Talvez, quando a edição da mente avançar mais, seja possível ver & selecionar melhor».[292]

A imunidade era também um modo de controlar a sensibilidade — exatamente porque não se pode escapar do mundo — e aproveitá-la para alcançar uma clareza maior. «É um fato», escreveu Virginia certa vez, «que a prática da arte, longe de afastar o artista de seus semelhantes, aumenta sua própria lucidez.»[293] Josephine Herbst acreditava que os escritores eram pessoas que combinavam tal «lucidez incomum» com «um faro incomum para linguagem». Essa receptividade era perigosa e precisava ser canalizada para algum propósito: do contrário, poderia «ferir caso se soltasse sem uma corda atrelada a ela... Vai ferir de qualquer maneira — mas o que não fere? A graça redentora é a transvaloração em palavras. Ou, é claro, também em ações».[294]

A imunidade cuidadosamente cultivada dos anos 1930, ainda que imperfeita, foi o que possibilitou a Virginia fazer a investida política de *Três guinéus*. Sua marginalidade nunca foi completa. Mas buscar imunidade foi um esforço para não ser vencida pelas ameaças sombrias que pairavam, o que não é exatamente o mesmo que tentar evitá-las. Como escritora, ela estava envolvida num trabalho que não podia muito bem ser explicado, que era imprevisível em suas origens e resultados, que exigia — para alguém que havia sobrevivido a súbitos

---

292    VW, *The Diary of Virginia Woolf*, op. cit., v. 4, p. 314.
293    Apud J. Marcus, *Art and Anger*, p. 107.
294    JH a Mary e Neal Daniels, 17 de fevereiro de 1966, Beinecke.

e traumáticos encontros com a insanidade — um mergulho intenso num território mental arriscado. Para Virginia Woolf, pensar era uma luta pessoal tanto quanto era sua contribuição para qualquer batalha pela liberdade (a liberdade intelectual era tão sacrossanta para ela quanto a liberdade física). Isso era ela lutando para emergir em direção à luz com a recompensa das profundezas em seus dentes.

\*

Em março de 1938, Unity Mitford estava em Viena para ver as tropas alemãs marchando pelas ruas e as multidões torcendo pelo Führer enquanto o país delas era anexado. «Hitler», anotou Virginia sucintamente em seu diário, «invadiu a Áustria.» A agressão expansionista evidente na Etiópia, no envolvimento alemão e italiano na Espanha, estava se tornando inevitável. Quando o medo da guerra surgiu, Virginia olhou para Quentin, seu sobrinho sobrevivente, e pensou: «Eles vão levar você». Ela manteve seu pacifismo, mas não tinha esperanças em relação à política de apaziguamento do governo britânico. Em fevereiro, ela assinou um telegrama endereçado ao então primeiro-ministro, Neville Chamberlain, protestando contra a perspectiva de uma «reconciliação» com Mussolini — a menos que ele retirasse as tropas da Espanha (de todo modo, os Acordos Anglo-Italianos foram assinados em abril[295]). Geralmente, porém, já se entendia então que Virginia Woolf não estava disponível para a ação coletiva. Quando Rosamond Lehmann organizou uma reunião de protesto sobre a Espanha no Queen's Hall, Virginia não foi

---

295    Os acordos reconheceram efetivamente a tomada da Etiópia por Mussolini, mas buscaram uma redução das tropas italianas na Espanha.

chamada. Nem foi convidada para o evento «Em defesa da liberdade: escritores se declaram contra o fascismo», no qual Sylvia falou em junho.

Julian havia explicado à geração mais velha (num ensaio que os Woolf, para sua extrema indignação, recusaram-se a publicar) que ser um intelectual socialista significava «dar as costas aos misticismos, às fantasias, às fugas para dentro da vida interior».[296] É difícil não ler isso como uma provocação direta a Virginia. Enquanto ele estava vivo, ela oferecera o pesaroso «O que posso fazer a não ser escrever?».[297] Muitos meses depois, ela se negaria a admitir que essa ação tinha o monopólio da importância. Ela ofereceu o pensamento como sua luta. «Pela centésima vez eu repito — qualquer ideia é mais real do que qualquer porção de miséria de guerra. E aquilo para o que fomos feitos. E a única contribuição que se pode dar — Esse pequeno tamborilar de ideias é meu sopro de tiro na causa da liberdade.»

Quando houve a *Anschluss*[298] germano-austríaca, Nancy estava de volta à França, mas ansiando pelo tipo de imunidade que só é possível no olho do furacão. Ela falava obsessivamente sobre a Espanha. Foi a Genebra para cobrir outra sessão da Liga das Nações — a não intervenção se confirmava novamente — e, no caminho de volta, passando por Paris, «recolheu» Narcisa, uma refugiada espanhola cujo marido havia desaparecido nos massacres em Badajoz, e ofereceu refúgio em Le Puits Carré a ela e a seu filho. Na França, ela lia todos os jornais que encontrava, e o acúmulo

---

296    Apud Stansky; Abrahams, *Journey to the Frontier*, op. cit., pp. 280-1.

297    VW a Julian Bell, apud Lee, *Virginia Woolf*, op. cit., p. 694.

298    Termo alemão que significa «anexação» e se refere, neste caso, à anexação da Áustria pela Alemanha nazista em 12 de março de 1938. [N. T.]

se tornou um ataque a lhe bloquear o pensamento. «A pessoa está desgastada, sufocada, vazia de pensamento. Tudo o que resta é uma furiosa sensação de indignação. Como eu teria preferido ser um correspondente de imprensa normal, estar bem ali no vórtice naquele momento.»[299]

---

[299]  NC, *Grand Man*, op. cit., p. 111.

# Parte III

# Retirada
# Salaria Kea, Martha Gellhorn, Nan Green
# Espanha: inverno-primavera de 1938

«Com o passar do tempo», disse Salaria a um entrevistador em 1980, «eles começaram a bombardear os vilarejos.»[1] Quando Martha e depois Nancy foram embora da Espanha no fim de 1937,[2] o exército republicano estava na iminência de sua última vitória na guerra. Levou a guarnição nacionalista a Teruel no início de janeiro, mas não conseguiu segurá-la por muito tempo. No começo de março, Franco tinha não apenas forçado os republicanos a recuar de Teruel como também havia lançado sua própria ofensiva em Aragão. Cem mil homens, anunciados por duzentos tanques e centenas de aviões alemães e italianos, marchavam em direção ao mar. Chegar até lá significaria que eles tinham dividido a zona republicana em dois.

O avanço nacionalista levou a reboque uma população civil petrificada, que foi varrida para cidades já superlotadas.

---

1     Entrevista a John Gerassi, ALBA.AUDIO. 018-152,153, Tamiment.

2     Não está claro quando exatamente Nancy e John Banting deixaram a Espanha, mas teria sido no fim de dezembro de 1937 ou em janeiro de 1938.

As cidades eram bombardeadas. Os refugiados corriam de volta para o campo. Unidades médicas foram mobilizadas. No fim de janeiro, uma enfermeira que tinha servido em Villa Paz se lembrou de ter colocado em funcionamento — e depois deixado — cinco hospitais em uma semana. Eles usavam qualquer edifício disponível. «Durante dois meses», no front de Teruel, «dormíamos e comíamos onde e o que conseguíamos.»[3]

Transferida para uma unidade móvel, Salaria viajou num comboio até áreas devastadas, às vezes chegando perigosamente perto das linhas de frente. As estradas estavam abarrotadas de refugiados. «Consigo ver», diria ela na entrevista de 1980, «mas é difícil descrever.» Hospitais de campanha e comboios foram metralhados e bombardeados com tanta frequência que ela se tornou «quase imune ao perigo».[4]

Depois, ela seria assombrada pelas crianças. Crianças engenhosas, que haviam aprendido como arranjar comida, que comiam sapos e conseguiam matar pássaros com estilingues. Crianças que, para seu espanto, viviam em cavernas. Ela era assombrada por vilarejos aonde ia à procura de vítimas, «e seriam só crianças».[5] Nunca se esqueceu de quando foi despachada para tão perto do front que conseguia ver os homens sendo feridos antes que a alcançassem. «Trabalhávamos como se não houvesse amanhã», diria Salaria em outra entrevista. «Tudo era simplesmente maravilhoso.»[6]

---

3     Gwen Jensky, Fredericka Martin Papers, Caixa 9, Tamiment.

4     Marvel Cooke, «I Would Return to Spain if I Could, Nurse Says», 21 maio 1938, *New York Amsterdam News.*

5     Entrevista a Gerassi, ALBA.AUDIO. 018-152,153, Tamiment.

6     Entrevista de SK, Julia Newman *Into the Fire* Research Files, ALBA 226, Série 1, Caixa 2, Tamiment.

Martha estava em Miami com Ernest quando eles ficaram sabendo que Teruel havia sido retomada. Ela teve o mesmo impulso de Nancy: voltou ao vórtice. «Quero estar lá», disse a Eleanor Roosevelt do navio para a Europa, «de alguma forma continuando ao lado das pessoas que lutam contra o fascismo.» Era o impulso contrário ao de Virginia Woolf: para Martha, o engajamento físico passara a ser a única resposta suportável. Havia agora pouca esperança de que a República pudesse sobreviver à guerra, e de algum modo esse fato tornou o gesto ainda mais vital. E, no entanto, foi com uma espécie de desespero que ela o ofereceu. De certa maneira, voltar era sucumbir à desilusão que ela sentia vir numa grande maré de fúria. «Fiquei completamente furiosa», insistiu. «Acho que agora talvez o único lugar seja na linha de frente, onde você não precisa pensar, e pode simplesmente (e inutilmente) colocar seu corpo contra o que você odeia. Não que isso seja bom também...»[7]

Em março, os italianos adotaram uma nova tática de bombardeio: ataques tão próximos uns dos outros que era impossível para as pessoas no solo saber se as sirenes soavam o sinal de que estava tudo limpo ou o alarme. Barcelona estava sendo submetida ao bombardeio aéreo mais prolongado da guerra até então. Só na noite de 18 de março, quase mil pessoas foram mortas[8] — um desempenho que Mussolini esperava que fosse agradar à liderança alemã, que, como observou seu ministro das Relações Exteriores, «ama a guerra total e implacável».[9]

---

7    MG a Eleanor Roosevelt, março de 1938. In: MG, *The Selected Letters...*, op. cit., p. 58.

8    Estatísticas de Preston, *The Spanish Civil War*, op. cit., p. 284.

9    Gian Galeazzo Ciano, apud Beevor, *The Battle for Spain*, op. cit., p. 333.

Períodos de escassez haviam deixado a cidade mais faminta e mais suja. No Hotel Majestic, onde Angel Goded — amigo de Nancy — trabalhava como garçom, Virginia Cowles viu funcionários raspando comida de pratos usados para levar para casa e dar à família. Quando chegou, Martha encontrou lençóis não lavados — não havia sabão — assiduamente passados e recolocados nas camas. Tudo fedia. Exaustos e desmoralizados, o Exército Popular e as Brigadas Internacionais continuaram a ceder ao avanço de Franco.

Em abril, os nacionalistas chegaram ao mar. Acompanhando os fatos a partir dos Estados Unidos, Josephine achou as notícias sobre a Espanha «tão chocantes e tão terríveis» que sentiu como se «tivesse visto um garoto crescer em meio a uma doença e com muitas promessas, apenas para ser atropelado por um bonde».[10] Ela culpou a traição pelo agravamento da situação e considerou imperdoável o declínio do apoio da URSS à República. «Qualquer um que esteja escrevendo hoje», disse ela a Katherine Anne Porter, «deve fechar os jornais ou endurecer cronicamente o coração.»[11]

No fim das contas, Salaria foi dispensada para casa. (Pat teve de retornar à Inglaterra, mas eles esperavam conseguir permissão para que ele se juntasse a ela nos EUA.) O panfleto sobre ela impresso naquele ano descrevia um ataque a bomba em sua unidade no qual ela foi soterrada numa trincheira por uma explosão. O texto dizia que, quando a desenterraram, estava ferida demais para continuar seu trabalho. Mas, numa entrevista em Nova York, a própria Salaria

---

10    JH a Katherine Anne Porter, apud Langer, *Josephine Herbst*, op. cit., p. 232.
11    Ibid.

minimizou as lesões, chamando-as de «apenas... uma distensão nas costas». O entrevistador explicou que havia piorado, obrigando «a corajosa e pequena enfermeira» a deixar a Espanha.[12] Outros registros sugerem que ela recebeu tratamento de disenteria na França. Na foto que fizeram dela em seu retorno, debruçada confiante sobre a amurada do navio, ela está coberta por seu casaco. Mais do que qualquer outra coisa, parece incrivelmente jovem.

*

Há muitos elementos indistintos sobre o período de Salaria na Espanha. Como uma colcha de retalhos, a história está saturada em alguns lugares, enquanto em outros sobrevive apenas em farrapos. Certos detalhes se destacam com a nitidez matinal, mas seu contexto — datas e lugares, transições, evidências comprobatórias — desapareceu, obliterado pela confusão e por registros incompletos, o embaralhamento que a insurgência provoca na memória.

Com a comunicação interrompida e mapas inadequados, os comboios poderiam se perder na Espanha, às vezes até embrenhando-se em território fatal.[13] As frentes de batalha se moviam tão depressa que os hospitais de campanha corriam o risco de ser atingidos. (Em maio, Nan Green ficou presa durante 24 horas num trem de tropas que não saía do lugar e estava indo para Barcelona: sem que ela soubesse, o terreno que precisavam cruzar havia caído nas mãos dos nacionalistas.) Em pelo menos uma ocasião na confusão do

---

12 *Daily Worker*, 18 maio 1938.
13 A enfermeira Una Wilson, por exemplo, descreve ter ficado perdida na estrada por três dias e quase ter sido capturada pelos fascistas em Teruel.

avanço nacionalista, Salaria se descolou de sua unidade. Na época, registrou-se apenas que ela havia pegado carona em direção a Barcelona, onde voltou a um hospital. Mas, em entrevistas que ela deu no fim da vida, o vilão doutor Pitts aparece novamente, orquestrando dois incidentes separados nos quais o comboio seguiu sem ela. Salaria contou ter ido parar por acaso, e ficado perdida, em território nacionalista, onde foi capturada e mantida presa por várias semanas.

A experiência foi algo que ela descreveu naquela entrevista de 1980 e numa versão bem mais carregada na tinta em suas memórias inacabadas, *While Passing Through*. («Levante-se, sua selvagem!», grita um captor alemão, a quem ela responde com heroísmo de estrela de cinema: «Atire, seu covarde!».[14]) Ela contou que foi presa e forçada a assistir a execuções enquanto davam a entender que sua vez estava chegando. Disse ter visto outras pessoas também: espanhóis, talvez as famílias dos condenados, que gritavam sem parar e eram obrigados a limpar o sangue das paredes antes de recuperarem os corpos. No fim das contas, na calada da noite, Salaria foi resgatada (não se sabe ao certo por quem: na entrevista ela menciona um monge, um membro do Batalhão Britânico, um canadense, e assim sucessivamente) e enfiada num trem com destino a Barcelona.

Os leitores tiveram dificuldade em acreditar nesse relato dramático. Um veterano, ao deparar com a história num artigo publicado após a morte de Salaria, concluiu que ela estava «fantasiando».[15] Muito depois de ler sua objeção, encontrei um texto escrito por um acadêmico que havia sido

---

14     SK, *While Passing Through*, apud Reid-Pharr, *Archives of Flesh*, op. cit.
15     Apud Cañete Quesada, «Salaria Kea and the Spanish Civil War», op. cit.

informado de que, no fim de sua vida, Salaria sofria algum tipo de demência; eu sabia que o marido dela certamente tentara afastar os inquisidores no início dos anos 1980 ao alertar que as memórias de Salaria tinham sido afetadas por um período no hospital.[16]

Não fui a primeira pessoa a tentar encontrar sentido naquilo tudo. Vários estudiosos trabalharam para classificar os relatos de Salaria em alguma ordem verificável. Coisas implausíveis acontecem numa guerra, e inconsistências, tais como os detalhes que vacilam nas histórias de Salaria, são esperadas ao longo dos anos. Décadas de experiência e conhecimento adquirido se sobrepõem e substituem uns aos outros, especialmente se você é uma pessoa cujo relato escrito foi almejado na época: se você é uma pessoa de quem se espera que deixe a outros a tarefa de escrever sua história para você. E, conforme Salaria advertiu seus entrevistadores, é difícil organizar o caos em palavras.

Mas é também nosso primeiro instinto: a narrativa oferece um modo de impor ordem em coisas que deflagram significado. Tentamos arrumar os fragmentos de maneiras que consertem o dano. A história classifica a guerra em diferentes fenômenos — recuos, avanços, frentes de batalha —, mas, como *Boadilla*, de Esmond Romilly, deixou claro para mim, um «recuo» ou um «avanço» não é algo tão facilmente encapsulado pela linguagem. Pode significar horas de um enlouquecido derramamento de sangue no qual ninguém parece saber necessariamente onde está ou onde deveria estar, ou mesmo em quem está atirando (sabem apenas que eles próprios estão sendo baleados), e o resultado se resume a

---

16    Carta a Fredericka Martin, outubro de 1983, Fredericka Martin Papers, Pasta 30, Tamiment.

um diferente grupo de homens sentados entre os corpos de seus camaradas numa fazenda em ruínas no fim, e o fim é provavelmente uma calmaria de duração indeterminada antes de a loucura recomeçar.

Entre todas as descrições consumadas que li, foi nas recordações confusas de Salaria que o puro caos da guerra se fez sentir. Em suas entrevistas, Salaria tentava explicar aquele panorama geral para as pessoas que provavelmente não conseguiam entender como era estar numa guerra. Ela não sabia como ou por que certas coisas aconteciam, disse. Tudo o que Salaria podia oferecer eram vislumbres de compreensão, lascas de experiência direta. (No entanto, como fornecer uma resposta às perguntas das pessoas sem recorrer à narrativa, com suas ofertas explicativas de causa e efeito?) Essa era a guerra como um fenômeno que não apenas separava corpos e famílias, mas também destruía o sentido e o significado. Há aquele bordão das transmissões de Josephine: de que os voluntários sabiam por que tinham ido. É quase possível sentir o alívio com o qual Josephine capta a sua certeza. «Você não podia sentir pena do exército», acrescentou Martha em 1938. «Todo mundo que você via sabia o que eles estavam fazendo e por quê.»[17] Essas são as maneiras pelas quais a guerra parece piedosamente simples: aquela história de um lado contra o outro.

As pessoas diziam muitas vezes a Josephine, Sylvia, Nancy e Valentine exatamente o que elas queriam que estivesse registrado — quais nomes, quais crimes. No meio de uma enorme conflagração, elas sabiam que algo tão pequeno quanto uma pessoa poderia ser facilmente eliminado. Ao trazer a guerra e suas apostas de volta a uma narrativa

---

17    MG, *FOW*, op. cit., p. 41.

lógica, preservando uma segunda vida para isso, escritores podiam restaurar algo às pessoas que estavam perdendo todo o restante.

Embora eu nunca tenha encontrado um manuscrito completo, mesmo que talvez nunca tenha sido concluído, a coisa mais plausível de todas para mim foi que Salaria havia tentado escrever sua vida. *Por que não devo ir e ajudar o mundo?*, dissera ela. Por que ela não deveria falar por si mesma? Por que o fato de ter feito isso ofendeu as pessoas? Independentemente do que fosse provável ou não em suas histórias (e parte do material que restou dá a impressão de que ela estava experimentando com a ficção tanto quanto com a memória), Salaria, tendo sobrevivido a tanta coisa, estava procurando palavras que correspondessem ao que ela sabia.

Era como assistir a uma mulher lutando com o registro, tentando salvar seu próprio significado daquilo que os outros fizeram de sua história. Às vezes, a luta se desenrolava diante dos meus próprios olhos enquanto eu lia. Salaria, num artigo de 1987: «Vi que meu destino, o destino da raça negra, estava inseparavelmente atado ao destino deles»;[18] Salaria sendo citada no panfleto de 1938 para a arrecadação de fundos: «Salaria viu que seu destino, o destino da raça negra, estava inseparavelmente atado ao destino deles».[19] Qual foi o rumo dessa apropriação? O que quer que estivesse fazendo, por mais intencional que fosse, em suas histórias mais controversas Salaria inseriu a si mesma em narrativas da guerra de maneiras que a tornavam difícil de ignorar e mais difícil ainda de falar sobre ela.

---

18    SK, «While Passing Through», *Health and Medicine*, primavera 1987.

19    Panfleto *Negro Nurse*.

*

Martha e Ernest seguiram a linha republicana em sua retirada. Martha continuava admirando intensamente o lado dela, e documentando cuidadosamente a intervenção das potências fascistas estrangeiras. Eles visitaram velhos amigos nas Brigadas Internacionais, e ela se entregou a um orgulho patriótico na severamente exaurida Brigada Abraham Lincoln, amando-os, em toda sua coragem e convicção, «incomensuravelmente».[20] Tal como Salaria, ela assistia às batalhas. Viu os republicanos resistirem sem cobertura contra o assédio de aviões alemães «bombardeando e disparando metralhadoras», tentando adiar o avanço inimigo por tempo suficiente para permitir uma retirada organizada. Em suas anotações, relembrou o terror de escutar a aproximação dos aviões: «aquele pânico do onde-onde-onde».[21]

Nas estradas abarrotadas, era possível traçar o avanço do inimigo pela placa dos veículos em fuga. Ela viu mulheres sobrecarregadas estendendo os braços suplicantes, «querendo apenas uma carona para ir a algum outro lugar, longe, embora não saibam para onde e não se importem».[22] Ela ouviu soldados descreverem a retirada deles e teve de responder às suas perguntas sobre «outros que estão desaparecidos ou provavelmente mortos».[23]

Era primavera. «Estava um clima tão bonito que você não conseguia acreditar que algo tão ruim pudesse

---

20    MG a Eleanor Roosevelt, 24 ou 25 de abril de 1938. In: MG, *The Selected Letters...*, op. cit., pp. 59-61.
21    MG, 10 de abril, Notas da Espanha, Caixa 1, Pasta 7, MG Collection, HGC.
22    MG a Eleanor Roosevelt, 24 ou 25 de abril de 1938.
23    MG, 21 de abril, Notas da Espanha, HGC.

acontecer.»[24] Em abril, ela e Ernest apareceram na unidade hospitalar administrada pelo doutor Pike — o amigo de Josephine Herbst com quem Salaria às vezes trabalhava —, que também estava a caminho da frente de batalha. Eles encontraram a equipe dele sentada do lado de fora para comer, ao modo de «uma viagem alegre, de piquenique e acampamento».[25] Foi agradável. A Espanha ainda a cativava: suas «montanhas rochosas e os duros campos em socalcos, e os pinheiros-mansos acima das praias, e os vilarejos coloridos de poeira». Ela continuava pensando que era tudo «bonito demais para os fascistas terem».[26]

Em maio, Salaria chegou de volta a Nova York, fazendo o mesmo tipo de declaração triunfalista que Martha tinha concedido à imprensa no ano anterior. «A cada avanço dos fascistas», disse ao *Daily Worker*, «as pessoas respondem com mais coragem ainda. Franco nunca vai governar uma Espanha fascista.»[27] Mas na realidade havia apenas duas coisas atrasando a vitória franquista: a vontade do general de «limpar» a Espanha de tudo que a República representava («Não posso encurtar a guerra nem mesmo por um dia», escrevera ele no ano anterior. «Primeiro preciso ter certeza de que sou capaz de fundar um regime.»[28]) e a resistência desesperada de seus oponentes.

Durante o fim da primavera e o início do verão, o governo republicano estendeu o recrutamento, incorporando a

24    Id., 15 de abril, Notas da Espanha, HGC.
25    Id., 21 de abril, Notas da Espanha, HGC.
26    MG a Eleanor Roosevelt, 24 ou 25 de abril de 1938. In: MG, *The Selected Letters...*, op. cit., pp. 59-61.
27    *Daily Worker*, 18 maio 1938.
28    Apud Preston, *The Spanish Civil War*, op. cit., p. 275.

seu exército garotos de dezesseis anos e pais de meia-idade, apesar de não ter fuzis suficientes para eles. A batalha mais dura da guerra espanhola estava no horizonte. Em julho, os líderes republicanos planejavam uma tentativa de reunificar a Catalunha com o restante da zona republicana por meio de uma ofensiva através do rio Ebro, e esperavam, ao fazê-lo, reconquistar a atenção da Europa. Cerca de 80 mil homens estavam reunidos na margem do rio. Nas primeiras e escuras horas do dia 25 de julho, o primeiro deles se deslocou para matar as sentinelas no outro lado; os demais seguiram em barcos e através de pontes flutuantes. Fazia um ano que a batalha em Brunete havia terminado. George Green não estava mais dirigindo uma ambulância. Dessa vez ele era um soldado do exército, e dessa vez Nancy estava logo atrás dele. No fim do dia 25, ela também cruzou o rio.

Nancy fora nomeada assistente do diretor médico do Corpo Médico da 35a Divisão, parte de uma unidade que incluía espanhóis, canadenses, americanos e outros voluntários britânicos. Enquanto a unidade esperava, ela cuidou da administração e preparou chá: fazendo seu melhor para que todo mundo seguisse adiante. «Não era meu objetivo fazer discursos políticos motivacionais: esse era um trabalho do comissário», escreveu ela posteriormente. «Meu objetivo era me empenhar e manter as pessoas alegres.» Até o começo da ofensiva, uma das melhores maneiras que ela encontrou de reuni-los era iniciando uma conversa sobre comida: perguntar a um grupo de norte-americanos o que era um cachorro-quente acabou tendo efeitos transformadores. Uma vez iniciada a ofensiva, esse tipo de distração já não era necessário.

Depois de cruzar o rio na sequência do exército, eles alcançaram seu destino ao amanhecer. «Era uma sensação de desolação», recordou-se ela mais tarde, «com corpos ainda insepultos jazendo na beira da estrada, habitações destruídas e pilhas enormes de material descartado, documentos, malas, roupas de cama, até mesmo fuzis, revelando a pressa com que o inimigo fugiu.» Eles montaram sua sede e um centro cirúrgico de emergência numa fazenda, e começaram a trabalhar.

Era tarefa de Nan reunir e organizar as listas de baixas enviadas pelos quatro postos de auxílio médico das frentes de batalha na divisão deles, datilografá-los e classificá-los de acordo com os tipos de ferimento («ferimentos na cabeça... amputações e assim por diante»), as armas que os provocaram (morteiros, granadas, balas...) e o hospital para o qual o paciente foi transferido. Baixas na Batalha do Ebro eram enormes: «caía uma avalanche de trabalho com a qual mal podíamos lidar». Todo dia as listas chegavam a Nan procedentes dos médicos do front, e todo dia, por alguns momentos agonizantes, ela as examinava à procura do nome de George.

Nan odiava a imundície. «Como estou suja», lamentou para sua irmã em agosto. Ela havia usado por cinco dias as mesmas roupas mal ajustadas, retirando-as apenas uma vez para lavá-las «em meio litro de água suja».[29] Mas também havia consolos inesquecíveis. Uma das muitas coisas que faltavam na unidade médica era sangue para transfusões, o que deu a Nan, uma doadora universal, oportunidades para fazer talvez a mais tangível contribuição possível. Ela se deitava ao lado de homens moribundos e via seu próprio sangue devolvê-los à vida.

Então, com o «primeiro ataque terminado», ela pôde visitar George enquanto a unidade dele tirava alguns dias de descanso. O Batalhão Britânico era agora «um bando

---

29      Apud Id., *Doves of War*, op. cit., p. 169.

desleixado de homens cansados, espalhados por uma encosta árida», mas George estava vivo e eles conseguiram passar duas noites «e uma madrugada inteira» juntos num sofá cheio de piolhos.

Depois, a unidade de George voltou para a linha de frente. A República não tinha recursos para manter seus ganhos iniciais, e o que Nan descreveria como a «longa, lenta, desesperada e heroica retirada do Exército Popular Espanhol» havia começado, numa ocasião movendo-se tão depressa que sua própria unidade foi ultrapassada, deixan-do-os perigosamente expostos. Ela ouvia cada estrondo à distância como um barulho que poderia ter levado seu marido. Todo dia havia ataques aéreos. Era fácil dizer se era preciso abrigar-se ou não, se os aviões que se aproximavam eram amigos ou inimigos: se havia fogo antiaéreo no céu em torno deles, os aviões eram republicanos. Apenas os nacionalistas ainda tinham o equipamento para se defender de ataques aéreos.

Martha queria ficar ali, mas continuou sendo uma pessoa que poderia ir embora. Com o agravamento da situação na Europa, seus editores estavam cansados do longo conflito espanhol. A atenção do mundo se voltara para a Tchecoslováquia, o país em que Hitler estava de olho em seguida. «Não interessado Barcelona [artigo]», a *Collier's* telegrafou quando ela queria escrever sobre os refugiados. «Velho no momento da publicação.»[30]

Obediente à história, Martha havia partido para Praga em junho. Foi um ano nômade para correspondentes estrangeiros, que transitavam de crise em crise. Virginia

---

30    Apud Moorehead, *Martha Gellhorn*, op. cit., p. 174.

Cowles passara apenas uma semana na Espanha ao voltar em fevereiro. Quando admitiu a um amigo espanhol que não ficaria muito tempo, ele perguntou: «Você tem outras coisas para fazer?». E então ele próprio respondeu por ela: «Entendo. Em breve coisas novas vão acontecer. Somos apenas os primeiros».[31]

---

31    VC, *Looking for Trouble*, op. cit., p. 117.

Nem na Casa Branca nem no
Departamento de Estado há, neste
momento, vontade alguma de
fazer comentários públicos sobre
a situação europeia, cujo perigo
e fragilidade são medidos pela
profunda ansiedade que se faz
sentir em cada setor da vida oficial.

«Americans and the Crisis»
[Os americanos e a crise],
correspondente em Washington,
*The Times*, 1 de setembro de 1938

# A atitude ambivalente[32]
# Virginia Cowles encontra os Mitford
# Nuremberg, Alemanha:
# verão-outono de 1938

Em agosto e setembro de 1938, a cidade alemã de Nuremberg estava enfeitada com milhares de bandeira da suástica, que tremulavam festivamente no parapeito das janelas. As águias douradas vigiavam uma atmosfera carnavalesca. A cidade fora submetida à sua transformação anual, passando de centro histórico a vitrine do espetáculo da propaganda nazista, e estava repleta de visitantes do mundo inteiro. Para representantes estrangeiros e jornalistas, havia tensão por trás da festividade: Hitler estava programado para fazer um discurso no último dia do comício, e eles esperavam que fosse o ponto culminante da crise tcheca.

Virginia Cowles teve sorte de haver encontrado um quarto na cidade. O espaço do hotel tinha sido reservado aos simpatizantes do regime nazista: representantes e repórteres da Itália, do Japão e da Espanha nacionalista. Os britânicos, franceses e americanos foram relegados aos (luxuosos, é verdade) vagões de trem estacionados fora da

---

32    A menos que seja creditado de outra forma, todas as citações de Virginia Cowles foram retiradas de *Looking for Trouble*.

cidade. O Grand Hotel, que costumava ser o lugar para ser visto em Nuremberg, onde nos anos anteriores dignitários do mundo todo haviam se reunido, agora oferecia opções mais esparsas. Quando Virginia entrou no saguão do hotel em 1938, as pessoas mais notáveis que ela viu ali foram os Mitford.

Virginia se aproximou de Unity e dos pais dela com certa indiferença zombeteira. A irmã de Jessica era uma figura marcante onde quer que estivesse, mas em Nuremberg os funcionários estavam prestando um tributo ostensivo. Os Mitford pareciam alheios à ansiedade predominante. Lady Redesdale, quando não era arrastada para assistir a exibições nazistas com Unity, acomodava-se num canto do saguão do hotel e começava a costurar. Seu marido «perambulava», lembrava-se Virginia, «com um ar desnorteado como se estivesse numa festa meio constrangedora, onde (curiosamente) ninguém sabia falar inglês».

Virginia conhecia os Mitford: era amiga do único irmão, Tom. (Desnecessário dizer que Jessica — que agora se estabelecera com Esmond num bairro da classe trabalhadora em Londres — não estava com eles.) Longe de se distanciar deles em Nuremberg, Virginia ficou interrogando-os em busca de fofocas internas. Sentou-se com Unity num evento especial oferecido por Hitler, onde observou o Führer e a jovem de 24 anos se olhando e trocando uma saudação nazista sedutora. Depois, ela e Unity compartilharam um carro da SS a caminho do jantar. Como um dos poucos selecionados a ter uma audiência particular com Hitler naquela semana, Unity era possivelmente a melhor fonte de Virginia sobre a probabilidade da guerra. (Ela estava cética: «O Führer não quer seus novos prédios sendo bombardeados».)

Virginia havia passado grande parte do verão dirigindo pela Inglaterra com Martha Gellhorn, que estava trabalhando numa reportagem para a *Collier's*. Durante semanas, Hitler vinha ameaçando enviar tropas à Tchecoslováquia para «resgatar» a minoria alemã do país. Martha estava fresca de sua ida a Praga e se sentindo combativa. Para avaliar o humor das pessoas na Grã-Bretanha, elas foram a pubs e tentaram puxar conversa com os clientes, encontrando o que lhes parecia um nível extraordinário de complacência. O passeio pelo país havia degenerado no tipo de turnê de palestras que Martha jurava detestar. Poucos foram poupados de sua crescente indignação. «O fato de o trabalhador na Inglaterra não ficar furioso (como ela) com o tratamento dispensado a seus irmãos na Espanha ou com a sina de seus irmãos na Tchecoslováquia», lembrou-se Virginia, «parecia-lhe vergonhoso.»

É tentador imaginar o que Martha pode ter dito no (ou sobre o) jantar de Virginia com os Mitford. A essa altura, Virginia estava tão alarmada quanto Martha com a agressão fascista no Continente, mas elas tinham abordagens claramente distintas em relação a seu trabalho. Martha era ferozmente adepta do partidarismo, ao passo que Virginia insistia em considerar todos os ângulos. Martha escrevia para confrontar e acusar, enquanto Virginia tentava elaborar análises que continham seus próprios alertas. Na Espanha, ela havia sido praticamente a única jornalista a fazer reportagens tanto da zona nacionalista quanto da republicana, algo que a colocava sob suspeita em ambos os lados. «Eu estava curiosa para ouvir o ponto de vista nacionalista», escreveu ela depois, «e sentia que, se não fizesse isso, não teria uma perspectiva adequada.» Em todo lugar a que ia, ela demonstrava evidente facilidade em estabelecer contato com pessoas influentes e bem relacionadas; parecia nunca deixar suas convicções pessoais obstruírem seu acesso à informação.[33]

Na realidade, a rigidez das pessoas ao tomar partido a enervava. Ao refletir sobre sua primeira passagem pela zona republicana, ela se lembrou de ter ficado «surpresa» com o quanto a luta parecia «impessoal». «Os homens matavam por convicção, não por paixão; mesmo na Espanha, um homem atirou no irmão não porque não gostava dele, mas porque discordava dele.» Virginia era uma observadora astuta que adotava uma abordagem quase fleumática em sua escrita. Para ela, a ideologia por si só não resolveria as coisas. Em suas memórias de 1941, ela deixaria claro que não poderia confirmar sua própria simpatia pessoal pela República até haver passado um tempo com os nacionalistas. Ambos os lados lhe deram motivos de preocupação, e ela estava cética em relação à sobrevivência da democracia após a guerra, fosse qual fosse o vencedor. Também estava disposta a escrever artigos dizendo isso, algo que Martha não teria aprovado.

O acesso que Virginia estabeleceu com pessoas como Unity lhe havia sido útil muito antes disso. Leia qualquer

---

33 A falta de fervor de Cowles arrancou a ideologia de algumas das mais sagradas imagens da República. Até o resto de sua vida, Josephine Herbst ficou emocionada com a visão de soldados analfabetos aprendendo a ler e a escrever nas trincheiras, aprendendo, como observou Langston Hughes, «a escapar da escuridão da ignorância»; era uma imagem que surgia repetidamente como um exemplo dos ideais e das realizações da República. Para Cowles, porém, havia uma explicação prática e evidente. Diante da falta de oficiais no Exército Popular, as promoções tinham de ser feitas dentro das próprias fileiras. «Como poucos camponeses sabiam ler ou escrever, uma conquista essencial para oficiais», explicou ela mais tarde, «escolas foram abertas em muitos quartéis-generais e a educação se tornou uma parte frenética da vida militar.»

livro de história que trate da infame destruição da cidade basca de Guernica em 1937 e você provavelmente encontrará evidências de Virginia Cowles sobre a cumplicidade nacionalista no referido bombardeio, porque ela estava ali na Espanha nacionalista para que um oficial lhe dissesse diretamente: «Nós a bombardeamos e bombardeamos e bombardeamos, e *bueno*, por que não?».

No mesmo ano, ela obteve a confirmação de que sua abordagem estava rendendo frutos. Um artigo no *Sunday Times* que ela havia escrito detalhando os números das tropas alemãs e italianas que lutavam a favor de Franco foi citado repetidamente no Parlamento. Virginia foi informada de que o texto havia circulado no Gabinete e, conforme ela se vangloriou numa carta para casa, logo depois o governo britânico questionou a Itália por ter violado o compromisso de não intervenção. Seu relato foi considerado digno de confiança porque ela não chegou a tomar partido: o subsecretário de Estado enxergou seu texto como «um dos artigos mais objetivos que eles haviam lido sobre a situação espanhola». «Então, mesmo se a viagem à Espanha não tiver provado mais nada», continuou ela, «pelo menos acho que dei um empurrãozinho perspicaz em prol da democracia.»[34]

Virginia não esperou em Nuremberg para ouvir o discurso de Hitler. Ela ficara abalada pelo único comício a que havia comparecido e reunira material suficiente para terminar seu artigo em outro lugar. Em vez disso, seguiu para Paris, preparando-se para uma viagem a Praga, onde as coisas tinham se agravado, e escutou o discurso pelo rádio.

---

34    Apud M. Bogacka-Rode, *Straight Record and the Paper Trail*, p. 122.

Comício de Nuremberg, 1938.

Virginia Woolf também estava escutando. «Hitler se vangloriou & explodiu», registrou ela, «mas não disparou nenhum tiro sólido.»[35] Para todos aqueles que estavam preparados para uma declaração de guerra, o discurso foi um anticlímax: Hitler concedeu mais tempo para negociações sobre a Tchecoslováquia, o que só fez prolongar a incerteza. Os Woolf ouviram não apenas os gritos dele através das ondas de rádio, mas também o retorno dos «uivos da plateia»: mais daquela histeria dócil que Virginia tinha percebido três anos antes. Ouvindo-os agora, ela achou «assustador pensar nos rostos».

---

35   VW, *The Diary of Virginia Woolf*, op. cit., v. 5 (13 de setembro de 1938), p. 169.

# Fome[36]
# Nancy Cunard e Nan Green
# Barcelona: fim de 1938

No dia seguinte, Nancy Cunard leu o discurso de Hitler nos jornais antes de sentar para almoçar no Hotel Majestic. Então vieram os aviões. E, enquanto eles bombardeavam, Nancy compôs um poema que dispensava a incerteza. Havia a iminência de uma guerra, mas ela e a Espanha já estavam nela.

> Outro país se armando, e outro e mais outro atrás dele —
> Os nervos da Europa estão tensos como uma catapulta, o cataclismo rugindo e inchando...
> Mas na Espanha não. Talvez e Amanhã — na Espanha é AQUI.[37]

---

36      O artigo de MG que a *Collier's* recusou, citado aqui, acabou sendo publicado em *FOW* com o título de «The Third Winter» [O terceiro inverno]. As citações de NG procedem de *ACOSB*, a menos que seja especificado de outra forma.

37      No original, «Another country arming, another and another behind it —/ Europe's nerve strung like a catapult, the cataclysm roaring and swelling.../ But in Spain no. Perhaps and Tomorrow — in Spain it is HERE». [N. T.]

«Sei que não é mais 'notícia' quando várias pessoas são mortas... num ataque aéreo sobre [Barcelona]», comentou Nancy com um alerta raivoso no *Manchester Guardian* naquele mês, «mas seria — por enquanto — em Londres, Manchester ou Paris.»[38] Enquanto a atenção do mundo estava em outro lugar, o derramamento de sangue continuava.

No poema, que ela intitulou «To Eat Today» [Para comer hoje], os aviões se tornam portadores das ameaças de Hitler — «traços ao longo do grande discurso maníaco» — e, na carnificina, Nancy, num estado elevado de percepção, concentra-se cada vez mais nos estragos do ataque: uma mulher carregando comida, «quatro crianças lá fora, com a casa, e a gata grávida». Ela deu destaque à morte de pessoas cujos nomes ela e os pilotos e seus futuros leitores nunca saberiam, ela deu destaque à morte de um gato que dificilmente teria importância para alguém quando a morte estava perseguindo crianças, ela deu destaque até mesmo ao lampejo de vida no ventre de uma gata de rua. Imagine estar ali, num café de uma cidade em guerra, sabendo que as pessoas estão morrendo de fome, que suas casas desmoronaram, sabendo que as notícias ficam cada vez piores e não melhorarão, tendo de fortalecer os nervos porque os aviões chegam em seus drones e fazem estardalhaço e matam, sentindo o baque e a erupção em seus ossos, e incluindo uma gata grávida em seu protesto. É como se, naquele detalhe ínfimo de promessa apagada, ela houvesse encontrado uma forma de escrever a vasta e incalculável escala do massacre.

Naquele dia em Barcelona, Nancy novamente pôs de lado o talvez e pôs de lado o amanhã, rejeitou a ambiguidade

---

38  NC, carta ao *Manchester Guardian*, 16 set. 1938.

ou o atraso. Viu apenas a violência do fascismo — «Você passou; tráfegos de ódio; então as sombras caem» — e o fato de que, a menos que houvesse resistência, isso continuaria. Outro país se armando, outro e mais outro atrás dele.

Em relação àqueles dias na cidade, Nancy disse que «tudo podia ser resumido agora nesta palavra terrível: 'fome'».[39] Desde que a República perdera as regiões agrícolas de Aragão, os alimentos de primeira necessidade eram em grande parte importados do solidário México. As pessoas viviam à base de grão-de-bico, lentilhas, às vezes um pouco de peixe. «Um pedaço do tamanho do seu dedo e duas vezes mais grosso», Martha havia estabelecido antes de partir, «é a ração para uma pessoa por duas semanas.» Naquele ano, a taxa de mortalidade entre crianças e idosos dobrou. Martha estava convencida de que a fome seria o que finalmente acabaria com a determinação republicana. Ela esperava comunicar essa crise humanitária por meio de um encontro com uma família — mas esse foi o artigo que a *Collier's* se recusou a publicar.

Ainda estava escrita, aquela história ultrapassada. Descrevendo uma visita ao clã Hernández, Martha registrou o panorama geral da vida deles. O neto, um menino de dez anos que passa os dias na fila por comida, é cauteloso em relação às bombas. «Eu me escondo», conta ele a Martha, confiante. «Eu me escondo para que eles não me matem.» Mas também conta a ela como é divertido ver as mulheres brigando na fila. «Às vezes, quando a loja fica sem comida antes de todos serem servidos, as mulheres ficam furiosas e

---

39    Id., *Grand Man*, op. cit., p. 155.

tristes, com medo de voltarem para casa sem nada», explica Martha. «Então há problemas.»

A bebê na casa dos Hernández está irritadiça e doente; a mãe lamenta ao saber que os visitantes não aproveitarão devidamente a presença da filha pequena. «Lola puxou a capa do embrulho nos braços dela e disse, com frieza e orgulho: 'Ela não tem a comida certa para comer e, portanto, não está bem. Mas é uma criança ótima'.» Martha esteve no hospital infantil; ela conhece os números da desnutrição; entende por que a bebê de Lola está daquele jeito. O pesadelo em Barcelona também é ver o que o sonho se tornou. No hospital, ela tentara desesperadamente não pensar nas «crianças velozes, morenas e risonhas em Madri». Ela não suportava «imaginar como a fome as havia deformado». Martha concorda com Lola: ela tem uma criança ótima. Mas, enquanto está falando, ela pensa: «Talvez possamos parar de olhar para a criança, quando todos sabemos que ela está morrendo de fome e provavelmente não sobreviverá até o verão».

Nas páginas do *Guardian*, Nancy fez outro apelo por doações de alimentos, e voltou a Paris com frio e indisposta, tendo deixado a maior parte de suas roupas para os necessitados em Barcelona. (Talvez também tenha deixado alguma coisa para Angel Goded, seu amigo no Hotel Majestic. A cada vez que ia à Espanha, ela doava o máximo que conseguia de dinheiro, comida e cigarros.) Ela achou tensa a atmosfera na França. As negociações sobre a Tchecoslováquia estavam vacilantes. Exércitos foram mobilizados. Em Londres, máscaras de gás foram distribuídas e alguns estudantes foram evacuados para o campo: preparações para a guerra. Virginia Woolf vinha sonhando com

Julian. «Eu implorava que ele não fosse à Espanha. Ele prometia. Depois eu via seus ferimentos.»[40]

Dias depois do discurso de Hitler em Nuremberg, o primeiro-ministro espanhol anunciou para a Liga das Nações a dissolução das Brigadas Internacionais. A essa altura as brigadas estavam desesperadamente exauridas. Elas haviam desempenhado um papel valioso em algumas das batalhas mais importantes da guerra, mas sempre representaram apenas uma minoria dentro do exército espanhol que a República havia reunido ao longo dos anos. Esperava-se que a retirada de soldados estrangeiros que tinham ido voluntariamente lutar em favor da República aumentasse a pressão sobre as potências fascistas para retirar as tropas que elas tinham enviado de seus exércitos nacionais, mas isso teve pouco impacto enquanto a atenção permanecia voltada para a crise tcheca.

No fim de setembro, os britânicos e franceses negociaram um acordo em Munique que deu a Hitler os territórios tchecos que ele queria. «[O primeiro-ministro britânico] deu a Europa aos ditadores», irritou-se Martha.[41] Em Londres, Jessica Mitford viu o Acordo de Munique inaugurar um período de «limbo entediante»[42] que destruiu até mesmo o entusiasmo do rebelde por quem ela se apaixonou. Na reação desanimada de Esmond, escreveu Martha depois, ela viu «o desespero de uma geração que perdeu o controle do seu próprio destino».

---

40    VW, *The Diary of Virginia Woolf*, op. cit., v. 5 (17 de setembro de 1938), p. 172.

41    Apud Moorehead, *Martha Gellhorn*, op. cit., p. 180.

42    JM, *H&R*, op. cit., p. 153.

Um órfão de guerra tomando sopa em Madri (Gerda Taro).

Na Espanha, a retirada do Batalhão Britânico estava marcada para 22 de setembro. Já houvera uma espécie de indulto para Nan em agosto, quando George foi ferido na cabeça e levado ao hospital. A lesão propriamente dita cicatrizou depressa, mas ele foi mantido internado por reclamar de dores nas pernas (uma queixa que a maioria deles tinha, conforme observou ela). Nan se consolava em saber que, pelo menos até então, ele não corria mais perigo do que ela. Mas, assim que a retirada foi decidida, George apareceu no QG da unidade com uma nota confirmando que ele se dera alta do hospital. Ele não estava preparado para perder a última ação do seu batalhão na Espanha.

Nan teve cerca de uma hora com ele, tempo para planejar o reencontro com Frances e Martin. Sua unidade permaneceria após a retirada para treinar substitutos, então parecia provável que George chegaria em casa antes dela. Ele prometeu esperar. Tal como acontecia com tantas outras coisas, eles queriam que o reencontro da família fosse algo que fizessem juntos. O pai de George dissera a ele que Frances e Martin estavam «fascinados com a ideia de um papai barbudo»,[43] então ele prometeu não fazer a barba também. Depois se juntou novamente à sua unidade, e Nan voltou a verificar as listas de vítimas à procura do nome dele.

Em 22 de setembro, o nome de George não estava nas listas: Nan tinha chegado ao último dia de pavor. Ela não sabia que, no front, o inimigo estava lançando um ataque inesperadamente feroz ou que o Batalhão Britânico seria solicitado a permanecer na linha de frente por mais um dia para ajudar a repeli-lo.

---

43    NG, *ACOSB*, p. 96.

Na noite seguinte, dois soldados a despertaram com a notícia de que George estava desaparecido. Mais tarde, ela se lembraria de haver deitado novamente sem uma palavra, puxando o cobertor por cima de seus ombros «repentinamente gelados». Um novo pensamento se formara em sua cabeça como uma agulha espetando num disco. *Ele pode estar vivo, ele pode estar morto. Ele pode estar vivo, ele pode estar morto.* No dia seguinte, seus camaradas se empenharam em garantir que ela não ficasse sozinha nem por um momento. Ela queria ficar sozinha. Queria encontrar uma forma de aceitar esse novo pensamento. E foi assim, repetidamente. Ele-pode-estar-vivo-ele-pode-estar-morto. Seus filhos podem ver um papai barbudo, ou talvez nunca vejam um papai barbudo.

Ela continuou trabalhando, e logo seus substitutos foram treinados e Nan já voltava para o outro lado do rio, retirando-se como os remanescentes do Batalhão Britânico antes dela. Enquanto eles passavam pelos vilarejos, ela avistou pessoas nas ruas: não soldados ou médicos, mas mulheres. Nan queria se juntar a elas. Queria gritar para elas: «Aí estão vocês, minhas irmãs, minhas queridas, chorem comigo!».

Em outubro, o que havia restado das Brigadas Internacionais se reuniu em Barcelona para um desfile de despedida. Sete mil sobreviventes, deixando para trás mais de 17 mil camaradas mortos ou desaparecidos.[44] O presidente e o primeiro-ministro da República estavam lá para prestar suas homenagens. Aviões republicanos faziam sobrevoos, em alerta para o inimigo. Multidões se alinhavam nas ruas;

---

44    As estatísticas para as Brigadas Internacionais são apresentadas em Beevor, *The Battle for Spain*, op. cit., p. 366.

mulheres atiravam flores. Robert Capa, que estava de terno para marcar a ocasião, corria ao lado da coluna fazendo fotos. Nas multidões e nas exauridas fileiras em exibição, as pessoas choravam. «Sair da Espanha, para a maioria dos voluntários europeus», observou Martha, «era ir para o exílio.»

La Pasionaria, aquela voz estimulante da defesa de Madri, homenageou os «bravos camaradas das Brigadas Internacionais, que ajudaram a salvar a cidade com seu entusiasmo combativo, seu heroísmo e seu espírito de sacrifício». Para aqueles que agora são apátridas, ela poderia oferecer apenas um lar num futuro imaginário em que a guerra já teria acabado: «Voltem!», disse-lhes ela. Mas, por meio das mães na multidão, ela também lhes prometeu história. Um dia, ordenou ela, as mulheres espanholas contariam a seus filhos histórias dos estrangeiros que vieram à Espanha: «Contem a eles como, atravessando mares e montanhas, cruzando fronteiras repletas de baionetas... esses homens chegaram ao nosso país como cruzados pela liberdade».

Nan voltou para casa via Barcelona. Ela vinha telefonando para hospitais, «passando horas gritando por linhas que crepitavam e zumbiam e eram intermitentemente silenciosas». Ela sabia tão bem quanto qualquer um que, na carnificina de uma retirada, os feridos nem sempre eram devidamente identificados. Ela achava que George poderia ter sido desviado para o norte, um corpo anônimo, ferido e não reclamado por ninguém. Em algum lugar, alguém poderia ter notícias dele. Finalmente, um hospital na área de Barcelona admitiu a presença de um George Grey. Era um francês e não estava gravemente ferido. Nan se ateve à possibilidade de que pudesse ser o George dela.

*

Pouco mais de oitenta anos depois, ouvi uma entrevista concedida por Nan em 1976. Ela tinha 32 anos quando foi à Espanha; estava em seus setenta anos quando a entrevista foi gravada. A mulher reservada de que os outros se lembravam por seus serviços prestados durante a guerra ainda estava muito em evidência. Ela falava bem e era vivaz; com impressões e explicações na ponta da língua. Tinha um domínio firme das datas (e o hábito de enunciar cada ano na íntegra, de modo que 1938 era um prolongado e intencional «mil novecentos e trinta e oito»), mas de sua própria experiência ela deu, como Salaria, apenas anedotas deslocadas. Às vezes era melancólica, especialmente quando descrevia os aldeões espanhóis aprendendo, conforme ela viu, a viver o socialismo. «Ah, muitas coisas lindas aconteceram», disse Nan. Tudo ainda era romântico para ela.

Quando lhe perguntaram sobre a situação de Barcelona em 1938, ela respondeu que o otimismo de 1936 e 1937 havia desaparecido. «As pessoas estavam começando a morrer de fome.» Mas depois admite que de fato não consegue se lembrar. Barcelona em 1938 era um lugar vago para ela, turvado por sua busca de George. Ela ia de hospital em hospital, na esperança de que ele estivesse vivo, o disco quebrado ainda em sua rotação contínua.

O hospital com que Nan entrou em contato não tinha nenhum George Green quando ela chegou — não tinha sequer um George Grey. Nenhum hospital tinha. Foi só em março de 1939, meses depois de voltar à Inglaterra, que ela recebeu uma notificação oficial da morte de George: uma carta informando a data de 23 de setembro de 1938, o mesmo dia em que lhe disseram que ele estava desaparecido.

Há algo especialmente envolvente a respeito de uma voz, sobretudo quando não há vídeo na gravação para distrair a atenção. Apenas o som direto e incorpóreo: a consciência de uma pessoa falando diretamente à sua. As pausas, as hesitações, tudo isso tem algo a dizer. A emoção subsiste, à espera de sua oportunidade. É muito parecido com o ato de bisbilhotar, de ficar ouvindo na porta dos mortos.

Nan pode ter desejado que as mulheres desconhecidas que viu na Espanha chorassem com ela, mas na verdade foi ela quem escolheu chorar com elas. Ela havia assumido um lugar numa guerra que elas não tinham como evitar. À distância de décadas, aquela escolha poderia ter parecido uma tragédia, uma evitável e devastadora tragédia. De fato, parecia ter sido assim. Mas, em 1976, a convicção duradoura de Nan também fez isso tudo soar como um privilégio.

«Era o último dia em que a brigada lutou», diz Nan. «Ele foi morto quase na última hora do último dia.»[45] Ela havia acelerado, alcançando George, tropeçando ao fazê-lo. No emaranhado de coisas-que-poderiam-ser-ditas, ela precisava compadecer-se daqueles que ela amava. «Nunca me senti capaz de ter pena dele», afirmou. E depois continuou:

Porque ele — ele estava fazendo — ele estava fazendo a coisa certa, ele estava fazendo o que queria e era a coisa certa. Todos nós sentimos isso. Tivemos esse privilégio de ser [...] direto pelo caminho certo da história, na causa certa. E [...] ele estava fazendo isso e tinha certeza de que venceríamos... Eu acho que [...] ele morreu voando, por assim dizer, sabe, como um pássaro morre.

---

45    Entrevista de NG a Bill Williams, 1976, IWM Oral History Collection, 815.

Meus bons amigos, pela segunda
vez em nossa história, um primeiro-
-ministro britânico voltou da
Alemanha trazendo paz com honra.
Acredito que é a paz para o nosso
tempo. Agradecemos a vocês do
fundo do nosso coração. Vão para
casa e durmam tranquilamente.

Neville Chamberlain, anunciando
o Acordo de Munique em frente
ao número 10 da Downing Street

Mas era um alívio sem esperança...

Jessica Mitford, *Hons and Rebels*

# O campo devastado[46]
# Martha Gellhorn
# Cuba: 1939

No inverno de 1938 na Espanha, por volta da época em que completou trinta anos, Martha Gellhorn esbarrou na insuficiência de seus esforços. Ela estava num hospital em Barcelona, visitando crianças feridas e famintas. Décadas depois, num posfácio de um romance que escreveu sobre a guerra, ela se lembrou de ter percebido que não aguentaria mais ver essas enfermarias. «Meu trabalho foi inútil, nenhum dos meus artigos havia salvado alguém.»

«Você pode fazer história, querida: sou modesta», disse a uma amiga certa vez. «Tudo o que quero fazer é ver isso acontecer.»[47] Mas de que adianta assistir? Martha decidiu «ir embora. Sair da Europa, sair da história». Ela voltou aos EUA e então, em 1939, em Cuba, fixou residência com Ernest Hemingway.

---

46    A menos que seja especificado de outra forma, todas as citações foram retiradas de MG, *ASF* ou do posfácio de MG à edição de 1985 publicada pela Virago.

47    MG a Allen Grover, [sem data].

Depois de anos em movimento, Martha estava pronta para parar e analisar as respostas que se haviam acumulado em algum lugar dentro dela. A coisa óbvia era escrever um romance ambientado na guerra espanhola (que foi exatamente o que Ernest decidiu fazer), mas ela ainda não conseguia desvincular-se o suficiente para enxergar os acontecimentos. «A Espanha estava muito próxima», escreveu mais tarde. Para Martha, significava algo que ela nunca foi capaz de traduzir em ficção. Em vez disso, descobriu que «poderia controlar e usar as emoções da Espanha escrevendo sobre a Tchecoslováquia».

*A Stricken Field* é o resultado das primeiras e difíceis lições de Martha sobre jornalismo, sobre os limites do que ela poderia fazer. É um livro desesperadamente sombrio, um livro compatível com a época da qual procedeu. O romance que Martha escreveu sobre a Espanha é ambientado na Tchecoslováquia nos dias posteriores ao Acordo de Munique. A Alemanha se apropriou dos Sudetos, há um enorme movimento de pessoas, e o governo tcheco decretou que aqueles que fugiram dos Sudetos devem retornar. Para um grupo de exilados da Alemanha nazista que encontrou refúgio em Praga, a aproximação dos alemães significa estar novamente ao alcance da Gestapo. Como aqueles que Martha conheceu nas Brigadas Internacionais, são pessoas sem lugares para onde ir.

Como um protesto contra a traição e a indiferença, o romance tem tudo a ver com a Espanha. Testemunhar o abandono dos Estados Unidos, da França e da Grã-Bretanha (tal como ela viu), primeiro em relação à República e depois em relação à democrática Tchecoslováquia para seus inimigos fascistas, demoliu toda fé que ela ainda tinha na justiça e nos governos. Também quebrou o pacto que tinha com a

Espanha: de que, por tudo o que ela obtinha da causa, podia acreditar que, mediante sua escrita, estava devolvendo algo.

Por causa da guerra, Martha teve de viver o tipo de vida mais raro — uma vida em que suas crenças e os trabalhos de seus dias se fundiram numa totalidade perfeita. As esperanças grandes mas furtivas que Martha expressou para si mesma como escritora no diário que mantinha na Espanha eram intensamente particulares e ao mesmo tempo centrais para sua noção do que faria a vida valer a pena. O trabalho era pessoal; era também o serviço que ela poderia oferecer. O trabalho e a convicção alimentaram e abasteceram um ao outro, e ela precisava fazer parte de algo mais importante do que seu eu desajeitado. «Acho que tiramos algo da história que é mais do que qualquer um tem o direito razoável de esperar», afirmou a um poeta que se voluntariara na Espanha. «Conseguimos aquela fusão perfeita... de corpo e alma; de viver a própria vida e acreditar do fundo do coração na vida a seu redor.»[48]

Martha sempre tinha dado mais valor à ficção do que às suas reportagens e, talvez por isso, era agora onde ela se sentia menos confortável. (Viver com o homem que escrevia *Por quem os sinos dobram* não deve ter ajudado.) Ela receava não ter «a magia» para escrever um grande romance, o que a fez trair as ambições secretas que ainda nutria para sua ficção: «sem magia, quem vai chorar e quem vai protestar?».[49]

*

---

48 MG a Edwin Rolfe, [sem data], apud Moorehead, *Martha Gellhorn*, op. cit., p. 184.
49 Apud Moorehead, *Martha Gellhorn*, op. cit., p. 190.

Numa das primeiras cenas de *A Stricken Field*, Mary Douglas, a jornalista protagonista, vê o «comissário especial para refugiados da Sociedade das Nações» dispensar representantes de pessoas deslocadas no saguão de um hotel. Ela observa num estado de luta com sua própria fúria. Quer desesperadamente não se importar. Seu trabalho a havia desmoralizado e exaurido, e com certeza uma atividade profissional não deveria exigir tanto de alguém. «Ninguém me paga para lidar com os horrores deste lugar; eu deveria ser jornalista. Chega de trabalho por hoje. Trabalhei o suficiente.»

A ideia é sair do hotel. É o fim do dia, hora de ir jantar, beber algo, distrair-se. As coisas que ela viu exigirão um pouco de bebida. Outro representante se aproxima do comissário — uma mulher. Tal como os outros, ela está lutando. «Mary conseguia ver a dificuldade que ela tinha com as palavras e como, de tempos em tempos, desesperada, parava de falar e olhava ao redor como se buscasse ajuda.» Na luta para ser compreendida, é fundamental ter a língua sob seu comando. Mas Mary é escritora, sabe como a língua pode nos deixar na mão. Ela conhece melhor do que a maioria os obstáculos que a mulher enfrenta: não só contra o comissário obtuso, mas também contra a enormidade dos apuros que ela está tentando expressar. Em certo sentido, essa também é uma luta de Mary. No fim dessa viagem, ela terá de pôr em palavras essa crise, para que talvez, a partir da segurança de uma mesa de café da manhã, seus leitores comecem a entender. Exceto, obviamente, pelo fato de que essa não é, de forma alguma, a luta de Mary. Ela tem no bolso o talismã mágico de um passaporte americano. Como uma estranha a esse país e a seus problemas, ela tem o direito de se manter na distância de um saguão de hotel.

Quando Martha estava em Praga em 1938, ela compilou um relatório formal sobre a crise dos refugiados. Ela conhecia os fatos e os números: *A Stricken Field* era sua tentativa de mostrar o que eles significavam. O romance é ela em seu pleno e angustiado modo de confrontação. No livro, ela não vai, ou não pode, recuar do horror, e está determinada a fazer seus leitores se reconhecerem nos personagens, para despojá-los do refúgio oferecido pelo senso de segurança deles. Ela quer nos fazer entender que nosso mundo pode enlouquecer se deixarmos nossa atenção falhar. Há o alemão amarrotado dos Sudetos, um homem comum, lutando contra sua descrença de que a vida pode mudar tanto que ele seria «perseguido simplesmente porque, durante toda a sua vida, com um cachimbo e um copo de cerveja, havia refletido placidamente sobre política, sem desejar mudar ninguém, mas desfrutando de seus próprios pensamentos e guardando-os». Há também Rita, uma exilada política alemã que Mary conhece, que perdeu o irmão para os nazistas, e cujos três anos numa prisão alemã são uma experiência que Mary «nunca entenderia ou compartilharia», e que em breve precisará dissolver a família substituta de refugiados que ela reuniu em Praga como parte de seu trabalho com uma organização comunista. Mary os visita e os vê — praticamente crianças — debruçados sobre um atlas antigo, dizendo a si mesmos que em algum lugar existe um país que os aceitará.

E há Peter, namorado de Rita, a pessoa que lhe permitiu extrair felicidade do mundo mais improvável. A indignação faz Martha ser audaciosa em *A Stricken Field*. Poucos escritores ousariam construir uma cena como aquela em que Rita ouve, escondida, enquanto agentes da Gestapo torturam Peter até a morte.

O momento no hotel aparece mais ou menos na metade do romance, e marca uma inesperada recuperação de energia, uma breve onda de esperança. Lá está Mary, observando, tentando se convencer a não confrontar o comissário. Não vai adiantar nada, pensa o personagem; ela só vai envergonhar a si mesma e aos calejados correspondentes no seu entorno. E então ela atravessa o saguão mesmo assim. Por um momento, simplesmente se recusa a aceitar sua impotência. É também nesse ponto que ela traça definitivamente a distinção entre escrever e fazer alguma coisa.

Em 1938, Martha levou seu relatório sobre a crise dos refugiados ao Alto Comissário da Liga das Nações para os Refugiados. Conforme contou, ela «o viu e bateu na mesa como sempre e gritou e implorou e explicou e descreveu». O romance acompanha de perto o que realmente aconteceu: Mary Douglas confronta o comissário, que se revela um ser humano tão angustiado e desiludido quanto ela, e ele se vê atraído pela enérgica resistência dela à inevitabilidade. A ideia dela é protelar a ordem de expulsão e dar mais algum tempo aos refugiados para escapar do país. Ela consegue orquestrar um encontro entre ele e o primeiro-ministro tcheco, e envolve um influente general francês para ajudá-lo a defender a questão. Em toda a correria persuasiva, fica a impressão de que nos bastidores a diplomacia e a pura ousadia podem fazer algo acontecer quando o jornalismo falha. Mas, no fim das contas, não dá em nada. Não resta a Mary «nada a fazer, a não ser ir embora na segurança de um avião».

\*

Escrever era o único lugar a que Martha Gellhorn pertencia: «a única coisa», percebeu ela na Espanha, «que não me aborrece ou me desanima, nem me enche de dúvidas. É a única coisa em que eu sei absoluta e irrevogavelmente ser boa, não importa qual seja o resultado».[50] Mas *A Stricken Field* não resolveu nada para ela. Não houve nem aquela satisfação consoladora que se deveria sentir pelo simples fato de haver terminado um livro: «Tive a sensação de que havia abandonado meu trabalho, os meses difíceis da minha vida, no interior de um poço, e lá estavam eles, abafados e perdidos».

Dentro de todo escritor vive uma gralha implacável que está sempre trabalhando, surrupiando material daquilo que muitas vezes se origina de observação despretensiosa. O roubo da gralha ocorre indiscriminadamente: sua vigilância é parte do que torna o escritor um forasteiro, ou do que torna os forasteiros adequados para escrever. Qualquer que tenha sido o propósito que Martha atribuiu à sua escrita, ainda nascia de um processo no qual ela reelaborava as tragédias de outras pessoas e as transformava em material. Com a vantagem tão palpável de ter experimentado em primeira mão aqueles anos terríveis, não é difícil entender por que aquela interação era perturbadora para ela. «Não pedimos que vocês venham e olhem para nós como se fôssemos animais», um refugiado indefeso se enfurece com Mary Douglas. A menos que houvesse algum benefício tangível para os sujeitos envolvidos, era difícil discernir o ângulo moral.

Em 1940, depois da publicação do livro, Martha estava «sofrendo... tanto no sentido de uma futilidade pessoal quanto de uma falta de confiança no meu trabalho». Àquela altura, a Europa estava oficialmente em guerra;

---

50    Ibid., p. 123.

em pouco tempo o exército alemão marcharia em direção a Paris. Martha se casou, entrincheirou-se em sua própria versão de domesticidade, floresceu sob o sol cubano, praticou sua escrita, nadou na piscina de seu próprio quintal. Ela havia encontrado para eles um bangalô de calcário, o Finca Vigía, numa colina nos arredores de Havana, e mandou pintá-lo de rosa. Tinha uma quadra de tênis, uma ampla e comprida sala de estar e uma biblioteca, um terraço com buganvílias reluzentes e terrenos azul-púrpura com jacarandá. Ela experimentou «recair numa total indiferença cósmica».[51] «Ah, balas», disse ela a um colega jornalista. «Não quero pensar nisso.»

*

Quando decidi reler *A Stricken Field*, eu estava passando um breve período sozinha numa casa branca com vista para um vale. Em dias claros, o brilho do sol se derramava pelos campos, e eu podia abrir caminho pela grama coberta de gelo até uma região de abetos, ovelhas felpudas com chifres e cheiro de terra, num ar mentolado em sua intensidade invernal. Na maior parte das manhãs, contudo, eu acordava na escuridão, e tudo o que conseguia ver do vale era uma massa de nuvens brancas, como se um mar fantasmagórico houvesse surgido durante a noite. Naqueles dias, os campos apareceriam e desvaneceriam através de uma onda de névoa ao longo de toda a manhã, e eu não saberia, de um momento a outro, se quando eu levantasse os olhos das minhas anotações o vale estaria lá ou não. Eu estava inquieta — muitas pessoas estavam assim naquele período — e tinha uma sensação

---

51    Ibid., p. 218.

desconfortável de que havia desastres se desenrolando logo além da minha visão.

Quando voltei de uma visita a Boston para folhear os papéis de Martha, restavam doze semanas de normalidade e eu não tinha ideia. Em todo o pessimismo que me abateu quando comecei a acompanhar Nancy e os outros, uma pandemia global não estava incluída: as pessoas falavam de conflitos políticos e talvez internacionais, do declínio da democracia, da morte do próprio planeta. Esses desastres costumam ser discerníveis à distância (embora eu logo tenha descoberto que os cientistas vinham alertando ao longo de anos sobre algo como a Covid-19); e por isso é possível evitá-los. No fim da década de 1930 na Europa, a vida comum estava com os dias contados. E qualquer nova sensibilidade à passagem do tempo levanta a questão: será que fiz o suficiente?

Por mais que tenham sido prescientes em ver o fascismo ameaçar a paz internacional — e assustados por já ter acabado com a paz na Etiópia —, aqueles que foram à Espanha não o fizeram apenas numa tentativa de salvar seus próprios países, de salvar a si mesmos. Geralmente há um desastre acontecendo com alguém em algum lugar. Martha Gellhorn não esperou que o desastre a atingisse para levá-lo a sério. Ela não aceitou o abrigo que seu privilégio lhe oferecia como uma desculpa para não fazer nada.

Este foi o erro do apaziguamento, decidiria Virginia Cowles: a incapacidade de pensar como cidadãos do mundo, a tentativa de comprar a paz com a negação. «Assustados com a perspectiva de mais derramamento de sangue, trancamos as portas e as janelas, cada um confiando que, ainda que seu vizinho pudesse ser roubado e saqueado, ele próprio seria poupado. Falhamos em compreender que a desgraça do nosso vizinho era nossa própria desgraça; que somos todos parte de um todo.»[52]

Sobre a década de 1930, aqueles anos de movimento e ativismo, Josephine Herbst escreveu certa vez: «As pessoas se importavam. Foi uma década em que as pessoas acreditaram na possibilidade de seus próprios poderes».[53] Acompanhando seus esforços naqueles anos enquanto eu saía dos meus vinte, eu estava mais consciente do que nunca das maneiras pelas quais podemos ser encorajados a nos esquivar da responsabilidade tanto e por quanto tempo for possível — geralmente de maneiras que servem ao status quo, em vez de a nossos próprios interesses. Aceitar a ideia de que nosso comportamento conta é tão alarmante quanto fortalecedor. Mas, sem essa crença na possibilidade de mudança, sem essa estranha presunção de que podemos afetar de alguma forma o desenrolar da história, nós perecemos.

Nos primeiros dias do lockdown, as pessoas falavam muito de heróis, e era uma conversa que tinha insinuações sinistras para as pessoas que estavam sendo elogiadas. É conveniente pensar que apenas certos indivíduos excepcionais fazem diferença no mundo. Isso deixa o restante de nós fora de perigo. Como algumas pessoas são heroínas, podemos esperar pacificamente que elas assumam os tipos de risco que talvez não topássemos para nós mesmos. As pessoas neste livro eram imperfeitas em seu comprometimento, incompletas em seu altruísmo, às vezes equivocadas em suas afiliações, incoerentes ou inconsistentes em seus esforços. Elas tinham o poder de certa liberdade, o privilégio de fazer escolhas. A Espanha não era exatamente a «sua» luta. Elas optaram

---

52    VC, *Looking for Trouble*, op. cit.
53    JH a Mr Hall, fevereiro de 1968, Caixa 2, JH Papers, Beinecke.

por ignorar essas coisas (essas desculpas já prontas) e escolher um lado de qualquer maneira. Optaram pela solidariedade, e então tiveram de descobrir por conta própria o que isso significava.

\*

Na biografia de Martha escrita por Caroline Moorehead, ela menciona uma noite em 1942 — quando os Estados Unidos haviam finalmente entrado na guerra e o casamento de Martha ia mal — na qual Martha não conseguia dormir. Em vez disso, ela escreveu: «Se você não participa do mundo, não importa o quão doente o mundo esteja, você está morto. Não basta garantir seu próprio sustento, não fazer mal a ninguém, não mentir... Não basta».[54] Com a mente povoada com essas perguntas sem resposta, não admira que ela não conseguisse dormir. O que realmente basta? Fazer alguma coisa, fazer qualquer coisa, não resolve a questão.

O isolamento pode ser insuportável. E, ainda assim, a maioria de nós sobrevive todo dia por uma espécie de distanciamento. Não tratamos os problemas das outras pessoas como se fossem nossos; não podemos arcar com isso. Como um escritor concilia esses instintos contrastantes de envolvimento e recolhimento? A resposta de Martha ao problema que ela viu foi escrever, mas, para escrever algo que considerava de valor, ela precisava ser capaz de se desvencilhar dos ruídos da experiência; do contrário, o que alimentava o trabalho também poderia se sobrepor a ele. Escrever era parte do mecanismo de sobrevivência. Criar *A Stricken Field*, esperava ela, poderia ser uma forma de escapar do que ela

---

54 Apud Moorehead, *Martha Gellhorn*, op. cit., p. 222.

estava escrevendo: «perder-se num problema específico de construção, imaginação e frases». E, no entanto, poderia ser apenas uma trégua temporária.

Quarenta e cinco anos depois da publicação de *A Stricken Field*, ela foi mais clara sobre o propósito de sua ficção, ou melhor, havia chegado a um acordo com os limites do que ela poderia esperar disso: «Os romances não podem 'realizar' nada. Os romances não decidem nem mudam o curso da história, mas podem mostrar como a história é para pessoas que não têm escolha a não ser sobreviver a ela ou morrer dela. Eu lembro por elas».

As maiores expectativas que Martha tinha em relação à sua escrita irromperam e morreram na Espanha. Mas o pouco que ela poderia fazer já era alguma coisa. Ou, pelo menos, era melhor que nada. Em janeiro de 1939, quando Barcelona caiu nas mãos dos nacionalistas, Eleanor Roosevelt exortou Martha a «parar de pensar por um tempo». «Odeio o que acontece nestes tempos, mas ignorá-lo não vai mudá-lo», Martha escreveu de volta:

E algum dia, se eu continuar tentando conhecer e entender, posso enfim colocar tudo em alguma espécie de forma ou ordem, ser capaz de realmente ver como tudo isso funciona junto e por quê, e então talvez eu possa escrever alguma coisa que faça apenas algumas outras pessoas pensarem também... o único jeito de retribuir o que o destino e a sociedade me entregaram é tentar, de maneiras secundárias e totalmente inúteis, emitir um som de raiva contra a injustiça.[55]

---

55    MG a Eleanor Roosevelt, janeiro de 1939. In: MG, *The Selected Letters...*, op. cit., pp. 72-3.

# O êxodo[56]
# Nancy Cunard
# França: início de 1939

Enquanto outros seguiam em frente, Nancy tentava voltar para a Espanha. O editor do *Manchester Guardian* concordou em receber seus artigos se ela arcasse com suas próprias despesas, então, com o consentimento dele, rumou para o sul via França. Chegou até Perpignan, uma cidade francesa perto da fronteira, e então, em 26 de janeiro de 1939, viu-se diante de uma parada abrupta. Foi o dia em que Barcelona caiu.

Nancy sentia um desastre iminente. O porto de Barcelona havia sido «bombardeado sem cessar», escreveu ela no despacho que encaminhou a seu editor, W. P. Crozier: para aqueles que temiam a chegada nacionalista, não havia fuga possível pelo mar. As pessoas estavam fugindo, em meio aos bombardeios, ao longo das estradas em direção à França, e as tropas francesas estavam sendo enviadas à fronteira para

---

56    A menos que especificado de outra forma, todas as citações neste capítulo foram extraídas das cartas e artigos de NC publicados no *Manchester Guardian* ou das cartas dela ao editor do jornal, W. P. Crozier, que podem ser encontradas (pessoalmente ou on-line) no John Rylands Research Institute and Library da Universidade de Manchester (https://luna.manchester.ac.uk/luna/servlet/Manchester~12~12).

fortificá-la. Foi feita uma proposta para permitir uma zona neutra protegida logo acima dos Pireneus, mas nenhuma resposta de Franco havia sido recebida até então. Nancy conversou com um punhado de mulheres que já tinham chegado à França: estavam, segundo ela, em «uma condição terrível». «Diariamente, o número vai aumentar», alertou, «mulheres e crianças camponesas, miseráveis, despossuídas e exaustas virão até aqui e até todos os postos de fronteira ao longo dos Pireneus republicanos franco-espanhóis. Algumas das passagens estão debaixo de neve.» Os franceses estavam preparados para acolher apenas 2 mil pessoas por dia; o restante não teria para onde ir.

No dia seguinte, ela viajou para Le Perthus, um vilarejo tranquilo na fronteira dos Pireneus. De lá, andou pouco mais de seis quilômetros pela montanha até o posto fronteiriço espanhol em La Junquera.[57] Foi ali, na «lama, chuva, escuridão e frio»,[58] que ela confirmou seus temores. Cerca de 250 mil refugiados se reuniram na área e agora estavam esperando, enquanto outros chegavam atrás deles.

Enquanto uma massa de civis enchia as estradas em direção ao norte, aviões nacionalistas os bombardeavam e metralhavam. Trens pararam, carros foram abandonados; «em puro desespero»,[59] milhares de pessoas desistiram totalmente das estradas e iniciaram uma jornada pelas montanhas geladas. Os pais empacotaram seus filhos e pertences da melhor maneira que puderam e os arrastaram em trenós

---

57    Ao longo deste capítulo, usei a grafia do nome do local utilizada por NC naquela época, em vez de adotar a grafia catalã.

58    NC, «Notes on the Exodus from Catalonia, Jan-Feb 1939, made on the spot, recopied in Toulouse», HRC.

59    L. Stein, *Beyond Death and Exile*, p. 25.

pela neve. Eles acenderam pequenas fogueiras para aquecer os pés das crianças. Bebês sucumbiam à pneumonia diante dos olhos das mães.

Se eles finalmente alcançavam a fronteira, soldados franceses os detinham ali. Mas as chegadas continuavam. Os espanhóis avançaram à frente do exército de Franco, reivindicando seu lugar na República mesmo quando seus líderes começaram a ir para o exílio. Os postos de fronteira estavam lotados; pessoas famintas, enlutadas, precisando desesperadamente de ajuda médica. «Pelo que sei, eles passavam as noites em pé», escreveu uma trabalhadora humanitária quacre em Perpignan numa carta para casa, «tal como alguém fica em pé no metrô na hora do rush.»[60] Chovia torrencialmente.

Em 28 de janeiro, os franceses começaram a abrir a fronteira para mulheres, crianças e idosos, mas a crise continuou a se agravar a cada hora. Naquela manhã, Nancy pegou carona em Perpignan num caminhão de suprimentos com destino à Espanha. Não pôde ir além de Le Perthus. A distância inteira da estrada para Girona (uma cidade espanhola a pouco mais de sessenta quilômetros), relatou ela, estava «chcia, bloqueada, represada com pessoas que fogem do avanço dos exércitos de Franco... É tudo uma confusão de rostos miseráveis, desesperados e pacientes».

Em Le Perthus, ela viu as pessoas chegando: «No vento frio desse estreito vilarejo montanhoso, com sua única rua principal, esses milhares de refugiados destroçados se arrastavam e esperavam e ali permaneciam o dia inteiro. Não sei dizer quantos vi passar, sem contar aqueles que neste

---

60    Edith Pye, «A Tragedy So Immense». In: Alexander; Fryth, *Women's Voices from the Spanish Civil War*, op. cit.

momento ainda estão esperando ao longo de toda a estrada montanhosa — talvez apenas 4 mil a 5 mil. Perde-se toda a noção dos números».

Ela sabia que essa «cena horrível e trágica», essa «terrível perseguição de Franco e do fascismo», era uma pequena fração do que estava por vir. Le Perthus era apenas uma das três principais cidades fronteiriças que estavam testemunhando o êxodo: as outras eram Bourg-Madame e Cerbère (um lugar que Sylvia tinha descrito num sombrio poema de guerra). «A maré pode subir até 200 mil...», escreveu Nancy. «Pode ser ainda maior.»[61]

Atrás deles estava um exército em retirada; soldados republicanos ainda tentando desesperadamente manter o inimigo afastado. Pablo Neruda ouviu depois que os homens que imprimiram seu *España en el corazón* no front estavam entre esses que rumavam para o norte, carregando seus poemas na mochila.

Todos os tipos de pessoa foram reduzidos a somente um. Nancy viu «o comerciante, o camponês, o outrora visivelmente próspero, e... aqueles que já foram refugiados em alguma outra parte do país, que perderam tudo nas Astúrias, em Bilbao, Málaga, Madri, Barcelona». Dentro de poucos dias, o próprio presidente da República faria a travessia para a França a pé.

As pessoas contariam a Nancy sobre a multidão no túnel ferroviário perto de Port Bou — a cidade que muito recentemente havia sido a porta de entrada de Sylvia e Valentine e Langston para a Espanha —, onde os trens lotados ficaram

---

61 A essa altura, Nancy julgou que 80% dos refugiados que chegavam eram mulheres e crianças, e o restante era formado por homens idosos, por deficientes e feridos.

parados por dois dias enquanto do lado de fora aviões italianos disparavam metralhadoras. Ela perguntou a um professor por que havia tantos soldados feridos na estrada, e lhe disseram que os hospitais, ouvindo o que aconteceu quando os nacionalistas chegaram, estavam aconselhando qualquer um que pudesse andar a sair. Um médico afirmou ter visto um grupo de crianças perdidas no topo das montanhas, e duas dessas crianças desaparecendo num amontoado de neve diante dos olhos dele. Nancy incluiu tudo isso em suas anotações: «Itens do dia».[62]

Tomando aspirina e chá misturado com rum, Nancy deixava Perpignan toda manhã para ir de carro ou trem até a fronteira, antes de se juntar aos milhares a pé na Espanha. «Cenas de horror ao longo do trajeto», lembrou-se ela anos depois. «Questionando, anotando, falando com centenas de pessoas em espanhol, memorizando coisas para descrever.»[63] Ela voltava no escuro para escrever seus artigos num quarto de hotel sem aquecimento e mal iluminado, antes de finalmente arranjar alguma coisa para comer com outros jornalistas tarde da noite. As únicas quebras de rotina eram as esperas intermináveis na Prefeitura, negociando com oficiais hostis para obter as licenças de que ela precisava para continuar.

Cinco dias depois da queda de Barcelona, Nancy reportou: «Há cerca de 300 mil refugiados espanhóis famintos aglomerados ao longo da fronteira da França: até agora, apenas dezenas de milhares a atravessaram. É um desastre de grandes proporções, e o clímax ainda não foi atingido». Ela

---

62    NC, «Notes on the EXODUS FROM CATALONIA...», op. cit.
63    Id., *Grand Man*, op. cit., p. 158.

estava certa. Ao todo, estima-se que meio milhão de pessoas cruzariam a fronteira.

Para Nancy, o pavoroso espetáculo do êxodo simbolizava a tragédia inteira da guerra e da República espanhola, que agora parecia que certamente seria derrotada. Ela tinha visto o sofrimento se acumular ao longo de cada uma de suas viagens para a Espanha durante a guerra: na crise dos refugiados, esse sofrimento parecia estar alcançando um terrível ápice — que ela chamaria, em sua poesia, de «triunfo do inferno».[64]

As instituições de caridade privadas estavam fazendo esforços valiosos mas inadequados para distribuir comida e dar abrigo aos que chegavam à França. Em telegramas angustiados, Nancy implorou a Crozier que estabelecesse um fundo para doações procedentes dos leitores. De início, ele recusou. «Toda semana», ele lhe disse, «publicamos cartas sobre os refugiados de um país ou de outro — China, Espanha, Tchecoslováquia, Alemanha.»[65] Ela temia que ele não estivesse compreendendo a escala da crise. SITUAÇÃO CATASTRÓFICA, telegrafou ela.[66] E de novo: ATÉ 500 MIL ESPANHÓIS FAMINTOS... ESTE É UM APAVORADO S.O.S. POR DINHEIRO POR COMIDA AJUDE PONTO.[67]

O fundo foi aberto, e centenas de libras chegaram em poucos dias. Nancy escreveu anúncios para apoiar a iniciativa que foram veiculados no *News Chronicle* e no *Daily Chronicle*. «No momento, estamos publicando tudo que

---

64  Id., «Sequences from a Long Epic on Spain».
65  W. P. Crozier a NC, apud Gordon, *Nancy Cunard*, op. cit., p. 248.
66  NC a W.P. Crozier, telegrama, GDN/B/C290a/19, MUL.
67  NC a W.P. Crozier, apud Gordon, *Nancy Cunard*, op. cit., p. 248.

vocês estão enviando», Crozier assegurou a ela no início de fevereiro.[68] As notícias estavam alcançando a Grã-Bretanha. No dia em que Nancy alertou sobre um «desastre de grandes proporções», Virginia Woolf caminhou por Londres sob um «vento frio e cortante», pensando «nos refugiados de Barcelona andando sessenta quilômetros».[69] Naquele ano, ela vendeu o manuscrito de *Três guinéus* e doou a renda aos refugiados europeus.

As forças de Franco avançavam ainda mais em direção à fronteira. Ele havia rejeitado a sugestão de uma zona neutra, e, em 5 de fevereiro, o governo francês enfim admitiu as tropas republicanas em retirada, detendo-as imediatamente. Uma semana depois, Franco publicaria uma «Lei de Responsabilidades», sob a qual, como observaria um historiador, «apoiadores da República eram efetivamente culpados de um crime, o de rebelião militar, que, no invertido mundo moral de Franco, significava opor-se a seu golpe militar».[70] Os que estavam na zona republicana tinham boas razões para fugir. A lei sinalizava e ao mesmo tempo preparava o terreno para a repressão de todos os que haviam de algum modo permanecido leais à República.

Nancy assistiu à travessia do Exército Popular. Em 6 de fevereiro, ela passou o dia assistindo. «Eles vieram em milhares», escreveu para o *Guardian*. «Os soldados espanhóis entregam as armas ordenadamente... Mas tudo isso é

---

68    W.P. Crozier a NC, 7 de fevereiro de 1939, GDN/B/C290a/28, MUL.

69    VW, *The Diary of Virginia Woolf*, op. cit., v. 5 (31 de janeiro de 1939), p. 203.

70    Preston, *The Spanish Civil War*, op. cit., p. 297. Soldados que entraram na França antes disso haviam sido entregues aos franquistas.

apenas o começo... Eles vêm pelas montanhas de cada lado, de modo que a paisagem inteira parece estar em movimento. Soldados a cavalo, homens feridos, mulheres e crianças, toda uma população...»

Três dias depois, ela presenciou tropas nacionalistas chegando a Le Perthus e hasteando sua bandeira; viu como, em contraste marcante com os presos republicanos, eles tinham permissão para perambular pela França ainda armados. Após testemunhar tanta coisa, isso foi a gota d'água. «Não quero ver Le Perthus amanhã», escreveu ela em sua reportagem, «nem em nenhum dia, nunca mais.»

Em seus artigos iniciais, Nancy havia elogiado os esforços dos franceses. Ela escreveu sobre caminhões, furgões e ônibus indo e voltando aos campos de refugiados, afastando as pessoas da fronteira, e sobre os militares franceses, a Garde Mobile, a polícia e as tropas senegalesas especialmente mobilizadas fazendo «seu melhor» para manter «em alguma espécie de formação» a massa humana que irrompia pelos postos fronteiriços. Mas famílias estavam sendo separadas. A peseta espanhola já não valia nada, e espanhóis estavam abrindo mão das economias de uma vida inteira em troca de uma ninharia em francos; pertences de valor afetivo estavam sendo entregues na fronteira. Ela observou a falta de acolhimento: «alguns membros da população francesa [vão] xingá-los e outros dizem: 'A própria humanidade nos ordena a fazer tudo o que pudermos por tamanha miséria'».[71] Se foi

---

71    Nancy também destaca em suas anotações que «As autoridades não foram, como se costuma dizer, apanhadas de surpresa; não pode haver dúvida sobre isso»; já em 26 de janeiro, registrou ela, a Prefeitura de Perpignan havia divulgado o número esperado de até 200 mil.

uma convicção ouvida por acaso, também vocalizou a crença que manteve Nancy em movimento.

Então ela foi aos campos. Quando aplicado aos locais de detenção onde os espanhóis estavam desaparecendo, o termo «campo» se torna um eufemismo. Mais tarde, quando a França foi ocupada, algumas dessas estruturas se revelaram úteis aos nazistas. Na época em que Martha Gellhorn chegou a uma delas em 1945, ela havia aperfeiçoado um tom de condenação gélida. «Não há estatísticas vitais para os espanhóis na França porque ninguém estava preocupado com a morte ou a vida deles», escreveu ela. «Tudo o que sabemos é que havia dez campos de concentração na França de 1939 em diante... Às dezenas de milhares, esses espanhóis morriam de negligência nos campos de concentração. E as organizações alemãs Todt se apropriaram de mais de 7 mil espanhóis fisicamente aptos para trabalhar como escravos.»[72]

Naquele fevereiro de 1939, milhares de pessoas foram conduzidas à força para extensões de areia cercadas por arame farpado nas praias do sul da França. «[Pensávamos que] seríamos recebidos como heróis por termos resistido ao fascismo por quase três anos», lembraria um exilado. «Percebemos que foi em vão.»[73] No início, quase não havia comida ou água potável, e não havia abrigo. Nem cuidados médicos ou saneamento. Os presos tinham de realizar suas próprias amputações em soldados feridos. Não havia roupa limpa, muito menos bandagens. Doenças e infecções se disseminavam tão depressa quanto os vermes; acredita-se que

---

72    MG, *Collier's*, 3 mar. 1945.
73    Depoimento de Lluís Martí Bielsa, Museu Memorial de l'Exili (Mume).

mais de 14 mil espanhóis morreram «de desnutrição, disenteria e doenças bronquiais» nos primeiros seis meses.[74]

«Alguns dos campos para os quais os refugiados espanhóis estão indo não são adequados para receber seres humanos», protestou Nancy. Ela alertou que traficantes de pessoas estavam chegando de Marselha, de olho nas «várias meninas bonitas na migração espanhola», e aludiu a uma das razões para esse ambiente hostil: aqueles que concordaram em regressar à Espanha franquista, observou Nancy, «têm todas as facilidades para ir embora». Em particular, descreveu «campos de pesadelo», um «inferno» de «mistral estrondoso e areia flutuante».[75] Fazendo um apelo por mais doações no *Manchester Guardian*, ela insistiu: «Quando alguém vê, como eu vi, os campos de confinamento e o enorme campo de triagem em Le Boulou, não há nada que não faria para ajudar».

Novamente, ela lutava para encontrar uma forma de tornar perceptível a situação. Escreveu sobre as condições «atrozes» e jornalistas endurecidos que ficavam «perplexos» com o que encontravam ali. «Tudo isso sem dúvida causa horror e estarrecimento», observou ela a Crozier. «Juro que é verdade.»[76] Ainda assim, em Manchester, como temia, seus relatos se provavam inconcebíveis. A equipe começou a questioná-los, apenas para que fossem verificados por outras fontes.

Nancy andava de um lado para outro nos acampamentos, às vezes caminhando cerca de trinta quilômetros em cada

---

74  Preston, *Doves of War*, op. cit., p. 180.
75  NC a W. P. Crozier, 30 de março, GDN/B/c290a/58, MUL.
76  NC, anotação sem data, GDN/B/C290a/23, MUL.

direção. Seus artigos se tornaram mais francos. Ela começou a fazer apelos em nome dos intelectuais confinados, a quem deu especial atenção em parte porque muitos deles haviam sido não combatentes, e em parte porque viu a possibilidade de certo tipo de sobrevivência que dependia deles: «a preservação da cultura que é a Espanha».

À medida que as críticas aumentavam, as autoridades francesas começaram a restringir o acesso da imprensa. Em março, Robert Capa recorreu a seu antigo e desconhecido nome a fim de obter autorização para visitar os campos. «Estamos [todos] andando por aí como cães depois da chuva», disse ele à mãe, «e tentando salvar nossos amigos.» Nancy lançou suas próprias missões de resgate. Chegou até ela um bilhete de Angel Goded, o garçom (e ex-gerente de hotel) com quem fizera amizade em Barcelona. Ele estava preso num acampamento em Argelès-sur-Mer. Com uma fé certeira ele escreveu: «Estou contando com você para me tirar daqui, e sei que você vai fazer isso».[77] Ela possibilitou a libertação não apenas dele, mas também de outros quatro homens, entre eles o escritor César Arconada.

Nancy conseguiu levá-los até Paris, onde o grupo todo, incluindo ela própria, foi preso. Embora tivesse autorização para conduzi-los à Normandia, Nancy foi acusada de contrabandear os espanhóis para a capital. Os homens teriam de ser devolvidos ao acampamento. Nancy protestou, discutiu por dois dias e conseguiu tirá-los de novo. Dessa vez, ela não se arriscou. Os seis percorreram de táxi o restante do trajeto até Réanville.

Depois de morarem com ela por dois meses, os cinco hóspedes de Nancy acabaram emigrando em segurança para

---

77    Apud Gordon, *Nancy Cunard*, op. cit., p. 259.

a América do Sul e a Rússia, mas ela temia o que poderia acontecer com os outros, sobretudo se a guerra chegasse até a França. Pediu a Crozier que lhe fornecesse cartas de credenciamento para o México, as Américas Central e do Sul, e as Índias Ocidentais, no intuito de averiguar por conta própria possibilidades para futuros assentamentos, e acabou seguindo para o Chile.

Quase um terço do território espanhol ainda estava em mãos republicanas depois de os nacionalistas marcharem pela Catalunha. Mesmo assim, os governos francês e britânico optaram por reconhecer o governo de Franco no fim de fevereiro. «E Julian morreu para isso», escreveu Virginia com desgosto.[78]

Em março, enquanto Nancy lutava para tirar seus amigos dos campos de concentração, as forças de Franco entraram em Madri. Nan Green estava almoçando com uma colega em Londres, esperando a comida com os punhos cerrados. «Solte as mãos», disse-lhe sua companheira.[79] Soltá-las a fez liberar uma onda de tristeza. Anos mais tarde, ela ainda se lembraria desse momento. «Até então pensei que havia chorado todas as minhas lágrimas.»

A guerra terminou em 1º de abril. «Esses são dias que exaurem o coração», anotou Sylvia naquele mês.[80] Para Martha, era ainda mais simples: «A Espanha realmente partiu meu coração».[81]

---

78    VW, *The Diary of Virginia Woolf*, op. cit., v. 5, p. 206.
79    NG, *ACOSB*, op. cit., p. 102.
80    Apud Mulford, *This Narrow Place*, op. cit., p. 103.
81    Apud Moorehead, *Martha Gellhorn*, op. cit., p. 191.

Vinte anos mais tarde, após sua última visita — aquela que a levou a um sanatório em Londres —, Nancy desejaria ter morrido «sob fogo» na Espanha antes que o futuro a encontrasse. Ela se atormentava com o pensamento de que a vida tinha sido solitária, possivelmente sem sentido. O que ela fizera com isso? «Ah», admitiu a uma amiga, «por um mês escrevi a verdade sobre o êxodo da Espanha para a França em 1939.»[82]

Uma cena final. *Eles vêm pelas montanhas de cada lado, de modo que a paisagem inteira parece estar em movimento. Soldados a cavalo, homens feridos, mulheres, crianças, toda uma população...* Uma mulher está fazendo o melhor trabalho de sua vida. Ela caminha. Da fronteira em Le Perthus, ou Cerbère, ou Bourg-Madame debaixo de neve, ela caminha de volta à Espanha, contra a maré.

---

82    NC a Janet Flanner, 19 de julho de 1960, Solano/Flanner Papers, Library of Congress.

# Epílogo

A Grã-Bretanha e a França declararam guerra à Alemanha cinco meses depois da derrota da República espanhola, em resposta à invasão nazista da Polônia. Quase dois anos depois, fazendo um apelo à sua América natal para entrar na guerra, Virginia Cowles se lembrou dos «soldados maltrapilhos lutando nas montanhas perto de Madri»[83] e os viu numa procissão com todas as cenas que ela testemunhara desde então: «as mulheres chorando nas ruas de Praga; a enxurrada trágica de refugiados atravessando as fronteiras polonesas; as patrulhas finlandesas deslizando pelas florestas geladas do Ártico; o fluxo aterrorizado da humanidade asfixiando as estradas de Paris a Tours».[84] Depois de fazer reportagens durante essa nova guerra, ela se estabeleceu na Grã-Bretanha, constituindo família com o jornalista e político Aidan Crawley, e passou a escrever história e biografia. (Além disso, compôs uma peça cômica sobre coberturas de guerra com Martha Gellhorn. Elas achavam que ficariam ricas com essa obra. Mas não foi o que aconteceu.)

Quando o SS *Sinaia* (um navio fretado pelas conexões marítimas de Wogan Philipps) partiu de Sète, na França, em

---

83      VC, *Looking for Trouble*, op. cit., p. 459.
84      Ibid.

maio de 1939, levava seiscentas famílias espanholas para uma nova vida na América do Sul. A bordo, Nan Green era responsável pela alimentação de duzentos bebês: a maneira mais útil pela qual ela poderia ganhar seu lugar na travessia como observadora para o Comitê Nacional Conjunto para a Ajuda Espanhola, entidade britânica que vinha trabalhando para remover pessoas dos acampamentos franceses e organizar sua retirada para outros países. De volta a Londres, ela dividiu um apartamento com um refugiado da Espanha que já havia sido seu comandante, outro camarada da Espanha e a mulher espanhola dele. Assumindo postos numa série de comitês, ela ajudou a reassentar outros espanhóis que chegaram à Grã-Bretanha. Acabou se tornando secretária da Associação Internacional de Brigadas, e durante anos trabalhou incansavelmente em nome dos oponentes de Franco fora e dentro da Espanha. Em 1986, Martin, que outrora havia sido cativado pela ideia de um George barbudo, levou as cinzas de Nan para a Espanha — para espalhá-las, escreveu ele, «no solo que fora enriquecido pelo corpo do meu pai».[85]

Durante a Segunda Guerra Mundial, Sylvia Townsend Warner pensava na Espanha com culpa, nostalgia e tristeza. Numa noite de verão em 1940, ela ouviu aviões alemães sobrevoando os céus ingleses. No rádio, soldados franceses feridos mandavam mensagens às suas famílias. No dia seguinte, ela se ocupou vasculhando coisas acumuladas, muitas delas remanescentes de seus esforços na Espanha. Ela havia trabalhado «em vão», admitiu, mas desejava ter trabalhado «cem vezes mais».[86] Essa foi uma guerra em que havia um lugar para ela,

---

85     Martin Green, «Introduction». In: NG, *ACOSB*, op. cit., p. xiv.
86     STW, *Diaries*, op. cit., p. 106.

uma contribuição que podia dar. «Essa guerra não emitiu um único pedido para a ajuda de intelectuais», queixou-se ela em seu diário. «É só — seu dinheiro e/ou sua vida.»[87]

Quando parecia que a Grã-Bretanha seria invadida, ela e Valentine frequentaram aulas locais de tiro com rifle e lançamento de granadas de mão (Sylvia aprendendo, Valentine ensinando). Em Dorset, elas abriram sua casa para os evacuados, mas não gostaram particularmente da companhia. (Elas já haviam patrocinado a chegada de Ludwig Renn, um escritor alemão e voluntário republicano que passou pelo campo de Argelès e que se hospedou com elas até emigrar para o continente americano em 1939.) Um melhor casamento de mentes surgiu quando elas encontraram Nancy Cunard por acaso em Dorchester, transformando o que havia sido um conhecimento equivalente sobre assuntos espanhóis numa amizade íntima que durou até o fim da vida de Nancy.

Depois que Valentine morreu de câncer em 1969 na casa delas, Sylvia permaneceu lá, incrédula e irritada com o fato de não ter morrido junto com ela. Apesar e por causa desse desapontamento, ela continuou a publicar contos e poemas até sua morte, em 1978, aos 84 anos. O amor de Valentine estava «em todo lugar», escreveu Sylvia após sua perda. «Ele me segue enquanto ando pela casa, me encontra no jardim, envia cisnes para meus sonhos.»[88] Elas estão enterradas juntas em East Chaldon.

Um conselho que Sylvia deu em 1938 a uma amiga que estava pensando em ir à Espanha ocupou uma posição privilegiada em minhas anotações quando terminei este livro. A igualdade, a democracia e a paz pareciam não menos

---

87    Ibid.

88    STW, apud Harman, *Sylvia Townsend Warner*, op. cit., p. 300.

sitiadas na Europa e nos Estados Unidos do que quando comecei. Havia guerra novamente na Europa. Havia novos e devastadores ataques aos direitos das mulheres nos EUA. O racismo, o sexismo e as mudanças climáticas provocaram novas erupções de protesto, questionando ainda mais o progresso, enquanto o governo do meu próprio país procurava novos meios para restringir o direito de realizar manifestações pacíficas. Minha busca por Sylvia, Valentine e as outras se revelou uma instrução oportuna sobre a importância (e as limitações) de prestar atenção. Pois, como Sylvia aconselhou sabiamente sua amiga, «quando a casa está pegando fogo, é melhor estar acordada».[89]

Os nazistas tinham uma lista famosa de quase 3 mil cidadãos britânicos que eles prenderiam no momento em que invadissem o país. O nome de Sylvia constava nela. Ela e Valentine também estavam em outras listas. Ainda membros do Partido Comunista (embora, segundo sua biógrafa, Sylvia já não fosse «um membro remunerado» e Valentine se desvinculasse na década de 1950), elas permaneceram sob a vigilância do MI5 durante a guerra. Mesmo depois de a URSS ter sido invadida pela Alemanha em 1941 e se juntado aos Aliados, as suspeitas continuaram. Nos EUA, que entraram na guerra no fim daquele ano, as autoridades começaram a chamar de «antifascistas prematuros» aqueles que se opuseram a Franco e a seus aliados na Espanha, como se só fosse razoável se opor a algo depois que seu país declarasse guerra a esse algo.

---

89   STW a Elizabeth Wade White, outubro de 1938. In: Judd, *Akeing Heart*, op. cit., p. 172.

Demitida de seu emprego numa agência de propaganda em 1943 e interrogada pelo FBI, Josephine Herbst se agarrou à sua verdade como se sua vida dependesse disso. Enquanto os investigadores liam em voz alta seus relatos, questionando-a a respeito, ela se viu enredada numa briga sobre sua própria história. «Momentos como esse podem relegar você a um calabouço, com nada para contemplar exceto seu próprio abismo», escreveu ela depois.[90] Nesses momentos, você salva a si mesmo apegando-se aos significados que possui. Dada a oportunidade, seus inimigos arrancariam dela sua história, e isso seria o fim da tentativa de entender.

Eu não pretendia... pedir desculpas ou balbuciar meu direito de nascença ou ceder a estranhos os direitos básicos à minha própria experiência, aos meus próprios erros. Ou mesmo à minha própria ignorância. Fazer isso encerraria o debate. O que entendi muito bem foi que o ruído seco de todos esses «Consta que» pode ser calculado para reduzir alguns dos meus melhores dias de ontem a slogans ultrapassados; números de telefone de pessoas que já não estavam lá, ou que estavam mortas; e arquivos desbotados.

Eles poderiam pegar *Consta que em Madri, em 1937, você fez transmissões em nome dos legalistas espanhóis*, virá-lo do avesso e me encontrar envolvida numa conspiração, onde enxerguei apenas evidências das sólidas razões do meu próprio coração.[91]

Quando ela morreu em 1969, um velho amigo disse que «Josie, que podia se enfurecer facilmente e também fazer você ver a graça de ficar furiosa, enfureceu-se sempre em nome de outras pessoas».[92] Verdadeiro em sua essên-

---

90    JH, *SBS*, op. cit., p. 107.
91    Ibid.
92    Tributo feito por Alfred Kazin, Hugh Ford Papers, Tulsa.

cia, se não inteiramente verdadeiro para essa mulher cuja conversa animadora e memórias irresistíveis compensavam e muito as chicotadas que ela podia dar nos jovens amigos que fizera no fim da vida, como Saul Bellow, John Cheever e vários vizinhos. Ela morreu duas semanas depois de encarregar o médico de passar uma mensagem para eles: «Diga a eles que não tenho arrependimentos, que amo a vida até a eternidade, o amor e a vida».

A designação de «antifascistas prematuros», com suas associações esquerdistas, arruinou muitas vidas nos Estados Unidos.[93] Veteranos das Brigadas Internacionais frequentemente se viam incluídos na lista negra de empregos e relegados a funções subalternas durante o serviço na Segunda Guerra Mundial (o pior viria com as novas tomadas de partido na Guerra Fria). Não havia trabalho para Salaria em 1939. «Você recebe somente negativas quando menciona a Espanha legalista», contou a uma amiga.[94] Mas ela precisava de um emprego não apenas para viver — precisava disso para trazer Pat ao país. «Serei a mulher mais feliz do mundo quando ele chegar aqui.»[95] Isso aconteceu só em 1940, e então ele foi convocado para o exército. Os dois serviram, embora Salaria só pudesse entrar nas forças armadas em

---

93    Um exemplo flagrante é o do dr. Barsky, o colega que Salaria tanto admirava na Espanha e que ficou preso durante vários meses em 1950 por se recusar a entregar os arquivos do Comitê Misto Antifascista para Refugiados (que incluía os nomes de doadores e beneficiários de ajuda) ao Comitê de Atividades Antiamericanas da Câmara dos Representantes.

94    SK a Fredericka Martin, [sem data], Fredericka Martin Papers, Pasta 29, Tamiment.

95    SK a Fredericka Martin, 7 de janeiro, Fredericka Martin Papers, Pasta 29, Tamiment.

1944, quando teve início o recrutamento de mulheres afro-
-americanas. Depois da guerra, eles moraram em Nova York,
onde Salaria ajudou a coordenar a dessegregação de vários
hospitais.[96] Mais tarde, o casal se aposentou na cidade natal
de Salaria, Akron, em Ohio.

O entrevistador que os visitou em 1980 teve a angustiante impressão de que Salaria e o marido viviam com
medo. «Eles têm percebido recentemente essa ascensão da
Ku Klux Klan que agora está começando a se fazer sentir em
Akron.»[97] Eles tomavam o cuidado de entrar e sair separadamente do supermercado, de não serem vistos juntos. Eles
sofreram ameaças. O entrevistador acrescentou suas próprias
observações ao fim da gravação, comentários que falam de
Salaria e Pat na velhice: Salaria, «provavelmente abaixo do
peso» mas ainda mostrando todos os sinais de ter sido «uma
beleza absoluta»; Pat, um homem grande e quieto; os dois
de alguma forma obviamente compatíveis. Ambos corajosos,
ambos «esplêndidos».

Jessica Mitford era duplamente suspeita em seu lar
adotivo: vigiada pelo FBI por causa tanto da atividade de seu
marido nas Brigadas Internacionais quanto das conexões de
sua família com o fascismo. Ela e Esmond haviam emigrado
de Londres para os Estados Unidos em 1939, devastados pela
morte de sua filha bebê, Julia, numa epidemia de sarampo, e
pela desilusão com o Acordo de Munique.

---

96    Sobre o papel de Salaria na dessegregação dos hospitais de Nova
York, ver Robins Sharpe.
97    Transcrição de Gerassi, John Gerassi Papers, Caixa 5, Pasta 8,
Tamiment.

Em 1941, Jessica esteve a ponto de voltar à Grã-Bretanha, pois queria ficar o mais perto possível de Esmond depois que ele decidiu se alistar na Força Aérea Real Canadense e foi enviado para a Inglaterra. Ela ficou angustiada por um tempo, pensando se deveria deixar para trás em segurança seu novo bebê, uma filha a quem dera o nome espanhol Constancia, mas acabou decidindo levá-la. SAINDO NA SEXTA-FEIRA TÃO INCRIVEL-MENTE ANIMADA QUERIDO, ela telegrafou a Esmond.[98] Naquele dia, chegou a notícia de que o avião dele havia desaparecido durante o serviço. Embora ela não acreditasse nisso por vários meses, Esmond tinha sido morto aos 23 anos.

Jessica aderiu ao Partido Comunista em 1943, logo após se casar com o advogado Robert Treuhaft (com quem teve mais dois filhos), e passou a maior parte dos quinze anos seguintes trabalhando de sua casa em Oakland, na Califórnia, para o Congresso dos Direitos Civis. O casal saiu do partido no fim da década de 1950. A carreira triunfante de Jessica como escritora começou pouco depois: uma transição de meia-idade após as intervenções do FBI a forçarem a deixar o emprego. Eu a vi iluminar-se naquela entrevista do *The Outsiders* com John Pilger ao lhe contar sobre seu dossiê nos arquivos do FBI. «Eram 350 páginas...»

O desespero de Unity no conflito entre a Alemanha e a Grã-Bretanha provocou uma tentativa de suicídio em 1939 que a deixou dependente dos cuidados da própria mãe até sua morte prematura em 1948. Oswald e Diana foram detidos e encarcerados na Grã-Bretanha em 1940. Jessica, Nancy Mitford e Nancy Cunard estavam entre aqueles que alertaram contra a libertação de ambos. Quando o SS *Sinaia* havia levado espanhóis (e Nan Green) para a América do

---

98     Apud Sussman, «Introduction», op. cit., p. 92.

Sul, Nancy Mitford estivera no porto para se despedir deles. Seu marido estava trabalhando para o Comitê Nacional Conjunto britânico e ela se juntou a ele por um tempo em Perpignan. Esse foi o momento em que confrontou a política de sua mãe. Ficou claro que o «primeiro resultado» do fascismo tomando conta de um país, disse a ela, era «sempre uma horda de refugiados infelizes»: «Pessoalmente, eu me uniria ao próprio diabo para impedir qualquer prolongamento adicional da doença».[99]

Em 1940, Virginia Woolf (mais uma na lista negra dos nazistas) ficava acordada à noite e ouvia combates aéreos no céu acima dela. Havia um jovem ali, um piloto britânico, batalhando com a própria vida para preservar a dela. Ambos encurralados. Alguma alma ousada a convidara para escrever outro artigo sobre as mulheres e a paz. Muito bem, ela aceitaria. Deitada na cama, ela ficava pensando; nunca parava de pensar. Virginia retoma o fio de *Três guinéus* e continua: «há outra forma de lutar pela liberdade sem armas de fogo; podemos lutar com a mente». «Lutar mentalmente significa pensar contra a corrente, não junto com ela.»[100]

Não é verdade que Virginia Woolf nunca parava de pensar: tudo para enquanto ela espera a bomba cair. Mas, quando a esterilidade do terror passa, a vida recomeça em sua mente, desafiando a morte ao se envolver no oposto: «ao tentar criar».[101]

---

99    Mitford, *Love from Nancy*, op. cit., pp. 113-4 (25 de maio de 1939).
100    VW, «Pensamentos sobre a paz durante um ataque aéreo». In: Id., *As mulheres devem chorar... Ou se unir contra a guerra: patriarcado e militarismo*. Trad., org. e notas Tomaz Tadeu. Belo Horizonte: Autêntica, 2019.
101    Ibid.

Depois de publicar *Três guinéus*, Virginia completou mais dois livros: uma biografia de seu amigo Roger Fry e o romance *Entre os atos*, publicado postumamente em 1941. Ela cometeu suicídio em março de 1941.

A queda de Paris para os alemães em 1940 foi sentida em caráter pessoal por Langston Hughes. Certa vez dissera que a cidade havia sido para ele um lugar onde «você pode ser o que quiser. Totalmente você mesmo».[102] Fiquei feliz em saber que ele conseguiu voltar, anos depois. Mas seu lar era o Harlem. Ele morreu lá em 1967, e suas cinzas estão devidamente enterradas sob o chão do Centro Schomburg de Pesquisa em Cultura Negra.

Martha Gellhorn fez algumas das melhores reportagens de sua vida na Segunda Guerra Mundial, um período em que seu casamento de cinco anos com Ernest Hemingway se desintegrou. Em 2019, li na imprensa que uma placa azul havia acabado de ser acrescentada ao prédio em Londres que foi a casa dela nos últimos 28 anos de sua vida, celebrando-a como «uma pioneira correspondente de guerra cujo estilo de reportagem apaixonado mas lúcido se tornou altamente influente na prática do jornalismo».[103] Considerando que ela havia morrido em 1998, fiquei surpresa por terem demorado tanto para fazer essa homenagem.

---

102    LH, apud Hilton Als, «The Elusive Langston Hughes», *New Yorker*, 16 fev. 2015.

103    «Gellhorn, Martha (1908-1998)», *English Heritage*. Disponível em: <https://www.english-heritage.org.uk/visit/blue-plaques/martha-gellhorn/>. Acesso em: 20 fev. 2024.

Em 1975 — cinco anos depois de se mudar para esse apartamento —, Martha regressou a Madri. Ela chegou no dia em que Franco morreu («não havia ninguém que eu quisesse que morresse mais do que ele»[104]) e se hospedou no Hotel Palace, onde havia pisado em sangue em 1937 para alcançar os soldados feridos que estavam sendo tratados ali. «A clientela era muito jovem naquela época», escreveu, mas dessa vez ela está sentada numa sala da qual se recorda com muita fúria e tristeza, e tem como companhia homens velhos com os olhos marejados diante do funeral transmitido na televisão. Enojada por «essa Espanha onde os únicos 'heróis' são a Falange de Franco e os monumentos de guerra apenas comemoram os mortos de Franco», Martha sai à procura do parque El Retiro, onde ela e Ernest fizeram aquele agradável passeio arrancado dos tempos de guerra, e encontra em seu taxista um camarada instantâneo. Você pode falar com segurança num táxi — ninguém está ouvindo. Pelo resto da viagem, ela chama táxis, procurando pelos motoristas grisalhos, e encontra veteranos republicanos com os quais tem «conversa[s] de 'bons e velhos soldados'».

Em 1940, quando a França foi invadida, milhares de espanhóis ainda definhando sob a custódia francesa se juntaram à Resistência e desempenharam um papel na libertação final daquele país. Milhares de outros foram enviados ao campo de concentração de Mauthausen, onde a maioria morreu.[105] Alguns voluntários espanhóis acreditavam que

---

104   MG, «When Franco Died», publicado em 1976, reproduzido em Id., *The View from the Ground*.
105   Stein, *Beyond Death and Exile*, op. cit., p. 108, afirma que, dos 12 mil espanhóis que acabaram no campo de Mauthausen, apenas 2 mil sobrevive-

uma vitória dos Aliados restauraria sua própria República, mas Franco seguiu no poder por mais trinta anos e acabou sendo tolerado pelas democracias ocidentais como um aliado contra o comunismo na Guerra Fria. Sua crueldade persistiu, como escreve o historiador Paul Preston, «nos campos de trabalho, nos 500 mil prisioneiros, e nas 150 mil execuções sobre as quais sua ditadura foi construída».[106] A democracia só foi restabelecida na Espanha em 1977.

Durante décadas, grande parte da história da Guerra Civil Espanhola foi pesquisada e escrita por pessoas fora da Espanha. Isso ocorreu principalmente porque, nas palavras da historiadora Helen Graham, «uma tentativa de apagar a memória dos derrotados» foi «parte integrante das aspirações totalitárias do franquismo vitorioso».[107] Era um estado de coisas muito distante daquilo que Nancy Cunard esperava, daquilo que ela acreditava que deveria acontecer. «Não, são os poetas, os escritores, os artistas da própria Espanha», escreveu ela de Madri em 1936, «que imortalizarão para sempre essa terrível e magnífica Odisseia. Eu os vi, eu os conheço.»[108]

Nancy entendia que todo artista tinha duas vidas, e tanto ela quanto Sylvia trabalharam durante os anos do pós--guerra para traduzir os escritos espanhóis e cavar espaço para publicá-los, ajudando a mantê-los em circulação.[109]

---

ram. Beevor, *The Battle for Spain*, op. cit., apresenta números mais baixos.

106    Preston, *The Spanish Civil War*, op. cit., p. 298.

107    H. Graham, «Preface and acknowledgements». In: Id., *The Spanish Civil War*, op. cit.

108    NC a Victoria Ocampo, 5 de outubro, Victoria Ocampo Papers, Caixa 7:224, Houghton Library, Harvard.

109    Nancy também pôs Sylvia em contato com vários exilados com os quais ela se correspondeu nos anos 1940, incluindo ao menos um republica-

Esforços em prol da República espanhola no exílio foram o que levou Nancy a travar amizade com Nan Green também.

Nancy estava na América do Sul quando a guerra eclodiu. Seu nome era mais um dos que constavam na lista nazista de prisões. Em vez de permanecer onde era mais seguro, ela voltou lentamente para a Europa. Refugiou-se em Londres e arranjou trabalho na Free French, sofrendo o terrível choque do trabalho diário de escritório e atormentada pelo silêncio total de sua casa na França ocupada.

Em 1946, ela fez o primeiro de uma longa série de retornos à Espanha: escrevendo reportagens para o *Ce Soir* sobre a ditatura de Franco e ainda esperando que as democracias pudessem derrubá-lo. «A Espanha é tão complexa quanto o coração», escreveu Nancy[110] — e, para ela, tão interminavelmente aflitiva. À medida que a nova realidade espanhola começou a ser assimilada, ela jurou estar «para sempre COM os trabalhadores espanhóis e CONTRA seus inimigos que são e sempre foram os meus».[111] Essa foi uma promessa que ela cumpriu. Por anos continuou indo à Espanha, fazendo frequentes viagens clandestinas através dos Pireneus, contrabandeando pessoas, dinheiro e — alguns disseram — armas para ajudar a sustentar os focos de resistência do outro lado da fronteira.

Com o tempo, os espectadores ficaram menos dispostos a perdoar as explosões de fúria, as andanças sexuais e as exigências inconvenientes de Nancy Cunard. O álcool

---

no para quem Sylvia atuou como um canal de mensagens da ou para a família dele na Espanha; ela também enviou à família pacotes de suprimentos da Inglaterra.

110    NC a Walter Strachan, 26 de setembro [1946], Morris Library.

111    Apud Gordon, *Nancy Cunard*, op. cit., p. 306.

cobrou seu preço com uma espécie de juros compostos. Pouco a pouco, o que era interessante sobre ela se tornou absurdo. Quando ela morreu, em 1965 num hospital parisiense (havia sido encontrada inconsciente na rua), era um fim que se prestava à imagem de trajetórias abruptas. Ainda assim, um de seus melhores amigos, John Banting, não confiava nos motivos daqueles que brandiam a piedade como arma. Um modo de «jogar no descrédito sua visão da vida e a de todos os outros que tinham uma visão similar», advertiu Banting, era «dizer que é claro que ela era 'indescritivelmente charmosa' mas tinha um 'gosto fatal por causas perdidas' e uma 'inclinação compulsiva pela autodestruição'».[112] No fim das contas, como a Espanha demonstrou, uma causa não se perde por si mesma, mas pela falta de apoio, e o conceito de autodestruição é conveniente para aqueles que estão envolvidos na destruição de outros ou que fazem vista grossa para isso. Uma forma de descartar, sem responder, todas aquelas perguntas inflexíveis que Nancy fez ao longo de sua vida seria descartar, como um caso tragicômico, a própria mulher.

De todas as anotações que tenho sobre Nancy, guardo na mente o lembrete de Maroula Joannou de que seu «apelo à legislação para acabar com a discriminação racial... foi recebido com incompreensão e hostilidade sempre que ela tentava abordá-lo em círculos brancos, como fazia frequentemente».[113] Essa foi uma lei que surgiu no Reino Unido apenas depois de sua morte.

Quando a França foi libertada, Nancy voltou a Réanville para enfrentar a ruína de sua casa. Era uma visão que ela descreveria repetidamente em publicações. Seus

---

112    John Banting, «Nancy Cunard». In: Ford, *BPIR*, op. cit., p. 179.
113    M. Joannou, «Nancy Cunard's English Journey», p. 160.

antigos vizinhos haviam saqueado à vontade. Depois os soldados alemães assumiram o controle. Parecia que tudo sobre Le Puits Carré os havia ofendido. A casa foi destruída, não por uso indevido ou pela devastação da guerra, mas por uma profanação intencional. As portas desapareceram, as janelas foram quebradas. Aquele poço profundo, onde ela esfriava vinho durante o verão em que Langston a visitou, e eles ficavam sentados até tarde da noite conversando, depois escutando seus hóspedes espanhóis tocando música flamenca da própria casa perdida deles: estava entupido de lixo, excremento, até uma ovelha morta; pior, os livros dela foram atirados ali também.

Por alguns dias ela vasculha dolorosamente sua casa e seu jardim, à procura de restos de seu passado. Há um desenho de Wyndham Lewis amassado debaixo de uma árvore; pinturas (arte degenerada) repletas de buracos de bala, dilaceradas; o retrato que Eugene MacCown pintou dela em Paris em 1923 dava a impressão de que alguém o havia perfurado com uma baioneta. Alguém apedrejou suas esculturas africanas; destruiu com martelo uma caixa de tipos. Há um *Achtung, Waffen!*[114] borrado num prédio anexo. Todos seus papéis, a volumosa correspondência, a maioria dos registros da antologia *Negro* e de *Authors Take Sides*: tudo desapareceu. Falta o telhado onde funcionava a Hours Press.

Apenas a velha prensa manual Mathieu ainda existe, monolítica em meio às ruínas, tendo, por causa de seu tamanho, «desafiado» os destruidores. Nancy contempla a danificada caixa de tipos feita de estanho. «Isso, de passagem, parecia uma exclamação simbólica: 'Que o diabo carregue todos os impressos!'. E quão bem ilustrado aqui estava o famoso

---

114 «Cuidado, armas!», em alemão. [N. T.]

grito 'Morte aos intelectuais!', que era entoado na Alemanha e depois na Espanha.»[115] O fascismo a visitou em sua própria casa. Mas também é muito simbólico que sua prensa tenha se revelado duradoura demais para ser destruída.

Ou apresentemos de outra forma. Alguns meses depois de os nazistas terem ocupado Paris, alguém vandalizou o túmulo de Gerda Taro no Père Lachaise, lascando o tributo que a conectava à Espanha. A essa altura, Capa havia conseguido escapar da Europa mediante uma passagem para Nova York (seu visto de saída foi assinado por Pablo Neruda, que na época era cônsul do Chile[116]). Ele foi morto em 1954 ao pisar numa mina no Vietnã, quando fotografava para a revista *Life*.

Em 1939, ele havia deixado seu estúdio — e seus negativos — aos cuidados do responsável por sua câmara escura, Imre Weiss. Quando os nazistas alcançaram Paris, Weiss se juntou aos milhares que fugiam. Ele pedalou até Bordeaux com o legado do estúdio em sua mochila. Depois, numa tentativa derradeira de salvar os negativos, convenceu um chileno a quem conheceu na rua a levá-los com ele, esperando que confiasse o material ao consulado chileno para guardá-los em segurança. Weiss saiu da França, mas foi detido no Marrocos francês. (Capa e seu irmão ajudaram a garantir sua libertação em 1941, e ele conseguiu chegar ao México.) Os negativos desapareceram na catástrofe.

Uma exceção. Em dezembro de 2007, três caixas de papelão repletas de rolos de filme chegaram ao International Center of Photography (ICP) em Nova York. Elas continham 4.500 negativos da Guerra Civil Espanhola: fotografias

---

115   NC, *These Were the Hours*, op. cit., p. 206.
116   Lebrun; Lefevre, *Robert Capa*, op. cit., p. 190.

feitas por Robert Capa, Gerda Taro e o amigo deles David Seymour («Chim»). A descoberta foi, nas palavras da biógrafa de Gerda, «uma sensação na história da fotografia».[117] A odisseia dessas caixas ainda não está totalmente clara. De algum modo, elas foram parar entre os pertences de um diplomata mexicano — um destino que as levou a ficar conhecidas como a «Mala Mexicana». Ele pode nem sequer ter sabido o que tinha em sua posse quando finalmente fez as malas para voltar para casa. Os negativos podem ter sobrevivido justamente por terem sido perdidos. Décadas mais tarde, foram herdados por alguém cujo sobrinho começou a pesquisar sobre o material; pesquisa que acabou chegando ao conhecimento de Cornell Capa, irmão de Endre, que ao longo de anos vinha procurando o filme perdido. A análise dos negativos permitiu a atribuição de centenas de novas fotos a Gerda, um enorme avanço no entendimento do significado e da extensão do seu trabalho.

O ICP guarda também outros materiais recuperados: estoques de fotos de Gerda e Endre descobertos acidentalmente por pesquisadores ao longo dos anos e em diferentes países.[118] Penso neles — pequenos rolos de filme; cadernos medindo apenas 20 x 25 cm e preenchidos com pequenas imagens de contato; 27 revelações antigas entulhadas num sótão — como folhas sopradas para longe numa tempestade e alcançadas em lugares secretos. Uma imagem arrumada demais, bonita demais, para a destruição que a invasão, a

---

117 Schaber *Gerda Taro*, op. cit., p. 7.

118 Ver, por exemplo: <https://www.icp.org/exhibitions/the-mexican--suitcase-rediscovered-spanish-civil-war-negatives-by-capa-chim-and-taro>; <https://www.icp.org/browse/archive/collections/the-mexican-suitcase>. Acesso em: 20 fev. 2024.

detenção e o genocídio provocam, para a forma como desperdiçam e pervertem o potencial humano, obliterando as pessoas e o que elas criaram. Quando milhões de pessoas morreram antes do tempo, dificilmente fotografias recuperadas são motivo de alegria. É tentador demais, sentimental demais, regozijar-se com esses achados como se fossem mais significativos que o fato de Gerda Taro não ter vivido além dos 26 anos. Mas admito que fiquei animada com a história da Mala Mexicana. Admito que imaginei esses negativos e folhas de contato e revelações antigas como pequenos focos de resistência — declarações do insaciável impulso humano de criar e registrar — que irromperão com a mesma frequência com que se extinguem, e continuarão sendo encontrados.

# Bibliografia selecionada[119]

## Em primeiro lugar

ACKLAND, Valentine. *For Sylvia: An Honest Account*. Londres: Chatto & Windus, 1985.

BELL, Vanessa. *Selected Letters of Vanessa Bell*. Org. Regina Marler. Nova York: Pantheon, 1993.

COWLES, Virginia. *Looking for Trouble*. Londres: Faber & Faber, 2010 (1941).

CROWDER, Henry; SPECK, Hugo. *As Wonderful As All That?: Henry Crowder's Memoir of His Affair with Nancy Cunard, 1928-1935*. Navarro: Wild Trees Press, 1987.

CUNARD, Nancy. *Grand Man: Memories of Norman Douglas*. Londres: Secker & Warburg, 1954.

_____. *GM: Memories of George Moore*. Londres: Rupert Hart-Davis, 1956.

_____. *These Were the Hours: Memoirs of My Hours Press, Réanville and Paris, 1928-1931*. Carbondale: Southern Illinois University Press, 1969.

_____. *Selected Poems*. Org. Sandeep Parmar. Manchester: Carcanet, 2016.

_____. (Org.). *Negro: Anthology*. Londres: Wishart & Co, 1934.

_____. (Signatária/Org.). *Authors Take Sides on the Spanish War*. Londres: Left Review, 1937.

_____.; HUGHES, Langston; THOMPSON, Louise. *Poetry, Politics, and Friendship in the Spanish Civil War: Langston Hughes, Nancy Cunard and Louise Thompson*. Org. Anne Donlon. Nova York: Lost & Found: CUNY Poetics Document Initiative, 2012.

GELLHORN, Martha. *The Trouble I've Seen*. Nova York: Eland, 2012 (1936).

_____. *A Stricken Field*. Londres: Virago, 1986 (1940).

_____. *The Heart of Another*.

---

119 As obras de um mesmo autor estão em ordem cronológica de acordo com a data de publicação original (da 1. edição).

Londres: Home & Van Thal, 1946 (1941).

_____. *The Honeyed Peace*. Harmondsworth: Penguin, 1958 (1954).

_____. *Two by Two*. Nova York: Simon & Schuster, 1958.

_____. *The View from the Ground*. Nova York: Atlantic Monthly, 1988 (1959).

_____. *The Face of War*. Nova York: Atlantic Monthly, 1988 (1959). [Ed. bras.: *A face da guerra*. Trad. Paulo Andrade Lemos e Anna Luisa Araujo. Rio de Janeiro: Objetiva, 2009.]

_____. *Travels with Myself and Another*. Londres: Eland, 1983 (1978). [Ed. port.: *Cinco travessias do inferno*. Trad. Raquel Mouta. Lisboa: Tinta-da-China, 2019.]

_____. *The Selected Letters of Martha Gellhorn*. Org. Caroline Moorehead. Nova York: Henry Holt & Company, 2006.

_____.; COWLES, Virginia. *Love Goes to Press*. Lincoln: University of Nebraska Press, 1995 (1946).

GREEN, Nan. *A Chronicle of Small Beer: The Memoirs of Nan Green*. Org. R. J. Ellis. Nottingham: Trent, 2004.

HERBST, Josephine. *Pity Is Not Enough*. Urbana: University of Illinois Press, 1998 (1933).

_____. *The Executioner Waits*. Nova York: Warner, 1985 (1934).

_____. *Behind the Swastika*. Nova York: Anti-Nazi Federation, 1936.

_____. *Rope of Gold*. Nova York: Warner, 1986 (1939).

_____. «The Starched Blue Sky of Spain». *The Noble Savage*, n. 1, 1960.

_____. *The Starched Blue Sky of Spain and Other Memoirs*. Nova York: HarperCollins, 1991.

HUGHES, Langston. *The Big Sea: An Autobiography*. Nova York: Hill and Wang, 1963 (1940). [Ed. bras.: *O imenso mar: autobiografia*. Rio de Janeiro: Vitória, 1944.]

_____. *I Wonder as I Wander*. Nova York: Hill and Wang, 1993 (1956).

_____. *The Collected Poems of Langston Hughes*. Org. Arnold Rampersad e David Roessel. Nova York: Vintage, 1995.

_____. *The Political Plays of Langston Hughes*. Org. Susan Duffy. Carbondale: Southern Illinois University Press, 2000.

_____. *The Collected Works of Langston Hughes*. V. 9: *Essays on Art, Race, Politics, and World Affairs*. Org. Christopher C. De Santis. Columbia: University of Missouri Press, 2002.

JUDD, Peter Haring. *The Akeing Heart: Letters between Sylvia Townsend Warner, Valentine Ackland and Elizabeth Wade White*. Reading: Handheld, 2018.

MITFORD, Jessica. *Hons and Rebels*. Londres: Indigo, 1996 (1960).

_____. *A Fine Old Conflict*. Nova York: Vintage, 1978.

_____. *Poison Penmanship*. Nova York: Farrar, Straus & Giroux, 1979.

_____. *Faces of Philip: A Memoir of Philip Toynbee*. Nova York: Knopf, 1984.

_____. *Decca: The Letters of Jessica Mitford*. Org. Peter Y. Sussman. Londres: Phoenix, 2007.

MITFORD, Nancy. *Wigs on the Green*. Londres: Penguin, 2010 (1935).

_____. *The Pursuit of Love*. Londres: Penguin, 2010 (1945). [Ed. port.: *A procura do amor*. Trad. Carla Hilário Quevedo. Lisboa: Cotovia, 2007.]

_____. *Love in a Cold Climate*. Londres: Penguin, 1987 (1949). [Ed. port.: *Amor em clima frio*. Trad. Cardoso Delgado. Lisboa: Delfos: 1963.]

_____. *Love from Nancy: The Letters of Nancy Mitford*. Org. Charlotte Mosley. Boston: Houghton Mifflin, 1993.

MOSLEY, Charlotte (Org.). *The Mitfords: Letters between Six Sisters*. Londres: Fourth Estate, 2007.

NERUDA, Pablo. *Memoirs*. Nova York: Penguin, 1978. [Ed. bras.: *Confesso que vivi: memórias*. Trad. Olga Savary e Luis Carlos Cabral. 40. ed. Rio de Janeiro: Bertrand Brasil, 2021.]

ROMILLY, Esmond. *Boadilla*. Londres: The Clapton Press, 2018 (1937).

WARNER, Sylvia Townsend. *Summer Will Show*. Londres: Chatto & Windus, 1936.

_____. *After the Death of Don Juan*. Londres: Virago, 1989 (1938).

_____. *A Garland of Straw*. Londres: Chatto & Windus, 1943.

_____. *The Diaries of Sylvia Townsend Warner*. Org. Claire Harman. Londres: Chatto & Windus, 1994.

_____. «Sylvia Townsend Warner's Spanish Civil War Love Poems, with an Introduction by Mercedes Aguirre». *Journal of the Sylvia Townsend Warner Society*, v. 19, n. 1-2, 2020, pp. 64-9.

WEIL, Simone. *The Iliad or The Poem of Force*. Trad. ingl. Mary McCarthy. Wallingford: Pendle Hill, 1956. [Ed. bras.: «A *Ilíada* ou o poema da força». In: Homero. *Ilíada*. Trad. Trajano Vieira. São Paulo: Ed. 34, 2020.]

WOOLF, Leonard. *Downhill All the Way*. Londres: Hogarth Press, 1975.

WOOLF, Virginia. «Introductory Letter». In: WOOLF, Virginia. *Life as We Have Known It*. Org. Margaret Llewelyn Davies. Londres: Virago, 1977 (1931).

_____. *A Letter to a Young Poet*. Londres: Hogarth Press, 1932. [Ed. bras.: «Carta a um jovem poeta». In: *Ensaios seletos*. Sel., trad., apres. e notas Leonardo Fróes. São Paulo: Ed. 34, 2024.]

_____. *The Years*. Londres: Hogarth Press, 1937. [Ed. bras: *Os anos*. Trad. Raul de Sá Barbosa. Osasco: Novo Século, 2011.]

_____. *Three Guineas*. Londres: Hogarth Press, 1938. [Ed. bras.: *Três guinéus*. Trad. Tomaz Tadeu. São Paulo: Autêntica, 2019.]

_____. *The Letters of Virginia Woolf*. V. 2: *1912-1922*. Org. Nigel Nicolson. Nova York: Harcourt Brace Jovanovich, 1976.

_____. *The Letters of Virginia Woolf*. V. 6: *Leave the Letters Till We're Dead*. Org. Nigel Nicolson. Nova York: Harcourt Brace Jovanovich, 1980.

_____. *The Diary of Virginia Woolf*. V. 3: *1925-1930*. Org. Anne Olivier Bell. Londres: Penguin, 1980. [Ed. bras.: *Diários de Virginia Woolf*. V. iii: *1924-1930*. Trad. Ana Carolina Mesquita. São Paulo: Nós, 2023.]

_____. *The Diary of Virginia Woolf*. V. 4: *1931-1935*. Org. Anne Olivier Bell. Londres: Penguin, 1982.

_____. *The Diary of Virginia Woolf*. V. 5: *1936-1941*. Org. Anne Olivier Bell. Londres: Penguin, 1985.

_____. *Moments of Being*. Org. Jeanne Schulkind. San Diego: Harcourt Brace Jovanovich, 1985. [Ed. bras.: *Momentos de vida*. Trad. Paula Maria Rosas. Rio de Janeiro: Nova Fronteira, 1986.]

_____. *The Essays of Virginia Woolf*. V 6: *1933-1941*. Org. Stuart N. Clarke. Londres: Hogarth Press, 2011.

The Nancy Cunard Collection, Harry Ransom Humanities Research Center Library, Universidade do Texas em Austin.

The John Banting Collection, Tate Gallery Archive.

The *Guardian* Archives, John Rylands University Library, Universidade de Manchester.

The Walter Strachan Collection, the Charles Burkhart Collection, Kay Boyle Papers e Herman Schrijver Collection of Nancy Cunard, Morris Library, Southern Illinois University Library, Special Collections.

Josephine Herbst Papers e Elinor Langer Collection of Josephine Herbst, Beinecke Rare Book e Manuscript Library, Universidade Yale.

Sylvia Townsend Warner e Valentine Ackland Collection, Dorset History Centre.

Fredericka Martin Papers, Tamiment Library e Robert F. Wagner Labor Archives, Universidade de Nova York.

Alba Collection, Tamiment Library e Robert F. Wagner Labor Archives, Universidade de Nova York.

John Gerassi Papers, Tamiment Library e Robert F. Wagner Labor Archives, Universidade de Nova York.

Julia Newman *Into the Fire* Research Files, Tamiment Library e Robert F. Wagner Labor Archives, Universidade de Nova York.

Martha Gellhorn Papers, Howard Gotlieb Archival Research Center, Universidade de Boston.

Victoria Ocampo Papers, Houghton Library, Universidade Harvard.

Hugh Douglas Ford Collection, McFarlin Library, Marx Memorial Library da Universidade de Tulsa.

## Biografias e crítica

BELL, Quentin. *Virginia Woolf: A Biography*. Londres: Pimlico, 1996. [Ed. bras.: *Virginia Woolf, uma biografia*. Trad. Lya Luft. Rio de Janeiro: Guanabara, 1988.]

BERRY, Faith. *Langston Hughes: Before and Beyond Harlem*. Westport: Lawrence Hill & Company, 1983.

BEVILACQUA, Winifred Farrant. *Josephine Herbst*. Boston: Twayne Publishers, 1985.

CAÑETE QUESADA, Carmen. «Salaria Kea and the Spanish Civil War». In: CORNEJO-PARRIEGO, Rosalía (Org.). *Black USA and Spain: Shared Memories in the 20th Century*. Milton: Routledge, 2019.

CASSARA, Catherine. *Eyewitness to Missing Moments: The Foreign Reporting of Josephine Herbst*. Tese de doutorado, Universidade Estadual de Michigan, 1988.

CHISHOLM, Anne. *Nancy Cunard*. Londres: Sidgwick & Jackson, 1979.

DONLON, Anne. «Things and Lost Things: Nancy Cunard's Spanish

Civil War Scrapbook». *Massachusetts Review*, v. 55, n. 2, verão 2014, pp. 192-205.

EHRHARDT, Julia C. *Writers of Conviction: The Personal Politics of Zona Gale, Dorothy Canfield Fisher, Rose Wilder Lane, and Josephine Herbst*. Columbia: University of Missouri Press, 2004.

FIELDING, Daphne. *Those Remarkable Cunards: Emerald and Nancy*. Nova York: Atheneum, 1968.

FORD, Hugh (Org.). *Nancy Cunard: Brave Poet, Indomitable Rebel, 1896-1965*. Filadélfia: Chilton, 1968.

GILYARD, Keith. *Louise Thompson Patterson: A Life of Struggle for Justice*. Durham: Duke University Press, 2017.

GORDON, Lois. *Nancy Cunard: Heiress, Muse, Political Idealist*. Nova York: Columbia University Press, 2007.

GORDON, Lyndall. *Virginia Woolf: A Writer's Life*. Ed. rev. Londres: Virago, 2006.

HARMAN, Claire. *Sylvia Townsend Warner: A Biography*. Londres:

Minerva, 1991.

HASTINGS, Selina. *Nancy Mitford: A Biography*. Londres: Hamish Hamilton, 1985.

JOANNOU, Maroula. «Nancy Cunard's English Journey». *Feminist Review*, v. 78, n. 1, 2004.

LANGER, Elinor. *Josephine Herbst: The Story She Could Never Tell*. Boston: Little, Brown & Company, 1983.

LEBRUN, Bernard; LEFEBVRE, Michel. *Robert Capa: The Paris Years 1933-54*. Nova York: Abrams, 2012.

LEE, Hermione. *Virginia Woolf*. Londres: Chatto & Windus, 1996.

LIGHT, Alison. *Mrs. Woolf and the Servants*. Nova York: Bloomsbury, 2008.

LOVELL, Mary S. *The Mitford Girls: The Biography of an Extraordinary Family*. Londres: Abacus, 2002.

MCLELLAN, David. *Simone Weil: Utopian Pessimist*. Londres: Palgrave Macmillan, 1989.

MCLOUGHLIN, Kate. *Martha Gellhorn: The War Writer in the Field and in the Text*. Manchester: Manchester University Press, 2007.

MOOREHEAD, Caroline. *Martha Gellhorn: A Life*. Londres: Chatto & Windus, 2003.

MULFORD, Wendy. *This Narrow Place: Sylvia Townsend Warner and Valentine Ackland: Life, Letters and Politics, 1930-1951*. Londres: Pandora, 1988.

PRESTON, Paul. *Doves of War: Four Women of Spain*. Londres: HarperCollins, 2003. [Ed. port.: *Pombas de guerra: quatro mulheres na Guerra Civil de Espanha*. Trad. M. Santos Costa Benney. Porto: Campo das Letras, 2007.]

RADIN, Grace. *Virginia Woolf's The Years: The Evolution of a Novel*. Knoxville: University of Tennessee Press, 1982.

RAMPERSAD, Arnold. *The Life of Langston Hughes*. V. 1: *1902-1941; I, Too, Sing America*. Nova York: Oxford University Press, 1986.

ROBINS SHARPE, Emily. «Salaria Kea's Spanish memoirs». *Volunteer*, v. 4, dez. 2011.

ROGOYSKA, Jane. *Gerda Taro: Inventing Robert Capa*. Londres: Jonathan Cape, 2013.

SCHABER, Irme. *Gerda Taro: With Robert Capa as a Photojournalist in the Spanish Civil War*. Trad. ingl. Friedrich Ragette. Stuttgart: Axel Menges, 2019.

_____.; WHELAN, Richard; LUBBEN, Kristen (Orgs.). *Gerda Taro*. Göttingen: ICP/Steidl, 2009.

STANSKY, Peter; ABRAHAMS, William. *Journey to the Frontier: Two Roads to the Spanish Civil War*. Nova York: W. W. Norton, 1966.

SWAAB, Peter. «Sylvia Townsend Warner and the Possibilities of Freedom: The Sylvia Townsend Warner Society Lecture 2019». *Journal of the Sylvia Townsend*

*Warner Society*, v. 20, n. 1, 2020, pp. 63-88.

WHELAN, Richard. «Gerda Taro: Heroic Witness». *Aperture*, n. 172, outono 2003, pp. 52-65.

WIEDEMANN, Barbara. *Josephine Herbst's Short Fiction: A Window to Her Life and Times*. Selinsgrove: Susquehanna University Press, 1998.

## A Guerra Civil Espanhola e história relacionada

AGUIRRE ALASTUEY, Maria Mercedes. *The Spanish Civil War in the Works of Nancy Cunard, Martha Gellhorn, and Sylvia Townsend Warner*. Tese de doutorado, UCL, 2015.

ALEXANDER, Sally; FRYTH, Jim (Orgs.). *Women's Voices from the Spanish Civil War*. Londres: Lawrence & Wishart, 1991.

ANNAN, Noel. *Our Age: English Intellectuals Between the World Wars*. Londres: Weidenfeld & Nicolson, 1990.

BAREA, Arturo. *The Forging of a Rebel*. Londres: Granta, 2001.

BAXELL, Richard. *Unlikely Warriors: The British in the Spanish Civil War and the Struggle Against Fascism*. Londres: Aurum, 2012.

BEEVOR, Antony. *The Battle for Spain: The Spanish Civil War 1936-1939*. Londres: Phoenix, 2006. [Ed. bras.: *A batalha pela Espanha: a Guerra Civil Espanhola 1936-1939*. Trad. Maria Beatriz de Medina. Rio de Janeiro: Record, 2007.]

BESSIE, Alvah; PRAGO, Albert (Orgs.). *Our Fight: Writings by Veterans of the Abraham Lincoln Brigade, Spain, 1936-1939*. Nova York: Monthly Review Press, 1987.

BIRN, Anne-Emanuelle; BROWN, Theodore M. (Orgs.). *Comrades in Health: U.S. Health Internationalists, Abroad and at Home*. New Brunswick: Rutgers University Press, 2013.

BLAIN, Keisha N.; GILL, Tiffany M. (Orgs.). *To Turn the Whole World Over: Black Women and Internationalism*. Urbana: University of Illinois Press, 2019.

BOGACKA-RODE, Magdalena. «Straight Record and the Paper Trail: From Depression Reporters to Foreign Correspondents». Tese de doutorado, CUNY, 2014.

BRADSHAW, David. «British Writers and Anti-Fascism in the 1930s: PART TWO: Under the Hawk's Wings». *Woolf Studies Annual*, v. 4, 1998, pp. 41-66.

BUCHANAN, Tom. «'Beyond Cable Street': New Approaches to the Historiography of Antifascism in Britain in the 1930s». In: GARCÍA,

Hugo et al. (Orgs.). *Rethinking Antifascism: History, Memory and Politics, 1922 to the Present*. Nova York: Berghahn, 2016.

CALVER, Katherine Elizabeth. *Authors Take Sides on the Spanish War: a dossier*. Tese de doutorado, Universidade de Boston, 2016.

CARROLL, Peter N. *The Odyssey of the Abraham Lincoln Brigade: Americans in the Spanish Civil War*. Stanford: Stanford University Press, 1994.

COWAN, Andrew. «The Guerrilla War against Franco». *European History Quarterly*, v. 20, n. 2, 1990, pp. 227-53.

CUNNINGHAM, Valentine. *British Writers of the Thirties*. Oxford: Oxford University Press, 1988.

_____. (Org.). *Spanish Front: Writers on the Civil War*. Oxford: Oxford University Press, 1986.

DEACON, David. *British News Media and the Spanish Civil War: Tomorrow May Be Too Late*. Edimburgo: Edinburgh University Press, 2008.

DONLON, Anne. *Archives of Transnational Modernism: Lost Networks of Art and Activism*. Tese de doutorado, CUNY, 2014.

DOWSON, Jane (Org.). *Women's Poetry of the 1930s: A Critical Anthology*. Londres: Routledge, 1996.

ELLIS, Steve. *British Writers and the Approach of World War II*. Nova York: Cambridge University Press, 2014.

GARDINER, Juliet. *The Thirties: An Intimate History*. Londres: HarperPress, 2010.

GRAHAM, Helen. *The Spanish Republic at War, 1936-1939*. Cambridge: Cambridge University Press, 2002.

_____. *The Spanish Civil War: A Very Short Introduction*. Oxford: Oxford University Press, 2005. [Ed. bras.: *Guerra Civil Espanhola*. Trad. Vera Pereira. Porto Alegre: l&pm, 2013.]

GRIFFITHS, Richard. *Fellow Travellers of the Right: British Enthusiasts for Nazi Germany 1933-39*. Oxford: Oxford University Press, 1983.

HERNON, Ian. *Riot! Civil Insurrection from Peterloo to the Present Day*. Londres: Pluto, 2006.

HOCHSCHILD, Adam. *Spain in Our Hearts: Americans in the Spanish Civil War, 1936-1939*. Boston: Houghton Mifflin Harcourt, 2016.

HOLMES, Rose. «Make the Situation Real to Us Without Stressing the Horrors: Children, Photography and Humanitarianism in the Spanish Civil War». In: PAULMANN, Johannes (Org.). *Humanitarianism and Media: 1900 to the Present*. Nova York: Berghahn, 2018.

HUGGINS, Nathan Irvin (Org.). *Voices from the Harlem Renaissance*. Nova York: Oxford University Press, 1976 (reimp. 1995).

JOANNOU, Maroula (Org.). *Women Writers of the 1930s: Gender, Politics and History*. Edimburgo: Edinburgh University Press, 1999.

KAPLAN, Carla. *Miss Anne in Harlem: The White Women of the Black Renaissance*. Nova York: HarperCollins, 2013.

KELLEY, Robin D. G. *Race Rebels: Culture, Politics, and the Black Working Class*. Nova York: The Free Press, 1996.

MARCO, Jorge. «Rethinking the Post-War Period in Spain: Violence and Irregular Civil War, 1939-1952». *Journal of Contemporary History*, v. 55, n. 3, 2020, pp. 492-513.

MARCUS, Jane. *Art and Anger: Reading Like a Woman*. Columbus: Ohio State University Press, 1988.

_____. *Hearts of Darkness: White Women Write Race*. New Brunswick: Rutgers University Press, 2004.

MONTEFIORE, Janet. *Men and Women Writers of the 1930s: The Dangerous Flood of History*. Londres: Routledge, 1996.

MOYNAGH, Maureen Anne. *Political Tourism and Its Texts*. Toronto: University of Toronto Press, 2008.

NELSON, Cary. «The Aura of the Cause: Photographs from the Spanish Civil War». *Antioch Review*, v. 55, n. 3, verão 1997, pp. 305-26.

NEWMAN, Julia (dir.). *Into the Fire: American Women in the Spanish Civil War* (First Run Features, 2002) [filme].

PIETTE, Adam. *The Literary Cold War, 1945 to Vietnam*. Edimburgo: Edinburgh University Press, 2009.

PRESTON, Paul. *We Saw Spain Die: Foreign Correspondents in the Spanish Civil War*. Londres: Constable, 2008.

_____. *The Last Days of the Spanish Republic*. Londres: William Collins, 2016.

_____. *The Spanish Civil War*. Ed. rev. e atual. Londres: William Collins, 2016. [Ed. port.: *A Guerra Civil de Espanha*. Trad. António Belo. Lisboa: Ed. 70, 2020.]

REGLER, Gustav. *The Owl of Minerva: The Autobiography of Gustav Regler*. Londres: R. Hart Davis, 1959.

REID-PHARR, Robert F. *Archives of Flesh: African America, Spain, and Post-Humanist Critique*. Nova York: NYU Press, 2016.

ROBINS SHARPE, Emily. *Mosaic Fictions: Writing Identity in the Spanish Civil War*. Toronto: University of Toronto Press, 2020.

ROSENBERG, David. *Rebel Footprints: A Guide to Uncovering London's Radical History*. Londres: Pluto Press, 2015.

ROSENSTONE, Robert A. *Crusade of the Left: The Lincoln Battalion in the Spanish Civil War*. Nova York: Pegasus, 1969.

SENDER BARAYÓN, Ramón. *A Death in Zamora*. Albuquerque: University of New Mexico Press, 1989.

SHAPIRO, Martin F. «Medical Aid Provided by American, Canadian and British Nationals to the Spanish Republic During the Civil War, 1936-1939». *International Journal of Health Services*, jul. 1983, pp. 443-58.

SMETHURST, James Edward. *The New Red Negro: The Literary Left and African American Poetry*. Nova York: Oxford University Press, 1999.

SONTAG, Susan. *Regarding the Pain of Others*. Londres: Hamish Hamilton, 2003. [Ed. bras.: *Diante da dor dos outros*. Trad. Rubens Figueiredo. São Paulo: Companhia das Letras, 2003.]

SPENDER, Stephen. *World Within World*. Londres: Hamish Hamilton, 1951.

STEIN, Louis. *Beyond Death and Exile: The Spanish Republicans in France, 1939-1955*. Cambridge, Mass.: Harvard University Press, 1979.

STOTT, William. *Documentary Expression and Thirties America*. Chicago: University of Chicago Press, 1986 (1973).

SWADOS, Harvey (Org.). *The American Writer and the Great Depression*. Indianapolis: Bobbs-Merrill Company, 1966.

THOMAS, Hugh. *The Spanish Civil War*. Londres: Eyre & Spottiswoode, 1964 (1961). [Ed. bras.: *A Guerra Civil Espanhola*. Trad. James Amado e Helio Polvora. Rio de Janeiro: Civilização Brasileira, 1964.]

VEATCH, Richard. «The League of Nations and the Spanish Civil War, 1936-9». *European History Quarterly*, v. 20, n. 2, 1990.

WEINTRAUB, Stanley. *The Last Great Cause: The Intellectuals and the Spanish Civil War*. Nova York: Weybright and Talley, 1968.

# Agradecimentos

Sou grata à equipe das seguintes bibliotecas e arquivos por sua ajuda e seu apoio, muitas vezes durante os desafios dos lockdowns: Tate Archive, John Rylands University Library na Universidade de Manchester, Morris Library na Universidade do Sul de Illinois, Beinecke Rare Book and Manuscript Library na Universidade Yale, Dorset History Centre, Tamiment Library and Robert F. Wagner Labor Archives na Universidade de Nova York, Howard Gotlieb Archival Research Center na Universidade de Boston, Houghton Library na Universidade Harvard, King's College Archives na Universidade de Cambridge, McFarlin Library na Universidade de Tulsa, Marx Memorial Library, Manuscript Division na Library of Congress, Senate House Library na Universidade de Londres, e New York Public Library. Agradeço também a Stephon Lawrence e Kendra Sullivan da Lost & Found: The CUNY Poetics Document Initiative.

Um agradecimento especial a Casy Calver, por compartilhar anotações sobre Nancy Cunard com uma total desconhecida que havia ficado desesperada com o fechamento dos arquivos — um ato de companheirismo acadêmico que tenho certeza de que Nancy teria aprovado. Pelas respostas gentis e úteis às minhas perguntas, sou também profundamente grata a Paul Preston e Angela Jackson. Agradeço igualmente a David Wurtzel pela solidariedade acadêmica e por compartilhar um artigo sobre Martha Gellhorn.

Sou grata a todos na Robert B. Silvers Foundation pelo apoio a este livro por meio da bolsa Silvers Grant for Work in Progress em 2020. Um muito obrigada também a todos na Gladstone's Library, especialmente Louisa Yates, Rhian Waller e a equipe da Food for Thought, pelas quatro semanas idílicas em 2022 como escritora residente.

Por sua hospitalidade calorosa e companhia agradável, obrigada a Will, Lizzie, Isaac, Eddie e Arthur Paget em Boston e a Firat Adriansen e Adriana Vink em Nova York.

Tenho sorte com meus editores. Agradeço a Bea Hemming, da Cape, e a Maris Dyer, da Knopf, pelo cuidado e pela atenção. Sander van Vlerken, da Athenaeum, foi um dos primeiros leitores valiosos. Sou grata ainda a todos na Cape e na Knopf que trabalharam neste livro, especialmente Clara Irvine e Leah Boulton na Cape, e Gemma Wain, pela preparação de originais.

Faz tempo que Tracy Bohan tem minha gratidão e admiração, assim como muitos de seus colegas na agência Wylie. Obrigada a Sarah Chalfant, Charles Buchan e Jennifer Bernstein. Em Nova York, tive a sorte de contar com Katie Cacouris e Hannah Townsend como minhas representantes.

Uma onda geral de gratidão se estende também aos amigos e à família: vocês sabem quem são. Acredito que há uma grande sobreposição dos primeiros leitores confiáveis às pessoas mais importantes para o bem-estar. Sou grata a Pete Tibbits por (entre outras coisas) seu interesse neste livro e seus comentários sobre o texto. Agradeço a Sara Willis, minha primeira e mais complacente leitora. Eu mal conseguiria viver sem o olhar editorial e a amizade de Ella Griffiths.

Sou grata diariamente a Julian Walton. E este livro é dedicado a Cat Watling, numa reverência impotente e com uma gratidão amorosa.

# Lista de ilustrações

Página 81: *Garotos usando boina da* CNT *numa barricada em Barcelona*. Gerda Taro, «Two boys on a barricade, Barcelona», agosto de 1936. Cortesia do International Center of Photography, doação de Cornell e Edith Capa, 1992 (588.1992).

Página 100: *Para Valentine*. Fotografado pela autora. Arquivo de Sylvia Townsend Warner no Dorset History Centre, STW.2012.125.3225, D-TWA/A09, H(R)/5/6.

Página 118: *Cartaz em Madri*. World History Archive / Alamy.

Página 119: *Assinatura de Nancy Cunard*. Cortesia do Special Collections Research Center, Southern Illinois University Carbondale.

Página 86: *Manifestantes na Batalha de Cable Street*. Cortesia do Bishopsgate Institute.

Página 209: *Miliciana treinando na praia, fora de Barcelona*. Gerda Taro, «Republican militiawoman training on the beach, outside Barcelona», agosto de 1936. Doação de Cornell e Edith Capa, 1986 (452.1986).

Página 215: *Martha e Ernest na Espanha*. Acervo de Ernest Hemingway, John F. Kennedy Presidential Library and Museum.

Página 267: *A casa em Erwinna, 1928*. Josephine Herbst Papers. Yale Collection of American Literature, Beinecke Rare Book and Manuscript Library.

Página 273: *Josephine Herbst em Erwinna, 1965*. Josephine Herbst Papers. Yale Collection of American Literature, Beinecke Rare Book and Manuscript Library.

Página 301: *Sylvia Townsend Warner discursando no Segundo Congresso Internacional de Escritores pela Defesa da Cultura*. Gerda Taro, «Sylvia Townsend Warner, British writer, at the Second International Congress of Writers for the Defence of Culture, Valencia», julho de 1937, The Robert Capa and Cornell Capa Archive, doação de Cornell e Edith Capa, 2002 (504.2002).

Página 318: *Gerda Taro trabalhando*. Wikimedia.

Página 324: *Salaria Kea de uniforme*. Tamiment-Wagner Collections, NYU Special Collections.

Página 328: *Questionário de Nancy*. Harry Ransom Center, Universidade do Texas em Austin. Com a permissão do Espólio Literário de Nancy Cunard.

Página 344: *Virginia Woolf*. MS Thr 564 (Caixa 2: 76), Houghton Library, Universidade Harvard.

Página 364: *Nancy e Langston em Paris, 1938*. Langston Hughes Papers. James Weldon Johnson Collection na Yale Collection of American Literature, Beinecke Rare Book and Manuscript Library.

Página 371: *Nan e George Green em Huete*. Marx Memorial Library and Workers' School, Londres.

Página 448: *Comício de Nuremberg, 1938*. Picture Alliance / DPA / Bridgeman Images.

Página 454: *Um órfão de guerra tomando sopa em Madri*. Gerda Taro, «War orphan eating soup, Madrid», 1936. The Robert Capa and Cornell Capa Archive, Doação de Cornell e Edith Capa, 2010 (TAG1936.2.7.51).

À margem
volumes publicados

1. Erika Fatland
   Nas alturas
   Uma viagem pelo Himalaia
2. Didier Eribon
   Vida, velhice e morte
   de uma mulher do povo
3. Francesca Mannochi
   Eu, Khaled,
   vendo homens e sou inocente
4. Sara Watling
   Amanhã talvez o futuro: escritoras e
   rebeldes na Guerra Civil Espanhola